后浪出版公司

魔法四万年

巫术、占星与炼金术的全球史
FROM ALCHEMY TO WITCHCRAFT, FROM
THE ICE AGE TO THE PRESENT

Chris Gosden

［英］克里斯·戈斯登 著 王予润 译

民主与建设出版社
·北京·

目　录

第一章　魔法的重要性及其定义　1

什么是魔法？ 9 / 三重螺旋：魔法、宗教和科学 12

极简魔法史 14 / 魔法的目的 19

来源与方法 24 / 现代魔法 27

第二章　魔法的深历史　33

旧石器时代魔法 39 / 新月沃土的魔法文化 47

定居生活带来的问题：晚冰期 49 / 全球变暖及其魔法 51

宗教起源于何时？ 61 / 人类的参与活动 65

第三章　美索不达米亚和埃及的城市魔法　67

过去6000年间欧亚大陆上的魔法和宗教 72

美索不达米亚的魔法式宗教 75 / 城市、国家和文字 76

训练有素的魔法师：阿施普 80 / 阿施普的家族和所受的训练 83

美索不达米亚的占卜 85 / 埃及的魔法 88

诸神与魔法 91 / 魔法的隐藏力量 101

第四章　深入参与的中国魔法　103

妇好墓 105 / 中国魔法的深历史 110 / 晚冰期的仪式 113

新石器时代的宇宙观 115 / 青铜时代的祖先 121 / 享祀祖先 127

汉代魔法 130 / 想象一个没有宗教的世界 134

第五章　欧亚大草原上的萨满教和魔法　137

萨满：一种重建 139 / 欧亚大草原上的史前魔法 146

欧亚大草原上丰富的魔法生态 173

第六章　史前欧洲的魔法传统　177

史前欧洲的时间与空间 181 / 英国和欧洲西北部的中石器时代魔法 183

人成为景观 190 / 农业魔法 193 / 献祭的景观 208

凯尔特艺术：模糊和转化的魔法 212

罗马北方诸行省的混合文化 220 / 欧洲的异教过去 221

第七章　犹太、希腊和罗马魔法　223

犹太人的历史 229 / 犹太魔法：开罗藏经库文献及其他来源 232

犹太魔法的历史 234 / 希腊和罗马魔法 247

希腊罗马的魔法、宗教和哲学 251 / 神　谕 253

诅　咒 256 / 希腊化埃及的魔法 262 / 地中海魔法 264

第八章　非洲、澳大利亚和美洲魔法　267

非　洲　271 / 非洲的史前史和历史　276

非洲魔法史一瞥　280 / 美　洲　289 / 更近的魔法：万物有灵论　301

最近的魔法滥用问题　309 / 澳大利亚　311

今日的灵歌之径　318 / 掠夺时代的魔法参与　320

第九章　中世纪和现代欧洲魔法　323

中世纪和现代魔法的发展轨迹　328 / 中世纪魔法　331

中世纪世界的学术性魔法　334 / 中世纪世界的日常魔法　336

文艺复兴魔法　340 / 炼金术　343 / 占星学　345

学术性魔法和科学：约翰·迪伊和艾萨克·牛顿　350 / 巫　术　357

近代早期的大众魔法：物质证据　359

洋葱的魔法　366

第十章　现代和未来魔法　369

当代西方魔法　377 / 推广魔法的组织　378

今日的魔法　383 / 人类的延伸　385

感觉生命的网络　388 / 物质有感觉吗？　392

魔法的未来：参与和责任　395

附　录　400 / 注　释　403 / 参考文献　411 / 致　谢　414 / 出版后记　417

第一章

魔法的重要性及其定义

在整整一万年间，在有人定居的世界的每一个角落，都有人类在施行魔法。如今它依然常见，尽管不少人预测它将渐渐消亡，甚至面对着被连根铲除的威胁。当人们遭遇生与死的重大问题，当他们想了解未来或理解过去、想保护自身不受伤害、想治愈疾病或提升健康状况，便常常会去寻求魔法的帮助。在魔法的诸多表现形式之中，巫术通常被认为能造成伤害，死者的幽灵能与生者对话，邪眼护身符则能保护家宅。魔法可以具备学术性和哲学性，导向关于自然和现实之意义的更重大的问题；但也可以朴素而具备实际用途，可以移除肉疣，或治愈生病的奶牛。它具有实验的性质，变化不定，富有创造力。

我对魔法的定义强调人类与宇宙的联系，人们以魔法来了解宇宙的运作方式，并认为宇宙会对我们做出回应。魔法不同于宗教和科学这两大历史主流：宗教关注的是一位或多位神祇，科学关注的则是对物理现实的客观理解。魔法是最古老的世界观之一，但又能不断翻新，因此现代魔法便能在一个具有重大生态危机的时代里，帮助我们探索与这个世界的物理和道德联系。

在过去的几个世纪里，魔法的名声日渐败坏，这部分是因为一些声名狼藉的魔法施行者的过火言辞。而且科学与宗教作为魔法的表亲也向它宣战，并成功地赢得了宣传战。然而，魔法毕竟是一种主流的人类活动，它既然能如此持久广泛地流传，便一定对个人和文化尤为重要。在后文中，我的目标正是梳理魔法那些怪异而引人注目的变体——同时，既然魔法曾出现在所有时代和所有地区，这就将给世界史的研究增添新的维度；我也希望探索魔法的正面价值，并提出问题：魔法能给当今世界带来什么？

　　魔法有一个极为有趣的方面，本书将不会涉及，用通俗的话来说，就是所谓的"魔术"——它是误导的技术与戏法，甚至可以骗过最仔细的观察者。[1] 手部戏法否定并颠覆了我们对这世界运行方式的常识：人被锯成两半，又被拼在一起，没有受到任何伤害；东西消失，或在意料之外的地方出现；观众永远猜不出三个杯子里究竟哪一个藏着球。这种颠覆与误导感官的技术融入了某类魔法之中，在行使这类魔法时，人们以更严肃的态度来声称能改变世界；毫无疑问，数千年来，有不少萨满和魔法相关人物曾参与这类技术的发展。然而，在为娱乐而施展的魔法与为更严肃实用的目的而施展的魔法之间，有着重要区别。在这里，我并不是要贬低魔术，将之视为下等活动——我自身就是一个魔术爱好者。而是说我想做出区分，从而将重点集中在宣称拥有科学的严肃性和宗教的形而上学抱负的那类魔法上，我们不应对它们的宣称嗤之以鼻，而应严肃地加以审视。魔法的施行有着诸多不同形式，因此，我们不妨先举几个具体例子，初步地认识一下魔法究竟可以包含哪些内容。

　　很久以前，我曾主持过一个洞穴的考古发掘，那个洞穴名叫马腾库丘，位于巴布亚新几内亚的新爱尔兰岛上。发掘证明马腾库丘有3.5万年前的人类生活痕迹，其中包括世界上最早的航海活动的若干迹象。当时我住在一座名为希拉隆的小村里，它是此处众多面向太平洋的沿海村庄中的一个。有一天我和村民一起离村，去我很感兴趣的老村落的遗址，殖民时代之前有人曾住在那里，但现在它们已被废弃。下午晚些时候，在回希拉隆的路上，村民说他们想给我看一点有趣的东西，但暂时不能告诉我那是什么。我被勾起了好奇心，便跟着他们离开了回海边村庄的道路，半小时后我们来到雨林深处的一小片空地，在那儿，有一块被草覆盖、微微凹陷的洼地。洼地给人不同寻常的感觉，树林到此自然消失，因此它比林荫中炎热许多。我的朋友们指给我看草地上摆着的石头，它们看起来像是小小的钟乳石，其中有不少的一端明显较为尖锐，由某种乳白色的物质组成。我不很清楚它们怎么形成，又怎么来到这个特殊的地点。一位年纪较长的村民向我讲述与这些石头有关的事，他说在某些特殊场合，石头会四处飞行，飞离地面，任何靠近它们的人都得十分小心，因为它们飞行的速度极快，十分危险，可能会伤人。不过，掌握了正确知识的人能通过石头飞行的运动轨迹看出未来。我对此很兴奋，并表示说："我很乐意见到它们动起来的样子。""不行，"我的朋友们回答道，"如果有白人在附近，它们就不会动。"

在巴布亚新几内亚的那些年，我听到过各种其他故事：有些石头，当你将双手放在上面，默想遥远的某处，你会发现自己已经到了那里。这些故事还会改变以适应时代，新几内亚人已发明出能用于现代世界的巫术形式：比如说，为了能让自己隐形，好去抢银行，你得把一只黑猫的骨头放在头发里。这故事讲述时引起了不少笑声，还有人问我到底是否真的能行。人们更当一回事的是能让孩子进大学或高中的巫术，不过在这方面，人们的进展不大。巫术和魔法在巴布亚新几内亚十分常见，它们涉及一些技术，以正确的方式来理解这个世界，无论是理解石头的运动轨迹，还是开发出能用于村庄的魔法操作，或是实现某些新出现的城镇居民的中产阶级式抱负。

西方人对魔法的记录中最为知名的当数人类学家 E. E. 埃文斯-普里查德的作品，他在 20 世纪 30 年代研究了阿赞德人，这支农耕民族生活在南苏丹、刚果民主共和国与中非共和国之间。在《阿赞德人的巫术、神谕和魔法》一书中，埃文斯-普里查德指出，魔法和巫术并不是非理性的，而是在不同于西方知识传统的前提基础下可以允许理性讨论。对阿赞德人来说，所有不幸和死亡都由人施行巫术和魔法导致，而具体的事故或死亡事件的原因需要从人的动机和谋划中寻找。他们在这方面相信双重的因果关系。有人坐在谷仓的阴影中，谷仓倒下将他压死，人们接受谷仓倒塌的最终原因是蚂蚁咬空了它的木头支撑结构。但真正的问题在于："为什么它会在有人坐在下面的那一刻倒塌？"这个问题通常的答案是，谷仓倒塌是巫术的结果，由此人们又会产生一系列更紧迫的质询，比如施行巫术者的身份，他们的动机究竟为何。没人怀疑巫师是否真能让谷仓倒塌，因为人们普遍相信巫师的意志可以作用在物质上，而且常常可以隔着一段距离。调查巫术的方法之一是喂鸡吃毒药：从这只鸡是否存活及它活下来之后的行为方式中，人们就能获得与巫师有关的信息。据说在早些时候，人们会直接把毒药喂给被怀疑施行巫术的人，这些人或是存活，或是死去，后者可以作为其有罪的最终证明，死亡就是对他们的惩罚。

在进行这类调查的过程中，群体内部不同人的动机和矛盾纷纷暴露出来，使魔法成为社会责任这一终极问题的舞台：到底谁是该为此负责的巫师，他们的动机是什么，以及他们能够被追责到什么程度？土地纠纷、嫁娶费用、受伤或失信，这些事都可能以巫术来解释。这些事之中，一些是偶然发生的，另一些则源于整个群体中积攒多时的不满。阿赞德人的"侦探"会深入调查为什么发生这些危险的事件，以及制造它们的人可能是谁，由此确认事件的深层原因。调查持续到某个原因被曝光，并由整个群体处理完毕，否则阿赞德人就认为事情可能会恶化，引发更多的争执和危险。无论以何种标准衡量，阿赞德人的魔法都是理性的。它分析并解决社会矛盾和争论，只不过采用了魔法的形式，实际上它承担的职责与世界上不少地方的审判系统没什么不同。此处的重点在于，相信魔法并不会让人变得不理性，魔法与科学之间的对比并不是非理性与理性之间的对比，更准确地说，人们只不过是采用了不同的逻辑形式，而这些形式分别基于完全不同的前提。有关非洲的占卜术和魔法，我们将在第八章中进一步讨论。

在欧洲，过去与现在都有人施行魔法。牛津大学博德利图书馆收藏着大约8万条占星咨询记录，时间从17世纪初伊丽莎白一世统治的末期到1660年查理二世继位。这些记录合在一起，成为欧洲近代早期占星活动最丰富翔实的记录，同时也证明了当时的人对待占星学的严肃态度。正如我们将在第九章详述的那样，这些记录由西蒙·福曼和理查德·内皮尔整理，前者在伦敦，后者则在白金汉郡，内皮尔是此地的教区长。内皮尔将占星学教给了自己的侄子，即后来的理查德·内皮尔爵士，后者在17世纪仍大量地施行占星术。曾有6万多人找过他们寻求帮助，其中有些人还来过不止一次，咨询者们通常询问与疾病相关的问题，有时也会询问职业、失踪人口、丢失的贵重物品和其他重要问题。每一次这样的咨询都配有一张对应的星盘图，其中展示了占星师认为会影响到咨询者健康和命运的星座。咨询者的问题和结果分析也同样被记录在案。假如他们要求，占星师也会绘制基于出生时刻的恒星和行星位置的体现一生命运的天宫图。

上述三位占星师都是受人尊敬的市民，公开施行他们的技艺，以此获得收入。种种迹象表明，他们会以十分严肃的态度来看待占星知识，比较各个案例，研究自己在过去是否做出了正确的分析，这样的分析又是否能在未来继续精进改善。这些占星咨询记录是20世纪之前最系统连贯的医学记录之一，它们价值非凡，不仅记录了近代早期的疾病和人们对健康的态度，也显示出一种与后来的细菌致病理论截然不同的魔法式的思维方式。福曼和内皮尔叔侄都是一个庞大的占星师网络的成员，不过这些人的记录就算曾经留存，如今也已失传。占星学是本书最重要的主题之一，它源自古代美索不达米亚，而后传播到欧洲和中东。美索不达米亚的先民至少从5000年前就开始对行星、恒星、月亮和太阳进行细致观察，其观察结果为占星学，也为后来的天文学奠定了基础。从大约公元前3200年文字诞生直到我们现代，与魔法相关的文字记录丰富得惊人。众多专业学者——从楔形文字到古汉语的专家，再到复杂的现代手稿的行家里手——让大量信息得以为人所知，而我则有幸在本书中援引他们的成果。

至少直到19世纪，英国还存在着像福曼和内皮尔这样的魔法施行者。中世纪和近现代的英国人并不直接使用占星术，使用占星术的首先是占星师们，他们被当作可咨询的权威人士，因为他们的理论显得可靠可信（而且可能不像早期医学那么危险）。（见图1.1）如今当然不同，你已经可以使用手机软件来查询星座，尽管人们未必能像过去那样严肃认真地对待占星学。对现代人来说，占星术是一种经常用到的玩意儿，人们也会尝试不少其他的魔法实践，其中只有少数人完全相信魔法的力量，更多的人则在想"万一这里面真有点可信之处呢"。我们后面会深入讨论这个问题，看最后能得出怎样的结果。

我很肯定，不少读者有充分的理由怀疑魔法存在与否及它是否有效。

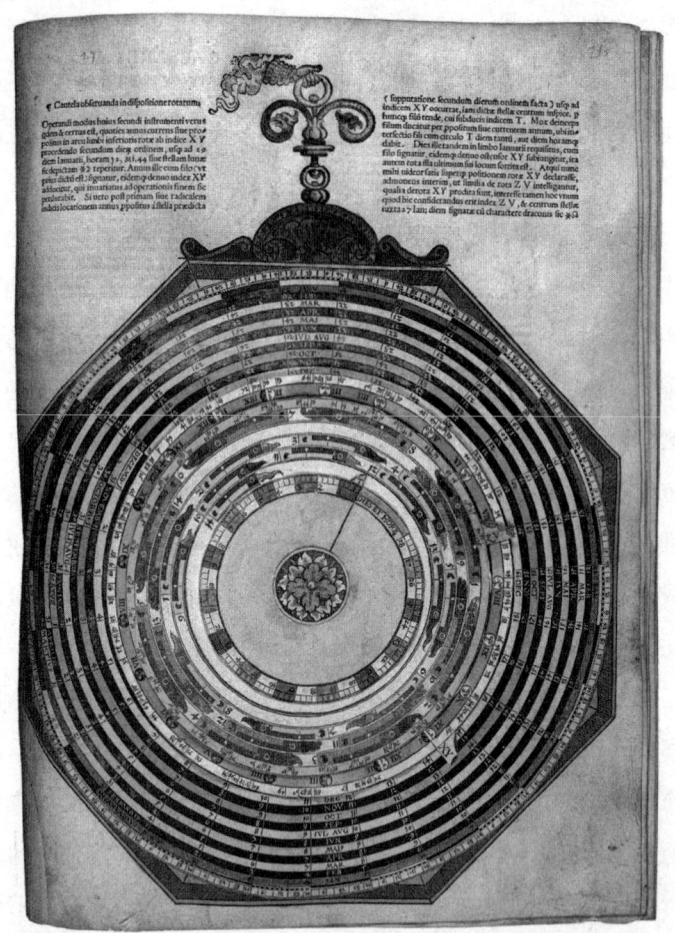

图1.1 转盘星图——一种带有可旋转的活动部件的纸质结构,可被用来寻找行星在黄道十二宫中的位置。它是星盘仪器的类似物,后者曾被用来观测天空

为了反驳激进的怀疑论,首先要指出的是,魔法并非源于怪异的幻想或蓄意为之的非理性动机。在西方思想史上,人们花费了相当大的力气来构建机械论宇宙观,在其中行星或原子的运动由力推动,判断是否属于生命主要看生物化学反应,有时也看是否有神经元的放电反应。然而,在其他文化中,人们却花费了同样大的力气构建完全不同的世界观,否认生命与非生命、活物与死物、人类与非人类之间的区别。即便是在西方世界的日常生活中,类似打破区分的做法也很常见,我们很多人都会与猫说话,或是在打印机出故障时咒骂它。在我们西方文化的理性主义

修辞之下，我们却每天都会遇到带有魔法含义的细节：数字或日期有吉利与不吉利之分，黑猫穿过马路代表不祥，运动员对待魔法几乎与他们对待训练一样严肃。我们常常为了获得小优势，利用一些会被斥为非理性的手段，这些手段在我们看来并不特别严肃，但也很难被忽视。西方思想在（服从科学法则的）自然和（受到经济、政治、情感或审美因素影响的）文化这两个大类之间所做的大致区分，对很多人来说并无意义。事物总是被分类，其间却总是保留相似和联系，这一点对所有生活模式下的人都是一样的。人们做出区分或保留联系的选择可能千变万化，但每一种区分或联系在当事人眼中都有其逻辑和意义。

有不少人相信魔法的某些表现形式，可能他们中大部分人生活在过去，当然也有些人生活在当代。我们知道，很多人相信一样东西，并不代表这样东西是真的。然而，这毕竟说明了魔法的流行，所以我们如果想全面地理解人类历史，就不能简单地将它摒弃。此外，我们如果保持开放的心态，去理解魔法的各种可能性，或许也能在魔法式的思维中看到一些益处，这一点将在下文详细讨论。

首先，我们要解决的问题是如何定义魔法，以及它是否能够与人类行为和信仰的其他领域相互区分。

什么是魔法？

关于魔法，我们首先要问："它到底是什么？"我将它定义为一种人类的"参与"（participation）活动。人类直接地参与到宇宙中，宇宙则反过来影响我们，塑造我们。对阿赞德巫术来说，不在谷仓上施加外力就让它倒塌是可能的，或通过念诵正确的咒语，或将某种正确的物质摆放在谷仓周围——虽然我们并不确定阿赞德人魔法的具体技术手段。它之所以强大，是因为有人相信，也有人施行。我自己不是阿赞德人，我的心底始终保持着一点怀疑，但这也是部分因为我成长的环境倾向于批判主义和要求确凿的证据。如果沿着科学的思路质询，问题将集中在谷仓怎么可能在没有可察觉的物理影响的情况下倒塌。但或许我们更应该问的是，如果我们相信巫术导致谷仓倒塌，那会带来什么结果，是好的结果，还是坏的结果。世界是复杂而多重的，有无数方式将原因和结果联系在一起，以至于巫术完全可能形成一条合情合理的线索，串起人与事的诸多组合。在这个例子里，人类的意志和物理作用——事实上是致命的物理作用——之间有着连续性。而对我的巴布亚新几内亚朋友们来说，咒语和行动的组合则或许能让他们的孩子上大学，或帮助他们抢银行。解读这个世界的技巧也同样非常重要。只有了解的人才能从石头的运动轨迹中理解未来，但希拉隆的村民完全相信，轨迹中确实已给出了信息，也有人能读得到。经验丰富的占星师通过个人的训练来理解天体如何影响地面上的人。这样的知识一代又一代地流传，但同样也需要利用几千年间对天空的观察，并思考天象对下界的影响力究竟为何。占星学的悠久历史并不意味着人们只是单纯地使用传统的知识而不加思考或批判。每一个时代，每一种文化，都有各自的占星学，它们会不断尝试，反复修补。类似的历史也体现在炼金术上，它尝试将贱金属转化为金（在欧洲或中东），或是通过某些化学变化来炼成能够长生不死的仙丹（在中国）。

在法国人类学家列维-斯特劳斯看来，魔法是使宇宙人格化的过程。在人类意志或行动与人类周围的世界之间存在连续性。反过来也同样成立：魔法允许宇宙影响到我们，它达成的方式或是经由天体的运动，或是经由移动的石头传达的信息。通过共同参与，我们在与宇宙的复杂的交互作用中生存。施行魔法并不只是对这个世界的知识层面上的理解，同样也涉及人类情感、心理学和精神状态的方方面面。愤怒常常是令谷仓发生致命倒塌的巫术的起因。恐惧与敬畏则可能源于行星的运动轨迹。西方思想常常将物理学和心理学或情感的领域做出划分，但魔法将它们结合在一起。

魔法可以通过各种参与的方式来发挥作用，因此最好将它再进一步细分。参与的方式可以被分为三种：超越性的方式、转化的方式和交易的方式。超越性的方式存在于宇宙能影响人类而人类无法改变宇宙的场合。其经典范例就是占星学，天体能够塑造人类的生活，人类却没法影响恒星或行星的运动。中世纪和近现代欧洲有一句与占星学有关的格言，"天上如此，地下亦然"（as above, so below），这显然指的是单向的影响。对于超越性的力量，人们能够理解它们，能够找出应对的方法，能够适当地给予回应，却无法改变它们。

转化是另一种参与的方式，比如炼金术能将铅转化为金，或是将平凡的化学物质转化为永葆青春的仙丹。魔法常常围绕着猛烈的转化，并对其施加影响，比如在冶炼金属的时候，不少非洲铁匠会用魔法的手段来为冶炼做准备，这个问题将在第八章得到探讨。人类同样也能转化自身。欧亚大草原的萨满能占据其他生物的身体，例如驯鹿或熊；他们还能变成灵体，进入纯灵体的世界。一位萨满完成入门仪式的过程，通常包括表演一个人被分割，又以全新的形式合体重生，并获得异常的力量。对于澳大利亚原住民来说，在"梦幻时代"，大地因彩虹蛇等祖灵的活动而改变，这为大地赋予了一系列力量，也带来了各种危险，人们需要通过诸多仪式来应对。

在这里，转化的方式中开始混入交易的方式。通过形形色色的魔法，人们以各种方式与宇宙交易。在中国，人们会祭拜祖先，以保证他们庇佑活着的子孙后代，而且，也可以通过占卜与祖先取得联系。在其他不少例子里，占卜也很常见，例如在古希腊，诸神回答人们的问题时便会降下神谕。在某些文化中，尤其是在一神教的文化中，人们会恳求恶魔、天使或圣徒等次级存在，或以更具有攻击性的方式去影响它们的行为，为自身求得好处。在史前的欧洲，我们将会看到人们如何将重要物品和尸体精心埋藏在圣地，社会群体则在几千年里一直持续着与宇宙的交易。

超越性、转化和交易这三种参与方式常常会同时存在，发生交互作用。比如说，在中世纪的欧洲，人们相信占星学，将行星的影响视作至高无上的力量，同时施行炼金术来追求财富，还会向圣徒供奉礼物，好获得他们的帮助。然而当超越性的影响占支配地位的时候，人们可能会因为缺乏控制宇宙的方法而对它产生疏离和恐惧感。转化和交易的方式则在人类和超自然力量之间建立了一些双向影响的关系，这些关系中较为重要的往往是道德性的，它们能激励人们以应有的敬意和谨慎行事。

所有文化都对宇宙的运作方式有兴趣。魔法根植于这些宇宙间的因果关系的概念，同时也在塑造着这些概念。所有关于因果关系的解释框架其实都包含诸多问题，至少和它们给出的答案一样多，但这些解释框架也反映了人类最普遍的处境的方方面面。同为提供解释和指导行动的框架，魔法与科学、宗教有着密切的联系。

三重螺旋：魔法、宗教和科学

魔法通过人类对宇宙的参与活动而发生作用。在宗教中，原始人类与一或多位神祇建立联系。科学则将人类从这个世界中抽离，让人类远离世界，最终以抽象的术语来观察和理解物理世界的运作方式，随后将这些知识付诸实践。

就19世纪和20世纪早期的人类学而言，魔法、宗教和科学三者之间的关系在不断发展演变。从那时起，有两位作者影响了学界对魔法的看法，虽然他们的作品还属于维多利亚时代晚期或爱德华七世的时代，如今看来难以摆脱陈腐的气息：爱德华·伯内特·泰勒和詹姆斯·乔治·弗雷泽。19世纪的人类学家泰勒将魔法称为"曾经折磨过人类的幻觉中最有害的那种"。对于泰勒来说，当时新兴的人类学的主旨就是充当一种"解放的科学"，辨认并根除当时依然扭曲着西方理性主义的原始思维因素。从魔法到宗教再到科学的运动，正在走向更精确地符合经验、更有机构支持的方向，让人类更好地理解世界，而这一点正是人类从原始思维演化出更复杂精致的思维模式的关键所在。在这个时期，与魔法有关的著作中更具里程碑式影响力的当数弗雷泽的《金枝》（1890—1915年），无论是它原本的12卷本，还是删节后的单卷本，都对文学和思想产生了巨大的影响。弗雷泽受到泰勒的影响，认为人类的历史有一次明显的转向，它从早期生殖崇拜的魔法和献祭神王的时代，发展到将世界的力量划归诸神的时代，又在更近的时代中用科学取代了前两者。

人们总是在言过其实地谈论"魔法的灭亡"。对泰勒和弗雷泽来说，个人或群体必须在魔法、宗教或科学中做出选择——同时采纳不止一种是不可能的。泰勒本人原本是个虔诚的贵格会教徒，但在年岁尚轻之时就放弃了他的基督教信仰，自称为科学家。此外，在泰勒看来，尽管宗教和科学似乎都有历史，在其中二者都发生过变化和进化，魔法却是一种古老而停滞的底层信仰，一代代流传而毫无变化。当时的英国被认为是人类发展进程中理性和科学的巅峰，在这个国度，即使魔法依然存在，也不过像古老的化石一样，逆着历史的大潮，偶然地残留下来。

人类历史作为一个整体，由魔法、宗教和科学这三重螺旋组成，三者之间的边界极为模糊且不断变动，但它们彼此之间交互作用的张力却具有创造性。要在魔法、宗教和科学三者间做出非此即彼的选择，这一定有害无益，况且它们每一种都历史悠久。如果我们稍微仔细思考魔法和科学的关系，便会发现魔法将我们置于与其他一切事物紧密联系的网络中，无论这些事物有没有生命。而科学则虚构了一种强力的观念，仿佛我们能脱离宇宙的运作，在外部以客观中立的态度来思考宇宙。我这个故事里有位重要人物，就是艾萨克·牛顿，按照约翰·梅纳德·凯恩斯的说法，与其说牛顿是第一位科学家，不如说他是最后一位魔法师。

牛顿本人从未相信过纯粹的机械论宇宙观，尽管他为这种理论的诞生做出了贡献。他将一生中大量时间用来研究《圣经》的预言，同时也沉迷炼金术——他在剑桥大学三一学院的房间里，有两个一直熊熊燃烧的冶炼炉。人们曾经将预言和炼金术斥作这个伟大灵魂的古怪嗜好，但如今人们对牛顿有了全新的阐释，认为这些表面看来极为古怪的信仰似乎也有所联系，可被视作一个包罗万象的宏大理论的一部分；这个理论让人们同时考虑人类沉浸宇宙之中的状态，以及上帝推动万物的行动，以便理解宇宙的物理运行方式（详见第九章）。

虽然从表面来看魔法和科学极为不同，但事实上二者有不少共同之处。二者都在设法理解世界的运行规则和方式，以使人类能从它的运行之中获益。科学将这个世界划分为物质和能量，寻找塑造它们的"力"，研究推动一切生物化学过程的动力学。魔法看到的则是大地之"灵"，它考虑人类和动物之间的相互联系，并试图理解生与死之间的转化。科学所定义的"力",类似于魔法所主张的赋予世界生命的"灵"。我们表层的思想之下潜藏着更深层的直觉和欲望,涉及我们自身与世界的关系。在这点上,魔法和科学产生了分歧。魔法的实践及其哲学就来自我们与其他生物、大地和天空之间有亲缘关系的想法。通过魔法,我们能探索这种相互之间的亲缘关系:知道我们该如何与宇宙的其他部分连接,了解我们通过参与活动来影响我们周围事物的方法,其核心包含一系列的道德关切。科学式的理解则来自抽象化过程,以数学的方法来量化物质、能量和力,同时也从牛顿的三大定律这样最基本的起点开始,通过逻辑推理来理解整个千变万化的世界。科学使我们脱离宇宙,魔法却让我们沉浸其中,同时还提出了我们与这个宇宙的道德关系的问题,而这一点是科学没有做到的。

在19世纪的欧洲,应用科学带来的益处随处可见。新的道路和铁路横跨地表,河流上架起全新设计的桥梁,群山下挖通隧道;抽水马桶与下水道系统连接,让城市突然变得更为宜居;大量疾病的原因也获得了更好的理解,为现代医学奠定了基础。在殖民的过程中,欧洲人已遇到了不少非洲、南美、亚洲和大洋洲的原住民群体。整个19世纪,人类学系统地将各类文化和信仰编纂成典,将殖民世界中许多最奇特的信仰划入魔法的范围。这些原住民群体被误判为代表人类历史的早期阶段,而其结果就是将魔法信仰与所谓的早期阶段联系在一起。为其他种类的生活方式打上落后或迷信的标签,这成了欧洲文化构建自身形象的一部分。而现在,我们已能摒弃这些维多利亚时代的陈旧观点。如今看来,魔法并不是古老信仰残留下来的化石,它始终与宗教、科学一起充当三重螺旋的组成部分,我们需要考察它们之间的缠结关系,以便思考一种新的全球史。

极简魔法史

魔法、宗教和科学三者之间的关系涉及力量的平衡,由此产生的问题便是力量存在于世界的何处。魔法看到的是人类与这个世界的直接联系。人类的语言和行为能影响各种事件和进程。宗教则带走了魔法关系中的部分力量，将其归给诸神，但它也给人类的直接参与留下了部分空间，尽管常常留得不多。科学的机械论宇宙观则彻底改变了人类的位置——宇宙能够自行运作，基本上不需要神或人类的参与。假如人类接受机械论宇宙观，便会生活在疏离或失范的状态中，宇宙和它的力对人类漠不关心。在过去的两个世纪里，有不少人想解决漠不关心的宇宙带来的心理和情感后果。魔法承诺让我们与周围的世界产生丰富的互惠关系，但是有不少人会将这种承诺视作假象、危险或无可救药的浪漫主义。

尽管从全球的范围看，过去的两个世纪里，力量的平衡已从魔法和宗教上偏离开来，人们花费了更多精力来探索物理现象中的因果关系，但在世界的诸多地区，依然能看到相当不同的历史轨迹。魔法、宗教和科学的历史常常以西方视角写就，它从根源上就假设科学才是通往知识的唯一正道。但在本书中，我们将调整我们的历史，方法则是考察其他时代和其他地区的历史，它们包容各种不同的假设和推论的模式，在这些模式里，人们以各种方式参与世界，世界的方方面面也都是有感觉能力的，从而允许人类在一个充满魔法和知识的宇宙中繁荣兴盛。

魔法比宗教和科学更古老，在它的帮助下，后二者才得以出现。这样的早期历史早已被人遗忘，需要重新发现。在像中东这样的地方，无处不在的魔法被越来越有组织的宗教取代。但我们要认识到一件重要的事，在很长一段时期中，有组织的宗教只出现在全球范围内的很小区域：地中海中部和南亚之间的区域。只有到了最近的2000年间，佛教、基督教、印度教和伊斯兰教等宗教才开始传播。这些世界宗教的扩张在人类的整体历史中是晚期的事，这是重要的历史事实，却很少有人意识得到。在有组织的宗教得以发展的地区，诸如美索不达米亚和埃及，社会的阶层分化更明显。这种权力向少数人集中的现象，或许与宗教将宇宙的力量归于诸神有关。在美索不达米亚和埃及，国王或法老若不是本身即神，就是比其他人与诸神的联系更密切。这种联系是他们权力的来源，以至于宇宙的力量如何运作的概念与人类世界的权力息息相关。

话虽如此，也有许多等级分明的社会并未如此发展。在东亚，统治者是最有权力的世袭家族的首领。他们的统治有一个重要的方面，是向人类祖先提出问题并与其交涉，倘若沟通的方式正确，祖先便能保证子孙后代的福祉。在东亚没有诸神的谱系，而且很有可能的是，像中国的"帝"——他有时会被描述为神——这样的终极造物之力，也可能被视作人类最初的祖先。东亚魔法实践涉及的都是非常深层的参与，包括生者与死者在内的所有人类的力量，是整个宇宙流动的能量中不可分割的一部分。这是些交易的世界，而不是超越的世界。在世界上的另一些地区，人类的血统世系也是一种重要的手段，用以理解历史和连续性，以及力量的流动。非洲有许多不同的生命世系模式，但这些人类的存在链条总是十分重要。强调人类联系的常识性结果便是魔法。

在欧亚大草原的广阔草原和森林地带，诸灵使世界生机勃勃，这些灵之中有一些原本是人类，另一些则不是。这个广阔的地域呈现出了巨大的多样性。语言学家会提到方言连续体，它是由一系列彼此相关的语言构成，付出一定努力后，连续体上毗邻的语言形式间可以相互理解，但假如你沿着连续体越走越远，你就会发现能理解的内容逐渐变少。在欧亚大陆上，魔法的实践也类似于这样的连续体：随着距离逐渐增加，差异也逐渐增大，但整条连续体上依然存在深层的联系。在这里，作为整体的世界是有生命的，从某些层面来说，岩石和树木也可等同于人类。至少在较晚的时期，尤其是在东部，萨满以转化和交易的方式穿梭于各个世界之间。所有的一切，无论好与坏，都源自灵之世界，而那些掌握技能且有勇气冒险的人常常需要与灵互动。

美洲的人类生活呈现出极大的差异性，各个不同地区也都有萨满式的实践；这一点的历史根源或许可以追溯到西伯利亚，那里是美洲人的故乡。到处都可见土地之灵与人类共存。在不少地区，占星学的影响塑造了地面上人类的生活，并因此促进了人们对天空的仔细观察和相对应的仪式。在中南美的社会中出现了有组织的宗教，也有某些已有名称的神祇，但其中依然有不少人类参与的空间。

世界上最与众不同的地区是澳大利亚。此地的原住民将自身视作土地的一部分，而不是与土地维持某种关系。歌谣、艺术、舞蹈及事实上作为整体的文化都源于土地，而土地则相应地是在遥不可及的古老过去，由人类的远祖塑造而成。从各种意义上看，原住民文化呈现的是最深入的参与，出自其他文化背景的人很难真正地理解他们的存在状态。

在探索魔法、宗教和科学的历史时，本书将部分地按照地理分布的顺序来考察世界上的各个地区，同时也会通过图表来展现各个时代的变化。简而言之，我们能区分出 5 类不同的关系。

魔法作为一种主导性的力量 这主要体现在青铜时代之前的中东和埃及，史前欧洲和欧亚大草原，原住民时期的澳大利亚，北美和大部分南美地区。在这些地区，魔法实践如同空气般无所不在，所有人类习俗都存在于其中。在某些地区，诸如原住民时期的澳大利亚和南北美，这种状态一直持续到欧洲人来此殖民之前。我们几乎找不到有组织的宗教，对物质的性质和力的理解也尚未形成任何类似科学的形式。在第二、五、六、八章我们将探索这些由魔法主导的世界。

魔法和强调人类血统世系 这主要体现在中国以及非洲和大洋洲的大部分地区。在这些地区，人类的参与活动有着极为深远的历史根源，可以追溯到冰河时期，只有在入侵的新殖民群体或新兴宗教出现时才受到部分干扰，例如佛教进入中国，或基督教和伊斯兰教进入其他地区时。人类参与世界的媒介是祖先。占卜、神谕和供奉祭品维持了生者与死者之间的交流。土地之灵也很常见，人们需要与之交易，以保证丰产或避免受到伤害。尽管在这些世界中确实存在超越性力量的概念，但在世界宗教抵达这些地区之前，很少或几乎没有固定的神祇。我们将会在第四章中看到中国的例子，在第八章中看到其他的魔法世系系统。

魔法与宗教势均力敌 这主要体现在美索不达米亚、埃及、古印度以及中南美国家。在这些地区，要区分对诸神的崇拜和魔法的实践是极为困难的。前者在一定程度上强调超越性，亦即人类无法掌控的力量。而后者则坚持人类的影响力，常常包含与魔鬼、天使或各种神灵之间的互动。魔法和宗教被看作是互补的，并不会彼此排斥，要在二者之间划出清晰的界限十分困难。科学开始在更抽象和数学化的层面上出现，尤其是在美索不达米亚和印度。在第三章我们将考察美索不达米亚和埃及的情况，第八章则将探索中南美的魔法。

宗教占主导性地位而魔法的地位模糊不清　这主要体现在犹太、希腊、罗马和欧洲中世纪早期。一神教的兴起让宗教有了更具超越性的面貌，它将力量授予高于整个世界的唯一神。然而，犹太文化对天使和魔鬼的强调，以及中世纪欧洲对天使、魔鬼和圣徒的强调，削弱了这种超越性的力量。希腊和罗马的诸神是可以企及且能够与之交易的，但又表现得反复无常，令凡人难以理解。魔法很常见，也可以被公开施行，但它带来了颠覆权力结构或至少会对其造成损害的危险。我们将在第七章中讨论犹太、希腊和罗马的情况。

科学、宗教和魔法在文化中的重要性依次递减　这主要体现在中世纪后期的欧洲及其殖民地，并成为当今全球化世界的某种突出特征。唯一神的超越性力量被分散开来，并被应用在科学的宇宙之中。当宇宙只被以科学的方式理解时，转化是可能的，也会得到强调，同时科学被视作理解现实的唯一途径。这里极为强调的是因果关系，而较早期思想关注的焦点在于相似性，例如在希腊极为著名而延续到中世纪的体液理论中，土、气、火和水被认为与人体的构成和状态相关。那些持有科学态度的人将自身从宇宙中抽离，企图以抽象的方式理解它，并进而操纵它。魔法被排斥到社会边缘，被视作是偏离正轨的举动，或是反主流文化的实践。在第九章中，我们将审视中世纪及其后的欧洲；在第十章中，我们将讨论魔法的现代形式，然后论证在当今科学发展的启发下，该如何以现代的形式领会魔法的实践。

我们可以从悠久的历史中看出一种演变的轨迹，一开始人们觉得自身是这个世界的一部分，人类也能分享世界创造与毁灭的力量，而后人们将这种力量外化为神，接着又以科学来描述这个与人类分离的世界。但魔法始终与这些后出现的潮流共存，维持着人类与宇宙的直接联系。魔法占主导地位的社会并不和谐、和平，这是因为它们与宇宙之间的一体状态。其中会出现大量暴力、社会崩溃和混乱状态。就算我们真想回到这样的社会，我们也显然回不去。然而，在人类的长期历史中，魔法构成了一条线索，它的重要性在于允许我们探索与现实之间的密切关系，也能有效地弥补和平衡宗教及科学带来的疏离感。在这三者之间做出排他性的选择既没有必要，也不可取。

魔法的目的

　　魔法的历史通过一系列常见实践得以发展，它们在各个时代和各个地区均有出现，但总是具有各自文化的细微差别。

　　所有人生来就会死；所有人无论寿岁多长都会担忧未来，既为自身的未来担忧，也为对他们而言有重要意义的他人担忧。人们要决定接下来该怎么做，也要担忧过去发生的事对未来的影响。人们会经历困境，甚至被战争、饥荒、洪水或火灾威胁生命。为什么会出现困境，要如何解决它们，这些都是非常重要的问题。魔法的目的和方法有许多种，但它们有一定的共通之处。接下来，我会尝试列出不同时间与空间中魔法的某些普遍分类。根据魔法的性质，这样的分类只能作为参考，并不详尽。

良性魔法

　　不少魔法涉及的是如何在这个世界上做出善举，或避免坏的结果。良性魔法比它的恶性同胞更为常见。

　　改善关系类　这是个相当宽泛的分类，人们与重要的他者有着极为多重的关系，而这些他者又包括了人们居住的土地、植物、动物、人造物、房屋、人类同伴等。每一种不同的关系都可能涉及特定的魔法，因此如果关系在某些层面上出现了问题，或需要重新平衡或调校，便可以采取一些有效的行动。在这个世界上有不少人并不区分人类的领域与世界的其余部分，我们或许能将前者称为"文化"，而将后者称为"自然"。如果强调人类与其他存在之间的亲缘关系，那么人类与世界整体之间的亲缘关系或类似家庭的关系的特征也会随之出现，同时这也要求人类付出一定的努力来维持良好的关系。在这样的亲密关系中，即使不是专业的魔法师也能参与，通过日常的狩猎魔法或农业仪式，以众所周知的咒语、恳求或供奉的形式，引起植物、动物和生殖力量的积极响应。如果问题涉及强大的力或灵，就需要经过专门训练的专家，例如萨满或其他精通此道的施行者。与危险的灵之力角斗的事不会交予新手，这是因为人们认为如果其中出现差池，魔法师及整个社群都会有很大风险。澳大利亚和北极圈的原住民则表现出了与作为整体的土地之间的强烈联系，尽管二者的方式截然不同。比如说，对澳大利亚原住民而言，歌曲和仪式都直接来自土地，因此照料整个环境的模式是环境本身给予人类的。整个世界对人类社会而言并非外部力量，人类社会就包含土地及土地之上的一切。

辟邪／保护类 它也与上述关系有关，寻求的是保护人类、动物、植物、土地或祖先不受伤害。其中涉及诸如中世纪和欧洲近代早期的做法（将猫或鞋砌在墙里）或用以阻挡魔鬼的符号。（见图 1.2）

预言未来类 这类魔法涉及的常常是相对地方性的或个人化的问题——孩子的健康、个人的前途等。这一分类中会出现算命或占卜，我们俗称的读茶叶正属于这一类。（见图 1.3）更有学问的预言需要占星学。用水晶球等来占卜能展现出更为宏大、更包罗万象的未来，受到天启的预言则常常会提及战争等重大历史事件，甚至世界末日。预言会出现在信仰的维度之中，这是一个魔法与宗教混杂在一起的维度。从读茶叶到宏大的末日预言之间跨越了极广的范围，各种约定俗成的预言形式迎合各种不

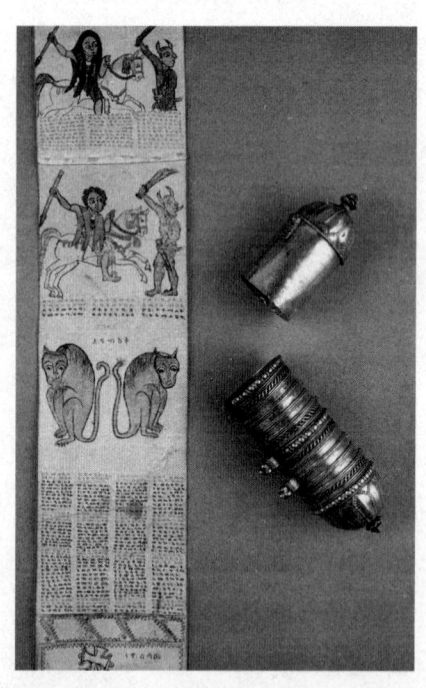

图 1.2　18 世纪的埃塞俄比亚的凯塔布卷轴，上有抵消咒语的祈祷文，用以保护它的主人。卷轴被封存于银匣中。凯塔布卷轴起源于阿克苏姆帝国（约公元 1—8 世纪），又结合了阿拉伯和基督教文化的影响。直到 19 世纪为止，还有几百万个凯塔布卷轴被人使用

图1.3 茶杯底部喝剩的茶叶的解读说明。预言的内容从普通的"好运"到更神秘也更明确的"你会对海军感兴趣"

同的需要,比如在古中国或古希腊,便存在着从村里的智者到给予国家政治事务以建议的宫廷占卜师等种种人物。

　　了解过去类　了解事情的前因是非常重要的,神谕是一种强有力的技术,能找出事故、死亡或其他不幸的原因。人们希望诊断出已发生之事的起因,也希望知道事后该采取怎样的补救行动。经典的人类学案例是阿赞德人的毒药神谕,尽管寻找前因的方式也有许多种。

　　濒死、死亡及死者类　涉及死亡的过程,死后立刻会发生的事,以及已成为人们的祖先、状态更为稳定的死者,这些观念都备受人们关注——古埃及人创造出一套相当复杂的方法来对待垂死之人和死者,尽管这一主题与全人类都有关联。除了成为祖先,还有许多广泛流传的要素,例如与死者交谈,以及确保他们不会干扰生者。

　　医药、疾病、健康和中邪(包括精神与肉体两方面)类　在细菌致病理论出现之前（甚至在它受到广泛重视之前），人们想到健康时，常常联想到各类灵、恶魔或糟糕的人际关系，需要解决它们以便使人恢复健康。在古代美索不达米亚的例子中，处理这类关系常常会用到草药，但也需要一系列咒语或做法来消除恶魔或其他恶性力量的影响。在大多数情况下，人们很少会刻意在肉体和精神之间做出区分，如今在欧洲，让人整体获得健康的疗法也渐渐深入人心。（见图 1.4）

理解和影响转化类　这其中涉及的活动包括手工艺制造等，尤其值得注意的是，能够掌控强大力量的铁匠的魔法实践非常常见。手工艺制造常常涉及的一系列魔法实践，对其效力至关重要。炼金术则是一系列将贱金属转化为黄金的尝试，更现代的化学由此诞生。人们也会操心各

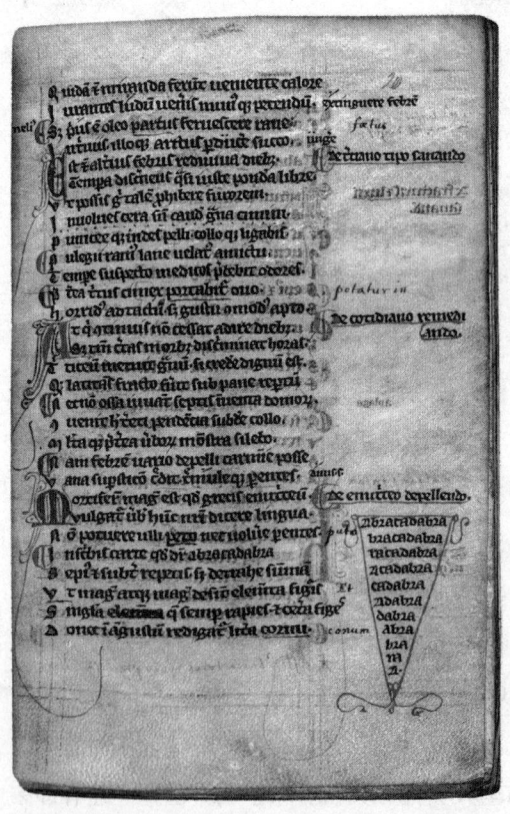

图 1.4　abracadabra 这个词现存最早的实例，它出现在一则治疗疟疾的药方中。这个词出现在右下角三角形中，每行都减少一个字母，从而达到减弱这种疾病致命性的目的（详见第七章）。书写这个魔法词语的行为本身能辅助治疗这种疾病

种怪物和杂交生物（例如狮鹫或斯芬克斯），还有一些更常见的转化形式，例如捕食者吞食它的猎物。公元前1千纪的欧亚大草原和欧洲出现的艺术展现出了人们对转化和模糊性的痴迷。

操纵欲望类　西伯利亚的猎手觉得他们必须让驯鹿对他们产生欲望，从而保证他们狩猎驯鹿时，驯鹿不会逃走。人们与驯鹿之间的联系极为古老，可以追溯到末次冰期，身体上有亲近关系的观念也可能已发展了几千年。类似的性欲观念在阿兹特克的文化背景中也可见到。有不少其他文化，例如古希腊和古罗马，则致力于研究爱情魔法，偶尔也会出现滑稽的结果。

恶性魔法

有趣的是，在各类魔法实践中，这一分类相对较小，即使如此，仍吸引了人们的广泛关注：单是与现代巫术有关的文学作品就数量庞大。一个有趣的问题是，为什么恶性魔法未能更为普及？可能因为相比于制造伤害，创造及保持良好的关系在生活中总是处于更中心的地位，尽管这种解读或许会被视作是人类群体浪漫而不切实际的积极观点。

女巫、男巫和巫术类　这些指的是念诵咒语、造成人所不愿之转化——例如将某人变成青蛙（以及将其变回来的活动，通常都出现在无心之时，亲吻一只青蛙将它变回王子）——或造成伤害的人或活动。这类实践相当普遍：欧洲的女巫广为人知，在非洲巫术也同样流行，且使人恐惧。文化差异在此十分重要：巴布亚新几内亚沿岸均有男巫，但在新几内亚的高地文化中却不见踪迹。人们普遍了解这种区别，却很少有人能理解其缘由，它缘于一定时间内高地地区与沿岸地区分离的历史发展轨迹。

诅咒类　在竞争性较强的文化环境中最为常见，例如中东、希腊和罗马，同样还有反向的诅咒。诅咒能令个人受到伤害或得病，但也能用于帮助球队获胜，或让对手在球场上失利。诅咒在地中海世界中十分发达，但可能在全球范围内均有出现。

作为反文化的魔法　仪式性的魔法能发展成为一种刻意的攻击，或用于颠覆一般的文化准则。它的形式正是所谓的黑魔法,当今西方世界中最为著名的即为阿莱斯特·克劳利及其泰勒玛教。这类尝试中包含了刻意颠覆宗教习俗(黑弥撒)和使用类似保护魔法(见上文)的符号。

来源与方法

  我的叙述始于魔法最久远的历史,时间跨度从万年之前直到当代。对于公元前 3500 年之前的人类历史,我们没有书面记录,因此所有信息都基于考古学调整和发掘,后来又有各类历史文献资料作为补充。值得牢记的是,考古学证据有其长处和缺陷。考虑到我们所考察的时间跨度常常极大,遗迹又曾受到以后世人类活动为主的多方破坏,考古学能够提供的信息便显得丰沛得惊人,也足以令人安心。对于穷人和那些不怎么有权势的人,历史的书面记录常常无视或一笔带过,考古学就显得更加民主:我们能找到一些小型房屋、定居点和人们工作过的田地,同样也能看到他们使用过的工具。在过去的一个世纪里,考古学家们的注意力已经多多少少从宫殿、庙宇和军事营地等精英建筑上移开,对普罗大众的生活产生了更多兴趣。宝藏固然有其吸引力,但要找到它们常常得靠运气而非算计,我们中的大部分人在这辈子的职业生涯里也没找到多少金银财宝。根据人类尸骨中的化学元素,新科技能让我们知道他们吃什么,也能了解他们如何迁徙;不断发展的遗传学则揭示出他们的世系;另外,我们给遗址断代的能力也胜过以往。我们对过去生态环境的了解同样发生了改变,正在不断加深。

  但与此同时,我们也失去了很多信息。除非处于极度湿润或干燥的状态,否则有机材料便会分解。要复原衣物、篮筐、木工艺品等过去生活的主要面貌,需要将各个证据的残片小心地拼凑在一起,有时一片保存完好的湿地遗址或一些在沙漠中发现的文物也能给予很大帮助。因为没有文字,我们无法知道从前的人在想什么,说什么。但考古学家们确实相信,在很多例子中人类的活动比语言的词句更重要,考古学也由此得以讲述某种技能使用在建筑和物品上的故事。我们能够知道人类的身体是如何移动、如何动作的，知道古人活动的空间，知道他们吃的食物和佩戴的饰品，也知道他们如何对待死者。考古学的另一个公平之处在于，我们都曾经思考过究竟何为人类，生与死又意味着什么；也正因此，对过去的了解并不局限于职业考古学家的工作，它同样也能从考古学家和原住民之间的交流中获得，也可能由那些热衷于寻找他们本地历史及深远过去的人发现。

考古学家阐释他们的证据时，常常会被两种彼此矛盾的诱惑吸引。其一是坚持直白明了的事实证据，大量叙述陶罐碎片、房屋尺寸、动物骨骸的种类和植物的标本等；这么做的优点在于不会出错，却遗漏了不少人类生活中最有趣的东西。其二则是过度阐释，声称我们完全能理解过去生活的细节，知道为什么从前的人会有这样那样的行为，也知道生活在古代到底是什么感觉。考古学不只涉及统计或实证分析，更涉及阐释，显然，我们必须在忠于证据与构筑起历史的叙述以证当下之间取得平衡。我在本书中的叙述将基于大量审慎而专业的工作，以及世界各地原住民的观点和看法。我使用这些详细工作和实地观点令魔法的历史复生，同时也尽量不让自己的叙述踏出前人阐释的范围，他们对自身的领域所知甚详，或是因为他们常常花费几十年的光阴精心调查，抑或是因为他们就直接生活在我所讨论的魔法的世界中。

考虑到阐释的局限性，考古学在获取诸如魔法、宗教和科学等课题——或许不如说是整个思想史——的信息时，似乎并不是一个有前途的信息来源。但假如我们接受身体同样也具备思想，思想能表现在有技巧的活动和有目的性的风俗中，那么文字就不是唯一一种理解思想的途径。在本书中，我们更多考虑的是人类的身体通过它的技能、感受和情绪所能做的事。我将呈现的证据，不仅属于文字出现前的远古时代，也包括有历史文献记载的时期，它们关于物品和兽类及人类骨骸刻意摆放的位置，及对这些物品形式、装饰方式和感官影响的思考。我们同样也会看到一些惊人的建筑结构。巨石阵和金字塔是我们所熟知的，二者具备的功能都超越了实用层面，而属于我们如今认知中的宗教或魔法。另一些建筑则不那么知名，部分是因为一些新的发现至今依然让考古学家们困惑不已。尽管一定会有不少人质疑，不过我的出发点来自这样一个假设，即虽然在绝大多数的时代和地区，人们都有足够的技能和资源来维持生活，但更迫切的问题在于该如何理解这个世界以及人类在其中的位置。也正因此，我的着眼点集中在人类历史的魔法、宗教和科学上，以及考古学在呈现相当长期的历史方面起到的关键作用。

关于魔法的历史记录同样十分丰富，其中包括美索不达米亚宫殿档案室中的楔形文字泥版，中国商周时期墓葬中复原的甲骨文，以及公元前后1000年之间地中海东部出现的各种语言的文字和手稿。所有这些例子都需要人们付出毕生的研究才能解读文本，同时也需要将这些翻译放回它们各自时代的文化语境中考察。在历史相关的章节中，我对证据的解读有赖于专家们丰富的专业知识，感谢他们慷慨地与我讨论他们的观点和阐释。开始着手写这本书时，我就觉得有大量原始资料可供利用，但即使如此，几乎覆盖了所有地区和所有时代的魔法相关作品数量之多，依然让我吃了一惊；同样让我惊讶的则是有一点贯穿始终，即魔法在许多文化形式中并非处于暧昧不清的边缘，而是居于其中心。在揭示这些历史事实的工作上，我们才刚刚起步，这部分是因为西方世界对魔法的偏见，导致只有最大胆无畏的学者才敢涉足于该领域的研究。考古学与文本分析的结合将能让死者复生：我们将见到中国青铜时代的王后妇好；还有古代美索不达米亚的魔法师家族，他们曾被历史遗忘，但文本和考古学发现将重现他们的姓名与个性。

有一块地区是我本想研究却未能给予太多关注的，那就是南亚。我对这地方缺少关注与其说是因为缺少原始资料，不如说是因为素材太多。在印度、巴基斯坦和孟加拉国，与炼金术和占星学相关的传统范围之广，让我觉得自己没法公正地判断，此外它们与西方、北方和东方都有着重要的双向交流。考虑到南亚是许多魔法传统的中心，提及次大陆的部分将会分散在本书的不少章节中。

最后，我要强调的是过去与今日之间的差异：这是一片完全陌生的领域，我们常识中关于生活的诸多概念在这里并不适用。了解过去既是一种挑战，也令人兴奋，它将让我们得以欣赏人类多样性的广度和深度。

现代魔法

在我们开始讨论过去的魔法的细节之前，简短地思考一番当今及近代世界对魔法的态度也很重要。西方文化以魔法为其负面定义自身的方式。现代意味着不相信魔法。工业革命、更民主的制度和理性的科学兴起，加上我们分析人类的习俗或世界运行的方式时更倾向于理性的思维方式，这些因素催生了现代性。魔法曾被视为所有这些现代性特征的对立面。伟大的社会学家和哲学家马克斯·韦伯有一个著名的主张，即现代性来源于祛魅的过程，是新兴的理性的、程序化而技术上更有效率的文化导致的魔法的衰落过程。从这种祛魅之中，韦伯看到了失与得。没有魔法的世界是个更冰冷的地方，缺乏情感与奇迹，由没有灵魂的技术员和没有心的专家主宰。他对从前那种宛如"施了魔法的大花园"的世界怀有深深的乡愁。然而，正如工业革命扫平了一个更田园牧歌式的世界，魔法的衰落也是这一进步过程中无法避免的；如果人们要管理19—20世纪首先在欧洲和美国出现的大众社会并给其供应食物和必需品，理性就是必要的条件。

按照弗雷泽在《金枝》中的观点，魔法的目的是直接控制自然；宗教致力于在人与某个神或众神之间调停；科学则以物理学的公式来理解这个世界。弗雷泽同样提出了两个魔法的基本原理：其一是传导，事物经由接近或接触来彼此影响，你的衣物一旦与你的身体有过亲密的接触，就能被用来伤害或保护你，甚至隔着一段距离也可以；其二则是交感，它考虑的是相似或象征性的联系，亦即所谓的同类相生，比如说，在狩猎时画一张动物被刺中的画，或许有助于保证狩猎成功。尽管专业的人类学家很快便认为弗雷泽的作品采用的材料范围有限，理论模式陈旧，但《金枝》依然在20世纪影响了众多作家和思想家。基思·托马斯的《巫术的兴衰》（1971年）对我们理解魔法的普遍性产生了重大影响，他利用了中世纪晚期到 1700 年前后的史料，沿袭马克斯·韦伯的思路，通过追溯现代性产生的过程来描画出魔法的衰落。此外，托马斯还展示了中世纪世界中宗教和魔法间彼此纠缠的状态，这种状态一直延续到更往后的时代，只是程度略有减轻。此书整整 800 页中的绝大部分篇幅都强调了魔法的衰落，但在最后 6 页中，托马斯以非同寻常的犹豫态度，描写了当时尚存的魔法，最后还表示说即使如今的魔法没有彻底消亡，"它的名誉也已大大衰落"。[2]《巫术的兴衰》引发了一系列重要的议题，它们至今仍被争论不休。

在过去的几十年间，人们对"魔法的灭亡"的说法产生了怀疑。那些研究更流行的魔法的人，记录了一系列不断变化的信仰，它们至今仍在发展并不断扩展。[3] 我曾有幸在牛津大学皮特·里弗斯博物馆中工作过 13 年。在那儿工作的最后几年间，我渐渐意识到有太多来自英国的藏品，其中大量都可被归类为魔法：一个所谓装在瓶子里的女巫；一只钉在黑刺李上的蛞蝓，用于止雨；被老人装在口袋里的土豆，用于缓解他的风湿病；一块人类的舌尖（用途不明）；一只卡在酒馆烟囱里的洋葱，与它一起的是一张纸，上面写着一位禁酒运动倡导者的名字，此人试图让酒馆倒闭——以上这些，加上另外更多未列举在此处的物品，都在收藏品之列。它们或许会被视作乡村和城镇贫民魔法的特征，是受到英国社会等级制度压迫的弱者的武器。但中产阶级同样对超自然事物极有兴趣，尽管常常以一种讽刺的方式。E. B. 泰勒是皮特·里弗斯博物馆馆长，他也会参加降神会，在这种活动中，诸灵会通过灵媒之口说话，或是看似自动地在黑板上写字。泰勒将这大部分降神会斥为粗疏的诡计或诈骗，但其中有两起他觉得很难解释。他也试过探测术，当他在一堆地毯下找到手表后，一名探测术专家表示他很有这方面的天赋。即使是在极为推崇理性的 19 世纪，魔法依然很有吸引力，在英国内外都有不少人尝试过魔法的实践。

如今仍有许多人相信魔法。近年来，无论是民意调查组织还是学术机构，都开展过调查来了解人们对魔法的信仰，每一次调查都揭示出了极为相似的趋势。一项盖洛普民意测验曾于 2005 年在美国通过电话调查过 1171 人，结果显示，其中有四分之三的人在一定程度上相信可被归类为"超自然"的事物。举例来说，半数以上的人认为灵媒治疗能起作用，超过三分之一的人认为某些房子闹鬼，五分之一的人认为也许能与死者交流。有趣的是，这样的信仰在各个种族和阶级群体中均有出现，这次调查的数据与更早以前在 2001 年和 1990 年的民意调查结果极为类似。[4] 在最近的几十年间，美国人对上帝的高度信仰广为人知。人们对魔法的相信程度，是否也与这种宗教感情保持一致？在美国，约有 92% 的人相信上帝存在，而在英国，相信上帝存在的人只有 37%。但是两国人民对魔法实践和超自然现象的看法相当相似，只在细节上略有差异。2007 年和 2008 年的调查问卷显示，英国人更相信与死者交流的可能性（英国 27%，美国 21%），而更多的美国人（21%）相信巫术（英国 13%）。类似的数据也可见于俄罗斯和德国，法国人的怀疑主义则更深些，不过，有半数以上接受调查的法国人相信"磁疗"。[5] 各国人所信之事明显有着文化维度上的差异，但对魔法的信仰却是普遍的。对魔法的信仰心理极为常见，相信有灵的存在，相信各种形式的心灵沟通术，或是相信有人具有远距离行动的能力，这些在更近期的调查问卷中均有所见。现代性的出现几乎已经将对魔法的信仰抹去，这一观点显然是错误的；同样错误的另一个观点认为，进步的欧洲只持有科学的观念，与之形成对比的则是世界其他各地更"落后"的信仰。事实上对魔法的信仰在全球普遍存在，尽管形式千变万化。

　　无论是过去还是现在，大多数人都相信，宇宙富有生气，具有感觉，他们不会将天体视作单纯的石块，其运动的方式全然由质量、力和速度决定，整个宇宙完全如钟表般机械化。人们已探索了我们生存在这个宇宙之中，而它也存在于我们之中的各种方式。这种万物有灵且有感觉的信仰如此广泛，值得我们停下来仔细思考。围绕"万物有灵论"这个词产生的重要争论，引出了关于"参与"和"感觉"的重要问题。万物有灵论是个很好用的词，但也很危险。它的词根是拉丁文 anima，意为"灵"或"灵魂"，而万物有灵论这个词进入英语中，则源自人类学家 E. B. 泰勒广为流传的里程碑式作品《原始文化》（1871 年）。泰勒想定义宗教,他最终提出的是"相信灵的存在"。对他来说,万物有灵论指的是一种宗教信仰的基本模式(事实上是原始模式),按照这种信仰,灵以多少有些区别又普遍的方式存在于这个世界上,例如某棵树或某个地方的灵等,它们不会被进一步地定义为具有像神明一样离散性的力量。而后来被称为"新万物有灵论"[6]的观点强调的则是万物之间的联系。

20世纪时,在西方,现实及定义人类的新范式逐渐涌现。广义相对论显示,时间、空间和引力之间彼此联系且相互影响,让宇宙变得更动态易变;量子力学则让宇宙变得更为怪异,观察者也许能影响他们观察的事物,将之前被视作客观与主观的两种彼此分离的状态联系在一起。广义上有感觉的特殊形式生物物种在宇宙中随处可见,让意识等本已解决的问题出现了新的可能性,即整个现实都在某种层面上具有感觉。与此同时,在生物学和社会科学领域,如今提及何谓人类的定义,已不怎么强调脱离肉体的理性思维,而更注重身体的智能、我们的感官和情感的状态。人的概念变得更为完整,思维被放置在身体中考量,同时身体的技能与人们制造并使用的人工制品联系在一起。人们不仅反思了人类智能的定义,也知道不少其他活着的生物可能也有交流的手段,能够彼此理解:树木可能也有社交生活,章鱼或鸟类可能会展现出新奇而具有创造性的行为,以回应不同的状况。人类的智能只是整个世界的智能中的元素之一,在这个世界中,人类必须一直回应周围的世界,无论是有生命的,还是没有生命的。这样的概念让人们与万物有灵论者之间有了交流的可能。

我们将在第九章和第十章中看到,新纪元运动利用来自19世纪的招魂术和神智学,创造出了一套折中的方法,它有时会混入一些原住民的信仰(常常招致这些信仰所来源的原住民的愤怒)。由于"新纪元"这个词如今带有贬义,持有此类观点的人已经很少使用它,但是"新纪元"的拥护者们期望人类和地球的历史能进入一个新阶段,这一点或许受到了占星学的影响(所谓的"水瓶座时代")。在当代信仰的纷乱灌木丛中,还有詹姆斯·洛夫洛克的盖亚假说,它得名于希腊神话中大地人格化后的女神。盖亚假说认为,有机和无机两个层面上的地球共同构成了某种类似于单一有机体的存在，它是一套动态的系统，能自我调节，以维持生命需要的环境。如果人类对整体的生态系统造成威胁，那么地球便可能设法将人类从地球上清除出去，就像活体生物的免疫系统会将病原体从躯体上清除一样。在这个假说中，生物学与道德伦理结合在一起，加上当今大众消费的模式对地球系统的损耗及由此引发的道德问题，共同成为一个激进的地球系统假说的基础。

正如我将在最后一章中进一步探讨的，将全球魔法传统的各个方面与科学各领域的最新发展结合在一起，这种做法有其可行性，也相当值得；其目的是改变我们的既有观念、重新审视世界的运作方式及我们在其中的位置。我在后文中将回到这个贯穿全书的观点，即这样的当代魔法将会向现实运作的物理学理解之中注入强烈的道德意识。魔法让人们能以亲缘关系的方式与这个世界联系在一起。我们得关心亲属，而魔法则能帮助我们改进这种关心的方式。

"魔法"这个词语有着丰富的内涵和意义。我们任何人都不乐意被别人指责有魔法式的思维方式，但另一方面，假如世事发展如同被施了魔法，我们又会十分高兴。倘若我们说某场演出、某件艺术作品或风景如魔法一般，那就不只是一点赞美而已。尽管魔法给人的印象不怎么好，我们使用这个词语时仍有不少积极的含义。在本书中我想要尽量捕捉并阐发的就是这些积极的含义。魔法并非容易受骗上当的人、教育水平低下的人、傻子或疯子才有的过时信仰。魔法甚至不是人们凭依的手段，而更像是不少人生活的重要特征。魔法鼓励人们以更整体性的观点来看待人类本身，通过实际而符合道德规范的关系，将自身与这个星球联系在一起。在这个时代，我们需要积极而整体性的全球化思维，魔法能给我们提供的有很多。

第二章

魔法的深历史
公元前 4 万—前 6000 年

我们即将面对的一系列世界对我们而言极为陌生，我们视作常识的生活元素在这些世界里都不存在。我们还将发现魔法是人之为人的重要组成部分，即使是在极为久远的过去也是如此。我们从4万年前开始讲述，在这个时间点上，证据以全新的方式出现——我们没有必要追溯到魔法刚刚出现的最早源头。我们的注意力将集中在欧洲和中东，这部分是因为这些地区的考古学发现揭示了丰富而惊人的人类历史。

我们首先将从刚进入末次冰期的世界入手，当时人类的生活极为艰难，但人们已开始有了发展魔法的需求。约2.7万年前，三名年轻男子被并排埋葬在捷克共和国南部如今被称为下维斯特尼采的一处遗址中的浅坑里。其中两个男孩仰面朝天，另一个面部向下。中间的男孩的骨架上有诸多异常特征，这意味着此人长相不同寻常，而且行走时必定是跛脚的。三人被埋葬时穿着以植物纤维编织的复杂衣物，其中包括一些用骨头和牙齿装饰的帽子。当地球进入末次冰期，中欧的这个地区一定相当寒冷，良好的衣物必不可少，但他们身上的衣物却不只具备实用性，还带有牙齿和骨头的装饰。男孩的面部和身体中央腹股沟的位置，以赭石涂成了红色。左边的尸体经刻意摆放后，一只手摆在中间那具尸体的腹股沟处，这个姿势在我们看来具有一定的性含义，但因为他们所处的时代距我们极为遥远，我们对此无法确定。尸体上可能被盖过树枝，它们被点燃后又迅速地盖上了土，从而尽可能地减小火势。

在这个墓葬坑的附近，我们发现了一块石灰岩细棒的碎片，上有29道刻痕，以前对此的解释是太阴月的记号。这些记号以5、7、7、5、5的数量分成5组，反映出了月亮在月亏和月盈之间亮度的变化。如果这个解读是正确的，那么这根石棒展现的便是我们最早的天文学观察记录，同时也暗示了占星学的潜在根源，人们依靠占星学来理解天体对他们生活的影响。我们可以想象我们的远祖在冰河时期寒冷而清澈的夜里，坐在室外，冒着霜冻的危险，记录并验证他们对月相的观察，同时想知道月亮和其他天体的运动是否可能指引他们的未来，或解释他们的过去。

从男孩们的墓葬坑往北有一排小坑，里面摆放着 7 块人类颅骨的残片。与这排颅骨残片平行排列的是另一组灶台和坑，其中摆放的物品包括一头狼的脚掌和后腿及大量猛犸象骨。可能是人们在经过了一段时间后又回到这个地点，将人体和重要动物的部分尸体摆放于此，作为祭品：猛犸象身形巨大，极为危险，但可以食用；狼生活的区域则与人类十分接近，以人类狩猎后的残余物为食，也会在人类营地中吃剩下的食物垃圾（很有可能狗的驯化就始于狼群从与人竞争转变为与人合作）。如果我们将镜头从这些怪异的遗物上移开，我们会看到一些由灶台和临时小屋组成的小型营地，零散地分布在如今的下维斯特尼采和帕夫洛夫这两个村庄之间的迪耶河河谷几千米范围内。在约 2.7 万—2.4 万年前，这 3000 年左右的时间里，一直有人类的小群体从这个河谷中进出。他们可能会在冬季进入更能提供庇护的河谷，在周边土地上来回移动以狩猎驯鹿、猛犸象和其他动物，此外也会在这片稀疏地长着树林的草原土地上采集植物。

在这片古老而丰富的遗迹中，有一个更不同寻常的现象值得我们注意。1951 年，在下维斯特尼采周边较早的发掘活动中，人们发掘出了一个有时被称作"魔法师之屋"的建筑物遗迹。这是一小片从土壤层一直挖到永久冻土层的圆形洼地，边缘有石头和骨头作为标记，它们或许被用来压住以兽皮或树枝为材料的小屋屋顶。屋子的面积很小，与其他冬季住所之间有相当一段距离。屋子中央有一个小型的黏土结构，它被认为是一个窑炉，人们从其中发掘出了 2300 个小黏土塑像的残余物。它们主要是动物塑像，被故意放在这个窑炉中烧炸（这个遗址的其他地方发现的都是完整精美的女性人像）。这是世界上最早一例烧制黏土不用于制造罐子等实用性物品，而用于制造炸裂的小型动物塑像。人们把湿黏土捏成动物的形状，将它们晒干，放入高温的环境，使之爆炸。在如此狭窄的空间里，黏土爆开制造的声音、热量和危险碎片，加上屋内外的强烈温差，让留在小屋中的人获得一系列紧张刺激的体验。塑像的动物都是人们通常会狩猎的对象，例如驯鹿等，制造它们的塑像并使之爆炸的做法被人们解读为一种狩猎魔法，也就是一种控制动物的手段，因此这里被称为"魔法师之屋"。尽管这样的解读不一定准确，但无论如何我们也可以说这些复杂的行为不只是欣赏黏土的艺术，也是一种探索人类与动物之间联系的方式：或许这是一种以参与的形式进行的实验，用来理解人类在多大程度上、以何种方式与动物以及这些塑像的泥土具有密切联系。

在我们如今的大多数人看来，若不依靠现代技术的协助，冰河时期居住在中欧的人的生存环境是致命的（就算有现代技术也未见得能够维持生存）。远古时期欧亚大草原上的居民并不仅为了勉强糊口而劳作，存活不是他们唯一关心的事，他们也在探索彼此之间、人类与动物和天体之间的关系。但这样的生活中没有不利于存活的思维模式的存在空间。对魔法的信仰不是奢侈品，而是人们在几千年里用来应对巨大而危险的动物，应对稀少的植物食物，并从它们那儿维持生存的活动的一部分。很可能当时的人类将类似于驯鹿、狼或猛犸象这样的动物当作近亲。当黏土与火焰结合，人们便可能将它视作一种刺激性的积极事件，而非原本惰性的存在。当时的人们可能以某种方式理解何为人类，与我们现在的许多假设截然不同。当时的人们对世界的深度参与标志着一种深层的魔法，其传统在随后的数千年里不断回响。

要理解遥远过去人类的魔法活动的范围，及他们参与周围世界的方式，在本章中我们将首先关注冰河时期，以及欧洲范围内与原始艺术相关的魔法实践。最后一次全球变暖大约结束于1.2万年前，它使猛犸象和剑齿虎灭绝，但也给人类带来了无与伦比的可能性，它引发了一系列伟大的实验，至今依然让我们受益无穷。当时的人通过发明农业——靠的是主动地栽种食物，而非狩猎采集这种有时被视为更被动的活动——来进一步控制他们的环境，常常被视作是这个新近温暖起来的世界的戏剧性变化之一。我们中的不少人是工业革命的后裔，工业革命让我们在观察世界历史时比较关心重大发明和革命性的变化。农业就被视为这种最具革命性的变化之一，始于冰河时代结束后的中东地区。有新的证据表明，农业并非突然出现的发明，也不意味着当时的人生活艰难。在冰后期的早期阶段，人类、畜牧的牲畜和植物之间的关系发生了变化，并因此而出现重大的转变，但这个过程是缓慢而零散的。一些最为惊人的证据不是经济方面的变化，而是魔法和仪式方面的戏剧性转变，它们有助于我们探寻人类对世界的参与活动的本质。人类的数量逐渐增加，如何在更大的群体、更多的动物和植物中间生活而不引发冲突，这成了比谋生更紧迫的问题，尤其是在一个物产日益丰富的新世界中。这些是与冰河时期的欧洲截然不同的带有人类文化的世界，各族群有着不同形式的活动和信仰，但我们也能看出其中一些显著的共通点。当时的人类对因果关系的理解很可能与我们在过去几千年历史中所接触的东西完全不同。对于这些陌生的世界，魔法是更好的指导工具。

在这里我们将关注的是所谓的新月沃土地带：这是一大片弧形的土地，从黎凡特延伸至安纳托利亚半岛南部，向东囊括底格里斯河和幼发拉底河流域的河谷，最后在伊朗高原上结束。在新月沃土地带，我们没有发现晚冰期和冰后期的生活方式之间的剧变，而是可以看到一种连续性，人类于晚冰期开始定居，精心埋葬死者，并在动物和植物上进行各种尝试，最终发明了农业。人类将游牧与定居的生活方式结合在一起。他们建造了世界上最早的石质纪念建筑，还建立了复杂的定居点。这是全新的世界秩序，食物的来源更为丰沛，人类在全新的生态系统中探索自己的位置。结果就是在这片相对较小的区域中，出现了各式各样的生活方式，富有变化且充满活力。仪式和魔法是这些参与世界的新形式的核心。

随后我们将转而思考宗教的起源。正式的宗教最早在什么时候诞生，一直是个争论不休的问题。不少人认为，在农业诞生的最早期，亦即如今被我们称为新石器时代的时期，人类已经有了诸神的观念。但我要区分诸神观念的诞生与宗教的开端。我认为，只有当人类开始有了正式的神庙，以及操持神庙的专业人员群体——祭司，宗教才算出现了。如我们将会看到的，神庙和神祠的最早证据出现在新石器时代晚期的中东。早期农民的世界主要还是魔法的世界，诸神只是偶尔闯入其中，而且相当游移。

旧石器时代魔法

旧石器时代相当漫长，它始于人类祖先出现之时，当前研究为约 700 万年前，结束于最后一次全球变暖之时，亦即约 1.2 万年前。我们的祖先不仅在身体上完全变成了人类，精神上也同样如此，这一过程靠的是创造出我们如今认识到的文化，这些文化的中心则是魔法。

身体方面与我们同类的生物最早出现在非洲，约在 20 万年前。起初，我们的祖先只能生活在温暖的栖息地，当全球变暖时便往北迁徙，而后又因气温降低再次被赶往南方。人科动物最早出现在英国是在约 80 万年前——当时人类的祖先将足印留在了诺福克郡的黑斯堡沿岸的软泥上——当时的气候环境至少与如今差不多温和。[1] 只有通过约 3 万年前的最后一次冰川运动，人类才能在冰盖之南的冻原地带存活下来，与大型猫科动物和狼群竞争，狩猎长毛的猛犸象和驯鹿。

我们不可能想象出 4 万年前的世界，但重要的是试着想象。当时人口稀少。人们可以感受到自身对这个世界的深切敬畏，他们可能会相信这个世界同样具有感觉，会对他们的行为做出反应。在约 3 万年前，现代智人和尼安德特人一同生活在世界上。这两种人类在生物学上十分相近，因此在整个欧洲大陆上，二者会混种杂交。如今我们中的不少人都可能有部分的尼安德特人基因。这两种人类都不定居，跟随驯鹿群并狩猎体形大至猛犸象的大型动物。植物食物同样重要，但只有在夏季的数月中才能大量获得。尼安德特人和现代智人都会建造建筑以及利用洞穴。在法国的布吕尼屈厄洞穴曾发现一些摆成椭圆圈状的破碎的钟乳石和石笋段，旁边是另一圈钟乳石。[2]（本节提到的洞穴遗址位置见图 2.1）它们的时间在约 4.7 万年前，因此最有可能是尼安德特人建造的，这进一步说明尼安德特人和现代智人具有相似的能力。尼安德特人也会创造艺术，这曾经引起过一些轰动。在约 4 万年前，现代智人抵达欧洲，渐渐取代了尼安德特人，虽然二者之间偶尔也有积极的互动。

1939 年 8 月，德国霍伦施泰因悬崖上的施塔德尔洞穴的发掘工作因备战而终止。洞穴中的发现被打包送往乌尔姆的博物馆，其中包含大量猛犸象牙的残片。直到 1989 年，这些猛犸象牙残片才被完全拼在一起，呈现出的是一尊 31 厘米高的雕像，头部是狮子，身体是人类。（见图 2.2）它的手臂、腿部与头部一样，带有狮子的特征。上臂的水平刻痕可能代表的是文身或疤痕。这尊雕像的性别问题引起了相当大的争议，在雕像耻骨附近有一块可以拆卸的部件，被某些人看作男性性器官，又被另一

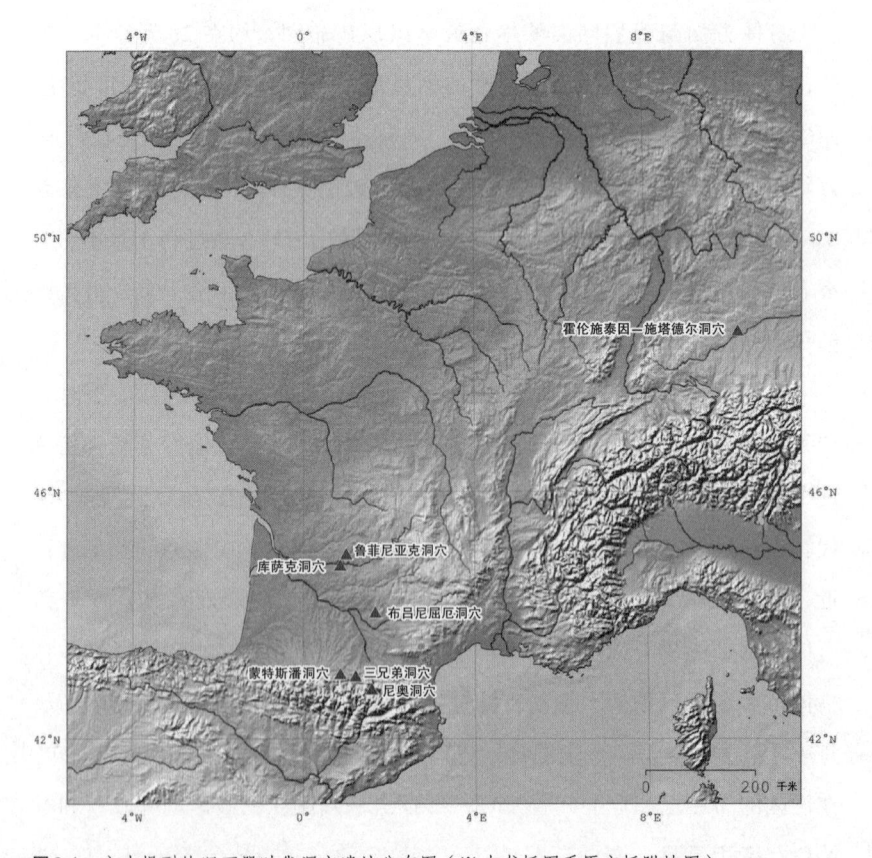

图 2.1　文中提到的旧石器时代洞穴遗址分布图（※本书插图系原文插附地图）

些人看作属于女性。考虑到雕像的保存状态，要明确地解决这个争议十分困难，很有可能它的性别将永远不明。事实上，雕像身体上的磨损说明它经常被人触摸。近来在施塔德尔洞穴的发掘则显示，这尊雕像已有约 4 万年的历史。

在制作这尊雕像时，匠人展现了跨越物种边界的技艺。三个物种的特征被结合在一起。除了模拟狮子和人类的形象之外，这尊雕像使用了一头年轻猛犸象的象牙做材料。可能雕像的制造者和使用者想将猛犸象、狮子和人类的力量结合在一起：猛犸象是当时最巨大的动物，狮子则是最凶猛的。象牙质地坚硬，当时只能使用燧石工具来进行加工，难度不可谓不

图 2.2 施塔德尔洞穴发现的猛犸象牙质狮人雕像

大——实验表明，制成这尊雕像需要至少 400 个小时。这说明选择象牙材料并不是就近趁便，而是一种想结合这个世界各种力量的尝试，展现了人类与其他物种之间的密切联系。

冰河时期不少洞穴里都住着人，施塔德尔洞穴却不属于其中之一。它的入口朝北，晒不到太阳。在这个洞穴中少有人类生活的迹象，却有一个储藏驯鹿角的地方，还发现了穿过孔的北极狐牙齿，或许是用来制造项链的。这个洞穴很有可能是用来储藏特殊物品的，也用来举行一些非常特殊的活动，至于这些活动的性质，如今我们就只能猜测了。

在欧洲的诸多幽深洞穴之中，只有大约 400 个有旧石器时代艺术的遗迹，它们至少从 2 万年前就已出现，大约延续到 1.4 万年前。[3] 新发现的艺术遗迹的数量以每年一个的速率增长，这些遗迹不仅出现在洞穴中，也出现在某些露天场所。虽然不很确定，但我们估计这些艺术遗迹出自

现代智人之手。旧石器时代的艺术家们有时会深入地下两千米之远，例如在尼奥、蒙特斯潘、鲁菲尼亚克和库萨克等法国洞穴之中。（洞穴遗址位置见图2.1）他们拿着燃烧的火把照明，爬过狭窄的通道，沿自然形成的岩石夹缝上行，又沿竖井钻入地下几米深处，这说明他们很可能有绳子。我们的古老祖先显然觉得很有必要深入地下。在某些地方，他们在洞壁留下了令人赞叹的岩画。（见图2.3）岩画所绘大多是动物，有时也有手印，还有沾满颜料的手指留下的痕迹。远古时代大人与小孩的身体痕迹，如此直接地呈现在我们眼前，令人不由自主地战栗，仿佛带我们跨越漫长的时空与祖先们紧密相连。

除了艺术遗迹，我们还会发现肖维洞穴那种动物骨头垂直插在地上的情况，有些骨片还被插入岩石裂隙。在公元2000年，法国的库萨克洞穴中发现了冰河时代最早的洞穴墓葬。库萨克洞穴长度超过2千米，壁上有大量雕刻艺术，根据它们的艺术风格可以断代为2.8万—2.3万年前。从一些熊坑中挖掘出了7具人类骨架，其中之一根据放射性碳定年法检测为约2.5万年前，说明墓葬与雕刻艺术属于同一个时代（也与一定距离之外的下维斯特尼采属于同一个时代）。熊坑中的墓葬同样提醒了我们，这些洞穴中住着危险的生物，即使是在洞穴外遇到它们也十分危险，更不必说是在洞穴这么狭小的空间里。

考虑到在深深的洞穴中行走、爬动或上下攀爬的困难和危险，一个很大的问题就是人们为什么要这么做，又为什么要留下这些迷人的艺术作品。不少人将这些艺术作品视作某种交感魔法，用以控制他们描绘的动物，这些动物是狩猎的对象。这个解释无法让人完全满意，洞穴岩壁上刻画的动物种类与人们生活的遗址中发现的骨头种类并不能完全吻合。大卫·路易斯-威廉姆斯与合作者们曾提出一个重要而颇富争议的解释，以魔法为特征。路易斯-威廉姆斯在他职业生涯的早期，曾经在南部非洲与布须曼人一起生活，当时他注意到布须曼人的艺术源于广义上的萨满教信仰，这种信仰在意识转换的状态下获得具象形式及强烈的情绪力量。布须曼人的岩画艺术一直持续到19世纪，有记录表明他们会在绘制和使用这些岩画时举行仪式。他们会结合吟唱、敲鼓、舞蹈、服药、剥夺感

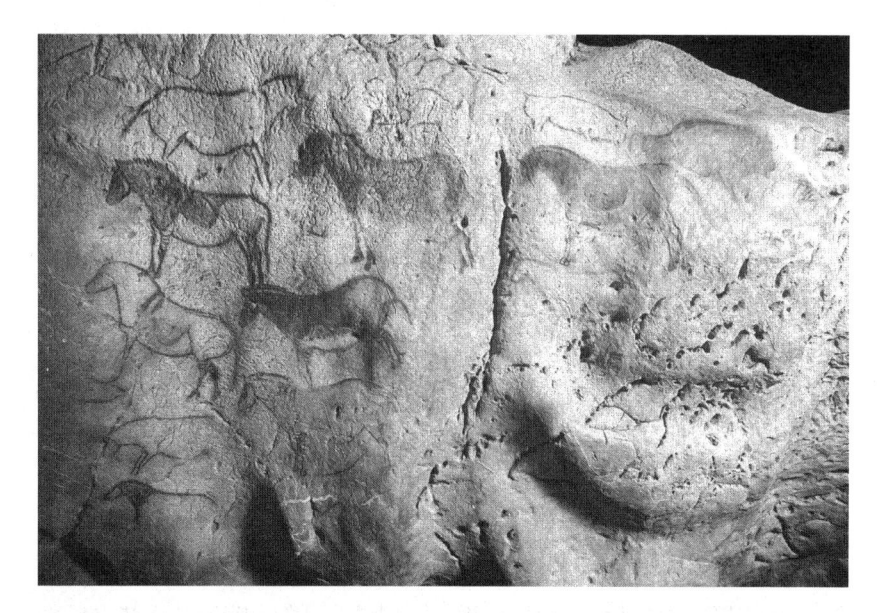

图2.3 冰河时代的洞穴岩画艺术——西班牙巴斯克自治区的艾肯洞穴中发现的岩画，长达4米，绘有黑、红两色马匹，属于马格德林时期（约1.7万—1.2万年前）

觉等多种方式，达到一种对世界的全新体验。

路易斯-威廉姆斯提出了两个有争议的论点。第一个论点是，他认为无论是在如今还是久远的过去，意识转换实践的形式和成果都非常普遍。相隔4万年，人类的大脑无疑变化不大；但是争议在于，当时的人是否也会做类似于更晚近时代的事情。按路易斯-威廉姆斯的看法，人们在高度兴奋的状态下会体验到一种所谓的"内视现象"（entoptic phenomena，entoptic 意为"在视觉系统内部"）。大脑的共通构造保证了同一个刺激物将激起相同的反应，因此他认为，某些更新世的欧洲岩画艺术的图形，与19世纪在南部非洲发现的图形类似，二者描绘的都是内视现象看到的事物。路易斯-威廉姆斯的第二个论点是，狩猎采集者和早期的农业群体中都能发现共通的萨满教信仰模式，这个模式包含三层结构的宇宙观：宇宙被分为天空或天体领域、大地以及地下世界。

此外，尽管岩石在西方被视作最坚硬牢固的物质，但对布须曼人来说，它只是一层面纱，用来投射来自灵之世界的影像。岩画描摹的便是这种投射的痕迹，因此洞壁上的大羚羊，描画的是岩面另一侧灵之世界中更为真实的大羚羊。萨满的任务就是洞穿这层面纱，与灵交流，并将重要的信息带回到日常的人类世界，这些信息常常与疾病、健康和治疗有关。萨满冒着损害自身福祉的危险踏入灵之世界，并由此暂时成为灵之世界的一部分。他们会让鼻子流血，摆出奇异的姿势，例如将双臂向后甩等，以此告诉洞穴中的其他人，他们正在这两个世界之间穿梭。按照路易斯-威廉姆斯的解释，关于这种现象，我们能从今天的民族学和远古的深历史中获得富有吸引力的证据，虽然它们常常危险地混在一起。

法国的三兄弟洞穴中发现的岩画罕见地描绘了动物和人的复合体，这个形象被解释为萨满。（见图2.4）路易斯-威廉姆斯同样认为，对于法国的旧石器时代的人类来说，岩面正如一层薄膜，动物存在于岩面另一侧，或许还有着更完美的形态。这种观点的证据是岩石自然形成的缝隙被用来表现动物的外形；同样，正如我们已见到的，当时的人热衷于将骨头和其他材料插入岩石的缝隙，这也可被视作一种与另一侧的灵之世界交流的尝试。此外，深入地下的旅行或许可以帮助人们离开他们的日常世界，斋戒、歌舞或服药也许能加强这种体验。

在不少人看来，路易斯-威廉姆斯走得太远了。他认为，当今世界，从南部非洲到西伯利亚再到南美的各处，萨满式的实践都基本相同。这一想法本身就无视了文化环境和当今世界各地的巨大差异。而由此便说所有这些实践与几万年前创造艺术的洞穴探索者们的行为大体类似，这似乎很荒谬。对路易斯-威廉姆斯的观点批评得最直接的是保罗·巴恩，后者将他看到的现象称为"萨满狂热"，他认为岩画只能被解释为艺术，不该有其他

图2.4 法国三兄弟洞穴中的"萨满"形象

解释（在巴恩看来，艺术本身能帮助人们控制他们描画的动物，其实也算是某一类交感魔法）。[4] 其他人则不确定具象的艺术是否确实源于人们想要勾画出恍惚状态中感知到的物体轮廓、几何图案或动物，毕竟在恍惚状态中见到的图像总是变幻不定，令人困惑。

路易斯-威廉姆斯尝试进入与我们的现实不同版本的现实之中，并指出洞穴岩画背后隐藏着对我们而言全然陌生的创作冲动，这一点我十分欣赏。这些图案显然具备魔法的性质，显示出绘画之人与所描绘的动物之间的密切关系。马、犀牛、猛犸象或驯鹿究竟是被视作与人类不同的物种，还是在某种意义上被视作人类的亲属，这仍是个需要讨论的问题。另一个重要的问题在于，是否能认为在冰河时代存在某个平行宇宙，那些地下深处隐藏的生物必然多少与在地表世界里见到的不同。遵循路易斯-威廉姆斯的思路，想一想岩石壁上呈现的到底是什么，这是很有益处的：或许当时的人认为岩石如纸一样薄，与平行宇宙相连，在平行宇宙中生存着多种多样的物种。我们总是倾向于从艺术所描绘和呈现的事物的角度来看待它。但在此处，想一想它是用来做什么的，这更有建设性：艺术及其背后隐含的魔法，是否曾被相信是一种技术，有着和长矛或陷阱类似的目的，只是施行的方式不同？

不过，我本人也不太满意萨满式的假说。冰河时代的世界与我们现在这个世界的一切都截然不同，因此当我们跨越漫长的时间，进入艺术刚刚诞生、智人依旧与其他人类物种共存的世界的时候，我们要警惕建立太多的联系。我们没法知道这些过去的世界究竟是什么模样，也没法保证如今不定居的人类小群体能直接保存或重复过去时代的生活方式。假定冰河时代就有萨满，这确实能解释一些问题，但也可能掩盖了过去时代及其对魔法的兴趣与今日之间的真正不同。

当人们将这些洞穴艺术视为宗教的一部分时，进一步的争议又产生了。让·克洛特是欧洲岩画艺术的顶级专家之一，他认为岩画存在的时间跨度长达 2 万年，这说明它是人类历史上持续最久的宗教。[5] 岩画艺术存在的时间确实很长，它的背后也或许有着某些创作目的，这些都毋庸置疑。但没有证据表明当时已有神祇或宗教组织，而我们如今通常将这些与宗教联系在一起。谨慎的人在要说到"魔法"这个词时，可能更倾向于说成"宗教"。岩画艺术形式带来的力量、它们使用的色彩、对岩石表面既有的形状的利用等，都增加了画面的真实性，让我们着迷。绘画者与画面之间的深度接触，也意味着他们与所描绘的动物之间有着深度接触，说明他们想理解这些动物，甚至可能想要控制它们。

如果魔法源于人类对世界的参与活动，那么在人迹罕至的地方制造出精妙艺术作品所需的技巧和努力，便反映了人类想要探索与其他物种之间关系的深切需求。地面世界上的联系在深深的地底回响。人们探索自身与牛、马和鹿之间的联系时，使用的不是一种疏离或冷漠的方式，而是让人觉得这些造物与他们之间有着最紧密而强烈的联系，这种联系很可能等同于他们与其他人类之间的家庭关系。艺术有助于尊重、维持并操纵这种与动物之间的关系，它对生活本身极为重要。艺术并不只是在恶劣环境中有利于生存，它更关联着人类和动物的本质，以及它们将会如何变化等问题。绘画将实用性和哲学性结合在一起。过去世界的某些方面在当今引发了尤为热烈的讨论，旧石器时代的岩画艺术无疑就属于这样的领域。犀牛、马、鹿和人类的双手跨越了时间的鸿沟向我们说话，我们不禁要做出回答，并彼此争论不休。旧石器时代的魔法和艺术至今依然能提出与这世界之中的人类相关的深刻问题。

在大约 1.2 万年前，全球变暖创造出了总体上与今天极为相似的环境。植物和动物的数量普遍增加；不少物种都进入了之前因为气温太低或缺水而无法进入的地理区域。人类则尝试了各类范围极广的生活方式。这些变化总体来说是积极的，但群体中人口数量增加，彼此之间的距离太近也造成了重要的问题，即如何在一起生活而不产生冲突或暴力。冰后期的变化常常被解读为促成了农业的诞生。在强调食物生产方面，考古学家们认为生活功能性的一面才是它的原动力。然而，没有证据可以表明，在这个繁荣的新世界里，维持生计会很困难，而且我们获得的最突出的证据都与祭祀仪式和魔法行为有关，它们都是人们重新与哲学和社会问题搏斗而产生的活动。

新月沃土的魔法文化

（约公元前2.3万—前6000年）

大约在西欧岩画艺术的末期，已有人类在中东定居。那里的文化与冰河时期的欧洲文化在形式上极为不同。大量活动的地点在所谓的新月沃土，它是一片巨大的弧形区域，从以色列的黎凡特南部、巴勒斯坦和约旦，一直到地中海沿岸，经过如今的黎巴嫩和叙利亚，向东穿过土耳其南端，向南到幼发拉底河和底格里斯河进入波斯湾的冲积平原，同时也包含了伊朗高原最西部的斜坡。这片区域的地形极为复杂，阿拉伯板块、非洲板块和欧洲板块在这里碰撞，制造出了东非大裂谷的北端、以色列和黎巴嫩北部的丘陵地带、安纳托利亚的高地（底格里斯河和幼发拉底河从这里发源）及伊朗高原。复杂的山地和河谷地形与远离地中海和红海沿岸的降雨减少现象叠加在一起：动植物繁盛的海岸生态系统能迅速地被沙漠取而代之。地形、降雨和地质条件制造出一系列生态学上的马赛克式混合环境，大量物种在其中穿行，其中也包括人类。复杂的生态环境中出现了各种人类文化，他们利用魔法的手段来与死亡较量，探索生命。

在几百万年间，包括人类及其祖先在内的大量物种迁徙出了非洲，在身后留下了它们物种的某些痕迹。新月沃土同样也是许多一年生草本植物的故乡——二粒小麦、单粒小麦和大麦的远祖——另外还有亚麻、鹰嘴豆、豌豆、小扁豆和苦豌豆。这里面还包括大量如今最重要的培育物种的祖先及各类动物物种，例如奶牛、山羊、绵羊和猪等日后农业的重要动物。就像是这种多样性还不够一般，近来发现的证据表明，人们在冰河时代末期已开始培育无花果及驯化小型猫科动物。野生的橄榄很早就被用作油料，培育则要再等上很长一段时间。植被的分布受到气候影响。末次冰期是缓慢停止的，而非突然结束。公元前1.2万年左右，曾有过一次气温的突然回升，几乎升到与如今相当的水平。在此之前的公元前1.1万—前1万年间，气温向下波动，出现最后一次冰期状态，而后气温的急剧上升终结了冰河时期。（大事年表见表2.1；主要遗址位置见图2.5）

定居生活早在农业之前就已出现，部分是因为当时已能够获得大量食物。

时间	考古学时期	事件与进程
公元前2.3万年	奥哈罗二期	定居，碾磨种子，储藏粮食
公元前1.3万—前1万年	纳吐夫文化早期（至公元前1.1万年）	定居，储藏粮食，修建墓葬（墓中头骨被取走，疑似萨满教信仰）
公元前1万—前8700年	前陶新石器时代A时期	不定居人群在哥贝克力石阵建造大型祭祀建筑——用以处理人与动物之间的关系
公元前8700—前7000年	前陶新石器时代B时期	定居或不定居人群——有些大型遗址。头骨被移走，被抹上灰泥，混合了人类与动物，有用于魔法的小雕像
公元前7500—前5700年	加泰土丘	大型定居点，大量仪式性活动——历史之屋，与各类动物和鸟类相连
公元前5500—前4000年	欧贝德时期	与相当大面积的地区有联系——最早的神庙

表2.1 晚冰期到全新世中期（目前持续了1.2万年的温暖气候）的简略年表

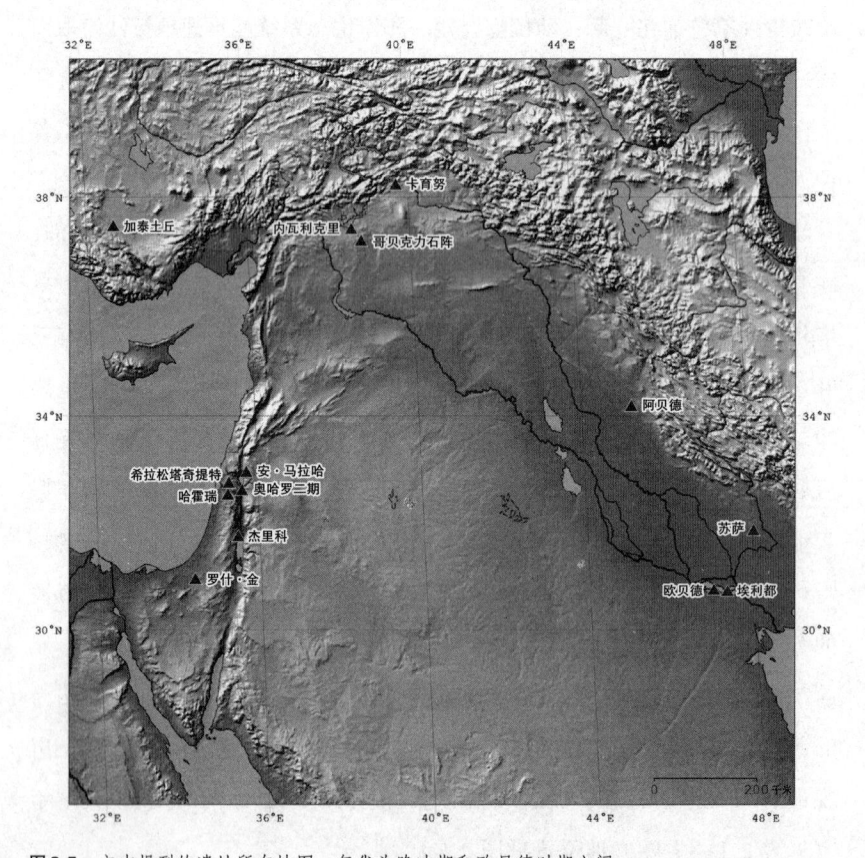

图2.5 文中提到的遗址所在地图，年代为晚冰期和欧贝德时期之间

定居生活带来的问题：晚冰期

在晚冰期达到顶点之时，亦即公元前 2.3 万年前后，出现了定居生活的迹象，例如加利利海南端保存完好的奥哈罗二期遗址即是如此。一年中的部分时间里，当湖水水位较低时，一小群人便会住在湖边的灌木小屋中。他们用磨石加工野草（主要是大麦），食谱中包含了可能是用网兜起的大量鱼类，会制作篮子用来储藏和携带物品，还埋葬过一个人，此人在生前就已残疾，由其他人照顾，他负责整理他们产生的垃圾。人们在这个遗址中发现了猎鹰的骨头，这说明他们会训练鸟类来狩猎。他们后来废弃了这个地点，可能是因为湖水水面上涨淹没了奥哈罗二期遗址，不过也正是因此它保存了有机的遗物，让我们幸运地看到了这个时期生活的全貌。[6]

公元前约 1.3 万年的所谓纳吐夫文化的生活方式受到了更多关注，他们的遗址位于以色列和约旦南部，向北到底格里斯河上游。这些人群吸收了更早期的传统，不过他们扩张人口并发展出更多的关系，却是在这个变暖的新环境中。更温暖的气候催生了橡树林地与热带草原间杂的地貌，前者主要出现在地势更低、更为潮湿的地区。在纳吐夫文化早期，人们通过新的定居分布方式发展出了对时间与空间的新观念，大型遗址在小型遗址形成的网络中起到核心的作用，人们外出狩猎或采集，隔几日后返回主要遗址。人们居住在圆形的小建筑中，它们或是用木头、泥块或石头制成。有些定居点规模很大，例如以色列的安·马拉哈，可能曾容纳过 200 人；更普通的定居点则有 50 名居民。死者常常被埋在房屋的地板下或附近，埋葬者包括成年女性、成年男性和儿童，死者与生者之间距离如此之近，或许表明了他们的祖先地位。不少死者有个人的装饰物，例如项链、束带，以及贝壳、动物的牙齿和骨头制成的手镯。死者的近在咫尺，让人们对他们过世之事不那么难过。也常发现深坑，或许用于储藏植物食物，表明当时的人已有了为未来做打算的实践。植物食物部分来源于焚烧、割除野草和收割野生谷物后造成的野生植物园。一些建筑可能用于仪式——其中最大的一座建筑在罗什·金，它有着铺砌过的地板，内部摆有石质阳具崇拜构造，或许用于某种丰产仪式。这些新的群落比以往的更大，或许也更为持久，由此出现了紧张的仪式性生活，人们在这种生活方式中使用魔法来维持人类、动物和植物的丰饶，也用它来越过从生到死的距离。

在公元前 1.1 万年之后的纳吐夫文化晚期，环境短暂地回到了冰河时代，此时的人们因为食物来源短缺，又回到了不定居的状态。不过，他们依然会将尸体埋葬在过去的定居点中，说明他们保留了祖先的观念。相当多的尸体在埋葬时没有头颅，这是人们对颅骨感兴趣的最早迹象，它一直延续了几千年。人们可能在四处移动时随身携带这些颅骨，同时将尸体的其余部分精心安葬。颅骨会在之后单独或成批埋葬。近来在加利利的希拉松塔奇提特洞穴中的发现，则暗示出了更复杂的操作。在这里，一名个子矮小、身有残疾的年长女性的随葬品是 50 个乌龟的背壳，这些乌龟可能是作为葬礼的一部分被吃掉的，另有一个金雕的翅尖、若干貂的头骨、一只欧洲野牛（大型野牛）的尾巴、一只美洲豹的骨盆、一只野猪腿和另外一个人类的足部。（见图 2.6）这有可能是一系列为动物举行的仪式，其中也包括人类，将骨骸埋葬是包含了各类少见动物物

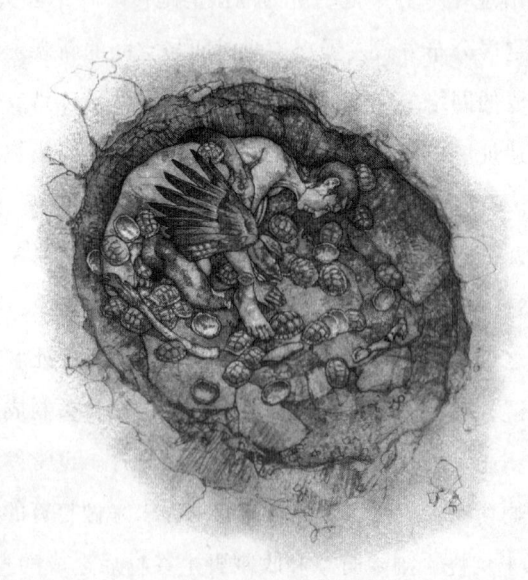

图 2.6 希拉松塔奇提特墓葬——被埋葬的是所谓的萨满女性——纳吐夫文化晚期，约 1.2 万年前

种的复杂仪式的最后一环。

这个女性曾被描述为萨满。而现在，我们渐渐意识到有多少不同寻常的证据都被"萨满"这一解释轻松带过了。希拉松塔奇提特墓葬的证据现在来看确实是不同寻常的，此处可能探索了人与各类动物之间的重要联系，它的探索方式则或许可以被描述为魔法，因为它寻求的是人类参与世界的本质。在这个例子中，"萨满"的标签是否真的对我们有帮助，值得怀疑。

纳吐夫文化早期的聚落可能是当时世界上最大的定居点。从物理上看，它们的存在与大量植物和动物的物种保持着紧密而持久的关系。从宇宙论上看，它们的存在依靠的是人类在聚落中照料死者，在墓葬中将人与动物结合在一起——至少在纳吐夫文化晚期时如此——以及人类聚集在某些为特定目的而选择的建筑中。在当时，头颅被视作人体的重要组成部分，或许头颅会被取下来，从一个地方带到另一个地方，直到最后单独下葬。在这个世界里，死者是社会的一员，与生者一起迁移。生者的福祉或许可能取决于对死者的照料。在这些社会里，尤其是在纳吐夫文化晚期最后一个寒冷的千年中，繁殖和丰产的问题受到了广泛关注。适当的仪式获得了发展，用以将死者与其他动物及生者联系到一起，它们延续了很多年，尤其是那些与头骨有关的仪式。

全球变暖及其魔法

希拉松塔奇提特洞穴给我们关注怪异的魔法实践提供了一个相当值得注意的视角。在该地北方稍晚一些的年代中，还有更明显的魔法仪式的惊人证据。与流行的观念截然相反，我们对过去的看法很少因惊人的考古学发现而改变。大多数改变源于逐渐累积的证据，以及对它们暗示的含义的思考。其中有些例外，但大多都不如近来讨论得最多的发现那么惊人：哥贝克力石阵。[7]在土耳其的乌尔法省，一条石灰岩山脊顶上有好几堆石头，它们的表面有不少新石器时代的燧石，并有大块石灰岩石

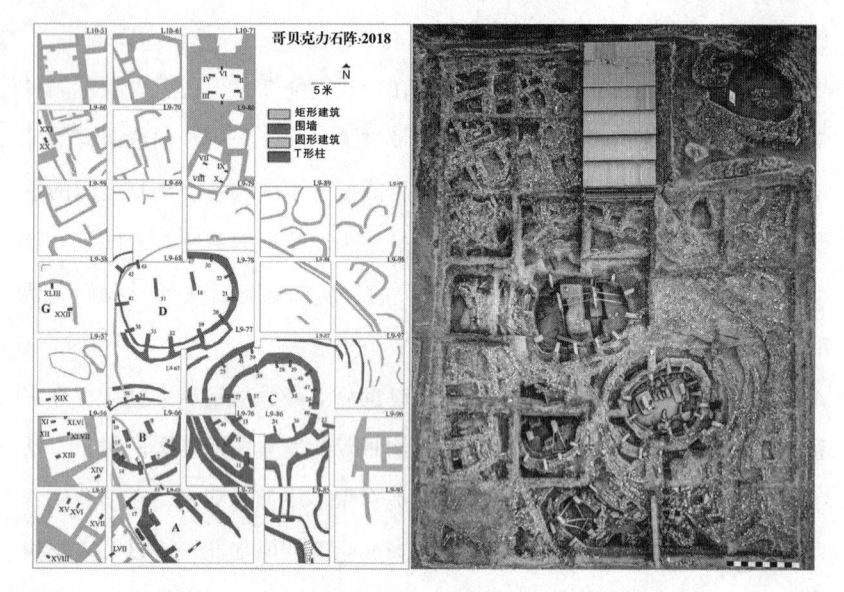

图2.7 考古遗址照片和哥贝克力石阵平面图，展示了带石柱的圆形建筑结构

板的初步迹象。从1996年开始，德国考古学家克劳斯·施密特便与尚勒乌尔法博物馆联手在此发掘，直到2014年他去世。考古学界至今还在消化他们的发现。部分切入下方石灰岩的是多达22个圆形石墙构造，其中有些还有长凳。它们大多尚未发掘。高6米、重约50吨的石柱或是被嵌在石墙中，或是矗立在整个建筑结构的中央。(见图2.7)这个遗址的年代略晚于公元前9000年，是目前为止已知的当时全世界最大的石造建筑。

石柱使用的石块是在本地采掘后被拖到此处的，柱身上也雕刻了各种动物的形象，其中有不少凶猛而危险的动物。石柱呈T形，因此它水平方向的元素或许用来表示人类的头部，在D围墙发现的一根石柱上有人的脸部，另有一些石柱的较长的侧面上刻有手臂，它们在窄边相交，就像双手，此外还有一例至少有可能是腰带，则更证实了这一结论。(见图2.8)

哥贝克力石阵开始修建之时，冰河时代已经结束。在公元前1万年前后，气温彻底升高，无论是温度还是降雨量，都达到了与如今类似的水平。在此时我们遇到的是如今被称为前陶新石器时代(PPN)的文化，之所以叫这个名字是因为这些群体尚未发展出陶器，而且在很长一段时间里，他们也没有进入新石器时代，靠野生动植物维持生存。这些群体从生物学和文化角度来说，都是纳吐夫人的后代。最早期的前陶新石器时代群体采集或种植野草（其中不少物种后来慢慢被培植为谷物，例如小麦、大麦和燕麦），养殖野生动物（例如瞪羚）。在横跨了土耳其的托罗斯山脉到以色列南部内盖夫沙漠的广大区域，人们发展出了各种方式来维持生计，无法将其中某一个单一的方式称为农业。对于像我们一样不定居的物种来说，这是个试验的时代，人类的活动与地表上的某些地点之间的联系比与其他地点的联系更紧密。这类试验关心的不只是我们所谓的实际问题，也包含了魔法的活动，后者处理的是群体生活，及人类与其他物种之间的关系。

图2.8 哥贝克力石阵D围墙发现的石柱的窄边，接近顶部的地方有个粗略的人脸，中间是双手和腰带，石柱底部则是一些鸟

前陶新石器时代分为三个阶段：前陶新石器时代A时期、前陶新石器时代B时期、前陶新石器时代C时期。哥贝克力石阵最早期的建筑结构可以追溯到前陶新石器时代A时期，即公元前9000年；遗址终结的时间则似乎是在前陶新石器时代B时期，根据我们目前所知的信息，至少是1000年之后。这个遗址是由狩猎者和采集者建造的，而非由农民。考虑到哥贝克力石阵遗址本身惊人的性质，对它描述极为夸张也就不足为奇了。我们中的任何人要是能有哥贝克力石阵遗址一半惊人的发现都会兴奋不已，因此克劳斯·施密特对这个遗址略显吹捧过度也可以理解。施密特将哥贝克力石阵编织进了一套城市起源的故事中，这些城市是在哥贝克力石阵终结4000年之后才兴起于美索不达米亚平原的。施密特主张道："起初先有神庙，而后才有城市。"哥贝克力石阵对他来说就是一系列世界最早的神庙。他认为，得有组织来创造并维护哥贝克力石阵的

这些建筑，它表明存在一个并非完全平等的社会，最终导向了最早的城邦的阶级分化。对施密特来说，宗教信仰聚集的是人类为创造出具有哥贝克力石阵这样规模和惊人性质的建筑而付出的努力和调动的组织。

施密特的观点——神庙先于城市产生——有些更温和也更可能的版本，而且关于宗教是否引发了农业，同样也有一些论据。[8] 要建造这些石墙建筑，创造出那些雕像，需要大量人力来采石、搬运石块、雕凿石柱（见图 2.9）。来自不同群体的人聚集在一起举行仪式，需要大型的场地。至少得有几百人才能组成这样的人力，每一个人都要吃饭喝水。有人认为，像这样定期将人召集起来，需要更集约的模式来种植、加工食物。而这种集约的形式便是我们所谓的农业。我的观点正与此相反，我并不认为这样的遗址被视作农业史的一部分是最佳的解释：人们主要关注的

图2.9 雕刻在哥贝克力石阵石柱上的蛇、蝎子和蜘蛛等动物及抽象图案

问题似乎是仪式本身；他们并不打算成为农民，这一变化不过是人口增长、聚集的偶然产物罢了。对哥贝克力石阵建筑的解释，如果更贴近当时人们关心的问题，应该会更让人满意。

我接下来将讨论的当然是哥贝克力石阵的魔法基础。在这个遗址中，缺少任何类型神明存在的证据。在后期有神庙的城镇或村落遗址中，都有少量特殊的建筑，人们在其中聚集、礼拜神明，我们将在下文中见到详例；哥贝克力石阵却没有任何人类居住的证据，只有一系列惊人的建筑。带柱子的圆形结构建筑不够大，不足以容纳建造它们所需的全部人手。其中最大的，亦即所谓的双柱屋，也许能容纳 35 人在其中聚集，我们可以据此推测出高峰期聚集在这个遗址中的最大人数。不少其他建筑只能容纳 6 人同时进入。在哥贝克力石阵，举行的是小而紧张的仪式。就像这片地区的其他遗址一样，有证据可以表明，人们将一些液体泼洒在地面上，让它们聚积，液体中可能添加有人血。考古发掘找到了一些大型的石质容器，此地的人们有可能酿造并饮用了全世界最早的啤酒，不过这一点的证据尚不算确凿。

石柱上雕刻的似乎是人像，T 形的顶部是脑袋，有些会刻有人脸，部分石柱的侧面刻有双臂，双手在正面的腰带处交叉。在这些石柱上，人们也雕刻了各种野兽，它们从某些角度来说都属于凶狠而危险的那一类，要么是大型猫科动物，要么就是像蛇或蝎子这种小而致命的生物。当时的人吃的动物主要是瞪羚，但它们没有被描绘在其中。人们与之较量的是危险、有攻击性且会导致暴力死亡的问题。这些凶猛的动物可能会威胁到人类及对人类而言极为重要的存在，通过雕刻它们，人们便能使用某种形式的魔法来保护他们自己，以及对他们而言十分重要的动物，然而这一点几乎不可能得到证明。新出现的大型社区可能会产生新型的紧张压力，它们得由魔法的方法缓解。在哥贝克力石阵这类地点中的活动和建筑成了好几个不定居的聚落交会的中心点，在一个受控制的环境中，竞争、恐惧和野心以宇宙论的方式加以解决。强大的灵、人类和动物的力量能在此汇聚，同时，人们也期望能不必充分体会到它们的危险，便将它们耗竭。

这里的证据更平凡琐碎的一面同样引人注目。尽管我们没有找到任何居住的痕迹（不过遗址大部分尚未发掘），有诸多迹象表明人们曾在这儿进食、喝水，这可能是在大型宴会上享用的。有大量动物的骨头、石质工具和其他碎片被小心地搜集在这个遗址中，当一个环形建筑被视作不再使用的场所后，宴会留下的废弃物便会被堆积在其上，堆成很大一堆。对我们而言，垃圾似乎是一种我们希望能清理掉的麻烦。但过去的不少人认为，社会重大活动本身就意义重大，它类似一种物质史，涉及范围包括聚会、故事和歌曲，或许同样还包括祭品和恐惧。人们会小心地整理各种物质，而后用它们来让整个地点获得平静。后几代人路过一个堆积点，便会了解到其下的建筑及覆盖在建筑上的这些垃圾的社会意义。群体由出生、死亡、婚姻及与其他群体之间的联盟或争战组成，其中同样也包含了与灵的力量接触；在哥贝克力石阵的遗址和垃圾中，编织着人类和这个群体的宇宙论上的历史。人们实践着各种形式的魔法，从而调整自身在新世界中的位置，这个新世界的人口与压力都与日俱增，制造出的冲突是人们无法逃避的，而在从前不定居的生活中，他们本可以直接避开。

想象一下，你就站在哥贝克力石阵的某个圆形建筑中，石柱在你面前耸立，它不只是一个人类的形象，它就是一个以石头的形式出现的人，那些凶狠的动物就在你身旁。这些人习惯了大片土地中只有少数人类的生活，人群挤在一起对他们来说是陌生的，有时候能让他们安心，但又有些时候，会让他们产生幽闭恐惧，甚至感受到威胁。你面对的是你所在的世界中最强大的一组力量——它部分是石头，部分是动物，但同样也是人类。或许你会惊讶于这些如今于我们而言已是未知的力量，但又或许，你会想要尝试着塑造它们，引导它们，而哥贝克力石阵的建筑则如同机器，能够转变宇宙，令它对人类有所助益。在这个世界中，人类或许能以多种形式呈现出形体，从石柱到凶猛的野兽，而后再变为人类，我们将能够理解它们。哥贝克力石阵中可能曾经有人使用动物和人类的鲜血作为祭品。可以确定的是，他们会举行宴会，席间或许会讲述故事、唱歌和表演。强烈的情感涌现，与之相随的可能同样也有危险。人们在他们的世界里并不被动，他们有能力以劳动和想象力的伟大功绩来建造起全新的魔法建筑。

在土耳其东南部的这片区域中，像哥贝克力石阵这样的遗址还有不少，只是尚未得到调研。有证据显示，其中一些遗址规模更大，或是在人行之处两旁有石柱排成一列。每一个遗址起到的分别是什么作用、它们彼此之间又是如何相互作用并形成整个魔法的景观的，这需要很多年才能阐释清楚，尤其是考虑到这片地区如今的局势动乱不定。像哥贝克力石阵这样的遗址极为惊人，很难理解。不过，它们只是在更广阔的安纳托利亚地区发现的这一时期遗址中的一种类型而已。

在哥贝克力石阵南边更远处，下加利利拿撒勒的丘陵之中，有个小型遗址名叫哈霍瑞。在这里发现了一个堆着灰的浅坑，内有瞪羚和人类的骨头（来自至少 4 个人），它们被人从原本的骨架上取下来，拼在一起形成一副新的骨架，它看起来可能像头野猪，或是欧洲野牛，或狮子（很难分辨到底是哪一种）。[9] 在哈霍瑞的另一处则发掘出了一座矩形建筑，在其地板下有一个保存完好的人类头颅，它被抹以灰泥，而后葬在一具完整但缺了脑袋的瞪羚身体上方。另有几处，人骨被发现与欧洲野牛和瞪羚葬在一起。在第一个坑里，人类与动物看起来类似；在第二个例子里，瞪羚被换上了人类的头颅。在葬礼的过程中，瞪羚的头骨被移除，这一点说明它被当作人类来对待，此外，有可能这个瞪羚的头骨被拿去别处展示或保存，只是我们不知它在何处。在葬礼中瞪羚的骨头被和人骨混在一起，破除了物种之间的隔离，有可能这样一来，瞪羚的技能（速度、敏捷等）便能归于人类，反之亦有可能如此。用魔法将能力和尸体混合在一起，或许能帮助人们创造出同时拥有人类和瞪羚的天赋的存在。

哈霍瑞呈现的家庭活动的直接证据很少，只有一些抹过灰泥的地板，一些墙壁和研磨过的石头。现在，让我们来看前陶新石器时代 B 时期（约公元前 8600—前 7000 年）。这个时期有大量突出的特征。我们可以看到，在纳吐夫文化时期，人类的头颅会在葬礼之前或之后被移除。而到了前陶新石器时代 B 时期，头骨会被涂抹上灰泥，以便看起来具备生者的特征，人们常常会用梭螺做眼睛，有时还会给头骨着色。其中最有名的物件来自杰里科遗址。（见图 2.10）大英博物馆的工作人员对这个头骨的细节分析显示，此人的头颅在他尚年轻之时就被通过捆绑改变了形状，这可能是出于当时的审美，或是某种宇宙观上的理由。此人在世时头部曾经受到重击，我们不清楚这是不是他的死因，但至少可以推测此人可能死于谋杀。他的眼部用上了梭螺，显得十分清晰，鼻子、耳朵和嘴则以黏土重塑，受到了侵蚀，因而看起来没有眼部那么清晰。

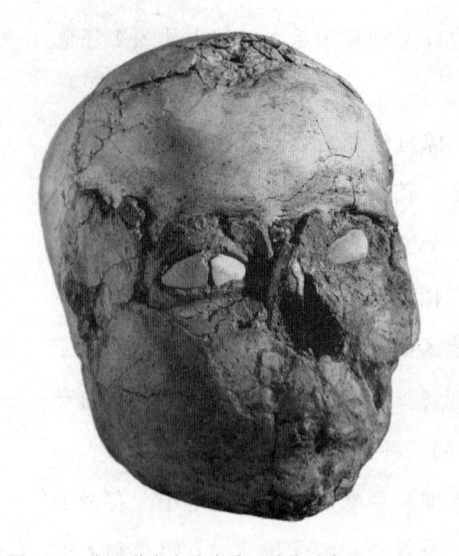

图 2.10 杰里科出土的头骨，被抹过灰泥

　　以平淡温和的口吻来描述这样的头颅是很容易的事，但制作这样一只灰泥颅骨的过程则很可能极为脏乱而让人厌恶。在大部分情况下，尸体似乎先是完整地下葬，而后人们在地上挖出一个洞，等尸体腐烂一阵子之后，再取出颅骨。除非经过很长的时间，否则清理颅骨内外残余的组织将会是一件需要私下进行的棘手工作，从事者会遇到腐败的气味和摸起来令人不快的烂肉。通常来说，以这种方式处理过的颅骨都属于对整个群体而言极为重要的祖先，但我们无法确定这一点。将颅骨清洁干净并抹上灰泥是一种虔敬而充满关怀的行为，或许是一种照料已逝祖先的手段，但同样可能是因为这些人是重要的敌人，或在世时曾获得了某种重要的地位，这种地位可能具备宇宙观上的意义，也可能没有。对头部的关注或许可以说明他们对个人的身份与理智位于何处的看法（在这一点上梭螺的位置有相似含义）。对头部的强调或许看似符合西方近代的观点，即认为理智属于意识，而意识位于头部。但将我们的世界与这个世界等而观之是一件很危险的事，毕竟二者极为不同。一些迹象表明，这些头颅都以三个一组的方式摆放，说明这些头颅的魔法用途背后可能

隐藏着复杂的数字命理学。

到了前陶新石器时代 B 时期，对野草的长期栽培，狩猎瞪羚、野绵羊和野山羊等，慢慢地转变为谷物栽培以及动物畜牧，此时这些动物都经过了驯化，即从基因上变得对人类有益。人们依然会采集野生植物，也依然会狩猎动物，其中包括瞪羚。我们将狩猎视作一种攻击性的活动，而农业则是培育或家政活动，但人们与瞪羚之间的关系却持续了千年之久，虽然这种关系可能会因为前陶新石器时代 B 时期的人口急剧增长而受到威胁。人类和瞪羚彼此有着亲密的接触，共同居住在一片他们都很熟知的土地上，保持着某种程度的共生关系。也就是在这样的情况下，葬礼中将人类与瞪羚的骨头混在一起的行为获得了意义，某种亲密的依附关系就在死亡之中产生。

在前陶新石器时代 B 时期的黎凡特地区，某些非常大型的聚落出现了，它们代表着千年之内聚落规模的顶峰。纳吐夫人的村落平均能容纳 50 人，最多有 200 人；前陶新石器时代 A 时期的遗址则最多有 1000 人（其中一些遗址有着令人印象深刻的特征，例如杰里科的大型围墙）；而从黎凡特到安纳托利亚，向南穿过扎格罗斯山脉，这大片土地上散布的前陶新石器时代 B 时期最为大型的遗址，能够容纳的人数高达 2000。这些最晚期的遗址由矩形的房屋组成，间杂着传统的圆形房屋，它们有时候会形成台形土丘，新屋在旧屋的遗存上建造，让土丘比周围的土地高出很多，说明社区中出现了新的历史类型，与土地之间的联系也变得更深。遗址之间并非彼此孤立，而是常常相互交换资源，例如从地中海沿岸或红海换出贝壳，从安纳托利亚换出被称为黑曜石的黑色火山玻璃，还有各种可制作成工具的石头。这些考古所发现的交换可能不过只是冰山一角，更多的有机材料、食物、活的动物和人口的迁移，我们现在还没法弄清。

除了交换网络之外，整片地区还存在一个广泛共享的仪式和魔法系统，其中涉及黏土塑像、石雕、人和动物的尸体，以及容纳上述事物的建筑物。考虑到现有证据只是局部，我们恐怕尚未了解这整个系统之间的相互联系，但现有的部分已足够惊人。如我们已见到的，人和动物会被埋葬在一起，或分别下葬：我们目前发现了约 120 处前陶新石器时代 B 时期的人类墓葬，部分尸体有头颅，其他则没有；大部分墓葬坑都在房屋下面，或是在院落中。此外，人们还发现了颅骨的窖藏坑：南部的黎凡特地区的颅骨有时会被抹上灰泥；安纳托利亚的颅骨在这个时期还不会被抹灰泥，这一做法的出现要到更晚期之后。另外，人们还发现了大量人（主要是女性）和动物的雕像。

与人类的尸体一样，这些雕像中有不少也被砍去了头，这说明处置它们的方式与处置人类相似，可能它们也在某种程度上被视为人类。动物雕像中有相当数量是家畜，其中有两个被发现时里面嵌着碎石刀刃，就好像它们被击中了一般。不同地区之间存在重要的差异，如上所说，在安纳托利亚地区没有抹灰泥的头颅（尽管单葬头颅相对来说较为常见），而且在这片地区中还可能存在血祭。例如，安纳托利亚东南部的遗址卡育努的一座建筑中发现了一大块平板岩石，它被描述为"祭坛"，这个称呼显然是不符合时代的，但岩石上的确留有人类与欧洲野牛鲜血的痕迹，可能是献祭时留下的。在黎凡特或扎格罗斯地区都没有发现类似哥贝克力石阵的遗址。随着时间的推移，同一个地点也出现了若干变化，其中最主要的变化是：在哥贝克力石阵这类前陶新石器时代 A 时期的遗址中，原本只有建筑却没有居住用的房屋；而到了前陶新石器时代 B 时期，仪式成了房屋内或房屋周围的活动。在后一个时期中，核心家庭变得更为中心化，因此魔法仪式也更加集中在家庭空间及其周围。此时人们更强调家庭谱系，以及死者与生者之间的亲密关系，因此死者通常都被直接埋葬在人们行走、劳作和睡眠的地板之下。

静态的考古学遗存显示出了一个活跃的魔法系统，它由鲜血、恐惧、生殖和死亡组成。在这个系统中，动物、雕像和人类在出生和繁殖有关的问题上，又或在获得或失去生命相关的转化方面，彼此相关、各自区别或融合在一起。雕像和人类一样被砍去头部，动物可以替代人类，柱子则也许是被野生动物、蛇和蝎子袭击的人类。黎凡特和安纳托利亚两地之间的区别，说明这些实践在不同的区域间有着各自的逻辑，并非随机或偶然，尽管它们在各自的传统逻辑中又会有变化和创造。现有的遗存当然是非常惊人的，但它们显然只是一个非常复杂的世界的可见部分。事物被联系，互相转化，但这些联系与转化只发生在现象世界的事物之间。直到前陶新石器时代 B 时期结束之前，都还没有任何超越性的神或灵出现。

宗教起源于何时？

考虑到我的论点是魔法、宗教和科学总与我们同在，这个问题可能就显得有些古怪，不过宗教正式出现在约 8000 年前，可能为对各类神祇的信仰提供了制度层面的基础。我认为，宗教有两个方面。首先，人类相信有某一种或数种凌驾于人类世界之上的超越性力量，我们对它敬畏有加，或是它能给我们带来惊奇或恐惧。其次，当宗教有了某种相关的制度，或在物理上有了宗教建筑，它才会真正成形。人们需要特殊的崇拜场所，它与日常生活隔离，同时能让社区中的很多人聚集在一起。更后期的宗教同样也会催生一些专家——祭司或女祭，负责引导大家集会，具有特殊的知识，熟悉信仰的典籍和膜拜时所需的合适行为，同样也能针对生活本身做出指导。这类专家很可能有自身特有的服饰和装备，以便引导并鼓励人们做出正确的行为，产生对他们和更多数群体的正确想法。

如上文所述，人们曾经宣称旧石器时代的岩画艺术表现的是一种古老的宗教。而那些距离我们正考虑的时代更近的遗迹，例如土耳其科尼亚平原上惊人的新石器时代遗址加泰土丘，也被认为可能代表了古老的宗教。在公元前 7000 年之前，一群群人开始在河流冲刷的土壤形成的巨大扇形土地上聚集，直到一千多年后才废弃了这个地点。人口很快便增长到 3000—8000 左右，他们住在泥砖砌成的屋子里，这些屋子的四面墙壁很可能都与其他屋子相连，因此屋子的入口也有可能出现在屋顶上。这种密集的社区建造了有着彩绘的墙壁，描绘出花豹、欧洲野牛、秃鹰和鹤的画面的房屋。有时野牛角也会被灰泥封入墙中。死者被埋葬在房屋的地板下，在这个时期，有时人们会用灰泥涂抹头颅，这种行为在此之前只在更南边的地区出现。墓葬常常集中在所谓的"历史之屋"，这些房屋直接相叠建造，从而用泥砖证明了此处人类居民的世系绵延。遗址中的骨头主要来源于绵羊和山羊，很少能找到墙上彩绘的凶猛动物的骨头，前者可能被驯养在距此聚落几千米处，那儿的周边环境显示是个沼泽。加泰土丘曾经被解读为有宗教实践的遗址[10]，但我更想将这些实践视作更早期的前陶新石器时代实践的延续和高潮，它们是一种魔法的游戏，将人类与许多其他事物联系在一起，后者部分是活物，部分不是。

第一个真正具备制度性的宗教的证据出自所谓的欧贝德时期（约公元前 5500—前 4000 年，前陶新石器时代 B 时期到欧贝德时期之间，还有一个陶器新石器时期），这一时期的名字来自伊拉克南部的欧贝德遗址。在这一时期的整个中东地区，人们放弃了像加泰土丘这样更大型的聚落，而居住在面积一两公顷的小村落中，它们能容纳的居民一般只有几百人，而非上千人。欧贝德时期的人类在一片非常广阔的区域里确立了全新的联系和相似性，这片地区从如今的叙利亚一直延伸到阿曼湾。各处都出现了装饰精美的彩绘陶器，最终出现了轮子和早期的金属冶炼和铸造业，此外从托罗斯山脉到阿拉伯海的各处都出现了相似的房屋形态。人类与世界的关系也发生了转变。我们将会在接下来的章节中看到，冶金术能将坚固的铜块转化为液体，而后便能将其塑造成各种不同的形状，这种过程常常被视作魔法。从固体到液体再回到固体的阶段性变化能够无限延伸下去。长矛有时会被改造成犁，但当然也可以被改造成斧头和珠宝，或是如我们将会看到的那样，变成具有宗教目的的服饰。在烹饪的过程中，有可能将食物从液体转化为固体的形态，但这一过程总体而言无法像金属一样可逆。当玻璃在 2000 年后被发明时，它同样具备了固体和液体两种状态，而这样的物质始终是稀少而奇妙的。

在欧贝德时期，另一个微小却具有深远影响的进程，则是人类首次使用酵母来制造发酵的面包和小麦啤酒，这可以由残留在罐子里的化学物质推断出。酵母在自然界有多种存在形式，可能是混在面粉里的酵母污染物首先导致面包从未发酵的状态膨胀，人们便开始寻找这种意外的原因，而后又故意让它再现。欧贝德时期的农牧业进一步的特征是人们开始培育林木作物，因此他们也可能会使用嫁接和人工授粉来增加产量。橄榄、扁桃仁、无花果（可能最初于公元前9000年前后便已有栽培）、葡萄和石榴，加上从波斯湾传入的枣椰，提供了比之前更丰富多样的食物，但这些能够在某地长年生长的树木也将人类更牢固地拴在了土地上。不少水果适合培养酵母菌，因此也可能在此时被用来酿造啤酒和葡萄酒。

我的朋友和前同事安德鲁·谢拉特将欧贝德时期的变化描述为"欲望的多样化"。精美的陶器和可塑性强的金属，种类极大丰富的面包和烘焙食品，以及我们如今与中东和地中海世界联系在一起的各种水果和坚果，在这些刺激之下，人们的五感焕然一新。不仅欲望有了新的发展，人们的想法也可能在酒精和其他可能的刺激物作用下发生了变化。这是文字出现前的最后一个时期，因此我们没法知道当时人的想法。不过我们确实从苏美尔人的文本中知道，当时的人将所有的物质视作活跃而具有生命的，因此面包发酵的过程可能只是部分地被视作一种生物化学事件，更有可能的是，人们会将其视为以合适的"灵"来为生面团赋予活力。一种有关物质的新意识形态成了欧贝德时期人们创造力的基础，这种意识形态混合了我们所谓的科学和魔法。它同样见证了将诸神与人类分离的意识，带来了有关宇宙的新思想[11]，因为人们开始更直接地思考诸神的力量及其对人类生活的影响。

欧贝德时期是个充满剧变的世界，但其中心是由一种特殊的家庭形式创造的稳定点：T形房屋。一系列几乎完全相同的泥砖屋子组成了村庄，炉灶在T形上方那一横的一端，T形下面的竖条状区域则是人们用餐和社交生活的场所，形成了一个中央大厅。尽管形状相似，它们的尺寸和装饰方式却各有不同。伊拉克的阿贝德（Abedeh）遗址已几乎全部发掘完毕，这里名为A房屋的屋子是所有房屋中最大的一类，它以更厚的外墙建造，用大理石纽钉和垂饰装饰，里面储藏着非家用的人造物品，其中包括不少陶筹。地板下的骨灰瓮中葬着儿童。这座建筑完全可以被称为神庙，它与家庭房屋类似，但又与之不同。

我们将在下一章中看到，在接下来的乌鲁克时期（公元前4000—前

3100 年），出现了世界上最早的城市，它们中有不少从欧贝德时期的村庄发展而来。在很多遗址中，比如伊拉克的埃利都或伊朗的苏萨，都发现了乌鲁克时期的神庙。在这些建筑下方继续挖掘，展露出一连串类似的 T 形建筑，它们能向前追溯许多代，直至欧贝德时期。将这些线索串在一起，我们能得出两个结论：欧贝德时期的较大型 T 形建筑很可能是神庙（事实上是我们已知最早的一批神庙）；神庙模仿家庭用房屋建造，可能被视作诸神的家（在后来的美索不达米亚文本中就有这样的描写）。

欧贝德时期的光芒已被约公元前 4000 年时乌鲁克时期城市生活的剧烈变化掩盖了。然而更深入的思考向我们揭示了一个很明显的事实，在欧贝德时期，人类的整个生活便已经发生了变化，而且这些变化中有许多汇入了最早的城市的世界。我们能想象底格里斯河、幼发拉底河或某些更小的水源旁的欧贝德小村庄的模样，它们被枣椰树和橄榄树环绕，成群的绵羊和山羊在灌溉过的农田间游荡，田地里生长着一排排谷物，它们将会被做成粥、面包或啤酒。商人在村落之间旅行，带来能做成珠宝的海贝、能做成小刀的火山玻璃黑曜石和新奇的冶炼后的黄铜块，让它们得以浇铸成人们渴望的新物品。欧贝德时期是一个游戏与创造的时代，当时的人类对这个世界的力量和物质有了全新的看法。他们创造出的诸神或许是各种自然元素力量的具象化表现，这种创造允许人们对世界的各种力量加以界定分类，我们将会在下一章提到美索不达米亚时讨论这个问题。

尽管诸神与人类分隔，但他们距离人类并不遥远。诸神住的是更大更敞亮版的人类住宅。人们为这些新的神庙带来了祭品，并将年轻人埋葬在地板下。献给诸神的祭典完全可能包括大吃大喝的宴席，此外可能也涉及家族之间的竞争因素。在阿贝德的 A 房屋中发现的印章，曾被用在罐子和其他容器上，用来指明容器主人的身份，并保护其中的东西。部分印章有着复杂的图案，其中一个有着人类的身子和公羊的头部，将两条蛇高高地挑起。它们给予其中物品的防护不仅有物理的防护，也有形而上的防护，其中涉及这个世界的灵和力量对人类的帮助。在欧贝德时期，不仅诸神离开人类住进了他们自己的屋子，人们或许也认识到了更古老的灵的存在；它们可以被诱哄着提供帮助，也可能会发狂而伤害到人。到欧贝德时期结束之时，一些村落的面积已增长到了10公顷，甚至更大，这说明某些群体比其他群体发展得更好。我们在此时看到的是一个动态的世界，在其中不少意义重大的关系发生了变化，人们以全新的眼光看待自身，以及他们的植物、动物和所有物。到欧贝德时期，我们开始看到魔法、宗教和科学这三重螺旋的发展，它们分别走向不同的正式的模式，体现了不同的人类情感和思想。这一点加上其他的发展，让欧贝德时期为后世的人类经验奠定了基础。

人类的参与活动

假如我们能进行时间旅行，回到我们在这一章中匆匆瞥过的任何一个世界，我们都会极为震惊。出现在我们面前的，将是全然未知的景象、气味和声音。我们将遇到从未见过的植物和动物，或是如今已不复存在的动植物组合。人类进行各种尝试的实验性氛围会让我们大吃一惊，这些尝试让社会变化迅速，无法预测。在这样的环境中，魔法是在思想和行动上进行尝试的助力，让我们得以梳理人类参与活动的形式，以及人类在这些艰难而变化极快的世界里存在的意义。

自约4万年前开始的早期人类活动证据中，有两点让我们印象深刻。一方面，下维斯特尼采这样的遗址及像狮子人雕像这样的物品，都是与我们相似的人类的造物，他们的希望、恐惧和能力都和我们相当。另一方面，人们的生活中有猛犸象和狮子，在之后很久也有瞪羚和野生谷物，这是一种无法想象的完全不同的生活——要在我们的想象力范围内重构他们的生态和文化环境，是一件极端困难的事。迷人之处也正在于此，早期的证据为何谓人类的问题提供了新的维度。在此我要补充第三点：回顾前述久远的历史，我们会发现魔法是人之所以为人的重要组成部分。我们很难找到魔法的起源，因为它总是与我们同在。魔法是至关重要的：人类的目标并不仅是在这个世界中存活，更重要的是赋予世界以意义，探索人类参与到其他物质和物种之中的模式。即使是在最黑暗寒冷的末次冰期，赋予世界以意义的企图依然存在。而当冰期结束，人类进入一个更富饶的新世界，要面对各种全新的可能性时，魔法中蕴含的实验性立场更是对人类极为有利。

人类是更广阔的物质和能量洪流中的一部分。如果我们以长期的视角来看，这样的洪流的变化特征是特别明显的。我们生活的这个星球是动态的，从冰河时代转向更温暖的气候的这段时间更是如此。物质和能量以全新的方式横扫过地球，也横扫过人类。人类的发明创造，无论是哥贝克力石阵的石柱，还是收割谷物的镰刀，都是尝试驾驭这个世界的能量的方式。魔法、宗教和科学这三重螺旋是人类发展动力的重要组成部分。至少在 7500 年前，如今我们所熟悉的有一定制度形式的宗教首次出现，作为魔法的补充。正式的科学此时尚不存在，但我们能看到，至少在 2.7 万年前人们已开始密切观察月亮，很可能还有其他天体，并将他们的观察结果记录下来。类似这样的对这个世界的精细经验观察，也体现在黏土和其他许多物质的特性上。这还不是我们所熟悉的科学，但我们的祖先已开始理解这个世界的物质方面的特征，并思考如何加以利用，这种理解哺育并补充了魔法和宗教的信仰。到我们讨论的这个时期结束之时，亦即大约 6000 年前，这三重螺旋的关键面貌已开始显现。

第三章

美索不达米亚和埃及的城市魔法

公元前 4000—前 1000 年

假如幽灵纠缠某个人（导致）他耳鸣，你要找个合适的吉日来洁净身体，让他（病人）在井水中沐浴。你要去草原上，用棕榈叶扫出一片土地。你要从陶坑里取些黏土，做出疾病的塑像。你要给它穿上临时的衣服。你要将食物七个七个地供奉给它。你要把纺锤绑在它身上，用毯子盖住它，（然后）把针钉入它的头部。你要在沙玛什（Šamaš）面前立起芦苇的祭坛［沙玛什是太阳与正义之神，他能治愈因被害而患病的人］。你要倒出枣椰（和）精细的面粉。你要立起香炉，［焚烧］杜松。你要立起一个［有尖底的］瓶子。你要将那个塑像放到沙玛什面前。在此时你必须念诵复杂的咒文，结尾的几句是"愿你被解开，愿你被除去，愿你被除去"。此时你应该将这座疾病的塑像绑在树上。

这是给美索不达米亚专业魔法治疗师"阿施普"（āšipu）的指导，用于解决幽灵想与异性生者成婚的情况，耳鸣就是受到幽灵纠缠的副作用。如果能劝服这幽灵与其他东西成婚，比如和树结婚，病人就痊愈了。整个治疗过程漫长、复杂而且要价高昂，并会辅以植物制成的药剂。这一段引用自乔安·斯库洛克，正如她所说，在我们看来，与药物相配的这样一系列复杂的做法就是一种心理学的手段，让病人确信药物会有疗效。她还写道："我们要是说某件事'好像魔法一样'，我们的意思并不是说它失败了。"[1] 从详细描述草药及其效用的大量文本中，我们可以看到，与我们如今的认识类似的医学自至少公元前 4000 年便开始发展（而且几乎可以肯定，比这个时间更早），但与之相随的还有大量其他实践，如今的我们会把这些实践斥为魔法，但在当时的人看来，它们却极为关键，比草药的药力更为关键。

从地中海沿岸到美索不达米亚，南至埃及，北至安纳托利亚，再加上后来的克里特和希腊本土，在这片辽阔的矩形土地上，魔法都有着灿烂的历史。与我们所有人一样，当时的人也在生与死、健康与福祉等永恒的问题上不断纠结，内心中希望与恐惧交替。令人执着的显然是如何活命，同时还有自己死后会发生什么。预测未来的行为或是让人平静，或是引发恐惧。古代中东和地中海的文化是以诸神的万神殿为中心组织起来的，在每一种文化中，魔法都是极为发达且为人接受的存在，这种力量往往能够像控制人类一样控制诸神。到了我在本章中讨论的时代末期，亦即公元前1000年前后，出现了一项重要的革新：对唯一神的信仰。而魔法的地位也随之再次改变。接下来，我会审视每种主要的文化形态及其发展出的魔法，以及各种文化彼此交换的魔法实践中所体现出来的文化间的联系。

在上一章中，我们见到的是村落的世界，从黎凡特、安纳托利亚，一直向南进入底格里斯河和幼发拉底河河谷，亦即现在的叙利亚和伊拉克，都是这样的世界。而就在公元前4000年后不久，这种村落的社会中逐渐凝结出了城镇，最初是在美索不达米亚，而后是在埃及，在这之后，城市便遍布各地。（本章中提到的遗址位置见图 3.1）像乌鲁克、乌尔或孟菲斯这样的著名中心，成了世界上最大的人口聚居点，全新的组织和权力形式也随之出现。大众辛勤劳作，制造食物和手工艺品，献给人数少得多的官僚、祭司和统治者，而后者则保证了人类与维系所有生命和福祉的上天的力量之间的联系。随着人类的社会变得越来越尊卑分明，上天也是一样。诸神的万神殿也根据等级和权力来排列，像魔鬼或灵体这一类比较卑微的存在，便成了神灵世界中庞大等级制度的最底层，它们也在人类的世界中活动。在美索不达米亚，人类的统治者掌握着向诸神祈求的力量；在埃及，法老在很多方面就是一位神灵。正如我们在上一章中见到的，正式的宗教在欧贝德时期便有了雏形，但要到城市出现才发展成熟，只有在城市中，我们才有了有据可查的祭司、神庙和固定的祭祀历法。美索不达米亚人和埃及人的思想把神灵放到了超越了人类领域的位置上,但他们同样认为,人类与上天之间有着非常紧密的联系。因为人类深入地参与到了宇宙万物之中,所以最好是将这一切视为一种魔法-宗教相结合的信仰形式,在其中诸神超越于人力之上,但人类的个体同样能够与他们身边的有感觉的世界联系。

迄今为止,人们对埃及和美索不达米亚的描述都粗暴地认为它们相当原始,相信的是宇宙神学,亦即是说,尽管这两地有很多神,真正崇拜的却是宇宙整体。我们将会看到,埃及人和美索不达米亚人的宇宙观之间虽有区别,却也有许多相同之处,因此接下来的这段描述对两者都极为适用:"埃及人的宇宙是有生命的,它同时具有生殖性和灵性,既有物质性,也有宗教性,它被施了魔法,既有魔法的一面也有科学的一

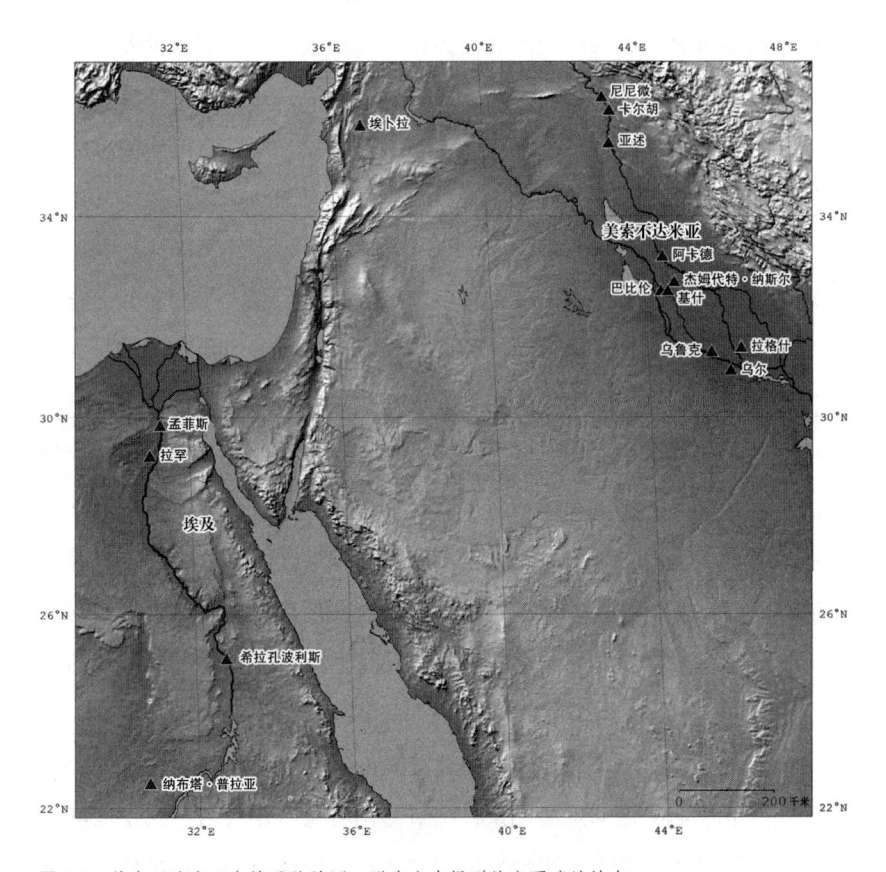

图 3.1 美索不达米亚和埃及的地图,附有文中提到的主要遗址地点

面。"² 大部分甚至可能是全部的古代哲学都认为，宇宙具有生命，能够感知，可能会对人类做出反应。因此，在我们聚焦到美索不达米亚和埃及之前，有必要先简短地审视一番古老信仰中的共性和重要的差异。

过去6000年间欧亚大陆上的魔法和宗教

在古代世界，人们与天地万物之间并不隔绝。相反，古代的国家和社会都在探索人类要如何成为有感觉的宇宙的伙伴。上天以规整的节律和周期性的事件运行着。人们花了很大力气来了解季节的更替规则或天体的运动轨迹，以及人类、植物和动物通常的生命历程。常规的变化若是受到扰动，就是出了事件，这些事件很多都很危险，例如饥荒、洪水、疾病、地震或火山爆发。诸神的万神殿一旦形成，就把整个世界人格化了，包括循环往复的过程和周期性的事件。

主要的天体分别与某位神明联系在一起，如今最广为人知的可能是它们的拉丁文名字，例如木星叫朱庇特，金星叫维纳斯，火星叫马尔斯等。它们在天空中各有轨迹，游移不定，但终究是有迹可循，美索不达米亚人由此认识到，每隔8年金星会回到天空中的同一个位置。大地的力量、生与死的力量、战争与爱情的力量，同样也能以这类方式，通过诸神始终如一又喜怒无常的行为来人格化。人类力图在人类与诸神以及其他力量之间创造出关系；既然神灵可以被安抚，那么就可以用仪式的历法、歌曲和舞蹈、讲述神话故事、宴会和葬礼在人类和诸神之间缔造联系，取悦于他们。神明满意，便可能照拂人类。人类和神二者若有一方遗忘了什么，便会导致秩序、丰饶与和谐的崩坏。尽管这个世界的各种力量化身成了众多的男神和女神，但在这多样的表象之下，潜藏的却是这个宇宙、它的道德观和它照拂世界的模式的统一性。

在公元前4千纪早期，诸神的万神殿已出现在了美索不达米亚。它们可能由更早期的信仰发展而来，细节却是身处特定权力形式中的城市定居者们创造的。埃及很快也发展出了诸神，但埃及的文化环境与美索不达米亚的相当不同。美索不达米亚和埃及创造了最早的精英文化，少数人统治着大多数。这种精英政府的合法性，来源于统治者们与诸神及魔法的力量之间的紧密联系。

在早期城市的文化 DNA 中，魔法是一条重要的单链，是其官方结构的元素之一，而非某种边缘或古怪的存在。在接下来的 3000 年左右的时间里，城市一座座地蔓延开来，诸神也随之扩张，最终出现在了从最东边印度次大陆到最西边意大利新兴城市之间各式各样的本地变体中，我们将在后文的各个章节中见到更多细节。对诸神的崇拜促使人们以各种形式直接参与到这个世界的魔法中来，而不是将魔法逐出这个世界。人们发展出了不少魔法技术，有时与神灵崇拜关系紧密，有时则是独立的实践，它们常常掌握在富有学识和技巧的施行者手中。魔法和宗教是不断交流的表亲，会彼此交换自身的各种实践。

往更东去，在我们如今称为中国、韩国和日本的地区，信仰世界的构成方式则与上述地区的极为不同：神明的存在不太发达，定义也不那么清晰。中国的青铜时代从商代之前就开始了，一直持续到东周（大约公元前 2000—前 250 年），在这个时代中，中国发展出了关于创造与毁灭的大致理论，却没有出现定义明晰的众神。在东亚，四处移动的灵体通常就是人类的逝者，总体来说，他们在经历葬礼和奉上供品的仪式后逐渐转化为祖先。然后，就可以通过占卜来与他们沟通，如我们将看到的那样。活着的人是运动着的关系链中的一环，这链条将早已过世的死者和尚未到来的后代联系在一起。这种世系的链条不可阻挡地向前移动：一代代人生老病死，他们不会从人们的视野中消失，而是进入了死者居住的、新的力量领域。生者有义务尊敬死者，但反过来说，祖先的威望也取决于他们照顾后人的能力。生者与死者结合，便能影响宇宙的力量。在人们的理解中，土地上的本地的灵也有与人类似的关系链；宇宙总是人格化的，至少部分如此。类似的世系结构至今在东亚都十分重要。欧亚大陆东部的古代统治者占据着所有本地世系的首要位置，他们供奉祭品、用占卜来与祖先沟通的责任也最重大。

欧亚大陆更北的区域，从东西伯利亚和蒙古高原，到如今被我们称作欧洲的欧亚大陆半岛，这片区域跨过了广阔的草原和森林，在这里文化的构成方式又与之前文化的完全不同。在草原上，力量结构更松散，个人的行动则更突出。这是个有灵的存在所组成的更加无政府主义的世界，这些有灵的存在包括人类（生者与逝者）、植物、动物、岩石和河流——事实上，所有的一切都能享有生命的特性。在这个世界中，一切事物都会关照、关注其他事物，这部分是出于热心照顾别人的积极理由，同时也是为了避免狼、熊、瘟疫或冬天致命严寒的肆虐。少数人类会被挑选出来，接受训练，辨别各类有灵的存在，并与之交流、讨价还价。这些人如今被称为萨满，但我们不很确定当时这些人的角色以及他们的实践与如今的萨满之间有几分相似。

从青铜时代晚期开始，亦即约公元前1000年左右，新的仪式和魔法的文化出现在蒙古高原和西伯利亚，其影响力最终延伸到西方，如我们将在下文中所见。新兴的马背上的游牧文化在时间和空间的两个维度中纵横，横跨欧亚大草原：他们建造大型的仪式纪念建筑，用来纪念死去的人和马匹，同时靠它来将人类自身锚定于这片土地，也锚定在迁徙或定居的历法中。这种人类精神的北方急流与更偏向定居的遥远南方地区相比，给人显著不同的感觉；它同样也是一种长期影响了欧洲的重要文化，虽然这一点依然不太为人所承认，但中亚和欧洲之间从至少公元前1000年开始便已有所联系的证据如今已越来越多。

再一次回到地中海中部到印度之间这片有着众多神明的土地上，我们就会发现，在公元前1000年间出现了最后一个不同寻常的现象。犹太人首先开始崇拜唯一神，随即是基督徒，再然后是穆斯林。将所有创造和毁灭的力量都集中于某一个存在是非常独特的，但事实上，这一点始终没有文化能完全做到，因为在犹太教、基督教和伊斯兰教中都活跃着无数天使和恶魔，它们常常是由古至今魔法活动的对象。在过去的2500年间，新出现的一神教信仰改变了魔法的地位，神职人员成了正统的仲裁者，他们倾向于将魔法视为异端，但他们自身其实也有魔法的一面。

现在，让我们进入美索不达米亚和埃及的多神教世界，对于我们中的大部分人来说，它们是极为陌生的世界。在与这些陌生的世界打交道时，我们要暂时放下我们已习以为常的预设。在美索不达米亚和埃及，我们进入的宇宙遵循它们自己的法则，并会制造它们自己形式的真理。在这里存在着强大的逻辑，但其前提是特定的历史和文化。我们在这里看到的魔法、宗教和科学的结合体以不停变换着的形式存在了几千年。在这段漫长的时间中，它们帮助数以百万计的人维持生活，并赋予他们人生的意义；在这个过程中，正是因为它们打下了基础，后世才能发展出数学思想、天文学/占星学、医学、工程学、工艺制造等。在进入这些他者的世界时，我们不一定非得相信他们相信的一切。事实上，我们受到我们自身世界的束缚，也根本不可能做到这一点。更确切地说，假如我们能有片刻拥有与他们一样的想象，便能理解几千年前的男女老少如何在生与死的迫切情况中挣扎，又如何感受到与我们自身类似的成功与失败的体验。

美索不达米亚的魔法式宗教

魔法在美索不达米亚有着极为复杂漫长的历史，它致力于解决人类在所有领域内的希望与恐惧，从男女老少日常的烦恼，到统治者宏大的事业无所不包。人们认为人类的国王会为城邦或帝国整体的福祉而驾驭宇宙的力量。受到魔法启发的医学，与占卜、解读预兆还有炼金术等结合在一起，而在炼金术中，占星学和天文学密不可分，二者又共同促进了数学的发展。各位神灵住在高居大地之上的蔚蓝天空中，他们也有魔法的一面；事实上，在天空、大地以及魔鬼与死者居住的冥界中的万事万物，都是有灵的，并且不断地想要实现它们各自的目标。数量极为庞大的各类存在环绕在人类周围，它们可能与人为善，但也有可能为恶。甚至像面包这么微不足道的东西，也可能有它自己的灵和它小小的意图：要么滋养人的身体，要么使人得病。美索不达米亚的魔法无论在哪一个时期都相当复杂，同时它也随着国家和社会的历史变化而变化。不过，它还激发了古代世界中晚近得多的时代的大量思想和实践。为了理解在底格里斯河和幼发拉底河之间的这片土地上，魔法、宗教和科学所纠缠而成的复杂的结，我们首先需要了解这片地区在公元前 4—前 1 千纪之间更广泛的社会背景。而后我再来直接讨论魔法。

城市、国家和文字

在上一章中，我们已经看到了欧贝德时期的重要性，正是它促成了一系列的发展，让美索不达米亚在所谓的乌鲁克时期出现了平原上的城市。欧贝德时期的村庄都很小，在人类的尺度上，或许只能容纳一支人类的世系及其所信仰的神明，这些神明居住的地方也跟人类的房屋相差无几。如果有人在天气晴朗的时候穿过美索不达米亚平原向一座欧贝德时期的村庄走去，他就会看到，远处是一座座一层或两层的房屋，周围环绕着树木和农田。

而当你走近公元前 3000 年前后的乌鲁克城（现在又称瓦尔卡），你看到的却是平原上耸立的一座小山。乌鲁克是最重要也最知名的城市之一，它极为巨大，占地或许高达 250 公顷，是约 4 万人的家园，这些人依然居住在源于欧贝德时期建筑的 T 形房屋中。这座城的中央是炫目的白庙，它比整个平原要高出约 12 米。这座塔庙耸立在泥砖造的高台之上，高台的四面都是斜坡，顶部则是平的，整体像是被截去了尖顶的金字塔。按照估测，光是将底下这座高台搭建完成，就需要一个人工作 9.4 万个工日，而这对于建造塔庙整体而言不过是冰山一角。据说塔庙的地基能抵达地下世界，顶部则如山一般地耸入云端。白庙是天空之神安努的塔庙，它的四个角正对着四个基本方位，在东角下埋有一只狮子和一只豹子的尸体。像这样在地基中埋入动物的行为在美索不达米亚十分常见，不寻常的是，这座塔庙埋葬的是如此强大的动物。它那令人惊异的白色墙壁上涂有石灰浆，此外也以马赛克作为装饰。

从宏伟护城墙的大门踏入乌鲁克后，你要先穿过人来人往的本地街区，每一片区域都有自己的简朴得多的神庙，它们供奉的或许是该片区域某个世系的神灵。当你挤出街道上熙熙攘攘的人群，来到这座城市的中心，假如你能获得许可，便能开始攀爬高台的阶梯，渐渐上行，远离下方世界的气味、声音和众人。我们估计，在绝大部分时间里，神庙都是一个更远离人群的地方。当你最终站在神庙前的平台上的时候，可以转过身，注视下方的城市、远眺城墙之外，看向田野和一群群牛羊，还有劳作或旅行的人们。再回到这座神庙的高墙上来，你得绕到它的侧面（见图 3.2）才能进入神庙内部，在那里，你会看到神的雕像，它们的内部是木头，外面包着金箔，青金石或黑曜石制成的双眼在昏暗的光线下熠熠生辉。

诸神喜欢优渥的生活，人类帮手会给他们献上烤肉和精美的饮料，神庙中氤氲着没药、乳香、松木、雪松、杜松和黄连木树脂的香气，它们中有不少都来自相当遥远的地方。在外边的平台上，神庙的北面有一个深坑，里面排列着一些管道，管道中涂着沥青，用来将某种未知的液体供给神灵。这个坑可能只有在祭典时才投付使用。

美索不达米亚的历史很复杂。如表 3.1 中简述的那样，几个时期交替更迭，其间出现了或多或少独立的众多城邦和更大的政治实体，比如由

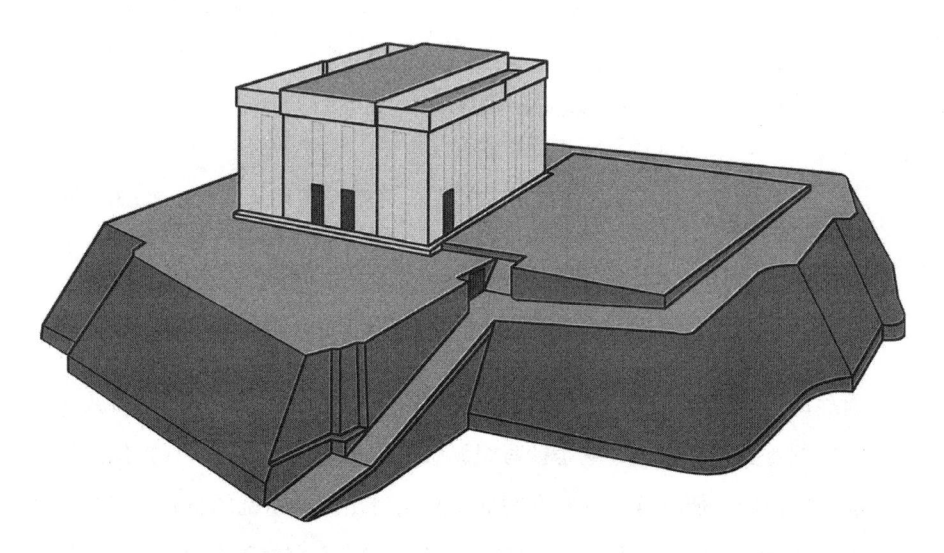

图 3.2 高台上的乌鲁克白庙简图

阿卡德的萨尔贡大帝在大约公元前2350年建立的便属于后一类。不少城市历史悠久，对相似的神明的崇拜，还有以楔形文字为中心的抄写传统，都使得美索不达米亚的文化呈现出一种意义重大的延续性。

时间	城市及统治者	事件与进程
约公元前3800年	最早的一批城市开始发展——乌鲁克、杰姆代特·奈斯尔	
约公元前3200年	最早的文字出现——乌鲁克和其他城市	最早的楔形文字泥版出现
公元前3000—前2350年	早王朝时期——基什、埃卜拉	
公元前2350—前2200年	最早的领土帝国——阿卡德的萨尔贡大帝	
公元前2150年	拉格什的古地亚	
公元前2100—前2000年	乌尔第三王朝	
公元前2000—前1600年	古巴比伦时期：巴比伦的汉谟拉比，约公元前1792—前1750年	大部分书写的文字渐渐从苏美尔语转变为阿卡德语
约公元前1600—前1000年	加喜特或中巴比伦时期	埃马的预言者，祖-巴拉家族。《埃努玛·安努·恩利尔》系列泥版（可能是在这个时期）写就——这是一系列共计68或70块泥版组成的作品，记录了巴比伦人的占星学
约公元前1000—前540年	新亚述帝国，约公元前911—前609年，国王阿萨尔哈东、亚述巴尼拔	
	新巴比伦时期，公元前626—前539年，尼布甲尼撒二世	
公元前540—前330年	波斯帝国（阿契美尼德王朝）	
公元前330—前125年	被亚历山大大帝征服，进入希腊化时代	巴比伦的思想和魔法，尤其是占星学，传到了希腊世界。在乌鲁克的楔形文字文化在公元1世纪终结，阿施普传统可能也在同一时间终结

表3.1　重大事件及美索不达米亚魔法史的某些特征

书面的文本补充了考古学上的证据，这些文本始于大约公元前3200年，起初是图形符号，用来描述和计算物品与人，但随后便发展成有语法的文字，先是苏美尔文，后来则是阿卡德文。如今它被称为楔形文字，所谓的楔形，是用精心切割的芦苇秆顶端按压在湿泥版上从而形成的，而后泥版会被晒干或烤干，从而成为更持久的记录。成为书写员或其他专家的重要训练之一，就是抄写旧泥版来记住它们的内容，或按照记忆默写旧泥版。所有这些抄写默写的工作制造出庞杂纷乱的材料，其中有人们新写的，也有更古老的[3]。现已发现的楔形文字泥版有数十万块。我们尚未完全通读，要读懂这些泥版需要具备相当专业的技能。我们已知的是，美索不达米亚世界创造出了第一个官僚制度的文化，他们的大量记录与经济相关，但同样也涉及其他各种知识，其中魔法占据了很大一部分。泥版的来源从小家庭到主要的图书馆都有，比如新亚述帝国时期（见表3.1）在尼尼微的亚述巴尼拔的图书馆，我们已知有2万多块泥版便来源于此。这些泥版中的很大一部分与阿施普的知识有关，可能占到其中的三分之一。有不少泥版来自古巴比伦时期或新亚述帝国时期；不过，泥版中记录的知识则也许能追溯到文字起源之时，甚至完全有可能比之更早。

即使如此灿烂辉煌，美索不达米亚世界依然是个泥土组成的文化，作物在河流冲击形成的潮湿土壤中生长，这里的罐子、房屋、神庙和泥版都是用河中的黏土以各种方式制成的。美索不达米亚创造的诸神也扎根在泥土之中。美索不达米亚的万神殿混乱而变化不断。同一位神，在苏美尔人和阿卡德人那里，分别有着不同的名字。他们是这个世界的各种元素和各个方面的具象化体现：安努是天空之神，辛是月亮之神，爱与战争的女神伊什塔尔则与金星联系在一起。随着时间流逝，各个不同的群体轮番掌握权力（见表3.1），当巴比伦人掌权时，他们的神马尔杜克便被人视作一种至高的力量。在公元前3千纪最早的记录中，诸神更倾向于只是存在，而不会付诸行动。神明就在自然之中，因此也是自然的，而非超自然的存在。与之相类似的是，人类的社会也是自然的一部分，由此便与诸神一同延续不断。在基督教、犹太教和伊斯兰教的一神教信仰中，上帝是一种广泛而总体性的力量，他全知全能，从根本上来说，是人类不可知的存在。但早期美索不达米亚的诸神却是太阳、月亮或水的力量，他们让人类思考生命的这些方方面面，令人类讨论它们，思考如何应付它们，一言以蔽之，即为"与之打交道"。随着时间推移，诸神变得更像人类，有了自己的目的、策略和对手。公元前3千纪时期的《吉尔伽美什史诗》，便让这么一位既是神也是国王，在意义与凡人必死的命运这些问题上挣扎的人做了它的同名主角。在这里，人类的问题被投射到了宇宙论的层面。

在所有存在之间有尊卑之别，位于最上方的诸神之间也有等级；在诸神之下的则是妖魔和精灵，后者有好有坏。人类是用一位神灵的血液和身体与黏土混在一起创造出来的。他们的职责是向诸神提供食物和衣物，将他们带出神庙，用特殊的祭典来赞美他们。人类的国王大体上算不得神，但可以向神祇求祈，引导丰饶、健康和吉祥的力量，抵御破坏性的力量。从某些层面上看，诸神的雕像具有生命，它们就像一个入口，将上天及其力量、凡间及其需求连接在一起。制作神圣的雕像的物质比其他事物要更纯净。一旦制作完成，人们便会用"开口"仪式来让雕像有灵，这个仪式能让它们呼吸、说话。这个仪式的细节会根据各个不同的神而调整，不过最终都能给神的肉身赋予灵，并净化其周围的环境。雕像并不是代表了神，它们就是神本身。诸神会饥饿，也需要人们的关注。

死者的灵魂居住在冥界，它们可以影响生者，另外还有其他各种妖魔，这些妖魔都可能给生者引来麻烦。人们对待诸神时始终毕恭毕敬，对待等级较低的灵和死去的祖先时却会威逼利诱，用有约束力的誓言或攻击它们的雕像等方式来强迫它们办事。在本章开头引用的那一段话，概述了一位阿施普在幽灵想不顾生者意愿与之结婚时，应当如何驱邪。说出口或写下的咒语能产生强大的效果。

在这样的世界里，诸神具有魔法的性质，要影响各种灵体也需要魔法。总体来说，诸神具备引发洪水、饥荒或战争的能力。精灵、妖魔和鬼魂则对一些更日常但同样严重的问题负责，例如疾病、孩童的早夭或世俗的挫折。从整个国家的管理运作到人们的日常烦恼都用得上魔法。

训练有素的魔法师：阿施普

公元前 7 世纪中叶，在一个隶属于亚述城中阿舒尔神神庙的传承久远的魔法师或驱魔师家族中，有位名叫基西尔·纳布的年轻人，他编写了一份令人印象极为深刻的清单，列举了所有阿施普应该掌握的本领。这份清单以《驱魔师手册》(*Exorcist's Manual*)之名为人所知，它让我们大概了解了这种专业知识涉及的范畴，以及阿施普的活动在美索不达米亚人的生活中的影响，因此值得我们详加考察。简单来说，阿施普的专业技能包括如下方面：

神庙仪式

为神庙奠基而举行的仪式，包括崇拜的雕像就位时的仪式（"清嘴"仪式）和祭司入职仪式（泥版第2—3行）。

致太阳神的苏美尔文咒语，有关"举手敬神"的阿卡德文祈祷词，以及让愤怒的神祇息怒的仪式（泥版第4行）。

为国王举行的仪式

每个月分别举行的仪式和与王权有关的特殊典礼，它们可能由国王主持，也可能为国王而举行。在《驱魔师手册》中这一部分很简短，但对身居高位的阿施普而言，这显然是工作中至关重要的部分（泥版第5行）。

诊断、净化，以及抵御妖魔、巫术和诅咒的仪式

阿施普工作中的一个重要部分是对妖魔、巫术和诅咒等所造成的各种影响进行治疗或回击。泥版中给出了4个系列的诊断和预测，内容极为广泛，并辅以主要是苏美尔文的咒语来对抗妖魔（泥版第6、第7行）。接下来的几行列举了一般的净化（"扫除"）仪式，以及一组彼此关联的苏美尔文咒语汇编，用以对抗各种疾病、恶灵和妖魔（泥版第8—10行）。除了"清嘴"仪式之外，这里还列举了各种净化仪式，包括"净化之屋"和"封闭之屋"（第11行）。泥版第12—14行主要记录的是各种成系列的用以抵御巫术和诅咒的仪式。接下来是破解梦境中出现的不祥之兆的手段、解决性无能的仪式，以及与怀孕、产子和婴儿有关的文本（第14—15行）。

具体的小灾小病的治疗方式

接下来的部分（第16—18行）列举了一些仪式和咒语，来对抗一些

影响身体特定部位的疾病，例如流鼻血、呕吐和腹泻等，随后是解决被蛇咬伤、被蝎子蜇和"发红"病的咒语（第 19 行）。然后是保护人们家宅的手段，尤其是防止瘟疫侵袭的手段，之后是一些确保供品被神收下的仪式（第 20 行）。接着是有关聚落、房屋、田地、园圃和水渠的典礼，再有是一些针对暴风雨的损害和农田害虫的仪式（第 21—22 行）。清单随后列举了能在旅行和出征时提供保护的仪式，然后是牛栏、羊圈和马厩的净化典礼（第 23—24 行）。最后，清单提到了求得吉兆和神谕的仪式，在这长长清单的最末尾，则是与植物和石头相关的药理学文本，还介绍了该如何将这类药物串起以制成护身符（第 25—26 行）。[4]

清单上列举的技能和知识勾勒出了美索不达米亚社会的大多数期盼和恐惧，从社会等级制度顶点上的国王和祭司所忧虑的内容，到在田间、水渠、羊圈或马厩里干活的人们所操心的东西，都被囊括其中。神庙的仪式呈现了我们所谓的宗教与魔法这两种事物之间的界限是多么模糊，两者都被用于新神庙的落成，也都被用于神像就位和祭司入职的仪式，而神像本身也被视作一种具有生命的存在。在美索不达米亚的城邦和帝国中，不光是统治阶级，连同国家中的所有人的福祉，都取决于统治者与上天的各种力量之间的关系。[5] 太阳、月亮、行星和恒星的位置，在天上指明了地上万物的状态，流星、云和雾也同样如此。魔法的施行对于整个国家的正常运转非常关键，而国王在出行、征战或兴建某项重要的工程，例如建造一座新神庙之前，也会去寻求魔法的建议。普罗大众也可以为自己的小事业解读类似的征兆，它们对个人也很重要，就像国家大事对统治者而言十分重要一样。妖魔、幽灵或巫师能给个人带来不幸：可能是母亲在生产的过程中一尸两命，也可能是人们在旅行时半路遭到袭击。哪怕是死了牛这样的常见事件，对穷人而言也是毁灭性的打击，因此他们也会采取一系列的措施对抗可能造成这类不幸的妖魔或巫师。不论是眼前的苦难，还是未来可能会有的危险，都属于阿施普处理的范畴。

△ 西班牙阿尔塔米拉洞穴野牛岩画，旧石器时代

△ 法国拉斯科洞穴岩画，旧石器时代。画面描绘了原牛、马与鹿。这些岩画作品可能具备魔法的性质，显示出绘画之人与所描绘的动物之间的密切关系，它们也曾被解释为与萨满教信仰有关

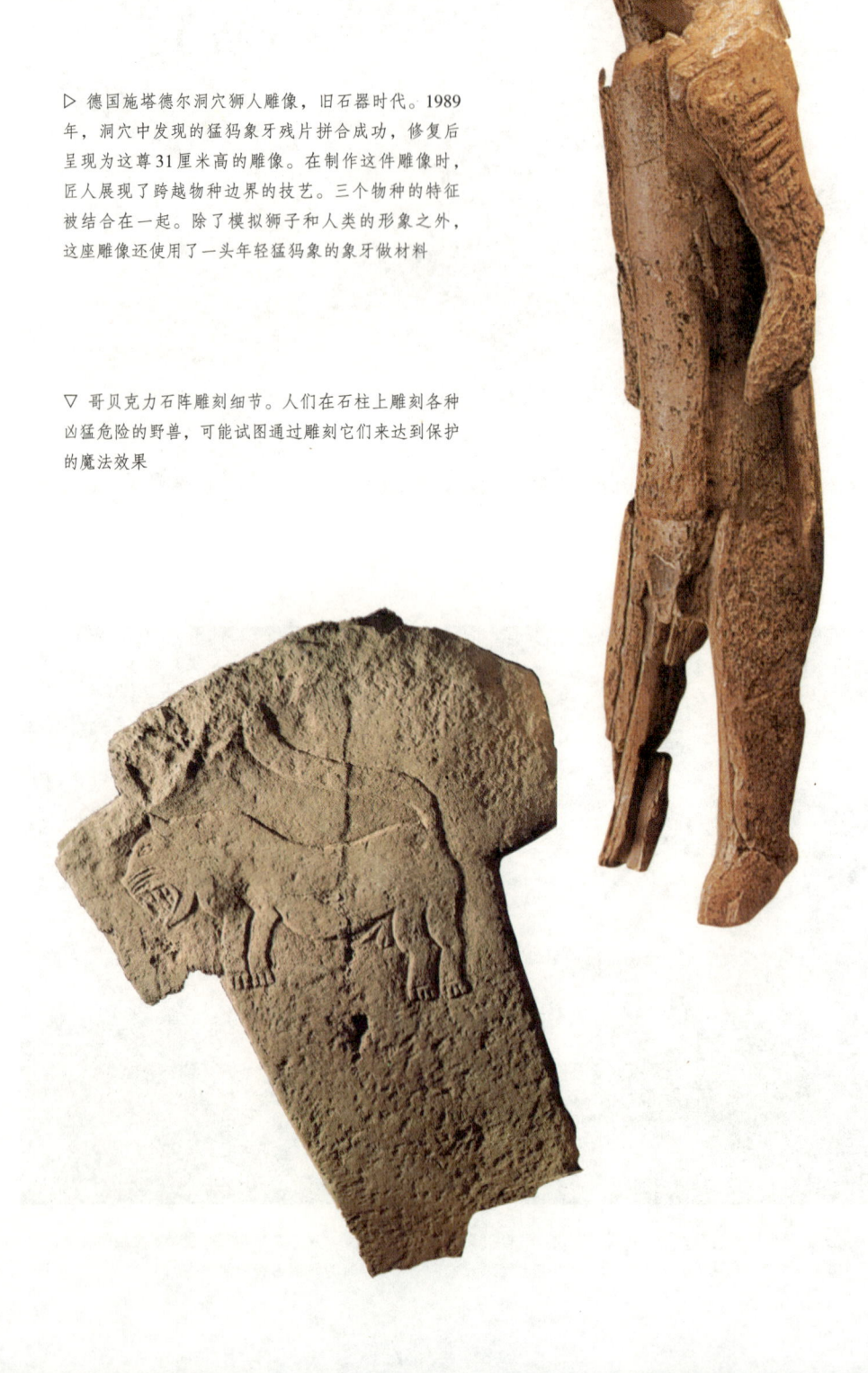

▷ 德国施塔德尔洞穴狮人雕像，旧石器时代。1989年，洞穴中发现的猛犸象牙残片拼合成功，修复后呈现为这尊31厘米高的雕像。在制作这件雕像时，匠人展现了跨越物种边界的技艺。三个物种的特征被结合在一起。除了模拟狮子和人类的形象之外，这座雕像还使用了一头年轻猛犸象的象牙做材料

▽ 哥贝克力石阵雕刻细节。人们在石柱上雕刻各种凶猛危险的野兽，可能试图通过雕刻它们来达到保护的魔法效果

△ 土耳其哥贝克力石阵，约公元前9000年，前陶新石器时代A时期。它是近来讨论最多的关于魔法仪式的考古遗址。石阵包含多达22个圆形石墙构造，其中部分还有长凳。那些高6米、重约50吨的石柱或是被嵌在石墙中，或是矗立在整个建筑结构的中央，规模惊人

△ 哥贝克力石阵结构复原及建造过程模拟图。据推测，建造这些石墙建筑及雕像，需要大量人力来采石、搬运石块、雕凿石柱，因此有学者将其视为宗教引发农业革命的证据。石阵的仪式特征及其魔法基础则是另一种视角

△ 美索不达米亚武士杀牛浮雕,约公元前2250—前1900年。据推测描绘了吉尔伽美什战天牛的场景,这段故事记载于《吉尔伽美什史诗》的第六块泥版

◁ 美索不达米亚胡瓦瓦面具。胡瓦瓦（或写作洪巴巴）是个由神养大的妖魔，故事见于《吉尔伽美什史诗》，他的脸常常被描画为盘绕的图案，看起来很像肠子，和内脏占卜法观察到的肠子之间有相似之处

△ 美索不达米亚雕塑，约公元前2000年。伊什塔尔是爱与战争女神。这可能是伊什塔尔女神的另一种形象

△ 美索不达米亚浮雕，古巴比伦时期。据推测描绘了伊什塔尔女神踩在狮背的形象。伊什塔尔的左手拿着一张弓，右手则抓着类似钩子或镰刀的东西。浮雕右上角还有一个太阳神沙玛什的标志

▷ 美索不达米亚雕塑,古巴伦时期。雕塑宝座底端有两个躺卧的半人半鱼形象。雕塑主体可能是阿卡德的水神埃阿(对应苏美尔的恩基)

▽ 美索不达米亚沙玛什泥版正面顶部浮雕,约公元前888—前855年。浮雕描绘了太阳神沙玛什的形象,他的头顶有太阳、月亮和星星的符号。沙玛什被描绘成坐姿,戴着有角的头饰,右手拿着棒和环。在他前面的祭坛上还悬挂着一个大太阳盘

△ 美索不达米亚夜之女王浮雕，约公元前1775年，古巴比伦时期。其中描绘的女性人物头戴尖帽，手持短棍及圆环，可能象征着审判。这位女神最有可能是伊什塔尔女神，她的形象往往与狮子有关，这幅作品中即有脚踩两头狮子的场景；这位女神也有可能是伊什塔尔的姐姐，冥界女王埃列什基伽勒。无论哪种推论都暗示该浮雕与伊什塔尔女神降临冥界的故事有关

△ 美索不达米亚妖魔帕祖青铜像，约公元前8世纪。妖魔属于神圣畴内的次级存在，它们在荒野和山间游走，袭击人类的聚落或房屋

△ 亚述鹰头保护神浮雕细节，约公元前865年，发现于卡尔胡的尼努尔塔神庙

△ 埃及阿布辛贝神庙浮雕，约公元前1264年。浮雕描绘了塞特神（左）和荷鲁斯神（右）向拉美西斯二世表示崇敬

▷ 埃及欧西里斯家族雕塑，第22王朝。欧西里斯在中间的青金石柱子上，左边是荷鲁斯，右边是伊西丝。法老们是荷鲁斯的化身，荷鲁斯是守护之神伊西丝之子，他的父亲则是欧西里斯（欧西里斯是伊西丝的兄长）

▷ 埃及欧西里斯石雕，第26王朝。欧西里斯与兄弟赛特作战时被杀，该石雕表现了欧西里斯的复活，或者说从死亡中苏醒。他的形象在其中表现为一具木乃伊，他死而复生的过程与每天太阳的重生密切相关。欧西里斯的故事是埃及神话最核心的叙事系列之一

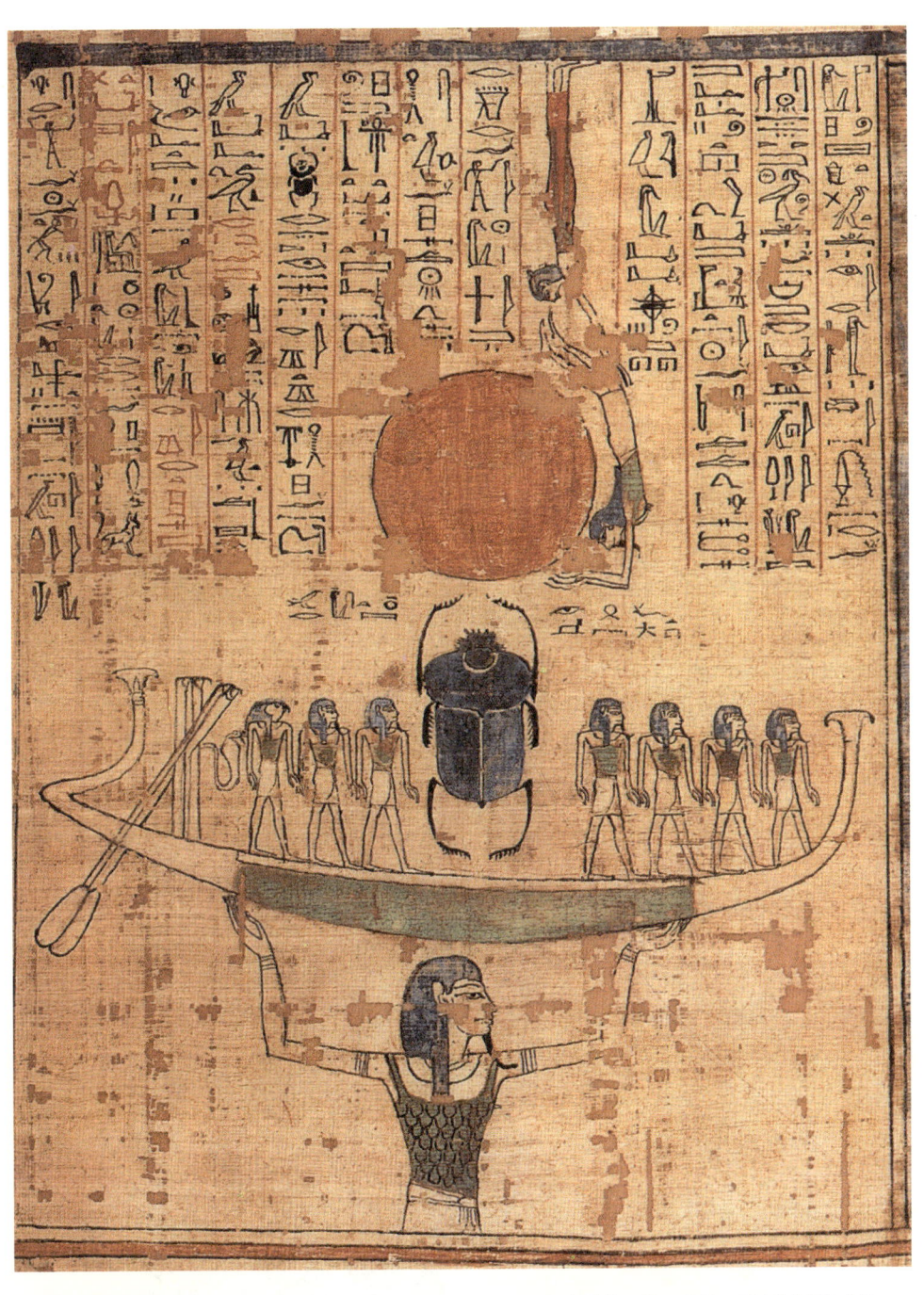

△ 埃及努恩神画像,《安海亡灵书》(the Book of the Dead of Anhai)局部,第20王朝。努恩神是原初的混沌之水,他在时间之初将新生的太阳神拉(由圣甲虫和日轮象征)的船举上天空

▷ 埃及狒狒形透特神雕像，材质为青绿色釉面辉石，后期（第26—31王朝）。作为埃及书吏的保护神和智慧之神，透特经常与荷鲁斯的两只"眼睛"（日与月）联系在一起。此处狒狒形象的透特手捧神圣的荷鲁斯之眼（又称乌加特之眼）。透特的雕像或形象常为青蓝色，让人想起天空和清水，带有广阔、创造力和知识的寓意

▷ 埃及贝斯护身符，第三中间期（第21—25王朝）。贝斯是广受欢迎的保护神，常见形象为赤裸的罗圈腿矮人，身上长有狮子鬃毛，并经常戴着有羽毛的头饰。贝斯的保护领域主要是家庭，他特别保护妇女和儿童

△ 埃及海那塔薇内棺局部，第21王朝晚期。海那塔薇是阿蒙-拉神祭祀仪式的歌手，她在政治变革时期（所谓的第三中间期）去世，当时只有二十多岁。在她华丽的内棺上绘有欧西里斯、奈芙蒂斯等神明形象，此处局部展现了多个繁复的荷鲁斯之眼图案

△ 埃及《亨尼夫的亡灵书》第3张局部，公元前1275年。埃及人对死亡的痴迷十分有名，死者的身体必须被制成木乃伊并被存放在上好的坟墓里，《亡灵书》中的文字可以协助死者在冥界保护自己并通过审判

▷ 埃及金质雕像，公元前3世纪。被描绘成人头鹰的"巴"，是一个人性格中的精神层面

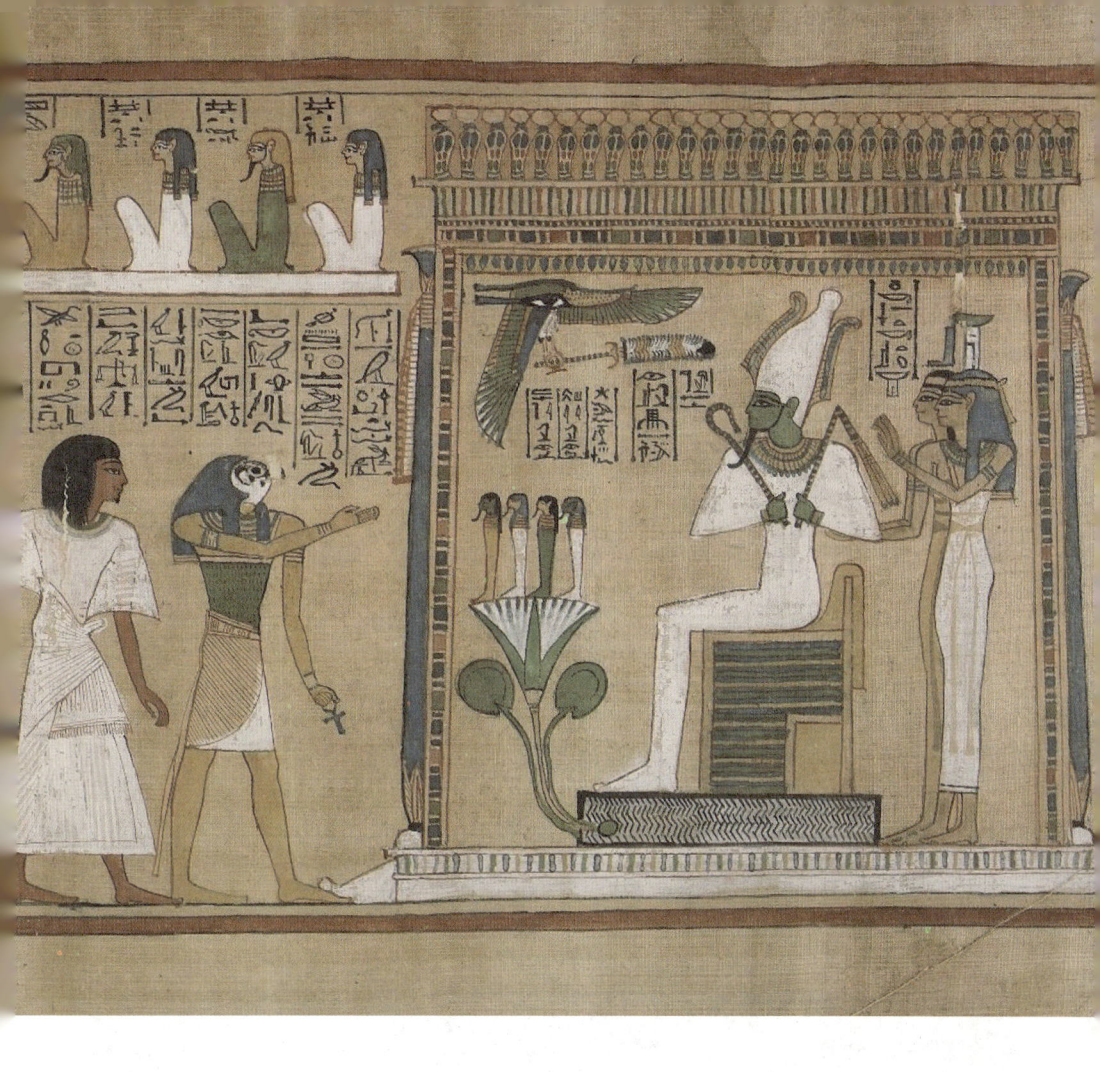

▽ 埃及尼姆鲁德的塔沃里特象牙板，公元前9—前8世纪，新亚述时期。河马形象的塔沃里特有多重角色，被视为邪神阿佩普的妻子，又被视为保护神，出现在魔法权杖与护身符等物品上

▽ 埃及茵赫考之墓（Tomb of Inherkau），第359号，第二室，南墙壁画。这幅壁画描绘了赫利奥波利斯的大猫杀死太阳的敌人阿波菲斯（即阿佩普）。而无论阿波菲斯被打败和杀死多少次，他总会重新复活，攻击太阳神的船

▷ 埃及女神奈芙蒂斯的辉石护身符雕像，公元前664—前332年。奈芙蒂斯在埃及神话中是死者的守护神，同时也是生育之神

▽ 带翅膀的人头狮身人面像，戴着埃及的双冠，公元前9—前8世纪，新亚述时期，出自尼姆鲁德的沙尔曼尼瑟堡

阿施普的家族和所受的训练

从文本的记录中，我们了解到有不少家族的人世世代代都是阿施普。魔法师无疑是一种受人尊敬的职业，就像过去或现在的任何一种需要技能的职业一样，人们会严肃地对待它，竭尽全力想要精通掌握。举例来说，萨尔贡二世最重要的顾问就是纳布-祖库-克努（Nabu-zuqup-kenu），他主要活动范围在卡尔胡，他的儿子阿达德-舒穆-乌苏尔和纳布-泽鲁-勒希尔——前7世纪早期阿萨尔哈东的首席阿施普和首席抄写员——也是如此。其他已知的阿施普世系也有不少。一支德国考古队曾在20世纪六七十年代挖掘过乌鲁克城中的一间房屋，直到约公元前420年，珊古-尼努尔塔家族世代在这屋中居住；在接下来的一个世纪左右的时间里，埃库尔-扎基尔家族也在这地方生活过——这两支家族都以阿施普而著名。在这数百年间，乌鲁克城里的任何人要想寻求阿施普的专业意见，都知道该去哪一间屋子。这样的屋子和家族在古代美索不达米亚大地上应该十分常见，是日常生活的组成部分，他们同时为统治者和普罗大众服务。

要成为阿施普，需要有阅读各种语言文献的能力，包括了苏美尔语、阿卡德语和阿拉姆语的晦涩文本。将文字写在泥版上是学习的重要途径，但抄写文本这件事本身，也是给某些主顾提供的服务，展现了文字影响世界运作的力量。对我们将会在下文详述的占星术来说，有两套文本是非常重要的。其一是《埃努玛·安努·恩利尔》（名字意为"当安努和恩利尔神……"），它是解读天体的预兆时需要查阅的主要信息汇编。它在68或70块泥版上，记录了超过6500条不同的预兆（我们所知道的很可能并不是全部）。对任何个人而言，没有必要记住泥版上的全部预兆，不过了解最主要的预兆的类型还是非常有必要的。比如说，如果一个月的第一天里能看到月亮，便预示着生活总体来说会幸福快乐；而如果这一天月亮周围有一圈光晕，则预示着国王会取得成功。

预兆表最迟于古巴比伦时期便完成了编辑，又在接下来的几个世纪中不断完善。在公元前三四世纪时，预兆表传入印度，并对当地的占星学产生了巨大的影响。比预兆表晚很多的星表保存在如今以"MUL. APIN"①之名为人所知的一系列泥版中,它很可能是在公元前1000年前后编辑完成的,包含66个星星和星座的信息,并记录了它们沿着三条道②在天空中升起、达到顶点和降下的日期。这类信息构成了巴比伦星图的基础,如今我们将它视作天文学的基础,但它同样可以被理解成这些星星对人类事务的影响。

当时的人承认所知和所见之间有联系,因为只有受过充分训练的人,才能理解他们所见之事的重大意义。这样的知识便成了孕育出不平等的要素:某人在社会阶层中的地位越高,便越有权取得更多的知识。不少占卜的文本最后都会有这样的句子:"知之者能见之;不知者则不得见。"世界呈现出诸多面貌。任何一个晚上,有云形成,月亮周围出现了光晕,风的性质发生了改变,或是一小阵流星雨落下,都可能预示着将会发生某些事件。重要的是知道哪些预兆具有重大的意义,哪些无足轻重,而这一点对如今的任何一种科学观察来说,也同样重要。知识不仅来源于观察本身,也来源于赋予这个世界意义的框架结构。

阿施普受过高度训练,属于美索不达米亚社会中的精英阶层,不过,我们也可以略微考察一下另一些更鲜为人知的人物,例如耍蛇人、鸨人,还有神庙庙妓,这些人在城市和村庄的街头巷尾提供服务。虽然不能完全确定这些人到底是做什么的(耍蛇人可能是例外),但至少可以知道,在美索不达米亚的世界中,每天都会有发生在屋里和街头的魔法活动。耍蛇人和鸨人常被指控行使巫术,外乡人也常常受此怀疑。巫术可能会让人生病,或导致不幸,有一系列疾病和失调被称为在"人的手"中患上的疾病。治疗疾病时,人们认为药物处理的是直接的症状,但仪式才能解决问题的根源,后者常常在某种意义上源于灵的世界。禁止行使的巫术同样有清单,实施它们的人或许就属于这些不那么官方的人物。可能导致不幸的不仅有巫术,还有妖魔,人们之所以不幸,或是因为触犯

---

① 这是个星座的名字,翻译过来就是"犁星"。该星座就是今天的三角座外加天大将军。——编者注
② 三条道指的应是北方的恩利尔道、中间的安努道和南方的艾阿道。——编者注

了禁忌而受到诅咒的惩罚，又或是因为与禁忌的物质、愤怒的神明或幽灵有过接触。

妖魔的特征十分明显，也有它们自己的历史，这些历史尚有待填补完整。妖魔属于神圣范畴内的次级存在，它们在荒野和群山间游走，并在那儿袭击人类的聚落或房屋。妖魔乘风飞行，经由窗户或没有上闩的门溜入屋内。它们中有不少是怪物。拉玛什图就是个长着狮子的脑袋、驴子的耳朵、狗的牙齿和老鹰的爪子的生物。她会在女人生产前、中、后袭击婴儿与产妇。一些仪式可用于预防她出现：比如毁掉或拆走拉玛什图形状的雕像，或是佩戴刻画了拉玛什图形象的护身符。如果发生了拉玛什图袭击的事，也可以采取不少手段来补救，尤其是针对拉玛什图引起的发热现象。有一组护身符上描绘了拉玛什图被同为妖魔的帕祖祖驱赶，被迫退过乌拉亚河，回到荒野之中。

美索不达米亚的占卜

阿施普活动中极为重要的部分是占卜。美索不达米亚的占卜有两种基本形式：占星术和内脏占卜法。我们将会对占星的知识做更多详述，不过内脏占卜法同样重要，它涉及检查动物的内脏，尤其是肝脏和肺，以寻找是否有任何不同寻常的结构和形态，它们能够揭示出人们感兴趣的未来事件。内脏占卜法基于高度结构化且细致的知识，有时候还涉及文字游戏："如果肠子盘起来的样子像胡瓦瓦［按照发音写作 hum.hum］的脸，那就是篡位王［阿卡德语为 hammā'u］将统治全境的预兆。"[6] 胡瓦瓦（或写作洪巴巴）是个由神养大的妖魔，我们从《吉尔伽美什史诗》中知道了他的故事，他的脸常常被描画为盘绕的图案，看起来确实很像肠子。在这里，胡瓦瓦的脸和以内脏占卜法观察到的肠子之间，有着视觉上的相似之处，此外，这妖魔的名字听起来也像是"篡位王"。由此我们可以看出占卜与其他实践在这个世界的万物间缔结了多么复杂的联系。

占卜的答案来之不易：要得到需要的信息，占卜师得完成一套繁费苦心的仪式。这整个过程以对话的形式呈现，占卜师向诸神提出问题。"伟大神明在上，您知道这件事吗？它是否会在伟大的神明的旨意下，由顺利的［内脏占卜］来颁布、确认，伟大的主沙马什？能看到的人，会看到它吗？能听到的人，会听到它吗？"神应该知道答案，也愿意让人类询问者知晓。不少占卜仪式结束时的固定祈祷词如下："请在这只公羊中示现；请给出确实的答案，请伟大的神明下令，让这被查看的血肉呈现出顺利而吉祥的征兆，好让我看到它们。"在公元1千纪时，一个复杂的仪式能从日落持续到日出，在这个过程中，人们将会献上一头或更多的羊作为祭品。[7]

如我们已知的，占星术也是占卜的一个重要分支。美索不达米亚的传统源于欧贝德时期或更早以前，那时文字尚未诞生。在更早的时代中，重要的很可能是所谓的"地平线现象"，它集中在重要天体升起和降下的状态上，这些天体中最突出的是太阳、月亮、肉眼可见的行星和恒星。占星学知识最早在古巴比伦时期正式形成，尤其是在公元前1千纪中期的新亚述时期。在这个时期，人们建立了名为"王家观星台"的机构，它自公元前8世纪一直延续到公元前1世纪。每天夜里，专家们都会观察月亮、恒星和行星，记录它们的位置和运动的细节，这就使它成为比任何一种现代科学都更长久的观测活动。另外，在公元前1千纪期间，出现了一种为天体运动建立更大的数学模型的活动，它让占卜师能够预测那些事关重大的行星升起与降下的情况。巴比伦人的月相表和行星表（或称星历表）将这些信息结合在一起，成了天文学家及其他人至今依然在使用的更精细的星历表的基础。

诞生于公元前460年的黄道十二宫是天文学的重要进展，它由从太阳和月亮每年运行轨迹上经过的12个恒星群组成。每个星座（按我们现在的说法）在天空中占了30°角，并在一年间逐个出现在视野中。公元前410年出现了已知最早的天宫图，它可以根据一个人出生时重要行星和恒星的位置预测人一生的命运。在此之前的所有预测的目标都是宏大的，用来了解整个国家或国家中的某些重大组成部分可能的命运和未来。（见图3.3）而现在，个体开始崭露头角，这一变化将在日后有相当可观的反响。在楔形文字文化的这个最后阶段,还出现了一种将内脏占卜法与占星术结合在一起的尝试,它将一只羊的肝脏分成12块,对应着黄道十二宫。

内脏占卜法与占星术的结合将美索不达米亚宇宙的两大领域——地下的世界和天上的世界——结合在一起,而幽灵和妖魔则在这两大领域之间的空气中飘游。美索不达米亚的魔法包含了这两大领域,尝试为人类参与周围世界的各种路径绘制出三维的地图。这是一幅关于相互感应的复杂地图,允许人们以一种不怎么依照因果关系,而更遵循事物之间的相互联系的方式理解过去、现在和未来。任何人都能尝试追踪这种联系的线束,但要在纷乱丛杂的现象中找出连续不断的线索,就需要掌握大量知识。像阿施普这样的人能利用千年来学习和观察的成果,这些知识具有深刻的历史根源,但也常常会根据统治者和被统治者的需要而变化。

图3.3 这块泥版是巴比伦人天文学日记的一部分,讨论了公元前331—前330年的6月和7月间,人们观察到的天文学和气象学现象。其中提到亚历山大大帝战胜了大流士三世,凯旋进入巴比伦

在美索不达米亚的南方和西方，沿着尼罗河这条大河，另一种同样复杂的魔法文化渐渐成长，它同样有着持续不断的历史影响力，直到今天，那就是埃及。

埃及的魔法

与美索不达米亚一样，在埃及，魔法同样也是国家官方组织的一部分，是避免危险、保证福祉的重要技术。正如一位出类拔萃的埃及学学者所写："如今学界已经逐渐形成了共识，认为'魔法'是埃及思想整体不可缺少的部分，它是基本的宇宙力量，而不是一种边缘性或破坏性的现象。"[8]

在过去的1500年间，埃及文化在世界的各个角落受到长期崇拜，这是美索不达米亚从未享受到的待遇。希腊人和罗马人影响了埃及文化，创造出了一幅有颇多篡改的埃及晚期神秘学的图景，而它又流传到了欧洲文艺复兴时期的世界。1822年，让-弗朗西斯·商博良破译了象形文字，之后我们才更准确地了解了古埃及人的所思所为。埃及人的世界呈现出的严格的秩序和深刻的陌生感，至今依然留有强烈的影响。古埃及人寻求的秩序的基础是种种形式的宗教和魔法，它们将生者与死者、诸神所在的宇宙和人类的日常生活联系在一起。如今我们认为世界靠自然规律来维持秩序，在人类之间则靠社会和政治的契约，因此，我们会觉得埃及人对彼世的强调非常神秘、令人困惑又充满吸引力；从埃及人自身的角度看，他们对世界的理解合情合理，但这个世界的前提在如今我们中的许多人看来都很难接受。埃及人的宗教和魔法在3000多年间不断发展，说明魔法与宗教信仰的结合确实能在数百万人身上奏效几千年，即使没有其他理由，单从这一点来看它也是有效的。

与美索不达米亚相反，埃及不是由诸多彼此竞争的城邦组合在一起，而是统一成了单一的国家。（上文提到的地点，见图3.1）埃及的国家首脑是法老，他就是大地上的神，是荷鲁斯的化身，太阳神之子。统治者类似于神的身份让他能够将上天的力量引导向大地，若整个王国和谐运作，这种力量便会保证食物充沛，人丁兴旺，人类相对不会受伤害。要维系这种和谐的状态，需要法老和全国各地负责照料诸神的神庙祭司不懈努力，而他们使用的方法，在我们看来，则同时具备魔法与宗教的两种性质。

所有与埃及有关的讨论都集中在尼罗河，而不是尼罗河周边荒芜的沙漠。然而，尼罗河谷并不总是一条夹在沙漠间的丰饶狭窄地带：在公元前约3600年之前，撒哈拉地区还相对有较多植被。在公元前7—前6千纪时，如今成为埃及的地方是游牧者的家园，他们在南部干河谷，比如纳布塔·普拉亚这些地方用石头垒起圆圈，这种石圈的排列可能与天文/占星有所对应，此外他们还摆放了母牛的雕像，以及成千上万的牛骨，牛骨可能是宴会吃剩下的。黎凡特和美索不达米亚的历史十分悠久，正如我们已见到的，在这两处地方，定居是缓慢而漫长的过程，但在埃及，定居生活的到来更为迅速。从约公元前3600年开始，周围沙漠化的进程让尼罗河的水源变得越来越有吸引力，定居的社区也逐渐变得常见。仅仅几百年后，人们就建起了大型的定居点，可以看得出来，他们的建筑正是法老时代埃及建筑的雏形，到公元前3300年，最早的象形文字便已有据可考。埃及的城镇和神庙兴起得十分突然，其理由我们至今依然很难理解。

人们在尼罗河河谷内聚集，种植庄稼，饲养动物。每年泛滥的洪水成了生活的中心。印度洋的季风环流导致埃塞俄比亚高原从6月开始便会大量降雨，到6月末时阿斯旺附近的尼罗河第一瀑布便会水位上升。上涨的河水在7—9月沿尼罗河河谷一路泛滥，到10月时还会留在尼罗河三角洲，埃及人则发明了诸多令人印象深刻的方法来测量水位。水量过多会淹死人类和动物，太少则庄稼歉收，无法养活逐渐增加的人口。到法老时代，至少有200万人熙熙攘攘地住在尼罗河河谷和尼罗河三角洲地带，实际的人数可能比这个数字还多好几倍——我们对纪念建筑和居住在尼罗河周围的精英人士的了解，远超过我们对普通人的人数和生活状态的了解。一等河水退去，人们便播下庄稼的种子，同时利用洪水带来的湿润和冲积造成的淤泥。每一年都有土壤沉积，让埃及在几千年中都保持了肥沃与丰产，直到后罗马时代，这个管理河水和淤泥的精巧系统才崩溃。几乎与此同时，古代神庙开始衰落，基督教占据了主导地位，随后又被伊斯兰教取代。

到了公元前4千纪末，尼罗河附近似乎已出现了三个政权，也就在此时，我们后来所熟知的建筑和艺术也开始涌现，例如公元前3500年前后希拉孔波利斯的"彩绘墓"等。（埃及的朝代更替见表3.2）尼罗河河谷和尼罗河三角洲的统一可能是通过征服达成的。到公元前3100年前后，出现了最早的法老的记录，他统治的联合王国从南方的上埃及一直延续到北方依然在扩张的尼罗河三角洲地带。我们已知的第一位法老是那尔迈，他名字的发音来自与他有关的两个象形文字，它们分别代表着鲶鱼和凿子，不过这到底是不是他的名字，学界尚无定论。在这个时期，坟墓中的铭文和文件中的书面记录依然十分稀少，我们也不总能确定它们的意思。

时期	时间	事件与进程
涅伽达时期 （南部埃及）	公元前4500—前3100年	
早王朝时期 （第1—2王朝）	公元前3100—前2670年	尼罗河河谷统一，魔法权杖出现
古王国时期 （第3—6王朝）	公元前2670—前2150年	最早的复合动物的证据出现——诸神的扩展
第一中间期 （第7—10王朝）	公元前2150—前2040年	荷鲁斯的故事
中王国时期 （第11—13王朝）	公元前2040—前1650年	
第二中间期 （第14—17王朝）	公元前1650—前1550年	
新王国时期 （第18—20王朝）	公元前1550—前1070年	埃赫那吞改革
第三中间期 （第21—25王朝）	公元前1070—前664年	
后期 （第26—31王朝）	公元前664—前332年	
希腊-罗马时期	公元前332—公元350年	更广泛的地中海世界的影响
阿拉伯人征服	公元642年	阿拉伯语取代埃及语

表3.2 古埃及历史的主要时期和王朝

商博良证明，象形文字中有部分是表音的，它们能够反映出字的发音；同时也有部分是表意的，这些文字的图像能够表达出这个字传达的概念。文字同样让我们知道，埃及语是一种亚非语系的语言，与南方的某些非洲语言有一定联系，同时也与某些闪米特语系语言有关，比如黎凡特的语言和美索不达米亚的阿卡德语。埃及语对魔法和宗教的本质来说至关重要，直到公元 642 年伊斯兰教征服埃及，它才在中世纪时渐渐被阿拉伯语取代。这种语言的某些残余可能还留存在科普特语中，尤其是科普特基督徒的秘密祭仪中，这些仪式也创造出了许多魔法传统。1822 年后，这种语言又出现了小型的学术复兴，现在在世界各地约有几百个学者能够阅读象形文字，并能部分理解这种语言的文化环境。正是这些知识，加上 19 世纪以来的考古学成果，才让我们如今得以了解埃及人的宇宙观，以及古埃及世界的所有其他基本特征。

诸神与魔法

埃及最知名的是它的金字塔，但这个国家的中枢机构却是神庙，其中居住着诸神及负责照顾他们的祭司。法老是地上的神。埃及人的神灵数量庞大而混乱，尽管在约 3000 年间，整个埃及的信仰都有其核心，但也变化多端；随着时间的推移，不同的神逐一显赫，神话故事不断变化，人们也会使用神的新形象。诸神的多变部分因为他们是世界上各种不同力量的示现，但也部分因为他们与人间事务捆绑在一起。各个神庙都热衷于抬高各自照管的神的地位，法老也会在宗教上玩弄权术，其中最著名的是埃赫那吞，他企图从根本上改革宗教，使太阳神阿吞成为崇拜的中心。

对古埃及人来说，宇宙似乎是由一系列处于流动状态的力量组成的，它始终在和谐（maat，玛阿特，也代表"秩序""平衡""真理"）和混沌之间变动。美索不达米亚的诸神总是定义清晰的个体，埃及的诸神却与之不同，是宇宙洪流的结晶，因此他们可以彼此联合、重组，同时也像完全独立的个体一样包含复杂的个性。最初，主神阿图姆（又以拉神之名为人所知）通过打喷嚏、自慰或吐唾沫的方式让自身放射出物质，让整个宇宙开始运转。通过这种非常物理性的方式，他创造出了一系列存在，像家谱一样上下有序，一代代传至荷鲁斯，而法老正是荷鲁斯的化身。与美索不达米亚相反，这类创世神话通常并不提及创造人类或人类在宇宙中扮演的角色。

埃及的领袖需要掌握的不仅有魔法，还有工程学和建筑学的知识。这类知识能让掌握者改变世界，因为他们对世界的了解比大多数人更深。这三种技能都给世界留下了恒久的遗产，埃及人的魔法代代流传，与尼罗河河畔的金字塔和神庙一样，成为后世魔法传统中的重要一环。

埃及人的宇宙中的重要力量之一是赫卡（heka），神和人都在它的作用之下。这种力量让创造得以实现，它常常被翻译为"魔力"。对埃及人来说，魔法既是宇宙之力，也是一套实践。赫卡有些类似《星球大战》中的原力，它的本质并不分善恶：它产生的作用完全取决于行使之人的目的。赫卡有其道德的方面，话虽如此，其中却也有少许黑魔法或巫术的味道。诸神比人类更有可能误用赫卡。而对古埃及人来说，神圣与世俗的世界之间没有明显的区分：日常生活中也充斥着诸神和魔鬼的行动。也正因此，埃及人没有某个存在高于自然的宇宙领域这样的概念。我们在科学和宗教之间做出的区分，并不能照搬到埃及。

此外，魔法和宗教是连续不断的：诸神受到赫卡的支配，也是赫卡的具现，而某些人类对赫卡的掌控能力超过其他人。由此得出的结论是魔法并不超自然。魔法作为实践，是人类能够取得的令宇宙维持和谐统一的工具之一，尽管要完成如此重大的任务，显然需要复杂的训练和相当高超的技巧；较为卑微的魔法能用来保护人们不受伤害，或帮助人们治疗小病小痛。相关实践的从业者范围很广，从需要长时间训练如何掌控赫卡的主神庙祭司，到村庄里保护畜群在渡河时不受鳄鱼之灵伤害，或是保护新生儿不受魔鬼侵扰的男男女女。对神庙的祭司而言，咒语的书面传承是很重要的；而对一些较为卑微的魔法来说，口头传授便已足够，因此，我们如今对前者的了解更多。另外，祭司并不是道德的教师，而是职责明确、会收取费用的专家。神庙祭司如果收了钱，也能为私人施行魔法，因此较为富裕的人假如真有需求便能雇佣他们，让国家长期培养的受训者为私人所用。大型神庙都有"生命之屋",这种机构同时具备图书馆、手稿抄写室和教室的功能。在生命之屋的帮助下,还出现了富有学识的团体,他们能够讨论从宇宙论到世俗的各种问题。

我们有必要牢记在心的是,与清真寺、犹太教会堂和基督教堂相比,神庙有一些截然不同的特征。埃及的神庙并不是为了将公众聚集在一起膜拜神明,不如说恰好相反:它们存在的目的是给诸神提供避开人类的住处。诸神以雕像的形式在神庙中被穿上衣服,得到供奉的食物,受到照料。这样的隐居会规律性地中断,那是在祭典之时,诸神会被带到神庙外,但它们依然会被蒙上布料,藏匿在神龛中。拉罕城每年有35个祭典,其中有些会持续好几天,普罗大众也能或多或少地参与其中,与诸神一起享受神庙的饮食。和谐是神庙的目标,但在这个魔法-宗教结构之内本就隐藏着危机,太阳在每个夜晚经过地下,不完全能保证第二天一定会返回天空,这便成了对生命的威胁。

神的数量很多,每一位都有着多种形态。埃及思想和历史的核心是两大叙事系列:其一是欧西里斯的故事,其二是与太阳相关的故事。在埃及人的历史中经常可以看见各种形式的欧西里斯、伊西丝和赛特的故事。法老们是荷鲁斯的化身,而荷鲁斯则是守护之神伊西丝之子,伊西丝名字的象形文字形似王座,因为她正是每位法老的第一个宝座或王座。[①] 荷鲁斯的父亲是欧西里斯(欧西里斯是伊西丝的兄长——他们的父亲是大地之神盖布,母亲则是天空女神努特),欧西里斯与兄弟赛特作战时被杀,然后被做成了木乃伊。这个故事出现的时间不晚于第5王朝(公元前2400年),其中融合了不少埃及思想和信仰的重要元素。欧西里斯代表着秩序与和谐;赛特则意味着混沌。这两位神之间的对抗和争斗,展现了秩序与混乱之间的较量。欧西里斯被谋杀的过程始终没有文本详细描述,这是因为人们认为文字能让它叙述的情况成真(关于文字的力量,下文将会详述)。在某一段情节中,赛特坐上了王座,随后的一段时期内,混乱随之产生。伊西丝(有时候他们的姐妹奈芙蒂斯会陪着

---

① 伊西丝是每位法老的神圣母亲,又被认为是王座的化身,埃及雕塑中常见孩童形象的荷鲁斯坐在母亲伊西丝身上的场景,因此有人认为她是每位法老出生后的第一个王座。——编者注

她——奈芙蒂斯则可能是胡狼头的阿努比斯神的母亲，阿努比斯是负责给死者涂抹香油的神）到处寻找化作隼形的欧西里斯。

到新王国时期，这个故事被与尼罗河泛滥联系在一起，泛滥要么是因为伊西丝的泪水，要么是因为欧西里斯的体液。赛特与荷鲁斯的较量，则包括各种暴力和性的攻击：赛特挖去了荷鲁斯的左眼；荷鲁斯则伤了赛特的睾丸，导致后者丧失了生殖能力和力量。荷鲁斯是天空之神，他的右眼代表太阳，左眼代表月亮。荷鲁斯左眼被挖，象征的是月亮的月亏状态。这场较量的结局有很多版本，但大部分都是荷鲁斯踏上王座，这则故事成为解释统治者的权力的工具。

这些神话无处不在，埃及社会各个阶层的人都知道它们，这是埃及文化与我们如今的很多文化相当不同的一点。通过普遍认同的神话来理解人类的主观体验，这种做法在个体和群体之间提供了与我们不同的平衡。个体和群体的经验被以这样的方式合并，人们日常生活中的事件也与日月的运动及宇宙的其他各方面联系在了一起。像欧西里斯这类故事不仅被用于解释天文学的事件和统治者的权力，也成了不少魔法咒语的基础，比如说，有些咒语能够保护被蛇咬过的孩童，或是保护孩童不被蛇咬，甚至是保护他们不受蛇所代表的那些危险敌人的伤害。伊西丝重新分娩诞下年幼的欧西里斯，她因此受到的痛苦及她为此而做出的保护性举动，成了保护人类的基础。对我们来说更奇怪的是，伊西丝用咒语让已死的欧西里斯与她交媾，这咒语也能帮助已死的丈夫令他还活着的妻子受孕。神话在日常生活中最常见的例子，是以荷鲁斯之眼的形状制成的护身符，它能抵御各种疾病，其基础便是荷鲁斯抵御并最终战胜了赛特代表的混乱。

诸神的外形常常会发生变化，或是将各种形态组合在一起。以女性形象出现的塔沃里特有着河马的身体，背部是鳄鱼，胸前垂挂着人类的乳房，还有狮子的脚掌。她常常手握一把匕首，触碰一个意为"保护"的圣书字。这种方式的组合并不意味着混乱或不清楚，而是一种先进的魔法技术，大量动物和人类的特性被组合在一起，以便产生强大的效果。[9]塔沃里特出现在各种物品上，其中包括所谓的魔法权杖或小刀，它们以河马牙齿、乌木（ebony，这是少数几个进入英语中的埃及语外来词之一）或磨光的皂石制成，将河马牙齿等物质的力量纳入魔法师的掌握。（见图 3.4）魔法权杖最初出现是在公元前 2800 年前后，当时它们顶上装饰的是凶猛动物的脑袋，例如黑豹或胡狼等。从公元前 2100 年开始，我们发现了各种动物的复杂雕刻，但除此之外，更有一些在我们看来完全源于想象的生物，例如赛特动物（将狗和不少其他生物的特征组合在一起的生物）、塔沃里特、狮鹫兽、成对出现的斯芬克斯兽，以及赤裸的罗圈腿矮人。这种矮人身上长有狮子的鬃毛，以贝斯之名为人所知，是广受欢迎的保护神。有时权杖上会描绘荷鲁斯之眼，还有透特帮助荷鲁斯的画面。更后期的权杖上出现了铭文，请求给予某人保护，这其中也包含了一些社会地位较低的人。这些权杖最后制造的时间为约公元前 1650 年，之后出现了更广泛的图像，神的形象也初次出现在非精英人物的坟墓之中。能起到保护作用的物品，或许从权杖转移到了墓室中和献给神明的石柱表面的这些形象上，也正因此，有保护能力的图像无法被人随身携带，人们只能前往神庙。或许就是因为这一点，当公元前 17 世纪魔法的历史发生转变之时，

图 3.4 塔沃里特女神出现在各类物品上，其中包括用河马牙齿、乌木或磨光的皂石制成的所谓魔法权杖或小刀

普通人要进入属于国家的大神庙也变得容易了许多。

魔法知识的要素之一是以事物真正的名字给它们命名，了解现实更深层的秩序和表象下的各种联系。埃及社会与文字、图像和物品之间的关系与我们的社会不同。古埃及创造了大量著名的形象，将它们描绘并雕刻在神庙和墓穴中，这其中既有神话人物，也有真实存在的形象。其中不少能通过念诵正确的咒语来激活，让它们开始工作。这些形象并非我们所见之物的代表；也不是它们所描绘的东西或人的象征。它们就是这东西或这个人的存在本身。我们之所以会倾向于将图像当作某种东西的代表，是因为我们只能见到它们未被激活的状态。在如今的电影中常见的吓人的木乃伊，或突然活了的神庙雕塑，都是古埃及人所持观念的低劣版本。在古埃及人看来，图像和雕像同时具备休眠或活跃的状态，如此一来，正确的魔法便能将之唤醒，并激活它们。

在此需要牢记两个方面。并非只有事物本身能被激活，并在某种意义上成为活物；它们是通过语言的力量被激活的。对埃及人来说，语言具有非常强大的力量，写下的文字如此，说出口时更是如此。说话这个行为本身就能让事情发生。大声地念诵或吟唱咒语是魔法不可或缺的组成部分。强大的知识包括知晓万事万物的真正名字，而知晓诸神的秘密真名显然是其中最重要的。若你能喊出某种东西的真正名字，它就很难抵抗你。追溯物体与本质之间的联系，能让影响力从一个事物传导到另一个事物上去——颜色或名字的发音的联系，或许能以复杂的因果链条将诸神或事物连接在一起。"做绿事"这种说法将绿色和生命联系在一起，意指能帮助繁衍的行为，或至少是有这类目的的行为。反过来，"做红事"则是消极的，让人联想到危险的画面，与鲜血的颜色联系在一起。透特（智慧之神）的雕像或形象总体来说都是蓝色的，与天空和清水联系在一起，这二者都有广阔、创造力和知识的意涵。

能够具备生命的，不仅仅有像神庙的浮雕这样宏大的事物，还有一些更微小的存在，例如护身符。有一份埃及语的目录列举了275种护身符，这份目录可能尚不完整，但其中包含的护身符已极为多样，数量惊人了。[10]在墓穴中，护身符会被摆放在尸体边上，说明它们属于个人。激活护身符需要非常漫长的祝圣过程：在我们已知的一个罗马时代埃及的例子中，要给一块雕刻的宝石赋予生气，需要向埃及、希腊和犹太诸神念诵复杂的祈祷文，在整整14天里，每天重复三遍，念诵的同时还要奠酒焚香。在最后一天还要献上一只黑色的公鸡，将它剖腹后，把宝石摆放其中24小时。在此之后，这块护身宝石便有了活力。一系列的宝石——从青金石到石榴石，从红水晶到珍珠，各种宝石都很重要，而在这里，更广泛的色彩联系也很关键。在早期的时代中，也曾有过一些别的祝圣仪式，但无论在哪一个时期，激活的仪式都是必要的。一些护身符给予佩戴者的是整体的防护，另一些则保护佩戴者不受特定疾病的伤害。不少护身符常常是重要符号的小模型——例如圣甲虫、莲花、荷鲁斯之眼。（见图3.5）它们同样也能保护身体的特定部位。胃部是情感所

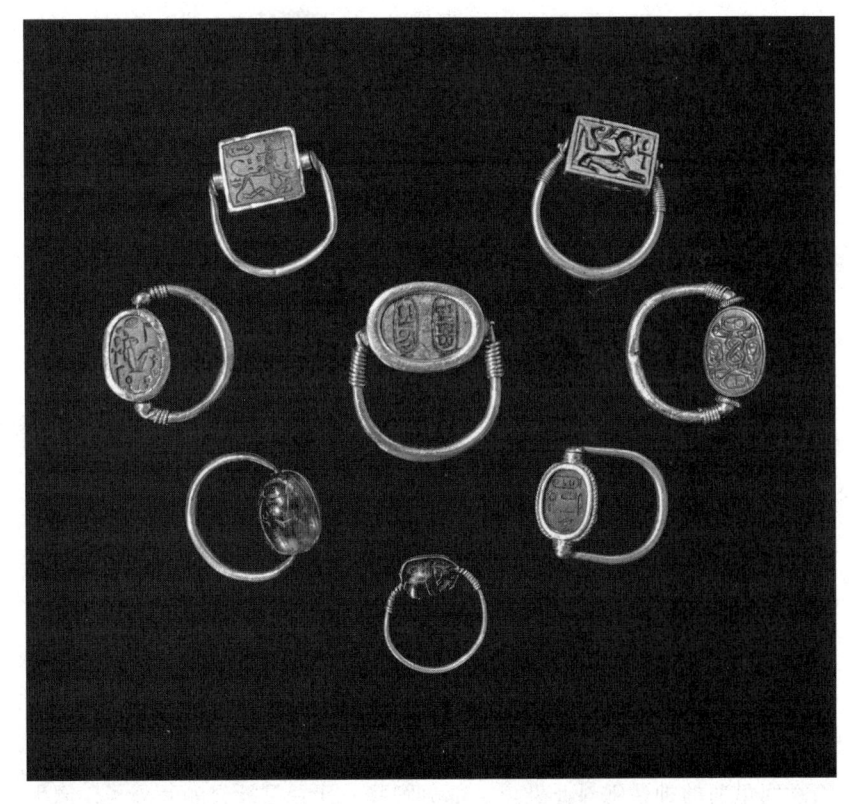

图3.5 镶在戒指上用来护身的圣甲虫和凹雕，以各种宝石制成，镶嵌在黄金中。时间可以追溯到约公元前1820年的第12王朝

在的地方，因此人们常常会在腰带上佩戴护身符来保护情绪；女性的骨盆与怀孕和生产联系在一起，需要特别保护；枕头有时也会以魔法图像装饰，用来挡住噩梦和夜间活跃的魔鬼。从护身符的数量似乎可以衡量一个时代安全与否，尽管这一点尚没有人严格地加以证实；在比较安全的时代里，例如建造金字塔之时（公元前2700—前2200年），或是公元前1500年之后的新王国时期，护身符的数量便少于不太安全的公元前2千纪初。

不少神庙中都保存着6卷本的《魔法师的秘密》，这本书中有不少例子，在我们看来可能算是医学药方与咒语的组合。与魔法相关的文本语言晦涩，常常让人很难辨别书中在讨论的疾病到底是什么。部分现代译本排除了其中的魔法元素，导致我们曲解了古埃及人的治疗方法。药草和魔法这两种元素，其实都基于人体运作的复杂理论，正如埃及神话和魔法专家杰拉尔丁·平奇所说："看似极为怪异的治疗方式可能是谨慎的思考过程的结果。"[11] 不少治疗的基础是感知上的相似性和相对性。很多药方用上了粪便，不过理由是肠道蠕动迟缓或消化不良之类的问题，需要昆虫或鸵鸟等其他生物的排泄物来改善。人们会把水从描绘了疾病或伤口的雕像头上浇下去，然后将这些水饮下治病；不过如果是被蛇咬伤，或是被蝎子蜇伤，祭司还会将伤口割开，挤出毒液。等到公元前2千纪晚期时，治疗喉咙被骨头卡住的魔法包含了一段对糕饼的咒语，念完后病人要将糕饼吞下。咒语将需要从喉咙里逐出的食物与太阳在夜间经过地下时的通道联系在一起。一些类似正骨的问题似乎并不一定非得念咒，头痛却总是需要。人们常常会强调一些我们所谓的疾病的心理因素，并总会设法找出病人曾经有过什么举动，或接触过什么东西，他们认为这些可能是导致人们被魔鬼袭击的原因。病人会被询问他们生活中最近发生过什么事件，以及他们可能有过的与他人的冲突。如今，我们自己的医学也慢慢地意识到了心理因素在诊断和治疗中的重要性。

埃及人对死亡的痴迷十分有名，金字塔可算作这方面的一个象征，而欧西里斯的神话则对此做出了部分解释。死者是社会的一分子，像生者一样活跃，只是更难以理解。事实上，我们或许该将活着当成临时的状态，而变形的灵魂（akh）则能永远地与欧西里斯一起住在杜阿特（duat）之中。为了达到这种理想的状态，新故去的人必须正确经过冥界中的各种可怖之事，他们也因此需要生者的帮助。一个人的生命力被称为卡（ka），它与其身体联系在一起，在这一点上埃及人与其他人不同，后者一般认为灵魂与身体是分离的。为了维持卡，身体必须被制成木乃伊来妥善保存，并被存放在上好的坟墓里。制作木乃伊的过程可能需要好几个月，在这个过程中，人们会举行多个仪式帮助死者的灵魂。负责此事的祭司常常会戴上制作木乃伊的胡狼神阿努比斯的面具。我们已知最早的地图就画在墓穴的地板上，用来在冥界中为死者指路。在《两路之书》中有这种地图，标明了物质世界的危险之处，例如土丘、河流和火湖，同时还有超自然的危险，例如拿着刀子的魔鬼。死者必须找出这些魔鬼的真名，以便获得打败它们的力量。终极的恐惧在于肉体死亡之后的第二次死亡，这将让此人永远地彻底湮灭。

一旦死者被妥善安葬，人们就必须不断地向他们献上供品，有不少屋子里摆放小神龛就是为了这样的目的。当然，做这些事需要大量财力支持，穷人的遗体则更可能没做成木乃伊，直接埋葬在沙漠的墓穴中，那里居住着危险的灵体。如果生者能帮助死者前往杜阿特，就能襄解灵魂向生者发怒造成的恶果。在公元前2千纪时有个故事，说阿蒙-拉的大祭司遇到了一个在底比斯大墓地内制造麻烦的灵。在强迫这个幽灵吐露了自己的真名后，这位大祭司发现，幽灵之所以郁郁不乐，是因为它的坟墓无人修缮。祭司承诺为它修建一座新坟并奉上供品后，它便平静了下来。在更积极的情况下，尤其是较晚期人们对占卜的了解更深之后，死者可能会回答一些与未来有关的问题，从而成为人们规划未来的强大助力。死者身上凝聚着力量：已故之人的头发，或是在其坟墓旁埋藏过一阵子的物品，都有相当可观的效力。鉴于语言的力量能改变世界，念出死者的名字有一定的风险，因此当讨论某人是怎么死的，以及提及死者之名时，都得长篇累牍地迂回暗示。（见图 3.6）

对于外部世界而言，埃及是魔法师的摇篮。耶稣的敌人指控他在埃及接受了魔法师的训练。人们花费了大量精力来建造金字塔、坟墓和神

图3.6　此图出自诺杰梅特王后的《亡灵书》，窃自代尔埃尔巴哈里的王家墓葬。图中诺杰梅特和她的丈夫赫里霍尔（我们至今未能找到他的墓葬）正在向欧西里斯、伊西丝和荷鲁斯的4个儿子献上供品，在一个小图中同样可见荷鲁斯，他正在用秤称量心脏。狒狒形的透特监督着称量工作，而通常应当出现的心脏则被一个小小的女性形象替代，它代表的想必正是诺杰梅特。赫里霍尔的特征在其中十分突出，这或许是因为他身为最早的阿蒙神大祭司之一的崇高地位，从第20王朝（约公元前1186—前1070年）末期到第22王朝（约公元前945—前715年）中的某个时间，他是上埃及的实际统治者

庙，每一座建筑都装饰有绘画或文字，或拥有藏有手稿的藏书室。神庙是魔法和宗教活动的中心，祭司则同时精通这两种彼此重合的实践。金字塔关注的是法老（及其随从）制成木乃伊的尸体，为他们在死后提供了不少生前曾经享受过的事物，让有权力者居住其中时，在死后能与生前一样。金字塔的巨大尺寸和建造它们所需的努力和技能说明，对埃及人而言最重要的是死亡，以及为了驾驭死亡所需付出的物质和魔法上的努力。魔法是埃及饱学之士的群体中关键的组成部分，它常常涉及大量学识。人人都会施行魔法，包括佩戴护身符、念诵咒语、使用特殊的物质。当时与现在一样，木乃伊和雕像都吸引了人们的注意，但在当时它们与材料、色彩和力量之间有着千丝万缕的联系，这些联系在整个世界上延伸，涉及埃及社会的所有元素。埃及魔法后来的历史同样强大，我们将会在希腊、罗马和更往后的欧洲历史相关章节中看到这一点。

魔法的隐藏力量

曾经有一次吃饭的时候，我边上的人信誓旦旦地表示说，金字塔是外星人建造的，只要我们找到方法，就能用金字塔来产生各种力量（他们这种观点的证据中有一部分是一美元的纸币上的金字塔，它的顶上有一只眼睛，在向外放射能量）。一开始我只觉得他在开玩笑，但接着便意识到，对方是认真的。当时我说，作为专业的考古学家，我完全无法相信这种说法，那位同伴便说，我也是学术界阴谋集团中的一分子，要阻止这个世界了解古埃及和它的力量。我们的这场交谈意外地相当友好，在事后也让我频频反思。我俩当时都没法让对方改变看法。对我来说，这场谈话中最有趣的部分在于，它提供了一种证据，说明人们长期以来都迷恋埃及及其神秘主义或魔法的力量，而这种兴趣又常常会以相当疯狂的形式呈现出来。自古以来，埃及文化中的某些事物一直吸引着人们的关注，在象形文字于近两个世纪得到破译之后，这种关注再度恢复。《亡灵书》的回响一直延续下来，在西方人面对威尔·塞尔夫的《北伦敦亡灵书》的不安的笑声中，验证着近来人们在死亡这件事上感受到的不确定性。后世的文化也曾对美索不达米亚迷恋不已，但始终没有达到对埃及的这种程度。

埃及，事实上还有美索不达米亚，创造出了一种高度审美化的文化，它们强烈而极具辨识度的视觉风格和纪念性的建筑至今让人赞叹，而当年还有复杂的语言、表演艺术、音乐、气味和饮食。在这两种文化中，隐秘知识的发展都是重要的元素，这种知识只有精英阶层和受过教育的人才能深入了解，甚至没有任何人能以一己之力彻底掌握它。魔法的力量让饱学之士得以接近宇宙之力。或许这隐秘的一面也是如今它们诱人的部分原因：这两种文化都允许人们在付出足够的耐心、学习和意志力后，能够洞察并理解神秘之事。共济会使用埃及象征符号的事人所共知。除此之外，人们也将知识与力量联系在一起，这种力量不仅是世俗的阶层和影响所带来的权力，同样也意味着掌握知识便可能挖掘宇宙的终极力量，从而来处理疾病、着魔和死亡，或控制变形。

美索不达米亚和埃及是世界上最古老的两种城市国家文化。在这二者之中，魔法都是国家运作的中心，对权力的本质而言不可或缺，但它同样也塑造了所有人生命的存在状态。这两种文化都相信，宇宙具有生命和感觉，人类则是一个具有智识的整体中明确的元素。这两种文明都发展出了各种各样的专业职责及其对应的施行者，其中就包括魔法师，他们解读出呈现宇宙将如何发展的征兆，研究出合适的行动方法，抵挡伤害，改善生活。阿施普和行使赫卡的人受过高度训练，在统治者和国家的政治活动中占有显著的地位。统治者宣示自身权力的关键在于，他们能够确保土地丰产、人民健康，确保与其他力量之间保持积极的关系，无论这些力量是否属于人类；在这些事务上，统治者需要依靠魔法师，而大众在涉及生活、健康及死亡等更广泛的问题时也需要依靠他们。在美索不达米亚人生活之中占据中心地位的星象知识是通过几千年的系统观察和记录，加上渐渐出现的数学，才能够形成的。这种对群星的迷恋创造出的成就的一些方面被后世视为科学，而它同时也有占星学的强大一面。

与更早期时那种更公共也更公开的文化不同，魔法在这些新出现的国家中成了部分隐秘的知识，精英们将他们的权力与对魔法、宗教和科学知识的掌控联系在一起，在他们之后的不少等级分明的国家中亦是如此。

第四章

深入参与的中国魔法

约公元前 2 万年至今

妇好墓

> 我想，在如今的我们看来，商代祖先崇拜的实际体验一定相当骇人。动物和人类祭品发出惨叫，鲜血奔流而下，尸体被切成块，头颅被人砍下，周遭涌动着可怖而不确定的危险氛围，人们使用魔法和咒语，敬畏和恐惧于祖先和其他的力量，密切关注每一日的幸与不幸——所有这些"现实"都不应被忘却。
>
> ——吉德炜
> 《遗骨重生：吉德炜早期中国研究选集》（2014年）

当妇好在公元前1200年前后下葬时，她的墓很有可能算不上是晚商时期随葬品最丰富的。但妇好墓在1976年的重新发现却成了20世纪后半叶的考古学轰动事件之一。这不仅是因为，如我们将在下文中所见，妇好墓中满是珍宝，更是因为它能让我们瞥见中国青铜时代晚期的贵族生活，这种生活中有极为复杂的物质生产过程，还着重于魔法的施行和中国宇宙观的某些观念。妇好墓如同一个微观的小世界，证明在中国当时正逐渐成形的文化中，已形成了魔法、宗教和科学这三种分支的三重螺旋。在本章中，我们将追溯中国的仪式和魔法的深历史，它始于大概2万年前，而后一路向前，进入青铜时代，经过秦始皇和汉朝治下的统一中国，再到如今复杂的中国文化结构，从而探索魔法在中国文化中交织的方式。

在如今河南省境内的商代（公元前1600—前1046年）晚期城市殷墟中，约有1.5万座墓葬。妇好的墓葬坑有5.7米深，木椁约5米长，3.5

米宽，1.3 米高。所有已知的商代王墓都在下葬后的数个世纪中被盗，妇好墓却碰巧完好无损。它是个相对较小的墓，由此也可以推测出其他大部分统治者的墓葬内的随葬品本该有多辉煌。妇好墓及其随葬品让我们得以瞥见晚商的王家生活，了解占据了青铜时代的商王国中心地位的祖先崇拜和占卜的实践。在葬礼之前，人们先制造了木椁，椁盖上覆盖着丝绸；妇好的遗体则被放在这个木椁正中的漆棺里，漆棺原本色彩鲜艳（尸体和漆棺都只剩下一些遗迹）。在椁的四边摆放着 196 只青铜礼器，其中包括小型祭坛和装食物与酒的容器，它们的装饰繁复。（见图 4.1 和图 4.2）在生者与死者之间的关系中最为关键的，是装饰繁复精美的青铜礼器，它们装有食物和酒，是供奉给死者的仪式用食。

除此之外，妇好墓还出土了大量青铜武器、青铜钟、青铜刀，四面铜镜和四个虎雕。还有将近 7000 枚贝壳，它们都来自南方滨海的水域。出土的 500 件骨雕发饰让我们可以看到贵族头饰和仪容的精致；镶嵌的象牙器亦有出土，同时还有石器和 755 件玉器，其中有一些是当时精心雕刻的作品，另有一些在下葬时已有几百年的历史，它们或许是代代相传的。在棺椁下的葬坑中，出土了 6 只作为祭品献给妇好的殉狗，在墓

图 4.1 妇好墓总览，可见四周的青铜礼器、壁架上的人类骸骨和中间妇好棺椁的遗迹

穴周围的壁龛中则有16个殉人,可能是仆人,在他们的女主人死时被杀。死者成为王家祖先的血腥仪式过程将其他许多人也拉进墓中殉葬。在墓穴竖坑的上方有建筑的遗迹,或许曾经是一座享堂,用以举行纪念妇好的仪式。如今这座享堂在遗址上重建,让好奇的游客能多少了解到从前在地面上和地面下举行的活动。

妇好和她的仆人们都准备就绪,在死后也将以全套青铜礼器进行飨宴。他们仿佛也在向他们的祖先、比他们更早的死者献上供品,我们也由此能够想象,更古老的祖先也会向在他们之前的祖先上供,环环相扣,形成链条。在地上的享堂里,当时的人无疑会

图4.2 妇好墓出土的鸮形青铜酒尊

献上祭品,以求保持妇好对生者的善意。这位王后在死后与生前时同样强大。对商代的人而言,死后和生前的生活同样重要;祖先能确保生者的生育力和福祉,但只有在祖先得到精心照料,获得食物和美酒时才会如此。求得王室祖先的欢心不仅对其直系子孙十分重要,也关系到整个王国。

妇好本身是个非凡的人物,而她同时也是武丁的配偶,后者是伟大的商王之一,他的统治期很可能从公元前1250年一直持续到公元前1192年。人们很早便在汉代历史学家司马迁的作品中知道了武丁的名字。但在很长一段时间里,人们始终没法确认,这一系列早期的国王究竟是历史上真实存在的人物,还是中国长久以来有记录的历史创造出的神话中的统治者。自20世纪中期以来,一些直接可以断代到商朝本身的记录证明了他们的存在。20世纪最伟大的考古学贡献之一,便是确认了商朝真实存在,并通过发掘墓葬和居住区让人们逐渐了解了商朝的政治架构,以及生活在其中的个人的丰富细节。

商朝王室至关重要的职责是进行占卜。他们在牛的肩胛骨或乌龟扁平的底壳(亦即腹甲)的背面钻出一圈圆孔,而后加热,让骨或壳产生裂痕。

腹甲背面的孔洞会影响到它正面裂痕的形状。而裂痕的形状则能对既定问题（可称为"命辞"）给出"是"或"否"的答案。对后代的历史学家来说至关重要的是，问题和答案都会用金属工具以我们目前已知最早的中国文字雕刻在甲骨上。此外，他们还会刻上占卜的日期。要解读这些年表则需要大量的工作。占卜师提出的问题包括各种日常的类型，例如天气是否适合种植作物，怀孕的女性是否会产下男孩等，还有王室成员的吉凶（王犯了牙疼是否由某个特定的祖先导致），或战争和战役的结果将会如何。历史学家将无数甲骨上的证据串在一起，重构出商王朝完整的世代更替，并将商朝之人关注的问题事无巨细地详细整理在册。

我们之所以知道我们在看的这座墓属于妇好，是因为有六十几件青铜器上刻有她的名字，其中包括两把铜钺，它们或许是用来处死与她一同埋葬在墓穴中的家臣和亲属的。更多的青铜器上雕刻的是她的庙号，在她死后，她以此名义享受家庭成员献上的祭品。死后的妇好成了母辛。成为祖先的过程剥离了她作为生者时的性格和人格细节，让她承担起了死后有限而确定的职责。商朝祖先的庙号中的一部分是商代的十日周期天干。女性一般都与这个周期末尾不那么吉利的日子联系在一起，例如辛。每到辛日，人们会向庙号里有这个字的祖先献上供品，并向他们询问未来。

妇好墓让我们得以一窥她的死后生活，不过我们对她的了解也来自甲骨文。（见图4.3）甲骨文显示了商王对她妊娠的担忧，但我们也发现，她率领军队参战，因为占卜询问了各种战役的结果。她似乎是个极为成功的将军，受上天眷顾。妇好在青铜时代后期相当著名，这部分是因为她女将军的身份，而她的声名在当今也重新

图4.3 刻在一只公牛肩胛骨上的商代（公元前1192年）甲骨文。文中表示，十日之内不会发生不幸

显赫起来。

使用甲骨占卜的方式可以追溯到新石器时代，下文我们将列出更详尽的细节。尽管还有争议，但在贾湖的新石器时代遗址中出土的符号可能既代表了汉字最早的形态，也表明了它们在公元前 6000 年之前就被用于占卜；到了公元前 3 千纪，使用甲骨来占卜的行为已变得十分常见，它一直延续到青铜时代早期的二里头文化和二里岗文化中。到了商代，占卜达到了极为复杂的全新高度，而这一整套实践体系几乎被完全照搬到了周代。（上下文中提到的遗址位置及其地形特征见图 4.4）在商代，我们可以看到中国社会迅速转变、强化，创造出了现代中国的早期根基。商代权力的性质至今仍有争议，这种权力部分来自当时新出现的高产的农业和强大的军事力量，二者都与祭品、献祭和占卜密切相关，而这其

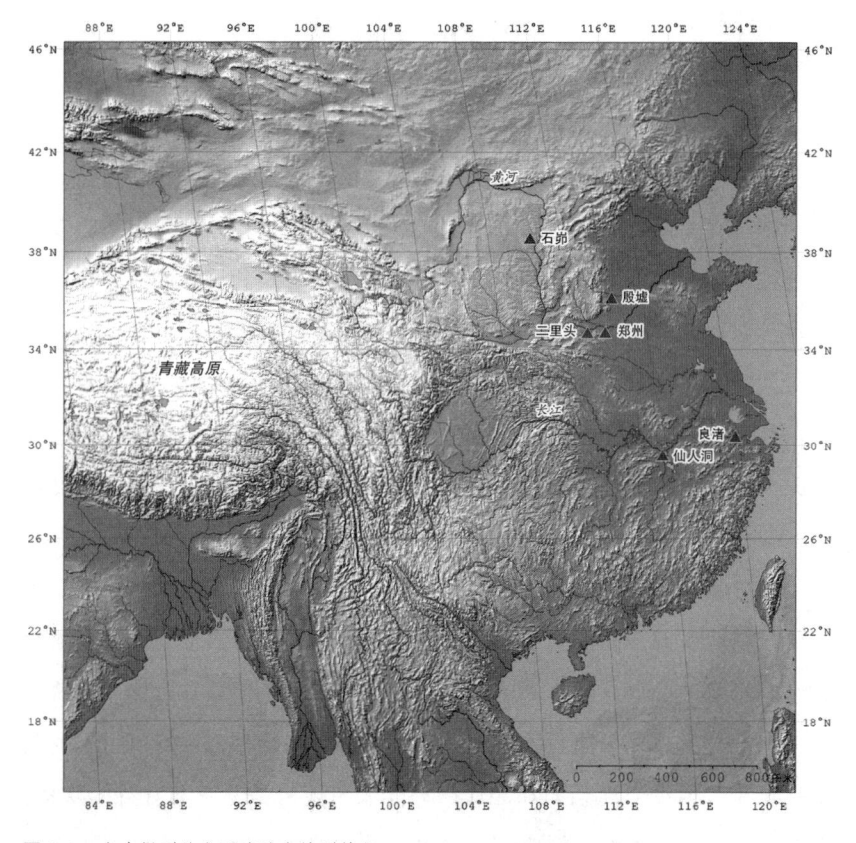

图 4.4　文中提到的主要遗址和地形特征

中的关键便是死去的祖先。这或许会让我们觉得，商代的权力被分成了实用性的和魔法性的两种元素，但事实上，二者是共生的关系，因此便会出现这样的例子：田地丰产与否，取决于祖先将上天的能量引导入谷物和田地的能力。商代的人居住在一个充满魔法力量的世界里，他们也将大量的注意力和努力投注在魔法力量上。

商王朝的创建让人们的生活方式相比更早期的青铜时代和新石器时代有了剧烈的变化，但这种生活方式并非前所未有，它有其深远的根源，或许可以回溯到约 2 万年前的晚冰期。现在，我们将先探索这些早期的发展，而后再回到历史语境中检视商代，如此才能全盘考虑青铜时代一直流传至今的遗产。

中国魔法的深历史

中国的历史轨迹及其与宇宙的联系，与东亚之外的整个世界截然相反。人们在描述中国时，总是说它注重此世，避开所有与遥远的诸神之间的超越性关系，而将精力集中在活好每一天上。与人类祖先的联系对生者的福祉而言至关重要。生者和死者居住在平行的世界里，要在这两个世界间彼此联络，虽然有可能做到，却很困难且危险。生者与死者的世界之间存在门户：它们在死者的墓中；在享庙中，人们在这里向已故之人献上供品；在神堂上；或在山顶之类的神圣地点。对青铜时代的商朝人来说，神圣而具有创造性的力量——帝——可能被视作最年长且最强大的祖先，而不是彻底高于人类世界的力量。

通过施行魔法，人们向祖先发出请求：如果献上正确的供品，又表示出恰当的敬意，同一世系中死去的成员便会向生者提供帮助。魔法常常是一家之内的事，已故的家庭成员的声名则在于他们是否能让活着的后人兴旺、幸福，保护后人不受伤害。随着时间推移，人们与祖先的关系也发生了改变：商朝人和之后的周朝人想要的是紧密和有益的联系；但自汉代以降，虽然人们依然会向祖先奉上供品，生者寻求的却是隔绝死者和他们可能会带来的坏影响。

从商代开始,中国的思想家和实践者便慢慢发展出了一套系统的宇宙观,它由宇宙各方各面之间的联系与类比组成,其中也包括了人体。在其他地方,宇宙的各个维度似乎超越于人类领域之外,例如天体的影响力,但在中国,它是人性化的;占星学将行星与人类联系在一起。炼金术的基础同样也是人体,对化学物质的操纵则与医学密切联系。汉代哲学很少强调因果关系,而更关注五行(木、火、金、水、土之间形成的循环)的特性与色彩、数字和方向等要素之间的相关性,关注人和其他事物呈现在外的面貌,在这之下作为支撑的是阴阳之间不断变动的紧张关系,它们以能量的流动(炁)来联系。人们寻求世界各个方面之间的相同、交感或相斥之处,而这又导致了人们不断询问祖先,或做出其他类似的特定行为,例如从一群鸟的运动来解析世界的状态。

西方思想源于对因果关系的关注(例如牛顿的第三定律——每一个作用力都有一个相等的反作用力),中国的思想家则在各类事物之间寻找相似和相关性,同时强调包括把天地万物,从星辰到人类,联结在一起的能量流动。牛肩胛骨因为加热而龟裂的方式,或是《易经》(它是一种如今备受欢迎的预测未来方式)中以扔蓍草秆来求得的数字序列,都与一些问题联系在一起,能让人知道究竟是否会丰收,王的配偶是否会生下男性继承人,或是接下来的战役是否能取得胜利。数字、方向或物质之间的联系,揭示出了万物更广泛的特征,但这些特征却不是事物的成因。魔法实践梳理出了相似点、规律性或矛盾性,能让人在一个处处联结、形成网络的宇宙中寻找到有利之道。

这番话或许听来有些神秘,这是因为它本就神秘。对外人而言,踏入中国魔法的旅途无疑就像是踏入了崭新的宇宙,它巨大而陌生,自有其结构和逻辑。要理解中国的思想和行动,需要付出大量富有想象力的努力,但无疑值得一试。中国思想和它深层的魔法基础植根于这样一个前提,即人类沉浸在世界中,为了或善或恶的理由而参与其中,这一前提不强调诸神的存在,也不会发展出抽象的科学理论等令他们与周遭环境疏远的事物。对外行人来说,中国和它的邻国日本、韩国一样,很难理解，这是因为有着语言（甚至人名和地名也很难让西方人记住）、地理的藩篱。另外，尤为重要的是，中国有着极其丰富的考古学和历史学记录，这二者都会引发分歧和争论。

考古学给这个世界带来的馈赠之一，便是重新发现了青铜时代的国家。它们遍布世界各处，包括中国。后世的作品和记录中一直提到有个名为商的青铜时代国家，但在很长一段时间里，人们无法确定这传说中的朝代究竟在历史上是否真实存在。自 20 世纪 20 年代以来，在安阳遗址（古代殷墟）上的考古发掘在占地面积极大的遗址上发现了宫殿、庙宇、墓穴和手工艺制造区域，而这个遗址本身，则是某个更大的政体的中心。在发掘中发现的物品和书面记录清楚地显示，这里就是商，时间可以追溯到大约公元前 1600—前 1046 年。（见表 4.1）商朝在中国早期历史上占有一席之地，是充满了英勇事迹却又满是暴力的朝代，由秩序井然的周代（西周，公元前 1046—前 771 年）继承，人们通常认为周代正是中国人生活中不少文明特征的真正起源，虽然很有可能自孔子以降的诸多后世文人将周代渲染得过于美好。春秋战国时代（公元前 770—前 221 年），见证了旧时的祖先崇拜和政治思想缓慢消解，最终导致在随后首次统一中国的秦朝（公元前 221—前 206 年），尤其是汉朝（公元前 206—公元 220 年）时出现了全新的儒家与道家思想的综合体。汉代思想的综合体给更为晚近的中国文化打下了基础。

中国文化强调的是在世界中的参与，因此魔法在文化和政治生活中处于如此中心的地位，也就不足为奇。中国魔法的中心是交换，这是一系列与祖先之间的交易，死者由此而能对生者产生助益。在中国，通过强调已故的祖先、炁的运转（它能给人类和非人类的一切赋予活力）、天体或地上的方位对人类的影响，人与世界紧密交织。人类世界的不平衡状态，诸如统治者的无道专制，可能在物理世界中引起灾难：人们认为越过雷池的统治者该为洪水或地震负责。汉代的人将这种联系视作弦乐器：人类制造的共振将在自然世界的弦上引发类似的声音。和谐带来和谐，不平衡则同样会在宇宙中引起不平衡的回音。

时间	时期与朝代	事件与进程
约公元前1万年之前	旧石器时代	最早的制陶技术产生，仪式系统的起源
约公元前1万—前3500年	新石器时代早期	水稻等作物的培育，最早的村庄，最早的文字
公元前3500—前2000年	新石器时代晚期	石峁和良渚等大型中心，占卜或许起源于此时
公元前2000—前1600年	青铜时代早期——齐家文化、二里头文化和二里岗文化	小型青铜器，后期出现大型青铜铸器
公元前1600—前1046年	商	大型聚落，随葬品丰富的墓葬，占卜使用青铜礼器的复杂仪式，妇好墓
公元前1046—前771年	西周	周代被看作中华文明的基础
公元前770—前256年	东周——由春秋（公元前770—前476年）和战国（公元前475—前221年）两个时代组成	混乱的时代，却为一切打下基础——此时出现了不少中国的经典，儒家和道家的诞生，五行理论和《易经》的发端
公元前221—前206年	秦	始皇帝统一中国——兵马俑
公元前206—公元220年	汉	中国的巩固与扩张，组织形式和官僚制度获得了极大的强化
公元220—618年	三国两晋南北朝隋	
公元618—907年	唐	
公元907—960年	五代	
公元960—1279年	宋	
公元1206—1368年	元	中国由蒙古人统治
公元1368—1644年	明	
公元1616—1911年	清	
公元1912年至今	中华民国及中华人民共和国	

表4.1 中国历史的主要时期和发展过程

据信，中国的历史记录比世界上任何其他国家的都要更长，也更为丰富。这是因为它文字记录的证据覆盖的时间跨度从商代开始算起，超过3600年。中国的官僚制度统治也起源很早，十分强大，在3000多年间，它描述、列举并控制了人类生活的不少组成部分。官僚制度同样延伸到魔法的领域，留下了丰富而形式多样的证据。如今中国的发展速度和规模让人们展开了大量调查与发掘的工作，绘制出了越来越完善的关于过去的图景，考古学的证据逐渐补充了书面的记录。

晚冰期的仪式

近年来中国考古学更为惊人的发现是世界上最古老的陶器，时间可以追溯到约 2 万年前，比世界上其他大部分地区的陶器历史都要多上一倍不止。为了解释这一发现，傅稻镰和迈克尔·罗兰[1]提出了一个假说，认为在东亚和中东地区，仪式系统具有极为漫长的延续性。傅稻镰和罗兰的理论部分地解释了农业是如何在东西方兴起的，它并非更优越的食物获取方式，而是仪式的模式。在江西省的仙人洞遗址发掘出的陶器可追溯到公元前 1.8 万年，这比农业的产生早了至少 1 万年。中国最早的陶器可能用于炖煮橡子及其他坚果类食物，它们需要大量的烹饪步骤才能食用。在日本，早期陶器被用来炖煮海产，在我们看来，后者可能比橡子更美味。中国的陶器是在中国、日本和俄罗斯东部发现的一系列早期陶器中最早出现的。

傅稻镰和罗兰指出了三点有趣之处。首先，我们不能认为农业是突然兴起的，而且是通过与之前社会的大规模全面决裂来实现的。不如说，农业的历史根植于世界各地长期的食物与烹饪的文化中。东亚以炖煮为主要烹饪手段的长久历史是导致人们在公元前 7000 年前后驯化水稻的原因之一（在此之前人们已食用了几千年的野生水稻），而水稻总体来说，都以煮或蒸的方式来烹制。在世界各地的考古学中，很多年间，食物只意味着热量；而现在，我们开始意识到，烹调和烹饪的变化也是文化形式的一部分，是一种以宇宙观为核心的力。其次，西方的烹饪传统更强调炙烤和烘焙，因此从南亚到欧洲，各种形式的面包成为主食，而东方的炖煮文化与之对照，是一种截然不同的烹饪传统。最后是与魔法最相关的一点，即东西方的仪式系统之间有着区别：蒸煮食物或酒，能让蒸汽向上传至祖先，这对东方仪式，尤其是中国仪式而言，是极为重要的。而我们将会在下文中讨论的希腊人，则烘烤动物的肉作为祭品，以烤羊或烤牛会产生的烟作为引起诸神注意和喜爱的主要手段。

显然，傅稻镰和罗兰对欧亚大陆上的文化差异是要而言之了；在过去几千年间，东西方彼此影响，这类差异已经变得不那么显著了。但不管怎么说，他们认识到的区别中包含着可观的事实。根据他们的讨论我们能够看出，约 3000 年前的妇好墓中那一类祖先崇拜的仪式，或许最终可以追溯到末次冰盛期。假如确实如此，那它便能将中国文化的延续性一直拓展到更久远以前的时期，尽管对那个时代我们并没有汉字记录或其他文化标志可以作为证据。我们也能顺便发现，中东和欧洲的仪式生活可能同样历史悠久，尽管在后期的历史中，它们并不像中国文明这样统一。如果遵循这样的思路，那么在各大陆历史的最深处，在它们的文化差异里占据中心地位的，是人类与魔法世界或诸神的联系。这样的联系形成了人们长期的自我认同，而其结果导致人类历史不是纯粹或主要关于对世界的实际掌握，而是创造了与魔法力量或神的密切关系。人类历史也与物质的性质有关，它们帮助人们理解自己的生活，让他们形成对自身和社群的观念，这里的社群也可能包括死者，从陶器中升起的蒸汽抵达祖先的领域，便是为了获得死者的欢心。魔法源于参与，而参与则有着诸多维度。

新石器时代的宇宙观

中国的历史可以从规模和技能中得见一斑。遗址都是大型的，这需要大量人工劳动；手工艺品精细复杂，则需要高超的技能（同时需要的也不止一点劳动）。对于中国历史较晚的时期，我们想到的是兵马俑、紫禁城和长城。它们的规模和技巧都从公元前3000年前后的新石器时代后期便已开始显现，而且有不少证据显示它们与魔法相关。

近年来在中国发现了为数众多、成就非凡的新石器时代后期遗址：巨大的建筑，内中包含极为精细的手工艺品。图4.4展现了新石器时代后期的主要大型遗址群。在下文中我将只关注其中的两处：中国北方的石峁和长江三角洲的良渚。这两处遗址的发掘规模很大，相关分析也很完备，相较于更早的时代，这两处遗址中的发现呈现出了国家层次的组织水平，这在近年来的中国考古学界激起了相当大的反响。在这两处的政治体制中，与宇宙力量的关联对于权力而言至关重要。

石峁位于中国北方黄土高原崎岖不平的丘陵地带（黄土层是一种非常肥沃、由风吹来的土壤层，从末次冰期开始在欧亚大陆上沉积，一般有几米厚，在中国北方尤其厚）。约 400 公顷的区域被两道巨大的石墙环绕（内墙 4.2 千米长，外墙 5.7 千米长），石墙上有着惊人的大门和入口。石峁内部是一座石造的宫殿或仪式建筑。中国的主流传统是用夯土来建造围墙（夯土是极费人工的技术，需用长杆冲压泥土和其他材料），因此在石峁用石头建成如此规模的建筑非同寻常，或许具有重大的意义。

长长的石墙内部藏有精美的玉器，藏匿玉器的行为本身，就这个遗址而言也是很独特的。遗址中央金字塔形的平台顶部占地 8 公顷。遗址中发现了头骨坑，放射性碳测定这些头骨的时代在公元前 2300—前 1800 年间，正是新石器时代结束、人们开始使用青铜器的时候。陶质三足瓮和陶鬲与同时代的龙山文化中的陶器类似（龙山文化属于新石器时代晚期黄河流域的文化，以其精湛的陶器工艺著称），它们被用于蒸煮黍类，或许也被用作献给祖先的供品，是青铜时代信仰的先驱。在东门附近发掘了 6 个坑，其中有两个坑中各埋葬了 24 个头骨，另外 4 个坑中则各有 16 个头骨。（见图 4.5）也就是说，这里至少有 112 人死去，其中大部分是年轻女性，她们可能是与建造大门的仪式有关的人牲；我们现在提到这数字时用的是平淡的笔调，但这种笔调掩盖了这些行为恐怖而血腥的本质。石峁的诸多死亡是长久以来用人牲和动物祭祀建筑的传统的一部分，它在之前很久便已出现，之后也一直存在。比如说，在千年之后的

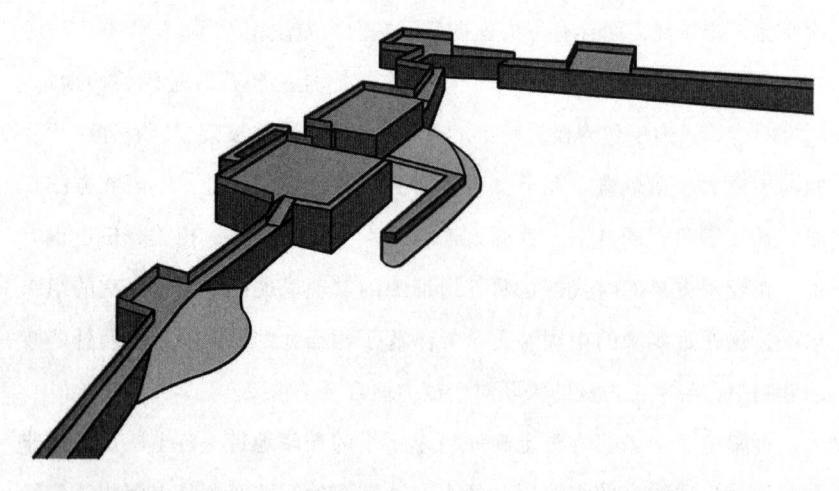

图 4.5　石峁东门的重构图

商都城殷墟之中，建造建筑时便有大量人牲，更不用说像妇好墓那种以仆从和亲属殉葬的情况了。石峁的部分人类骨骸有切割的痕迹，其他则被烧灼过，说明在这些人死后，还举行过仪式。

很多年来，人们从石峁盗取了成千的玉器：也正是因为这种盗窃，才促使当地的考古学机构发掘了这一遗址。在几次小范围的发掘里，大型墓葬、仪式建筑中都发现了玉器，一座距石峁城墙约300米的祭坛中的玉器尤其多，最为惊人的则是组成了东门的石墙及整个遗址的其他建筑结构中也都发现了玉器。尽管考古学证据显示，石峁这种使用玉器的方式非常独特，但在一些晚得多的春秋时期的史料中，也提到在建筑和祭坛中藏有玉器，或建筑和祭坛本身就以玉建成。东门聚集了头骨和玉器，很可能说明人祭和使用玉器都是灵性战争的一部分，它的对手或是灵，抑或是人类袭击者。一些璋类玉器被视作对抗恶灵的武器。

石峁废弃之时约为公元前1800年，此时一些早期的青铜和黄铜物品也出现在遗址中。在中央的皇城台附近，人们发现了一些铸造用的石范。同样独特的是，一些石块上发现了雕刻的人头及人像；在远古的中国，造像极为罕见，在石峁这个如此早期的遗址中出现人像则更是独一无二。有证据表明，墙的外表面上绘有人头、人体及一些几何图案。东门的甬道上则有用铁红、铁黄、炭黑及绿土颜料绘制的几何图案，原本人们以为要等到晚得多的年代才会发现这些颜料。

在石峁石墙的物理保护之外，玉器和石质人头更进一步提供了魔法方面的防御，这是因为这些雕像要么是强大的祖先，要么是以人形呈现的其他灵体。我们或许可以认为，作为人牲的年轻女性就是献给灵体的祭品。在整个新石器时代，人们以极为复杂的方式与物质及其特性打交道，而在此地，与新出现的金属打交道可能也别具吸引力。我们知道，在供奉祖先时，液体和湿润的食物十分重要。石峁出土了各类陶器，能够制作这类米酒和黍类供品。魔法在石峁发展，以保护它的居民，不过，与祖先联系（很可能为了获得他们的帮助）同样也具备各种各样的形式。总体来说，石头、玉器、金属和人骨等坚硬物质，在石峁是最重要的，而这一点，与我们将要讨论的另一个新石器时代晚期的遗址良渚恰恰相反。

　　在中华文化的历史中，长江流域总体上来说都坐在冷板凳上，地位次于黄河及其支流流域。而现在，随着长江三角洲被称作良渚文化（公元前3400—前2250年）的巨大遗址和丰富墓葬受到重视，这一点逐渐发生了改变。石峁强调的是石器，而在良渚，人类打交道的则是水和土。良渚遗址位于长江下游流域，在上海以西，此地属于亚热带季风气候，在新石器时代更早期是水稻驯化的中心。[2] 目前良渚已有记录的遗址超过200个，大部分是墓葬，其中常常有玉器随葬。良渚的遗址常聚集出现，其中心是公共建筑和丰富的墓葬。我将聚焦于目前已知的最令人印象深刻的聚落群，它由莫角山遗址群和反山墓葬群组成，周围则是大量土建工程。（见图4.6）

　　莫角山建筑群是迅速建造起来的，人们在湿润的河谷（如今是稻田）中建起了一座座人工的土丘，在主要聚居点外的北方和西方建造了一系列复杂的水坝工程，其中包括在塘山修建了与天目山平行的防洪堤（它至少有5千米长，20—50米宽，高达7米，本身就是相当大规模的建筑结构），用以调节从北方山岭上流下来的水。大坝和防洪堤中有一部分的建成时间早于莫角山遗址，而后者则在约公元前2900年的较湿润的地表上建成，比石峁遗址早了约600年。

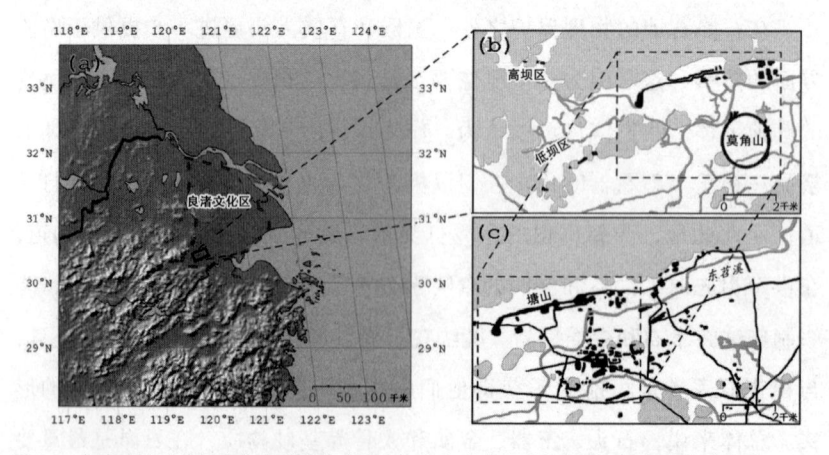

图4.6　良渚遗址及其周边的水利系统遗址。（a）良渚遗址群的位置；（b）良渚遗址及其周边的水利系统；（c）良渚遗址的细节

遗址的中心被土墙围绕，开有8个水道闸门，小船能经此进入城中，人工运河、水渠和壕沟则扩充了天然形成的河道。对遗址的重构显示出人们可以沿运河用竹竿撑小船进出城中。莫角山遗址正中是个巨大的夯土平台，占地面积超过30公顷，比如今的稻田平面高出至少8米。平台上有一座恢宏的木造建筑，有些人将它描述为宫殿，但事实上它的功能尚不明了。整个遗址外有一道围墙，所包围的面积可能在290公顷上下，这道城墙直到2007年才被发现。据估算，要建成这些河道和防洪堤至少需要3000人劳作8年，而整个工程真正耗费的时间应该远不止于此，因为人工时常会因重要的农事而中断。建成遗址的中心建筑则需要更多人工。据估算，莫角山的人口（与劳动力估算一样，都很难确定）在巅峰时可能是3万居民。大量食物集中到此处，以喂养大量饥饿的劳动力。在莫角山的一个储藏坑中发掘出了1万—1.5万千克大米，在历史的偶然之下，它们被遗留下来，保存至今。

在莫角山遗址的西北部，围墙之内，有一个更大的人造土丘，约5米高，内有11座大墓，其中共计出土了1100件玉器，主要是钺、璧、琮等，还有些陶器和石器。一些较为敷衍的埋葬形式也说明有人祭存在。在发掘之前，良渚的玉器便已为人所知，源于当地农民在田间地头的发现。地层发掘最终显示，这些手工艺品的年代极为古老，同时制造玉器和石器的工匠作坊也在莫角山遗址西北部的一座土丘上以及其他许多地点得到了发现。用来制造玉器的新式石钻也有出土。

良渚玉器以形式多样且美观而广为人知，其纹饰分为三种大类，分别为龙首纹、神人兽面纹和鸟纹。神人兽面纹一般表现的是一个人头，可能戴着羽毛头饰，其下是人类的手臂和双手，再往下的部分则是某种有着大而圆的眼睛和锋利爪子的兽类。这些纹饰的设计极其强调左右对称，有时也会出现在玉琮正方形边缘的角上。人与兽的结合显示出一个具有流动性的世界，人类与非人类可以融合，或许由此便创造出了具备人类和动物两方特性和力量的生物。有些人认为这样的复合体是萨满教的证据。我本人不太确定我们是否能下这样明确的定义，但这无疑是个将人类与非人类混合在一起的世界。良渚特有的纹饰本身就引人注目，而且它们是所谓的饕饕纹的前身，后者在商周青铜器动物纹饰中居于核心地位。

各种力量在良渚运作。从神人兽面纹中可以看出，人的力量与天地间其他力量相连，或许也源于后者。人类与这个世界并不分离，而是与一系列的力量与约束纠缠在一起，并竭尽全力想要掌控、操纵它们。人们塑造物质，引导能量，从而创造出了精美的玉器和陶器。良渚的诸多遗址特殊的构造展现了人类通过土与水这两种基本元素与广泛的各种力量大规模打交道的结果，尤其是水，它同时具有创造性和破坏性的力量，既是密集水稻种植的基础，又可能泛滥或引发洪涝。在随后的青铜时代流传着大洪水的传说：有可能在公元前2000年前后出现了一段较为湿润的时期，导致聚落形态产生了广泛的变化，暴力重组或许导致后来青铜时代的人类在黄河中游地区重新定居。在新石器时代晚期，人们视自身为更广阔的世界的一部分，而且这与其说是人类与宇宙和谐统一的早期表现，不如说是接受世界具有创造性和破坏性这两面的过程。

在这些相对早期的遗址中，力属于宇宙论的范畴。虽说从我们所知的中国后世的发展倒推此时的状态是很危险的，但确实有迹象表明，中国的宇宙论具有延续性，因此在时间长河中前后对照也能给人以启迪。中国宇宙论是从更晚期的战国时代（公元前475—前221年）开始，并在汉代真正形成的，它以五行、色彩、方位和时间的一整套极为复杂的相互关系为基础，并由阴阳这两种彼此平衡的力赋予其生气。木、火、金、水、土形成基本的元素，分别与绿、红、白、黑、黄相配，又分别与人体的组织及方位相配（肝脏对应东方和木；心脏对应南方和火；肺对应西方和金；肾对应北方和水；脾胃对应中央/整体和土）。所有这些都与每年的季节循环和人体的生命周期相关：冬天、北方、水、出生；春天、东方、木、青春期；夏天、南方、火、成年期；而后衰落，进入秋季，对应西方、金和老年。中央及其对应的土相对较为稳定，围绕着它也有不断复生更新的过程，它同样也能被视为"道"。到了汉朝，每年要举行一系列遵循这种循环的仪式，它与道家的宇宙观有关。在这段中国国家成形的时期，道家的神秘主义不仅让皇帝的活动制度化，也在后汉时期引发了弥赛亚式的农民起义。官方的文化系统和反正统的文化都在尝试着控制这些由道家思想认定的天地间流转的力量。①

如今，要是断言这样的一系列联系在新石器时代晚期便已完全形成，想必是极为愚蠢的。然而，我们可以从当时人们与各种材料打交道的方式上，从其大规模建筑和塑造玉器或青铜器的精湛技艺中，看出一些后世思想的先声。石峁的人会出力采石、切割并将石头筑成围墙，将玉藏在其中，且堆砌大量土石。而良渚的人则深挖沟渠、运河，堆砌土丘，种植作物。虽然他们可能是被迫进行这样高强度劳作的，但在他们这些与物质打交道的过程背后，可能也有着某些相同的世界观，因此能量和流动性的概念可能在新石器时代便已出现，并在制造陶器、雕刻玉器的高超技巧逐渐形成的过程中显现。熟练的工匠制造陶器和玉器，还有大量的木器、纺织品和漆器，它们全都是遗址的舞台上的重要方面，展示了统治者塑造周围世界的权力，以同样的方式，也许他们还能改变天地。在建成这些庞大遗址的过程中，人们同样也感受到了自身的力量，感受到了在这些特定的魔法世界中自己能够做成什么事。石峁和良渚的住民在关于物质的宇宙论指导下劳作，在日后人们制造更为精妙的青铜器或兵马俑的过程中，同样也能见到这种宇宙论的回响。事实上，正如我们已经见到的那样，将冒出蒸汽的液体作为供品献给祖先的行为，在青铜时代的仪式中有了高度发展，而它们的终极源头，在旧石器时代。

从旧石器时代和新石器时代的生活中探寻过中国魔法的深历史后，我们已对青铜时代的宇宙论的过去有所了解，也能更好地思考它们的未来，现在我们可以回到这个问题上了。

青铜时代的祖先

现在我们知道妇好生于斯、死于斯的魔法世界有着漫长的历史。对

---

① 事实上，阴阳五行学说不仅与道家有关。阴阳在甲骨文中即有体现，而五行最早的出处是《尚书》。从上古到先秦，阴阳五行渐渐被赋予了道德内涵，并用来指导政治活动，这包括秉持道家宇宙观的黄老之术，也包括战国的阴阳家，而后者的学说多为汉代的儒家所继承。——编者注

于商代人来说，死亡不是湮灭或缓慢地被人遗忘的过程，而毋宁说是状态的变化，是从生者的世界转移到死者的领域。在商代及其之后的中国文化中，人们在生活中都会把死者当作基本参考点。家族世系中的祖先会守护生者的福祉。世系越是强大，祖先便越有力量。在约1000年间，商周的王室贵族通过两种主要的方法来与死者保持定期的联系：其一是使用甲骨占卜；其二则是"飨"的仪式，这套仪式的中心是盛放食物和美酒的青铜器，它们极为精美，常常有大量纹饰。中国的文化生活常常有多重层次和维度：比如说，死者在他们的墓中也会为他们自己的先人举行宴飨。如我们已见到的，妇好墓中的随葬品让她的仆人能够准备祭品，而她则能主持这场仪式。至少，在其他时代的各个墓中可能进一步保留了交流、联系和恳求，从而在一代代死者之间又创造出一系列错综复杂的关系。生者同样会组织"飨"的仪式，这部分是为了维持良好关系，如此一来假如他们通过占卜向祖先提问，便能得到他们期望的答案。

历史的最后一块碎片能帮助我们填补从新石器时代晚期的大型遗址崩溃到青铜时代新的复杂世界出现之间的空档。青铜时代的二里头、二里岗文化及后来的商代政权都以黄河流域为中心，并呈现出与之前的文化截然不同的剧烈变化。此时的主要遗址比新石器时代晚期的更大，也更惊人，有神庙、宫殿，大规模的手工艺生产，还有从丰富得令人难以置信的大墓到极为简朴的各类墓葬。青铜经由欧亚大草原传入这个世界，一开始不过只是给这个世界增加了一点手工艺品，但自商以降，它被铸造成了容器、钟和武器（及其他诸多器物），它们复杂的形式和装饰及惊人的尺寸至今依然令人望而生畏、惊异不已。这些青铜器背后所需的技艺、组织能力和人力，说明它们是精英阶层文化生活的中心，而这一点反过来也展现了祖先的权力之大及向祖先寻求保佑的仪式。

在中国，人们修纂历史，用来强化可以追溯到旧石器时代的中华文化的延续性，而其中当然有真实性，尤其是用容器将食物和美酒供奉给祖先这一形式。新石器时代晚期的陶器证明当时的人已经掌握了相当惊人的制造技巧。但这其中也能看到革命性的变化，举例来说，当容器被重铸成青铜时便是如此。制造青铜器需要全新的技巧，采矿、交易、冶炼、添加成分制成合金和熔铸金属的过程则需要庞大的组织。（见图4.7）我们能在2万年前晚冰期那些冒着气泡的罐子与约1.75万年之后它们的青铜制后辈之间看到深层的延续性，但同样也要承认其中存在创新。

通过祭祀和占卜与祖先沟通是商王朝权力和生活的中心，这一点对社会等级中更下层的人民来说，也是一样。到了商晚期（公元前1200—前1046年），人们发展出了一套复杂的方式，用来维持与祖先的稳定联系。这部分是靠占卜来实现的，它是一种在整个东亚都十分古老且流传广泛的实践。[3]它有许多名字，充满异国气息——裂缝占卜法、炙骨占卜法或灼龟占卜法——这些占卜使用的是肩胛骨，有时候人们简单地将肉从骨头上剔除便可，有时候则要通过炙烤（由占卜法名字里的"炙""灼"可知）。在更晚期，人们也会使用龟的腹甲。这类形式的占卜最早的确凿证据出现在中国北部，如今的内蒙古，时间约在公元前3300年前后，而后在新石器时代后期的龙山文化中逐渐常见。早期时占卜不成体系。向祖先提出的问题也刻在骨头表面，位置各式各样，骨头本身也没有为了产生答案而处理过。到了青铜时代早期（公元前2000—前1600年）的中国东北部，在所谓的夏家店下层文化中，人们开始在占卜前就给骨头的背面钻孔。用于提出问题的骨头来自牛、羊、猪及狩猎来的动物，例如鹿等。在中国的其他地区，甚至在很快便孕育了商朝的中原地区，占卜的实践也各式各样。在商早期，我们依然很少看到系统性的占卜，但这一点在郑州的遗址中发生了变化，在此处使用的家畜骨头更标准化，问题和答案也有了清晰的记录；此处还出土了一个用来在骨头上钻孔的青铜钻。我们同样也在此处见到了最初使用龟甲的例子，龟甲需要从中国南部输入。乌龟在中国的神秘学中扮演了重要的角色，它们被视作强大而稳定的存在，这一点与印度的宇宙观类似；在印度，人们认为世界在一头大象的背上维持着平衡，而大象则站在一只乌龟的背上，乌龟是稳定的终极保证。

到了公元前1200年之后，晚商开始出现系统性的占卜，尤其是在他们的首都殷墟（亦即殷的废墟，殷是首都的原名）。所谓的"钻"和"凿"出现了，也就是甲骨上钻出的巢槽，它们限制了甲骨上的裂痕形状,事实上也决定了裂痕的走向。甲骨裂开时的"卜"声便是祖先的话音。这就导致了重大问题的出现,此举到底还算不算占卜呢?人们是在努力地想要预测未来,还是通过乞灵于祖先的影响力,企图构建未来?

到晚商时期,占卜至少有三个等级。最显而易见的是王室的占卜,它们由专业的贞人实施,占卜的结果则由这些人所受的训练、知识和个人品行作为担保。王也会在这样的场合出现,给出贞人向祖先提问的问题框架,或是接受贞人从问题和答案中得出的建议。王室依靠的不仅有祖先,还有更强大且包罗万象的天命,天命由天帝来授予或收回,而宇宙中发生的大部分事件背后隐藏的都是天帝的力量。天命一旦被收回,便很难再赢得了。贵族也有属于他们的更低一级的贞人,来了解和掌控家族的运势。而在乡间及殷墟以外的其他中心,同样也有不少王室占卜的非正式版,这些仪式常常会使用未经处理的肩胛骨,也不会刻下问题和回应的答案。所有人都想把握未来,由此一定会产生大量彼此冲突的主张和野心。不是所有家族都能延续,生者与死者都会犯错,或被命运击溃,导致作物荒芜、动物死去或洪水泛滥。

魔法有不少吸引人的地方,其中之一便是它所造就的语言的奇观。黄历就是我最喜欢的魔法之一,它会记录适合特定事件或行动的吉日或凶日,它的简易版至今依旧保存在西方的年历中。按照日、月、年的顺序排列的时间在古代中国并非如今人们眼中的一种可度量的数量,而是一系列不同的性质,各种时间段中有部分对于一些行动而言是吉利的,对另一些而言则不那么吉利。商周及更晚近的时代以极为详尽的吉日和凶日来划分过去、现在和未来。人们尝试着据此来调整他们的行动,同时也遵循祖先的建议。

> 在己卯日(第16日)占卜,贞人殼问:"会下雨吗?"王预测道:"如果下雨,那应该是在壬日。"在壬午日(第19日)果然下了雨。[4]

在此处,我们可以看到日期和数字组成的复杂系统,以及占卜有时会涉及的琐碎问题。商朝记录时间时将两个系统结合在一起。其中包括

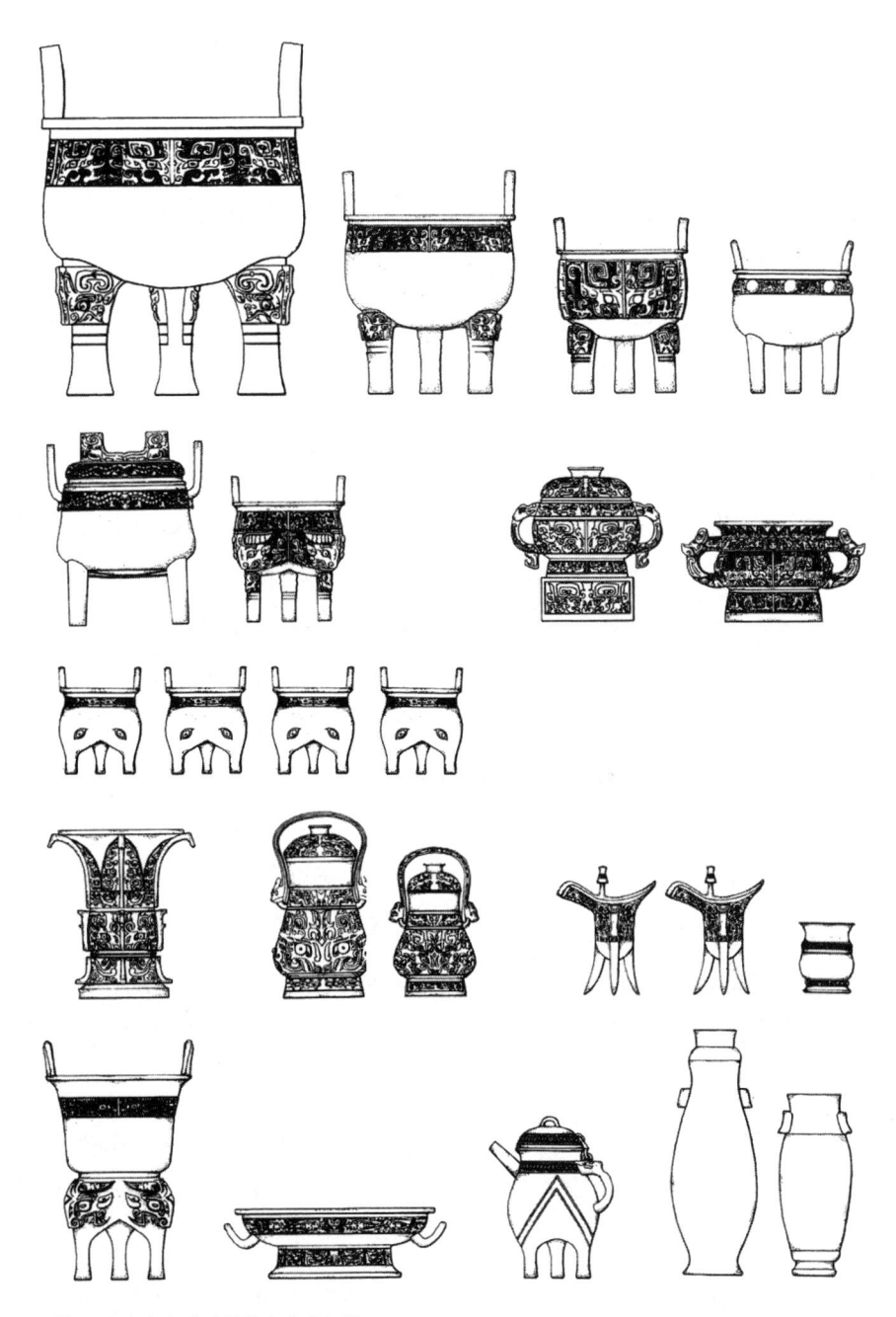

第四章 深入参与的中国魔法 125

图 4.7 祭祀祖先时用的各类青铜器

甲、乙、丙、丁、戊、己、庚、辛、壬、癸的天干，王以此命名，商以十日为周期的纪日也有着同样的名字。而子、丑、寅、卯、辰、巳、午、未、申、酉、戌、亥的十二地支对天干做出了补充。二者依序组合，从甲子开始，这样由二字组成的数字以 60 为一循环。以引用的上文为例，第 19 日是从甲子日（第 1 日）这个循环开始后的第 19 天，亦即壬午日。每一天都有它自身的特性，与一套复杂而不断重复的数字循环相关联。数字让人们能够观察、模仿、操纵这个世界的规律，它是中国理解宇宙的基础，在商之后的周代出现的《易经》系统中也可得见。

在以下这个商代占卜的例子中，可以看到一些对更重大的事情的询问。

在癸丑日（第 50 日）占卜，贞人争问："从今日开始到丁巳日（第 54 日），我们能对宙方造成伤害吗？"王预测道："到丁巳日（第 54 日）我们都不会［对他们］造成伤害；到下一个甲子日（第 1 日），我们能［对他们］造成伤害。"过了 11 天，即癸亥日（第 60 日），我们的战车都未能伤［到他们］；而到了那天晚上至甲子日（第 1 日）之交的时刻，我们果真［对他们］造成了伤害。[5]

在这两例中，我们都看到贞人（殻与争）提出问题，而王则从早已准备好的骨头上解读出答案。每一次占卜都形成了一扇小小的窗口，让我们瞥见 3000 年前过去的一瞬，当时的人们体会着、担忧着大大小小的问题。我们不知道占卜会在怎样的物理环境中进行，不过我们可以想象那是王的宫殿中的一个房间，有着恰如其分的装饰，有一个火盆用来烧灼青铜棒，还有摆放整齐的甲骨，空气中带有紧张的气氛。这一方面是出自贞人，他的职业和生命的存亡都取决于占卜是否能顺利进行；但另一方面，王可能也很紧张，这取决于他要提出的问题的重大。这样的占卜一直持续了几百年，它定期举行，也许在不少时间段中每日都会举行。在世界上的任何其他地方，甚至连美索不达米亚都没有如此直接而详尽的历史记录，记载如此久远之前的国家事务。

占卜是观察规律的主要途径，它自特定的系统性宇宙模型发展而来。我可以想象，由吉日和凶日组成的无尽循环从过去延伸到未来。解读甲骨卜兆同样也激励了阐释的技巧，在经常受到拜谒的祖先的帮助下，这种阐释技巧的对象从微观的甲骨一直扩展到宏观的宇宙。在准备占卜用甲骨的过程中，在排布日期的数学模型之中，我们可以看到如今被称为科学的一面；在王室与神圣的创造力——帝之间的联系中，我们也能找到宗教的元素；而在与祖先的对话以及通过甲骨卜兆辨认有益的未来行动中，浮现的则是魔法。中国架构的科学、宗教和魔法的三重螺旋有着自身的文化特异性，但它同样是人类理解这个世界的物理性质、神学维度和魔法特质的综合体中的一部分。

享祀祖先

部分是为了回应生者纠缠不休的要求，但也部分是因为需要获得尊敬，祖先们便要求供奉食物和美酒，以宴飨的形式获得敬意。商代宇宙观中的人物组成了一套复杂的体系，包括了或许是终极的始祖的帝（可能与北极星有关，所有的星座都围绕它转动），还包括自然神灵，例如土地、河川和山神，而商人的祖先也构成了其中的一部分。每一位神明都分别有专门的供奉仪式，那些赋予商人的土地以生气的本地神灵也是如此。对商朝王室祖先的祭祀有5种不同的形式：翌（羽）、祭、酒、劦（协）、彡（肜）。我们不知道它们分别的内容和形式，但其中可能涉及人类和动物的祭品，同时还要奉上食物和酒，并伴随着音乐、舞蹈及其他形式的表演。

要查明某些特定的祭祀是否顺利，同样也需要占卜。

在丙寅日（第3日）进行占卜，［王］问："明日是丁卯日，以酒来祭祀大丁［一位先王］，不会有害吧？"[6]

每一位祖先在接受了酒之后，又将按照顺序接受其他类型的祭祀。

对于商人而言，一年就是一个祭祀的循环：所有类型的祭祀都向所有祖先供奉完毕后，这一年就结束了。人们偶尔会认为某位特定的祖先造成了王的牙疼或肩膀痛时，也会向这位祖先献上保护性的祭祀。商被描述为魔法-宗教型的国家。商王定期祭祀自己世系的祖先，不仅关系到他自身的权力，更保证了整个国家的福祉。

商朝及之后的最著名的器物，便是各种形式明确且高度装饰化的青铜器。我的朋友、汉学家杰西卡·罗森曾经用茶具做类比，非常有效地解释了这些古代青铜器的组成。在英国之类的地方准备正式的茶会，需要茶壶、奶罐、糖碗、托盘、杯子和茶碟，它们都得是一个家庭所能设法得到的最好的瓷器。这些细瓷茶具和要用到的茶叶、三明治和蛋糕一样重要，既用来向客人表达敬意，又能给对方留下深刻的印象。商周的死者需要获得尊敬，也可能偶尔会对装盛黍米酒、水和黍类、米饭和肉等饮食的容器留下深刻的印象。穷人家庭使用的是贵族和王室所用的简装版，器物数量更少，装饰也更简单，但同样具备盛放食物和酒水的基础款式。[7] 与祖先相连的媒介并不只是食物和酒水，还包括盛放它们的青铜器。

从这些青铜器组的结构中可见古代中国世界的形式体系。最基础的是两种食器：鼎和簋，前者用于蒸煮黍米、大米和其他谷物，后者则用于盛放这些煮好的食物。更长一些的青铜器，比如斝和壶，用来存放美酒，或是将酒与香料调和起来。目前出土的周代青铜器超过1万件，尽管装饰纹样各有不同，但总体来说，它们的形状比周之前或周之后的朝代出土的青铜器要统一许多。

青铜器上还会有铭文，它们会注明世系的关系及家族史上的方方面面，或记录一些事件，例如给家族带来巨大荣耀的胜利战役。积极的事件是祖先保佑的结果，因此这些青铜器记录了祖先的力量及生者取得的成功。我们知道的青铜器组都出自墓室或窖藏坑。在这两种情况下，这些青铜器常常由各个不同时代的器物组成，创造出一套家族历史和成就的记录。这样的记录追溯过往，表达出是已故之人保证了如今的成功；但它同样也面向未来，试图维持代代流传的世系名字和荣耀。

祭品、祭祀和它们所代表的物质文化随着时间而发展演变，或许是因为人们始终在寻找着能够奏效的新形式。随着周朝的历史逐渐展开，从约公元前900年开始，祭祀出现了改革，这主要体现在青铜器的形式、尺寸上，纹饰也略有简化。正如杰西卡·罗森指出的那样，改革之后的青铜器尺寸发生了改变，这意味着仆人和贵族在举行仪式的时候，抬举、倾倒和移动这类青铜器时身体动作的方式发生了变化。中国的占卜和祭祀的对象虽然都是没有实体的祖先，但是这些过程本身却与人们对历法、数字和天地间各种力量的复杂操纵一样，都是切实的身体的体验。

西周取商而代之，他们的统治给后世留下了秩序和优秀治理的范本，这受到了孔子的赞颂。西周权力的规模和作用范围慢慢缩减，并在公元前771年以传统的方式结束。在随后的春秋（公元前770—前475年）和战国（公元前475—前221年）时代（二者合称为东周），中国没有单一的政治中心，只有一系列较小的彼此敌对的诸侯国。没有中央的宫廷，导致雇佣贞人、医师和其他专业人士的方式发生了彻底的变化，其中不少人开始流动从业。这种流动为宇宙观和魔法的形式注入了新的活力，甲骨占卜逐渐消亡，被其他的系统补充，其中最著名的便是《易经》。

在《易经》的系统中，人们扔蓍草秆来产生数字，而这些数字与64个卦象对应，每个卦象由6个爻组成，其中有些爻为连贯横线（即为阳爻），有些爻为中间断开的横线（即为阴爻）。这些爻又能组成8个单卦，每个单卦都由3个爻组成，以表现世界的各个元素（天、泽、火、雷、风、水、山、地）。《易经》占卜始于周朝，它激发了后来的五行理论，后者也同样与阴阳的概念联系在一起。《易经》背后潜藏的古代理论尚未为人理解，但显然，它的基础是复杂的数字规律——它们与阴阳转变的力相关，同样也与各个元素及人类的态度或行动相关。在公元前2世纪，人们逐渐认识到了《易经》的重要性，并将它列为"五经"之一，此举将之前数个世纪中众说纷纭的学问编纂成典，进一步影响了诸多思想流派之中的儒家和道家。

汉代魔法

战国时期创造性和破坏性兼具的动荡让位给了中国最早的大一统帝国秦,秦朝的统治极为短暂,它最广为人知的可能是秦始皇陵及其兵马俑。百家在汉代渐渐融合,数字命理学、阴与阳的哲学、能量运作之道(炁)、五行和道家思想等合为一体,帮助人们理解这个世界的规律和变化及人类在这些规律的塑造中所扮演的角色,从而发展出对过去的理解,并让人能尽力把握住部分未来。维持得更为长久的大一统出现在汉代,一个完全官僚化的国家出现,它将生活的方方面面都编纂成典,其中甚至也包括魔法。

生者与死者之间的能量和信息交换一直延续到了汉朝,并被纳入了官僚系统的掌控之中。尽管人们竭尽全力想要系统地管理这些事务,在此时却出现了复杂的,有时甚至堪称混乱的魔法图景。用甲骨占卜的方式在汉朝逐渐式微,《易经》的占卜则日渐流行。人们改良了吉日和凶日的架构,将它与疾病联系在一起,由此便可能从疾病发作的时间来推测出致病的原因。汉代对干支的这套改良发展成了黄历,至今在中国依然极为流行。占星学也同样能影响宫廷中的政策,以及人们日常生活中的更多方面。命盘此时已为人所知,它能让占卜师将询问者与各种行星和恒星组成的星宿联系在一起。对相貌的解读也是占卜的重要部分:当时的人认为人脸的结构能够显现出人的命运,这一点在狗或马的脸上也适用。遵循这种思路,相面术同样也能用在剑、器皿或工具上。当相面术被应用在大地上时,就成了风水学,能从地形地貌中读到未来。

梦境对于汉代人来说极为重要。死者如果在梦中反复出现,说明他们正纠缠生者,在受到严重烦扰的情况下,人们可能会将已故之人的尸体破坏成齑粉,或用酸溶解。商周时期的人对死者的态度较为亲近,汉代的人与死者之间则转变成更疏远的关系,他们虽然同样尊敬死者,却决意要让死者安分守己。但死者也能提供信息,专家能为生者解读梦境的内容,为此也有专门的书籍可供查阅。举例来说,梦到太阳可能预示着被统治者接见。未来并非完全注定,但人们可以从事件和各种上天的征兆中解读大势，从而做好准备，迅速采取合适的行动。宇宙是活跃而有灵的，它会向生者送出信息，其中最为剧烈的只有皇帝才能解读；彗星出现、落下鲜血般的红雨，或是鸟兽的行为反常，都是重要的信息，可能都与国家的事务有关，需要人们正确解读。反过来说，统治者的力量也能扰乱宇宙。如果他们的统治过于严苛，或皇室内部出现不和，又或是他们允许奸臣影响他们的决策，便会激起一系列涟漪般的影响，因为这些事都扰乱了宇宙的和谐。

魔法的每一个领域都各有其专家：向死者供奉祭品的人、能与灵交谈的方士、谶纬家以及替皇帝相马的人。某些地区因为他们的魔法师而知名。在东南方的越国曾派巫祝到汉朝宫廷，这些巫祝能够陷入恍惚状态，或是在狂醉的舞蹈中召唤死者。曾有名为栾大的方士自中国胶东，皇帝（汉武帝）为他的魔法专业技术而赐官授印，并赐予他两千户食邑，据说他家乡的人因此开始学他挥舞手臂的样子，声称自己能与仙人交谈，还能长生不老。[8]

与之前一样，我们最了解的是精英阶层的魔法，但事实上，魔法处处皆有，人人都信。汉朝时的中国境内遍布区域性的本地神灵，他们或是死者，或是不死的神仙。在世界的其他地方，像这样的神灵一般都源于土地，而在中国，神灵即使不是全部，至少也有大部分原本是人类，尽管人们可能已经忘了他们原本是谁。各地都有擅长风水、占星、相面或炼丹术的人，他们的知识由书本代代相传，但也可能有些依靠口头流传。

自汉朝灭亡后的1800年间，魔法在中国有了长足的发展，但始终沿着自此时便已开始流传的路径。人们常常查阅《易经》和黄历。他们关心人体内的能量流动，也关心人体与周围世界之间的能量流动。这样的观点经由风水而获得广泛认知，风水与五行相关，正如我们已见到的，五行关联到人体的各器官（例如木对应肝脏、胆囊和眼睛）和行星（木对应木星），又由此关联到情绪或精神品质（木对应愤怒或善意，但同样也对应理想主义和好奇心）。当今的畅销书作家，例如朱莲丽等人，又将风水发展出了新的形式，让它在发挥作用的同时，还能符合现代的审美，让室内装潢起到保护的作用。在世界各地，只要有华裔社区的地方，就能见到现代风水的运用，但它同样有效地转变成了其他文化的传统。中国的炼金术与世界其他地方的炼金术一样，关心的也是操纵金属，尤其是黄金，不过它的重点不在于让人获得财富，而在于创造出灵丹妙药来延年益寿，或最终长生不老。像金与银这样完美的物质，能帮助人体维持完美的状态，避免死亡。讽刺的是，有不少人可能就是因为摄入了含有重金属的药剂而短命的，其中也包括秦始皇，死后他便在兵马俑和其他不少仆从环绕中下葬。兵马俑似乎组成了保护皇帝的军队，也可能会在另一个世界中继续战斗；在秦始皇陵的其他地方也发掘出了乐舞俑和百戏俑，由此发掘工作或许可以展现出陪伴去世皇帝的秦宫廷和秦国的不少元素。

占星学最晚在西周时便已出现，在汉朝成形，当时的人开始更为系统地观测天空。占星学与五行理论、各种颜色和动物相关。（见表4.2）通过出生时的生辰八字，能测算出人的生命轨迹及其性格特征。个人的性格源于其与行星和恒星组成的星宿之间的联系，也源于主宰行星的相应元素，同样源于特定的色彩和动物。十二生肖体系在汉代成形，在这套理论中，每一年与一种动物产生联系；十二生肖还预示了一个人将会变成什么样子，这其中同时包括世俗成就和事关生存的部分。个体的人是从大地到天空的无数联系中的一个节点，因此这让人的发展有了确定的趋势和倾向。

行星	元素	颜色和动物
金星	金	白虎
木星	木	青龙
水星	水	玄武
火星	火	朱雀
土星	土	黄龙

表4.2 中国占星学中行星、五行、颜色和动物之间联系的简表

在过去，中国的宇宙是多因子复合的，如今也依然如此，它的基础是人体与下方的大地、上方的天空所组成的自然之间的联系。天空不是

一个超越于地球的领域，而是被世界包含在内，也是这个世界能量的一部分。在古代中东和欧洲，研究占星学就是研究凌驾在人类之上的力量，在这些理论中，天体影响人类，而人类对这种影响力无法抗拒。中国的情况却与之相反，在中国，行星与大地上的五行、色彩和动物（包括真实存在的和想象的动物）之间是能交互影响的。能量在宇宙的所有这些方方面面之间流动，没有一个先于其他任何方面的总体性的原因。

简单来说，以下叙述是我们如今的认知，但它同样需要接受未来证据的检验。在旧石器时代晚期和有历史记载的社会之间，仪式很可能有着某种延续性，尽管我们还未能解释这种延续性到底指的是什么。但是，在中国久远的过去，也有着诸多变化。就像世界上的其他许多地区一样，农业在新石器时代早期渐渐发展，像水稻这样的农作物在几千年间逐渐从野生驯化而来。大型新石器时代的定居点涌现出来，它们的若干元素在后世的社会中也有保留，就我们的叙述而言，重要的是一些早期占卜的迹象。如上文所述，在一些新石器时代晚期的遗址中出现了新的感知形式和文化形式，它们部分基于对土和水的大规模操纵，在物质方面意义重大，而这种基本的兴趣拓展后，当时的人便开始制造玉器、串珠和精美的陶器，其中部分陶器被用于向祖先供奉食物和美酒。新石器时代晚期的大型定居点衰落的原因尚且不明。而就在新石器时代的旧有定居点衰落之时，青铜时代的国家开始兴起，青铜器制造的技术从欧亚大草原进入中国。一开始青铜材质的物品对个人的各种财产和装饰品而言不过是锦上添花，它们被制造成刀、耳环或小铃铛，出土的地点也在中原地区之外，而中原最重要的依然是玉器。从商朝开始，这一点发生了戏剧性的变化，原本用来供奉祭品给祖先的陶器被换成了青铜器。青铜很快就成了大型器物，装饰得无比华美，从中可以看出在当时世界上的任何其他地方都无法企及的精妙铸造技术。青铜器上的装饰纹样召唤并呈现出了各种鸟兽，它们各有其特性和力量；米酒和食物被装在青铜器中供奉给祖先，很有可能制造世界上最精妙的青铜器的过程本身，便是在追求超越了人类的力量。每一件青铜器都是复杂魔法系统的具象，是魔法力量的产物，也是魔法活动的媒介。

商及其后的西周都是仪式性的政体，它们发展出了一套复杂的宇宙观，其基础是祖先及天地间更广泛的力量。在战国时期，青铜时代的哲学和文化渐渐消融（尽管青铜器本身成了一种形式多样、装饰复杂的艺术）。从儒家和道家的哲学中出现了解释万事万物的新方法，它们在汉代真正成形。道家的起源常常与"巫"联系在一起，"巫"这个词在英文中常被翻译为"萨满"，但它更合适的译名应该是"占卜师"。道家思想的核心是无为，但它是积极的，能让身体内充盈天地的能量，并通过冥想和宁静来获得思维的秩序。重要的炼金术传统与道教的思想一同发展，它涉及的是服用水银（对应阴）和朱砂（对应阳）的组合来延年益寿，乃至获得永生。道教涉及的是更隐秘也更哲学的维度，但它同样也催生了不少备受欢迎的魔法形式，例如占卜、炼丹术和阴阳调和；它很少与儒家对抗，同时也与佛教有着极为切近的联系。道家（以及事实上不少其他流派的思想）的核心是炁的概念，你可以将之视为能量，它可能源于阴与阳之间的交互作用。战国时期有不少重要哲学思潮的核心是对阴与阳的理解。道家和儒家本身便如同阴阳，前者与自然联系在一起，允许流动；而后者则是形式主义的，与正确地重复某些行为和仪式联系在一起。

在汉朝，人们尝试着系统地理解宇宙；祖先依然重要，但补充它的却是一系列观察的结果，这些观察针对的是物质存在（土、气、火、水和木）的特质、炁的力量，以及让宇宙不断运动的阴与阳之间的紧张关系。这些都是极为精密而错综复杂的世界，它们的核心则是一系列信仰，强调人类在这个世界中的参与。

想象一个没有宗教的世界

严格来说，古代中国并非没有宗教，但中国的生活强调的永远是现世，以及在现世中存在的诸多力量。最关键的是，这些力量也包括了人类的死者，向祖先求告是生者福祉的核心。中国人至今依然重视家庭和世系。中国的宇宙观更接近于二重，而非三重螺旋，魔法和科学占据了文化和知识的空间。甚至从汉代开始，佛教、伊斯兰教和基督教这些重要的外来宗教陆续传入中国，并在接下来的千年间逐渐散播之后，这一点也依然在某种程度上维持着原状。

转化和交易是中国魔法和生活的中心。整个中国并不是割裂的，而是一体的，可以从中看到延续性和张力，也有着极大的相似性（物质、色彩、方位等概念）。生活的一个方面能够转化为另一个，因此提纯过的化学混合物能反过来净化人的身体，假如成功便能让人永生。在西方，科学发展成了对自然的调查研究，但在中国没有出现同样的发展，尽管中国人展现出了巨大的聪明才智和使用各类物质材料时的惊人技巧。科学是客观的，不会介入这个世界，更古老的中国文化深深地参与到这个世界之中，因此不会像科学一样行事。科学发展出了抽象的定量研究方法，例如将时间看作均质的，每一分钟都完全一样，延续的时间都一样长。在物理学的方程式中时间以 t 来表示，这能够为数字式的处理提供便利。而在中国文化中，时间代表的是一系列定性的特质，由一些适合行动或不适合行动的时机组成。数学在中国也有发展，并被用于把握时机形势，类似于一种吉与凶的拓扑学。

中国文化对死者的重视程度似乎不亚于埃及，却采取了与埃及截然不同的形式。在蒸汽氤氲的器皿将香气不断送往祖先的领域的过程中，某些联系可能从晚冰期一直延续到了汉朝。尽管与祖先的亲属关系是永恒的，但这种关系同样也是抽象的概念，是通过魔法和仪式产生的。死者不会从生者的世界离开，他们存在于一个与日常生活密切联系的位面。随着西周的灭亡，中国的文化世界也发生了彻底的改变，但即使如此，青铜时代和汉代的宇宙之间也依然有着相似性和相关性，我们可以从中看出延续性，也正是在汉代，更近代的中国思想开始清晰地成形。在此时，死者与生者之间出现了距离，死者似乎也变得更为危险，但生者依然花费大量力气来赞美、抚慰、控制他们。

中国魔法的重要元素至今依然在世界各地引发共鸣，人们会用《易经》占卜，会担忧风水的问题，会思考在他们的身体和宇宙间流动的炁。

这些实践中有不少相比它们在中国文化环境中起源的版本简化了许多。在中国，新生事物层出不穷，大众消费主义和社交媒体横扫过中国的众多人口，但又吸收着他们古老的文化根源。如今妲好成了一个备受欢迎的电子游戏里的主角，这也算得上是一种现代意义上的死后重生。

第五章

欧亚大草原上的萨满教和魔法

约公元前 4000 年至今

萨满：一种重建

旅程开始于一阵鼓声，起初鼓点的速度缓慢，而后，随着旅程的展开，速度也不断起伏；随着萨满的手不停动作，鼓槌在空中起起落落，让故事成形。整个部落都挤在萨满的撮罗子（鄂温克语中的"帐篷"）里。旅程十分漫长，整个仪式的讲述过程也是如此。萨满的旅程总是危险的灵魂冒险之旅，用来响应社群的某些迫切需要，例如驯鹿离奇死亡、寻找土地的新开拓者造成了破坏，或是部落的土地遭受到采矿的威胁。所有这样的问题都与灵有关，源于部落与土地之灵、动物或人类死者之间的关系。诸灵能照料人类，因此，如果人类世界中出现问题，那不是因为灵没能完成它们的职责，就是因为人们未能向它们表达合适的尊敬。必须找出造成问题的失衡所在，或做错的地方，并改正它们。也只有萨满才能与灵沟通，且有可能毫发无损地返回人间。

整个故事很长，仪式中涉及的要素则早已备好。鼓皮一般取自被奉为神圣的鹿（或驯鹿），木质的鼓框则从活的树上凿劈而来，获取木材的方式要保证能让树继续活着。制作鼓框后剩余的木料碎片会被小心地沉入沼泽或河流之中。在有的社群中，这棵用来取材的树可能生长在某一座圣山上，是世界树的后裔，此树将三个世界结合在一起：天空的世界，树木的树叶和枝条在其中摇摆；中间的世界，人类日常生活的领域，由树干代表；以及地下的世界，由树木的根系渗透，在这个世界中一切都是反转的，此处活着的是死者。一根木条穿过圆形鼓框中部，木条被雕刻成小人的形状。它是鼓的主宰。萨满手握这根木条时，便与鼓的力量及其产生的能量相连。在讲述时，鼓成了坐骑神鹿，它会在旅程中驮着萨满，鼓的节奏摹仿的是这种野兽的蹄声。有些鼓上有铃和一条条不同动物的毛或皮，它们的作用是增加不同的声音和与动物的关联。鼓也有其寿命，大部分与驯鹿相当（约15年），一旦鼓的寿命尽了，便需要换上由仪式供奉过的驯鹿身上剥下的新皮。

萨满的服装让他们进入转化状态。斗篷是由同一只动物的整张皮制成的，例如鹿皮或熊皮。熊是所有动物中最强大的，它被认为能开口说话，还能容纳人类的灵魂。从多年前的入门仪式开始，萨满的人类灵魂会被毁去，而后重新拼在一起，就像骨架上的骨头重新整理后排列成另一种结构。在这个过程中，有一种动物的灵魂会深藏在这个萨满人类的身体里。由此人与动物就被结合在一起。萨满的长袍有时会被剪裁成鸟的形状，并饰有羽毛和尾巴。头饰、手套和鞋则用来召唤其他动物：萨满可能会头顶鹿角，戴上熊掌制成的手套，穿上羽毛鞋子。长袍上会挂有鸟兽形象的小金属牌，当萨满跺脚、咏唱时，它们便会叮当作响。男性萨满的长袍有时会特地制成类似女性服装的样式，从而淡化男性和女性的特征，将二者融合在一起。萨满穿上这身行头便失去了自我，与诸多动物、植物及人类的各种特征结合在一起，也融合了它们的各种行为与力量。（见图5.1）

在讲述这样的灵魂之旅时，人们可能会将一根杆子或树带入撮罗子中，用来象征攀登至天国的过程，又或是让烟雾向上升腾穿过帐篷，来帮助人们想象向上的运动。无论是向上还是向下，这样的旅程都是垂直的。但也有一些旅程沿着西伯利亚的大河进行，比如至今依然有原住民生活的叶尼塞河，它们总体来说是自南向北流淌的，给萨满提供了重要的基本方位。这样的寻找之旅能让他们往南或往北去，就像他们升上天空或沉入地下。南与北的地形中包括了社群知道的各种神灵，这些神灵或是能从南边释放出迁徙的候鸟；或是潜伏在叶尼塞河北部河口冰封的水面下，准备着将人类、鸟类和动物拖入深渊。在有的社群中，人们会在帐篷外放置各类人偶和动物之灵的雕像，从而提供额外的帮助。无论具体情况如何，在这样的仪式中，土地之灵和人类死者的灵魂都会靠近

een Schaman ofte Duyvel-priester in 't Tungoesen Clant.

图5.1 已知最早的西伯利亚萨满画像，荷兰探险家尼古拉斯·维特森所绘，他曾于1692年在萨摩耶族和通古斯人之间旅行。他将此画命名为《恶魔的祭司》，并给这个萨满画上了爪形的脚，从而吻合这张画的名字中的描述

过来。萨满的最重要特征是，他们的灵魂（或他们的诸多灵魂之一）能离开身体，前往人类世界以外的地方旅行，要么进入天空世界，要么进入地下世界。萨满的行为可能会带来精神上的危险，他们可能会发疯，也可能会死亡，事实上，萨满所需的力量可能会吸干他们近亲的生命力。而当萨满死亡之时，人们会将他们的鼓和长袍挂在远离人类住处的树上，这是在撤回当初将重要动物的骨头挂在树上的仪式，从而帮助这些动物返回活物体内。（在20世纪，俄罗斯帝国努力根除萨满信仰及其对原住民群体的影响，因此如今的萨满实践是从较低的基础上复兴的。在西伯利亚东部克拉斯诺亚尔斯克的博物馆中有一个房间，里边都是一个多世纪前搜集的各类萨满服饰，如今它们被穿在现代模特身上，看起来就像是某种萨满教的坟墓。）

我在此处记录的不只是单一的事件，涉及的甚至也不只是某一个社群。它是一般化的概览，结合了俄罗斯若干民族的记录，例如凯特人（他们居住在叶尼塞河中游，如今人口不到1000）或鄂温克族人，后者是一支操通古斯语的群体，在叶尼塞河东岸到最东边的黑龙江之间这一片

广袤土地上稀疏地分散居住。凯特人的信仰有三重要素，最核心的是个别的氏族和守护家庭的灵体；其次是那些与更广阔的部落土地和部落福祉相关的灵体；最后一重信仰则涉及萨满和英雄式的萨满行为。[1] "萨满"这个词来自鄂温克语，后者本身是通古斯语系的一支。它们将重音放在最后一个音节上——*shamán*。

在魔法的历史上，萨满有着突出而危险的形象，这对能在两界中穿行的诡术专家而言，多少还是合适的。以萨满存在的时间来看，他们是历史上的人物，但他们和他们的实践却掺杂着更古老的信仰系统。一个更有趣的故事便从这里浮现出来。如今，我们可以知道，在萨满教之前还有过很多层信仰系统。萨满的实践大约整合于最近的2000年间，而在最近的几个世纪中，为了反抗俄罗斯的殖民，这些实践也呈现出了某些新的特征。

正如我们将在本章中所见，欧亚大草原的历史是在魔法中构建的；欧亚大草原上的魔法又被历史所塑造。欧亚大草原由一个横跨西伯利亚东部和欧洲的生态地带构成——南部的草原往北逐渐变为森林，而后再变为北部的苔原。我们在此将集中关注欧亚大草原上的草原地带，因为近年来这里涌现出不少新的长期史料记录。我们将看到的是从匈牙利到西伯利亚东部的广阔草原带。（相关地形特征和遗址位置见图5.2）这片地区中的大部分落在如今的俄罗斯，但在南部，同样也有部分落在所谓的"斯坦国"和蒙古国境内。有三条西伯利亚大河向北流淌：西伯利亚西部的鄂毕河，西伯利亚中部的叶尼塞河和东部的勒拿河。西伯利亚南部、蒙古国和哈萨克斯坦东部则是复杂的山系，例如阿尔泰山脉、帕米尔高原和天山山脉，更西边是伊朗高原，然后是里海远侧的高加索山脉，它将俄罗斯与中东隔开。这些山脉的北部通常是沙漠，例如乌兹别克斯坦和土库曼斯坦境内的卡拉库姆沙漠和克孜勒库姆沙漠（它们名字的意思分别为黑色沙漠和红色沙漠）。在这些广袤且极具挑战性的环境中，近年来出现了大量新的考古学证据，为我们描绘了一幅过去的图景，它甚至能追溯到早期的农业群体，哪怕是几年前，想要写出与它相关的历史还是一件不可能的事。魔法正是这种对过去的全新认知中不可或缺的组成部分。

在约 3500 年前的青铜时代晚期，马背上的游牧民社会出现了，他们能跨越极长的距离移动，在欧亚大草原上大片的开放土地间组织行动。这样的群落最终且最广为人知的后裔，正是蒙古人。定居的人群更常固守在相对较小片的土地区域上，与之不同的是，骑马的牧民则需要在更大片的空间筹备起来，他们知道哪片地区最适合让大群的骏马和它们的人类伙伴过冬，然后扩张，进入春夏的牧场，等到了秋天，他们又会收缩，去有充足饲料和良好庇护所的地区。像这样复杂的组织活动，都是通过仪式和魔法来实现的。大量马群最早在公元前 1500 年左右出现，我们同样也可以看到，新的纪念建筑随之出现，它们最初出现于蒙古高原，在该地被称为赫列克苏尔，而后出现在西伯利亚东部，在这种建筑中，人类遗骨和马匹以及其他供品被埋葬在一起。像这样的纪念建筑由大型社群建造，这让许多人联合在一起。最大型的建筑包含多达 1000 匹马，它们并非一次被宰杀完毕，而是随着人们在许多年间一次次地回到这个地点逐渐累积起来的，人们回来的目的可能是举行一些仪式、祭典和各种社交活动。这些纪念建筑在广阔的草原上形成了可见的固定地标，因

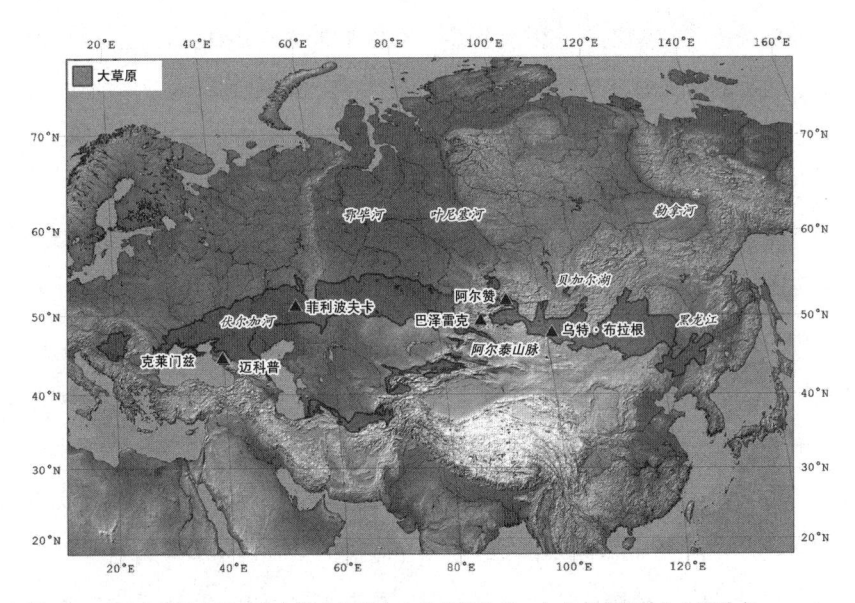

图 5.2 欧亚大草原地图，灰色部分即为中央的草原地带，上有文中提到的主要地点

此人类能用它们来给自己的世界描画地图，而与此同时，这些地标也留在社群的记忆之中，因为生与死的重要事件都在这些地点发生。

随着时间流逝，赫列克苏尔逐渐转变为墓葬堆，其中埋葬着人类，但也埋葬马和其他动物。公元前800年之后发生了一件意义非凡的事。整个欧亚大陆的文化联系在一起，在这片广阔的地域中，从西伯利亚到西欧的墓葬堆在建筑结构上都出现了惊人的相似之处，其中出土的艺术品的形式也彼此相关联。在东方，这些艺术和墓葬类型与我们如今称为斯基泰人的族群联系在一起。斯基泰人不是某个单一的族群或文化，而是各类人的通称，他们主要是游牧民族，但其中也有些定居的农民。在西方，斯基泰人与我们现在有时会称为凯尔特人的族群有关，后者定居的情况多得多，但发展出的艺术风格与所谓的斯基泰艺术有着惊人的相似之处，考古发现中同样也可见到他们将死者埋葬在大型的墓葬堆下。斯基泰艺术破除了物种之间的分界，将虎、鹿、马和传说中的狮鹫兽与人类混合并融合在一起。当我们观看斯基泰艺术品时，我们的视线会在其表面不安地游走，努力地想解读出错综复杂地交织在一起的身体和形式具有什么意义，从这个层面上来说，这种艺术是富有生气的。但"艺术"这个词本身容易引起误解，如今我们在画廊里观看的艺术，多半是以静观的方式描绘世界，但斯基泰艺术却非如此，更确切地说，金或铜制造的物品，无论其形式是服装还是马具，都是一系列针对现实的试验，试图理解现实并加以改变。艺术转化了人类的认知和行动，允许人类以全新的方式在这个世界里行动。

就像是按下了串联电路的开关，在公元前800年后，能量开始在欧亚大草原上的人群之间来回流动，这些人各种类型都有，有农民，也有牧民。地球的很大一部分表面连接在了一起，而人群、思想和物质也跨越了极远的距离，与远方的联系至少和与本地族群的同等重要。魔法在保证联系和差异性上都居于核心地位，我们在下文中梳理墓葬纪念建筑的历史和各种引人注目的艺术形式时，将会看到这一点。如今学界认为欧洲晚期史前史是欧亚大草原的艺术与魔法的某种回声，同时它也具备属于它自己的本地魔法传统。而中国，纵观它的历史，可以看出它与欧亚大草原之间有一条边界，这条边界不断移动却又十分重要，同时也有大量思想、人口和物品从大草原流入中国。相比于在更晚的历史时期到来的世界宗教，中国、欧洲和欧亚大草原这三片地区都不强调超越，亦即彼世。不过中国强调的是与祖先的交易，欧亚大草原上的人专注于转化，而欧洲则将交易与转化结合在一起。

就在公元前1千纪即将结束之时，在非定居的人群中出现了各类新型的国家组织，匈奴人、回鹘人、突厥人、蒙古人依次出现并扩张，征服了大片土地，创造出更大的帝国。（见表5.1）蒙古高原是这一后期流通系统的中心，它有着富饶的草场，且与中国中原地区保持联系，因此能聚集起人口、马匹和财富，进而横扫整个欧亚大草原。

考虑到上文概述过的历史新发现，我们现在可以看到，尽管萨满施行的魔法可能有着更深的历史根源，但萨满依然是相对较为现代的魔法施行者。在最近的几个世纪里，人们知道的绝大多数西伯利亚萨满都在相对较小的群体中生活和施行魔法，他们常常深受俄罗斯殖民主义之苦。这些萨满的景况，与从公元前1500年到公元1500年蒙古人统治结束的将近3000年之间，大量骑马民族统治欧亚大草原的局面极为不同。而本章最后结尾处将讨论的近代萨满教，则是反抗行为的一部分，进入灵的世界旅行是为了纠正人类生活的维度中出现的错误。在肯定近代萨满教的发展的同时，我们也要知道，青铜器和其他媒介的证据可以证明，萨满教对转化的深层哲学兴趣可以回溯到至少欧亚大草原上的青铜时代。

怪异、变化莫测、富有创造性而又危险的个体特征都浓缩在了萨满的人格之中。对如今的流行想象而言，萨满极具吸引力，这是因为具有超凡魅力的魔法师形象相当诱人，他们能进入灵的世界，与其中的住民搏斗，他们要冒上自身的风险，但这么做又可能让群体获得益处。萨满破坏既定的规则，这部分是因为他们本身非同寻常的人格特点，但也同样是因为他们会遭遇到难以预测而又极为强大的力量。萨满那种无政府主义式的魔法，与牧师一丝不苟的仪式及其行动中循规蹈矩的本质形成了鲜明的对比，后者听命于仪式的规矩和章程，在遵从知识条文的同时，丧失了知识的灵魂。当代人渴望与这个世界合而为一的感觉，他们在萨满教的道路上找到了自身的表达方式，人们下载与灵魂向导相关的手机应用软件，来引导其萨满之旅。

欧亚大草原上的史前魔法

在以考古学讨论魔法时，我们将逐渐剥开层层文化，它们是人类在欧亚大草原上游牧并将距离遥远的地区联系在一起的 6000 年间逐渐积累的。接下来的描述将会划分一系列的阶段，它们并不是有明确定义的历史阶段，而是用于归纳我们现有的考古学证据的。

第 1 阶段：人类开始在欧亚大草原上聚集，产生联系

从旧石器时代起，就有些古老的人类种群生活在欧亚大草原东部。我们的故事始于约公元前 3500 年，那时人们从西向东穿过欧亚大草原迁徙（见图 5.2），但也有可能，这些人口中有部分是在中国逐渐发展的新石器时代族群向南方输入的（见表 5.1）。这创造出了更丰富也更具有联系的人类景观，其中最重要的是万物有灵论。

我们可以将欧亚大草原的历史视作万物有灵论的历史，万物有灵论其实不是一种统一的观点，而是诸多不同观点的集合，是人们以各种不断变化的方式来探索人类与土地、植物和动物之间的关系时发展起来的。假如使用得当，万物有灵论是个非常有用的词。尽管它是个概括词（就像"宗教"或"科学"），但只有将它放入特定的文化语境或历史环境中，我们才能理解它（宗教或科学也是如此）。万物有灵论并不原始，不管这指的是逻辑上的原始，还是说信仰它的人处于尚不发达的社会中（无论"不发达"是什么意思）。最好不要将万物有灵论视作一种内在的东西、一种信仰的状态，不如说它是行动的模式，能创造出各种族之间的联系。人们在构想这类联系时，可能会认为所有的一切，无论生命或非生命，都可视作人类。有不少群体确实相信所有事物都是人类，并因此具备人格，即使它们外观看来像是岩石、貘或太阳。人与人之间的关系则或友

时间	西伯利亚西部	西伯利亚南部	蒙古高原	中国
公元前3600年	公元前3600—前3100年 迈科普文化 马首次出现在此地			新石器时代早期
公元前3300年	公元前3300—前2200年 颜那亚文化	公元前3300—前2500年 阿凡纳谢沃文化（证据很少）		新石器时代晚期 石岇和良渚
公元前2500年	公元前2200—前1700年 辛塔什塔—图尔宾诺遗存（北部）	公元前2500—前2000年 奥库涅夫文化 新疆的切木尔切克 马首次出现在此地	公元前2600—前1800年 新疆的切木尔切克 最早出现石人雕像和墓穴	新石器时代晚期 石岇和良渚
公元前2000年	公元前2100—前1800年 辛塔什塔格文化	公元前2000—前900年 安德罗诺沃文化，包含 公元前1500—前900年 卡拉苏克文化		青铜时代早期 齐家文化， 二里头文化和二里岗文化
公元前1500年	公元前1800—前1200年 斯鲁布纳亚文化	公元前1500—前900年 卡拉苏克文化	公元前1500—前1000年 马首次出现在此地 公元前1400年 赫列克苏尔和鹿石出现	公元前1600—前1046年 商
公元前1000年	公元前1200—前800年 最后的青铜时代	公元前1500—前900年 卡拉苏克文化 公元前900—前200年 塔加尔文化 —最早的库尔干出现	公元前1000—前400年 石板墓	公元前1046—前771年 西周 公元前770—前256年 东周
公元前500年	公元前800年开始 斯基泰人文化	公元前900—前200年 塔加尔文化 公元前800年开始 最早的库尔干出现 公元前200—公元300年 塔施提克文化	公元前400年 石板墓 公元前200—公元100年 匈奴，国家首次出现在此地	公元前770—前256年 东周 公元前221—前206年 秦 公元前206—公元220年 汉
公元年		公元前200—公元300年 塔施提克文化	公元前200—公元100年 匈奴，国家首次出现在此地	公元前206—公元220年 汉
公元500年		公元600—900年 回鹘汗国	公元600—900年 回鹘汗国	公元220—618年 三国、两晋、南北朝、隋 公元618—907年 唐
公元1000年	12世纪60年代—1368年 蒙古帝国	12世纪60年代—1368年 蒙古帝国	12世纪60年代—1368年 蒙古帝国	公元960—1279年 宋 公元1206—1368年 元
公元1500年	俄罗斯向西伯利亚扩张，中国继续对此地产生影响			
公元1990年	苏联解体		蒙古独立	

表5.1 欧亚大草原上的部分主要文化、相关年代和发展过程。注意一些文化的数据上有重叠的部分，这是因为它们跨越了好几块地域，也是因为年代无法确定。关于魔法史的重要事件，可见表5.2

善、或漠视、或敌对：如第一章所说，某些西伯利亚的猎手将狩猎活动视作猎手与猎物之间的性吸引力，这种吸引力让猎物献身给猎手。北美的欧及布威族的语言会区分出有灵的名词和没有灵的名词，对他们来说，岩石属于有灵的类别，能自行移动，遵循某种岩石的目的行事。

不少文化都持万物有灵论，让人类这一存在的概念本身变得更为宽泛。就像其他任何词语一样，"万物有灵论"这个词也需要限制条件，使之具体化。说一个群体是万物有灵论者只是描述的开始，而不是结束。在接下来的段落中，我们将遇到许多能被描述为万物有灵论者的人群，从冰河时代的猎手，到生活在亚马孙雨林中的人，再到西方世界反对机械论宇宙观的异教徒，他们都是万物有灵论者，但又有各自不同的方式。

在欧亚大草原的草原地带上，人与马之间的关系非常重要。人类的历史与马的历史紧密交织，而后者本身也很复杂。马最早是在哈萨克斯坦北部和俄罗斯南部的波泰文化中被驯化的，时间约为公元前3500年。马相当重要，可以骑乘，可以拉车，可以为人提供食物或用于仪式，在像哈萨克斯坦和蒙古国这样的地方，它们至今依然在这些方面发挥着重要作用。随着新石器时代的文化让位给使用金属的文化，马匹也向西、向东传播。同样得到传播的还有西边的青铜、小麦和大麦，以及东边中国驯化的黍。在东方，马匹的使用各不相同。对考古学遗址中骨骼的分析显示，马在公元前3500年时进入了哈萨克斯坦东部；1000年后，它进入西伯利亚南部、米努辛斯克盆地和阿尔泰山脉。它到达蒙古高原的时间可能在公元前1400年前后。某一些族群拥有的马匹数量似乎相对较多，另一些遗址和地区，绵羊、山羊和牛的骨更常见。在动物的数量上体现出的这种多样性，是在哈萨克斯坦、西伯利亚南部和蒙古高原发现的各种文化的马赛克拼图的组成部分，这些文化在岩画艺术、房屋、陶器和新兴的金属文化方面，同样体现出了各自的特色。

位于乌拉尔山脉东侧的所谓辛塔什塔文化发明了战车，相比于新石器时代用家畜拉着的又大又笨重的货车，战车是更快更轻的两轮交通工具。战车从它的起源地乌拉尔山脉迅速传播扩散，不过几百年就已传到美索不达米亚、埃及和地中海的城市中，而后又进入中国，在那里，它们被大量制造，并添上了美丽的涂漆。说回乌拉尔山脉，辛塔什塔文化的各阶段中可以看到引人注目的战车墓葬，它们常常会有大量随葬的马匹，这表明马在仪式中极为重要，同时也说明马在当时被大量养殖，足以支撑频繁祭祀之用。在沟通生死这样关键的问题上，马是十分重要的。

时间	事件与进程
公元前2500年	西伯利亚奥库涅夫文化的艺术——所有现存艺术都在岩石上，展现的是人类、灵体和物体的混合，涉及了所有这些事物之间的关系
约公元前1500年	蒙古高原的赫列克苏尔和鹿石的发端——赫列克苏尔提供了与死者有关的大型仪式中心，人们会一次次回到此处；鹿石处理的则是人类、鹿和物品之间的关系
公元前900—前300年	最早的坟冢出现在西伯利亚（可能是受到赫列克苏尔的影响），它包含了土、石和木，描绘出了土地景观的基本属性，另有大量人类尸骨的坟墓和丰富的手工艺品
约公元前800年	斯基泰人——这是一支非定居民族，他们的艺术形式将人类和各类动物（以鹿为中心，兼有其他动物）融合在一起，有时也会加入植物。这种艺术具有模糊性和魔法特征
公元500年	回鹘雕像和祭祀仪式遗址——可能是蒙古高原和欧亚大草原景观中以石头表现的活物
约公元1500年	现代萨满教可能起源于此时，它部分是俄罗斯入侵引发的回应，但有着古老得多的根源

表5.2　欧亚大草原上的魔法史简表

　　物质和动物可能不像我们想象的那样与人类泾渭分明。艺术是这些关系的重要表现形式。所谓的动物艺术描绘了各类捕食者和猎物，它有着深远的根源，可以上溯到约公元前3600年北高加索地区青铜时代早期的迈科普文化。此处有着装饰极为精美的墓穴，随葬品包括轮制陶器，产自阿富汗的青金石、塔吉克斯坦的绿松石、印度的红玉髓等，以及用来支撑墓室顶棚的小型金、银公牛像，此外还有一只银瓶，外表面雕刻着亚洲野驴、羱羊、猛兽和树木的花纹。它们描绘的动物中有一部分出现在后世的艺术里，说明这些动物极为重要，与人类之间有着长期联系。某些凶猛的动物则让我们联想到哥贝克力石阵：这二者之间显然没有历史联系，但或许我们可以从中看出长期以来人类对力量和危险的迷恋。

　　在公元前2500—前2000年间的奥库涅夫文化（Okunev，有时被拼写为Okunevo）中，出现了一种极为引人注目的艺术形式，该文化位于米努辛斯克盆地和西伯利亚南部的毗邻地区，与贝加尔湖地区也有关联。

奥库涅夫文化时期的考古学遗存显示，当时的人采用的是狩猎与捕鱼结合的生活方式，驯养绵羊、山羊和牛（但马不多）；这些遗址还出土了有装饰的陶器和青铜及黄铜质的小件物品，例如叶形小刀和鱼钩。奥库涅夫文化的社群会将死者装在长方形的石板小棺材中埋葬，并在棺材周围码上一圈低矮的石栏。考古学家发现，奥库涅夫文化的艺术作品雕刻在岩石表面和石板墓的内壁上，涂以红色和黑色，同样也会雕刻在立石上，可能以此来标记出一些欧亚大草原上对于这些半游牧民族来说重要的地方。目前为止，他们生活中最引人注目的便是这些雕刻的立石，如今可以在米努辛斯克和阿巴坎的博物馆中见到它们；这些博物馆里的石头看上去像是俘虏，从辽阔的欧亚大草原上被人转移至此，与世隔绝。

这些艺术的中心元素永远是一张人脸，有时有身体，同时混杂着各式各样其他图案，例如一些可能表现了光线的线条，暗示了人类头部与太阳之间的联系。（见图 5.3）另外还有些触须、蛇或偶尔出现的恐怖的食肉动物，它们可能反映了其他动物，可能还有植物的形象。在这块石头上，所描绘的人物（应为女性，或许怀有身孕）和食肉动物巧妙地交融，因此从正面看可能是人类乳头的图案，从侧面看就像是猛兽的眼睛。这种物种的融合是后世一些艺术形式的先兆，例如我们将会在后文中看到的斯基泰艺术便是如此。当然，我们无法确定这些东西表现的到底是什么，但它们确实融合了动物和人类，可能还有天体，例如太阳和月亮的特质。（见图 5.4）或许在我们看来，雕刻上的人像和富有灵气的元素，与雕刻它们的石头的坚实和不动形成了对比，但对于雕刻及观看它们的人而言，又未必如此。石头也可能具有灵魂，能够移动，它能屹立在欧亚大草原上留下长久的记号，但也同样可能具备它自己的意图和行为。这样的石头可能不是被动地表现了神明和人类，而更像是人类的化身，凭借它自身的力量变得强大而危险。也有迹象表明，随着时间推移，人们将越来越多的图案加了进来，这说明人们会定期回到石头前献上供品，举行典礼，并添加图案。对于游牧民族来说，像这样有灵性的石头是广袤而开阔的土地上的重要标志物。

图 5.3 立石，属于奥库涅夫文化，从哈卡斯共和国的安查诺夫遗址中复原。它描绘了一个类人的形象，头部有光线环绕；蛇状的触须和圆形纹样装饰着身体。在这个人像左肩旁还有一张更小点的脸（它也是奥库涅夫文化的典型纹样）

图 5.4 另一个奥库涅夫文化时期的更复杂的石刻，出土于哈卡斯共和国的贝约湖。在这里，雕刻进入了三维的层面。中心的人像头戴复杂的头饰，这头饰上包含了更抽象的人脸元素；雕像的腹部又变成了一个食肉动物的脑袋，这个食肉动物占据了这块石头的下半部分。雕像侧面的同心圆纹饰有着4组延伸投射的小线条，这种主题在奥库涅夫艺术的资料库中十分常见，在一些当代坟墓的布局设计中也可以看到类似主题。虽然此处图上没有描画出来，不过这块石头上还覆盖着不少圆形的凹坑，或是茶杯状的记号。它们都是原本的雕刻已经完成后，才在之后人们不断造访、重新使用这座雕像的漫长历史中被刻印上去的

第 2 阶段：广泛的联系得到建立

尽管很难做到，但我们仍可以试着设身处地想象欧亚大草原青铜时代后期的人们所面对的世界。夏季和冬季是完全不同的两个世界。在更温暖的月份里的绝大部分时间，人们很可能都骑在马鞍上，驰骋于极为广阔的草原，跟随绵羊和山羊，偶尔与其他人类群体相遇，另外也会在立石和纪念建筑前驻足，它们都是圣地的元素，各有各的危险和潜在价值。冬季的积雪和严寒则可能让人寸步难行，于是人们就更长久地留在遮盖得比较严实的营地中。了解欧亚大草原并找到正确的道路是很有挑战性的，我们要感知的不只是空间，更需要把那些具有生气、有灵体居住的空间放在心上，那些地点可能自青铜时代就已存在。人们开始以新的方式标记空间，其中最显著的是一些纪念建筑，它们的目的是与死者产生关联，同时探索人类和马之间的关系。在这个时代里，新的移动方式让人类群体之间的联系变得更频繁，思想、手工艺品、人类和动物也随之流动。结盟与征战创造出彼此依赖的景观和危险因素，在这其中死者与生者似乎融合为一体。

从大约公元前 1500 年开始，在蒙古高原的西部和中部涌现出一种全新的纪念建筑群，它的中心是一个土堆，围以圆形或长方形的石栏，在石栏外还有不少小型的土堆。它们被称为赫列克苏尔。在蒙古高原中北部的呼尼河谷出土的乌特·布拉根遗址，是最大型的赫列克苏尔遗址之一。（见图 5.5）[2] 单排的石墙围起一片正方形的土地，形成了它的中央广场，石墙每一边接近 400 米长，四角各有一个土堆；在这个赫列克苏尔的正中，则是一座 5 米高的中心土堆。从各方面都最令人印象深刻的是集中在它的东侧和南侧的 1700 个卫星堆；建造它们的过程可能自中心土堆建成后又延续了好几百年。到目前为止，人们只发掘出了 7 座卫星堆，每一座之中都出土了马的头部和颈椎上半部分的残骸，但没有发现人造手工物品。这些卫星堆还有一些其他特点，例如横卧的大石块排列在一起，可能被用作小径。另有所谓的石板墓，部分墓中埋葬着人类和动物骨骸的混合物，部分墓中只埋葬了动物，还有部分里面什么都没有。很可能单凭一个部落自身的力量无法建造大型赫列克苏尔，而是需要集合许多部落的劳动力。在赫列克苏尔的帮助下，这个更大的群体获

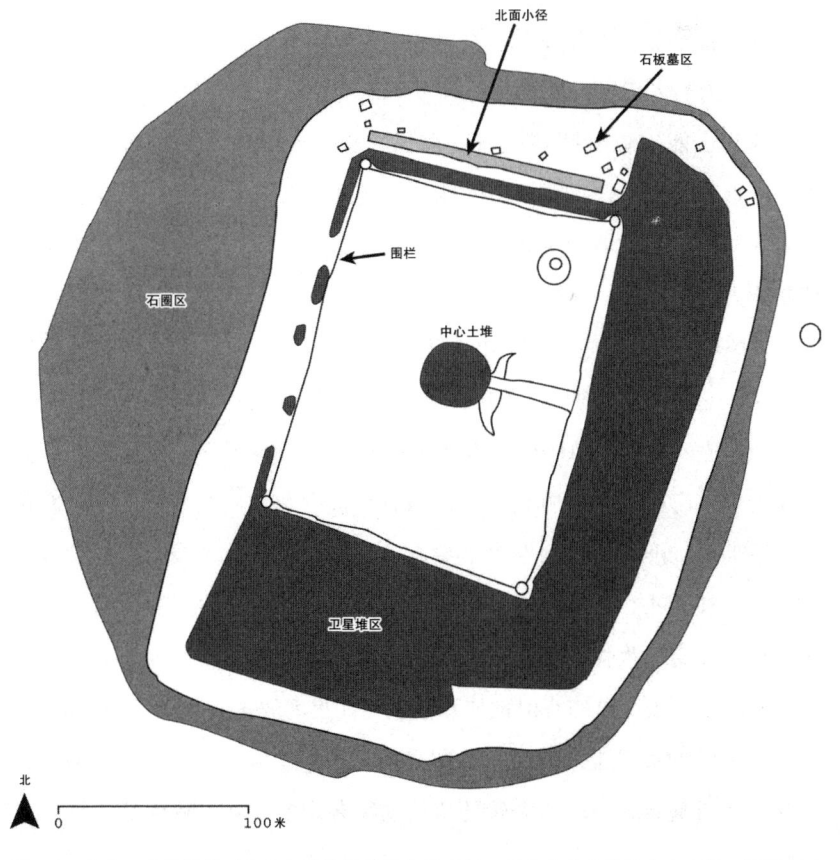

图5.5 乌特·布拉根赫列克苏尔遗址的照片和平面图。照片上显示的是中心土堆、围栏和一些环绕的卫星堆

得了认同并发展壮大：在建造纪念建筑的过程中，这个更大的群体创造了自身。

像这样的纪念建筑需要大量的合作劳动：据估算，建造整个乌特·布拉根遗址使用了50万块石头。在蒙古高原和西伯利亚南部坐落着几千座赫列克苏尔，它们集合在一起，体现出巨大的人力投入，可能从公元前1500年一直延续到公元前700年。要不是这片具有纪念价值的土地满足了极为重要的需求，人们不可能付出这样艰辛的劳动。

不少赫列克苏尔为北略偏西向，这说明它们对应的是天体，而非当地地面上的土地特征。很可能人们会在深秋将马匹作为祭品，献给升起的太阳。同样很有可能的是，每一座纪念建筑都有着各不相同的漫长历史，它们在任何时候都会被用于各种魔法和仪式的活动，而这些活动随着时间的推移也会产生变化。在青铜时代晚期的蒙古高原地区，与魔法有关的行为是人们组织时间与空间的关键。

仪式也能定位时间与空间，在仪式中，人类和两个亲密相伴的物种——鹿和马——之间的边界，很有可能被打破并发生融合。在赫列克苏尔中举行过各式各样的仪式活动，这也说明当时的人对仪式缺乏全面控制能力。

从略晚一些，约公元前1200年之后的遗址中，我们发现了带有装饰的石头，它们被称为鹿石。（见图5.6）这种带有雕刻的石头竖立起来可达2.5米高，最顶上的部分刻有圆形的符号，代表耳环。在此之下是艺术化的鹿，有时可能会雕刻一个个与石头成一定角度的鸟形的喙，鹿角则向后伸出，鹿腿常常会在身下蜷起。它的身上有一条线，可能代表的是用来悬挂斧头、匕首、刀、剑与战斗镐的带子。这些鹿的图案可能是在表现有文身的人体，当时的人身上可能就覆盖着鹿纹。人类与鹿之间的紧密联系是很明显的，但正如我们最初在奥库涅夫文化中看到的那样，人与石之间的关系也同样紧密。很显然，鹿石呈现了从大约公元前800年开始在斯基泰人中极为繁荣的所谓动物艺术的发展过程中的一个重要阶段。

马匹的数量以及通过建造赫列克苏尔来定位时间与空间的做法，都表明在公元前1400年前后，马背上生活的牧民便已在欧亚大草原上出现。公元前1000年前后出现的新式马具，例如能让人更好地控制马的运动的可旋转式马嚼等，也证实了这个结论。城市居民总是与邻居靠得很近，游牧民族的生活则与之相反，同时具备在与不在的两种特征，因此更大的社群聚集的时间、地点和方式就至关重要。

赫列克苏尔的存在让人们得以规划并实行定期的迁移，也让人们得以安排意义重大的诞生与死亡。赫列克苏尔可能是沿着大地上的固定路线建造的，它们标记出了欧亚大草原旅行的交通要道。赫列克苏尔有着复杂的历史，它们的建造历时弥久，社群还会一次次地返回此地，建造越来越多的卫星堆，献上更多的马匹作为祭品。卫星堆和其中埋藏物累积的时间跨越了数个世纪，它们映照出了整个社群的历史。

图5.6 蒙古国呼尼河谷的贾加兰汀-安遗址群的23座鹿石之一。虽然乍看之下可能不明显，但这些石头表现的是人像。它们通常没有脸，是通过身上的一系列装饰和附属的手工艺品而获得身份的。鹿石上部的圆圈表现的是耳环，耳环下是串珠项链，底部则是有花纹的腰带。在腰带的上部和下部会放置各种手工艺品，看上去就像是挂在腰带上，或是被这雕像看不见的手拿着——具体物品可见上图右方框中所绘。石头表面的其他部位布满艺术化的鹿，鹿石也因此而得名。对这种花纹的解释各式各样，有人认为是装饰性的服装，有人认为是文身，也有人（更神秘地）认为它象征了个体的人在社会中的地位

第3阶段：密切联系的欧亚大草原

公元前800年后，赫列克苏尔渐渐废弃，不再有人使用，我们关注的重心则转向北边，从蒙古高原转移到西伯利亚的图瓦共和国，在这里考古学家发掘出了两座令人印象深刻的大型墓葬堆（也叫"库尔干"），我们也由此前所未有地了解了被我们称为斯基泰人的群体。墓葬中的随葬品数量多得惊人，同样惊人的还有人类与灵体之间的关系涉及的范畴。

这些发现是世界考古学的荣耀，但直到近年来才刚为俄罗斯以外的世界所知。

这是一片萨彦岭环绕下的高原，汇流入叶尼塞河的乌尤克河将其切割。在这片土地上矗立着一排坟冢（tumuli），它是用土、石和木材建造而成的古冢，其中埋葬着整个社群的死者，包括人类和动物。在公元前800年前后，该地的一个群体组织起来，完成了一个大型工程：他们建造了一个低矮的圆堆，一开始只是砌起了直径约120米的干石围墙，最终石墙达到了4米高。这座坟冢如今称为阿尔赞1号。在石质围墙中的，是一个独特的建筑结构，它由磨光的落叶松原木搭成，木头从坟堆中心呈放射状向外散开，同时又和与中心坟堆的边缘呈同心圆的圆形墙交叉，从而构成了70个墓室。（见图5.7，上）在这座圆堆正中，是一个正方形的木结构墓室，其中摆放了多达15人的棺材。不过由于盗墓活动，遗迹受破坏的状况严重。在周围的房间里埋葬了160匹马，数量庞大，价值非凡。还有300多块直径大致3米的圆形石块，它们在坟堆东边排成新月形，反映出人类对材料灵活多变的利用。

盗墓活动导致我们对墓葬中原本的丰富随葬品所知甚少，这一点令人失望。不过人们还是有一些发现，其中包括早期的纺织品和玻璃珠、青铜马具，另有些早期斯基泰动物风格的物品，例如一大块可能是马的护胸的青铜饰板，上有某种盘绕窥伺的捕食者，还有5个呈公山羊形状的青铜鞍头，它们可能用于装饰战车。从风格上看，金或青铜的鹿与鹿石上的图案一脉相承，事实上，当时的人也确实将两块鹿石搬入这座纪念建筑中，重新投付使用。意义重大的不只是这些物品的来源，还有它们摆放的位置。在坟堆内供奉的祭品摆放的地理位置，体现了这个社群更广阔的地理联系：北部的木质墓室内有来自哈萨克斯坦东部、阿尔泰山脉和米努辛斯克盆地的物品（这三个地点都在这片坟堆所在地区以西、以北），而南部房间里的物品则来自该地区以南的图瓦和蒙古高原。坟堆和它的随葬品呈现出了复合的地域联系，在这其中人类及相互之间的关系很重要，物品来源的方位同样也可能具有宇宙论意义。

在这种同时埋葬人类和马匹的大型复合圆形建筑群出现之前，与之最为相似的是蒙古高原的赫列克苏尔。阿尔赞 1 号的建造时间为公元前 800 年之前不久，与约公元前 700 年时结束的赫列克苏尔传统在时间上有所重叠。手工艺品在这两个地区之间流通，说明它们彼此之间互相了解。蒙古人对图瓦的古代先民造成的影响不仅仅在于建筑，还在于这样的纪念建筑传递的宇宙观体系。阿尔赞 1 号与任何赫列克苏尔都不尽相同，但后者本身就有多种形式。阿尔赞 1 号的创新之处在于他们构筑了木质的墓室；也在于他们用泥土覆盖了整个坟堆，从而创造出一片低矮的平台。这种在土地下面（其上可能无草）修建坟堆的方式后来成了整个中亚坟堆形制的基础，坟堆在各地逐步兴起，它们大部分都建成圆形，但有时也会造成金字塔形。等我们介绍完了阿尔赞 2 号遗址中更进一步的惊人发现之后，还会回到此处，再来考虑所有这一切可能具有的重大意义。

阿尔赞 1 号的那一列库尔干可能是逐步建成的，在这列库尔干的另一头，是阿尔赞 2 号墓葬堆。（见图 5.7，下）阿尔赞 2 号的建造时间约为公元前 620 年，这也许意味着 200 多年来不断展开的一系列活动（可能属于某个氏族）在此时终结了。阿尔赞 1 号发掘于 20 世纪 70 年代，阿尔赞 2 号则由一支俄罗斯-德国联合考古队于 2000—2004 年间调查研究，考古队的领头人是艾尔米塔什博物馆的康斯坦丁·楚古诺夫和当时隶属德国考古研究所的 H. 帕尔青格。[3] 阿尔赞 2 号是一座低矮的土堆，约 2 米高，由石板平台上面覆盖厚厚一层黏土的方式建成。外围是一圈石墙。在石墙东侧，出土了多达 15 块有岩画的石板。这些岩画原本雕刻在距土堆有一定距离的岩石表面，时间约为阿尔赞 1 号建成之时，也可能更早一些。当时的人将它们从岩石表面切下，放入这座新的纪念建筑，于是它们成为访问者从东边来时第一眼看到的事物。岩画描绘的是有着精美鹿角的鹿，它们让人联想到鹿石上雕刻的花纹，除此之外，岩画还刻画了双峰驼。双峰驼最早在中亚某处驯化，时间约为公元前 2500 年，它们成为重要的驮畜，尤其是在穿越寒冷和干旱的地区时非常有用，此外它们也是重要的肉和奶的来源。正因为用途多样，它们在几个世纪里迅速扩散，至今依然是许多人生活中的重要组成部分。另有一块石板上

158　魔法四万年

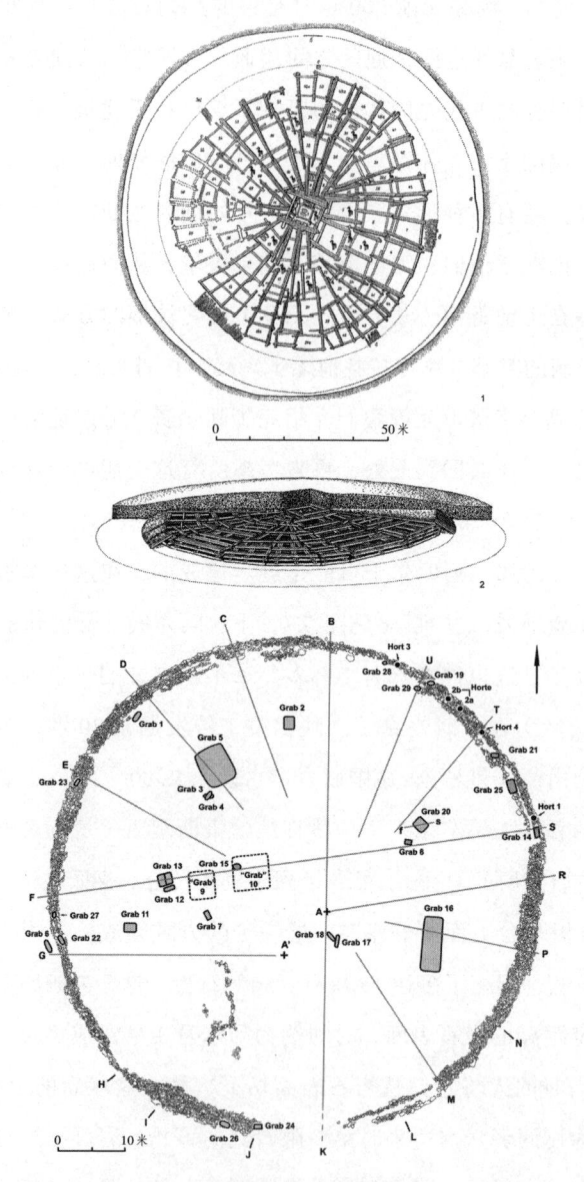

图5.7　阿尔赞1号（上）和阿尔赞2号（下）墓葬堆平面图。它们的名字来自现代村庄阿尔赞。这两张平面图显示，阿尔赞1号的结构是环绕着一座中央墓地的一系列木质墓室（附有埋葬马匹地点）。而阿尔赞2号则没有木质建筑结构，只有深挖的墓葬坑，其中安放着木造的内外椁，具体位置如平面图所示。带有字母的线显示的是考古学的分区，用来标明墓葬堆的地层

描绘了一辆战车和一些马匹。战车可能同时具备仪式和军事的用途。

阿尔赞 2 号的主墓没有被盗，我们由此能推测出，不少像这样的坟墓中可能会有多少随葬品，被盗的数量又有多少。主墓（见图 5.7 下部的 5 号墓，同样也可见图 5.8）位于一个土堆下的长方形坑中，安放着木造的内外椁。内椁的墙壁和地板上有毛毡制品。分析木椁采用的落叶松木材后可知，这些树被砍伐时，树龄约为 90—120 岁，砍伐的时间则在秋天或冬天。这间木室的中央有一具约 40—50 岁的男性尸骨，另有一名女性，比前者年轻约 15 岁。两人不太可能同时因为自然原因而死亡，因此可能其中之一是被故意杀死殉葬的。

这两名男性与女性的身上覆盖着金饰，整个墓葬中出土的金器共计约 5600 件（其大致形象可见图 5.9 复原图）。从上往下看，这名男子戴着一顶高帽，帽顶上有金箔制的鹿，帽子底部则是金马。此外还出土了一枚金别针，它的顶部是一只绵羊，但不太清楚这个物件原本摆在何处。他的脖子上戴着一只金项圈，项圈正面的长方形区域中刻着许多肉食动物，剩下的部分则是呈螺旋状环绕的各种动物，包括野猪、骆驼、鹿、猫科猛兽、山羊和马。在这名男子的披肩外侧，缝有约 2600 片被浇铸成薄片的金豹贴花。这些手工打造的工艺品数量巨大，光凭它们彼此的绝对一致，就足以令人印象深刻。这名男子有一条小鞭子，鞭子的木柄上也贴着金。他的腰带有着金质配件和覆盖物，上面挂有一把铁匕首，匕首柄上以金镶嵌着动物和螺旋状花纹的装饰，腰带上还挂了两把嵌金的环首铁弯刀。在这座墓室的墙上挂着（但也可能是挂在腰带上的）一把尖头铁战斧，上面以金镶嵌螺旋纹饰。边上是一个所谓的格利托斯（gorytos），亦即箭箙，上有金质鱼鳞状装饰，箭袋中有铁箭，箭头上镶嵌有鸟及其他生物形状的金饰。弓上系着奢侈的金鹿角，还有嵌金火焰纹饰。在这一切中最惊人的，则是他裤子上缝着的几千粒小金珠，它们给人以一种好像他的裤子是纯金制作的印象。最后的一点也同样重要，他的鞋子上同样覆盖着金珠。在这两具尸体不远处，有两面青铜镜，它们的皮带上也覆盖着金子。光只是记录下这些金器就已极为复杂。发掘了阿尔赞 2 号的俄罗斯-德国联合考古队曾留下记载，说他们首次打开墓室时惊叹得倒吸一口气。

相比之下，墓中女性的装饰稍显朴素，但在绝大多数的标准下，这些饰品依然算得上精美奢华。她戴一顶高帽，帽子本身早已朽烂，考古学家们复原出了它正面的两根长针：其中一根的顶上有鹿形装饰，有着长长的鹿角，还有一道动物的饰带垂挂下来；另一根的顶上有一个小的半球体，上有翅膀装饰；二者都以黄金带固定在帽子上。在两根长针下方，帽子前额的部位，是一对抽象的鹿角、一对金箔制成的马和一只压成金片的小猛兽。她的脖子上戴着一只实心的金项圈，上面萦绕着一圈动物和螺旋的纹饰，以两条金链在脖子后扣住固定。她的两只金耳环上有着精心制作的颗粒状突起，其制作方法是将小金珠焊接在耳环上。她的外斗篷上同样覆盖着压成薄片的金质猛兽。她的左腕上戴着一只以金线编成的臂环。腰带上也挂有镶金铁匕首，刃中部以下饰有螺旋状纹饰，在剑柄的顶端，则有猫和其他动物的纹饰。她穿着两条金质绑腿，鞋子上覆盖着金珠。在她身旁有一只小金杯，雕刻有动物纹饰，另有一只木碗，它有一个动物腿形的金柄。最后，她的身边还随葬了一面铜镜，它的皮带上也覆盖着金子。

图5.8 在阿尔赞2号墓葬堆5号坑中的男性与女性的尸体，连同他们的随葬品

该墓葬中还出土了其他尸骸：在坟墓东侧是男性的尸骸，西北侧则是女性的。他们的头部遭到了战斧或棍棒的致命重击，这是清晰的暴力致死的迹象。一套马首挽具以特殊的方式单独掩埋，此外这里还成排地埋葬着14匹（根据基因分析可知）出自不同种群的马，它们都配有缰绳。在墓葬堆周围，有多达200个小型石圈，内有焚烧过的骨头和物品，这种模式同样令人联想到赫列克苏尔。器物和马的埋葬方式与人类的埋葬方式相类似。在阿尔赞地区周围也发现了大量鹿石。

图5.9　阿尔赞2号中埋葬的男性和女性及其金饰的复原图

这些尸骸上呈现出了人与金属、布料，以及动物之间的广泛联系。这些元素都不是静态的。在各种转化魔法中，动物能转变物种。但人类与这世界密切联系的方式，并不仅限于通过自身形体。在死亡的状态下，这种建立联系的方式首先利用的便是墓葬堆。构成墓葬堆的黏土、草皮、石料和木材都有着各自不同的来源。我们看到了从岩石表面切割下来的、年代更古老的岩画艺术石板，它们被用作阿尔赞 2 号墓葬堆外部的路缘石；此外更有迹象表明，尽管在更近的地方，也可以取得同样物理材质的黏土，但坟堆使用的黏土却来自当地与坟堆有一定距离的湖中。每一个坟堆可能都浓缩了一张土地的地图，它或许将土地每一个有灵的方面都集中在一处，由此将原本分散在土地上的灵性力量凝聚在一起。同一主旋律演绎出了多重变奏。这两个阿尔赞墓葬堆之间有着相当广泛的相似之处：它们都是圆形，土堆筑得很低，使用路缘石，等等。但每一个又都与其他墓葬堆不同，正如同一个作曲家创作的不同交响曲。

修筑坟堆需要人们通力协作，同时也需要思想和规划。人们组成大的群体，共同行动，但他们的行动没有因循旧例，而是展现出了这个族群在历史特定时期的个性，其体现包括那些被埋葬的人和马，还有随葬的手工艺品的风格及演变史。墓葬堆及其内容物可以被视为对该群体的各种关系的探索，也是对它们在塑造群体生活意义方面的实验。材料来源于相当遥远的四面八方，有源于异国的印度琥珀或丝绸，还有些本地出产的羊毛、皮料或木材。装饰繁复的金匕首和青铜斧的制造过程也体现了极为高超的技巧。按照我们的观念，死亡是人类活动的终结，因此我们认为坟墓中的武器是人们在生前使用的，在他们死后便静止不动，但在他们看来，灵的世界里依然有可能继续发生战斗。死亡转化了人的状态，但没有终结他们的存在。至少从动物艺术作品中明显可以看到对转化的强调，在这些作品中，鹿角成了鸟喙，或是猛兽吃掉了鹿，吸收了另一个物种的力量，从而让这种力量成为它们自身的一部分。

转化魔法将世界上的诸多力量集合在一起，凝聚到土地的一个点上。在阿尔赞排成一列的库尔干，可能代表着一列亲族关系，它们在超过 2500 年的时间里一直充当游牧民族在乌尤克河河谷的重要标记。

从图瓦的阿尔赞墓葬向南走，我们会来到乌科克高原，它主要位于俄罗斯，但与蒙古国、中国和哈萨克斯坦交界。乌科克高原上的草原位于海拔2000米以上，它是很多本地物种的家园，其中包括雪豹、盘羊、草原雕和一种黑鹳。在一年的大多数时间里，此处的土地都结着冰，就算是在短暂的夏日，积雪融化，也仅限于表层。

寒冷是古代遗迹得以保存的关键。巴泽雷克的冻墓揭示了极为复杂的古代魔法世界。如今的巴泽雷克村位于大乌兰河附近一座小山谷中，20世纪20年代到40年代间，苏联考古学家谢尔盖·鲁坚科首次发掘出了这些墓时，便用这个村子的名字给它们命名。[4] 鲁坚科发掘了5座大型墓葬堆，它们都有木椁室，其中放置着原木制成的棺材，每一具棺材中都葬有一男一女，同时出土的还有各式手工制随葬品。这里的土地在一年中的大多数时间里都是冰封的，坟墓上的土堆又提供了额外的保护，让墓中的冰始终不融化，于是以这种自然的方式，把我们早已知道从前的人到处都会使用，但又几乎无法留存至今的有机物保存了下来。在巴泽雷克冻墓中，我们可以看到墓室中排列放置着素色或有图案的毛毡。尽管大部分坟墓在很久以前就已被盗，但从盗墓贼手中幸存又被寒冷的温度保存下来的物品依旧惊人：毛毡、纺织品、皮草，甚至包括人类的皮肤。我们接下来将会看到，其中有些坟墓完好无损。马和马具则被放置在人类坟墓外的墓葬坑中。巴泽雷克冻墓涉及的时间段非常短，它们建造于公元前500—前220年之间，这一段相对短暂的丧葬活动却留下了长久而惊人的结果。

来自新西伯利亚的考古同行开始发掘墓葬之后，欧亚大草原上魔法世界的更多维度也展现了出来。在1990—1993年间，娜塔莉娅·波罗西玛克发现了一名年轻女性的墓，这名女性只有30岁，被埋葬在乌科克高原的阿尔-阿拉卡3号墓中。这名女性下葬的时间约为公元前500年，如今她被称作"乌科克公主"。在生前，她曾经历各种磨难：小时候得过骨髓炎，生命的最后几年则有乳腺癌，她的右手手臂曾严重骨折，这或许是从马背上摔下来造成的。化学分析显示，她的头发中有大麻的成分，她吸入这种物质或许是为止痛，但也可能是为了转化意识状态。她死去的地方可能与她埋葬的地方之间有一定距离，人们在途中将她的尸体制成了木乃伊，这说明乌科克地区是极为重要的埋葬地点。人们觉得需要将她的尸体带回这里。她的墓被压在另一个更小一些的被盗扰的墓下，出土时完好无损，整座墓完全冰封，附近埋有 6 匹马。她的原木棺材上装饰着雕刻的木头和皮质贴花；她的肩膀上有动物战斗的画面和一只鹿的文身，鹿腿的朝向与鹿头相反。她的文身显得如此神秘而充满了吸引力，因此在现代复活了，世界各地都有人照着它给自己文身。

这位年轻女子向右侧躺，身上穿修补过的中国丝绸质地的宽松上衣，里面是长至脚踝的红白相间羊毛裙，脚上是毛毡高帮靴，上有金饰。她的头上戴着高高的假发，假发里栖息着木质小鸟。她的耳朵上戴有金耳环，脖子上戴着木质项环，上面镶有数只雪豹和一只狮鹫兽。她的墓穴中有大量陶瓶、木器和角，其中包括两张木桌，在出土时桌上仍有供奉的肉和一把小刀；墓穴中供有给死者的食物和酒，让他们得以在死后飨宴，享受来生。还有一只随葬的毛毡包，内有一面银镜和一些玻璃珠。在古代世界中的其他地方，镜子总是与占卜联系在一起，这一点对于现代的西伯利亚萨满也是如此；镜子映照的不是日常生活中的世界，它帮助人们看到的是另一个世界，也许是未来。这具年轻女性的尸体及随葬品起初被移送到新西伯利亚进行保存和研究，现在则存放于乌科克高原所在的阿尔泰共和国戈尔诺-阿尔泰斯克市的博物馆中。乌科克的原住民曾发起诉讼，声称这具尸体及其随葬品是他们的合法遗产，并表示地震和其他不幸是因为尸体被人带走导致的。目前为止，当地的法庭否决了将她重新埋入墓穴的要求，但这样的古代尸体显然带有持续至今的力量，与当代的灵之传承性和魔法的观念融合到了一起。

在考古学上，我们一般很难完整地了解古代人类现实而多样的生活，这些信息是由人的遗体、纺织物、皮制品和木制品等向我们透露的。但在巴泽雷克，我们能够看到，人类以地层般的交叠图像透露出他们的世界的细节。其中最个人的层面是皮肤，皮肤就像是画布，他们在皮肤上文出各种强大的动物。文身或许曾经是一种活跃的媒介，能将一个物种的力量转给另一种，让皮肤上绘有肉食动物、鹿、马或鸟的人类感受到动物的力量抵达他们内心深处。就欧亚大草原上的人类群体而言，他们的不少文身展现了虎豹噬鹿的景象，这是一种通过死亡获得重生的画面，当人类的尸体摆放在墓中时尤其能引起共鸣。（见图 5.10）尽管我们不能确定，但文身可能是在某个人生命的各个时期被分别添加到身体上的，从而标记下生命过程中的重要时刻和人们逐渐衰老，一步步向死亡接近之时状态的改变。某些文身上的点构成的线或许代表着某种医疗手段，这可能与针灸有关，或许暗示着能量在身体中流动的理论。某些物种被应用在身体的特定部位：鱼与深处有关，常常被文在腿上；老鹰则出现在帽子上；另有一种幻想中的有蹄野兽常常被文在肩部和背部，这种动物的角的顶端是鸟的头部。如此一来，单独一个人便能包罗万象。

图 5.10　虎豹搏驼鹿场景。发现于巴泽雷克 5 号墓葬堆的一具女性尸体右臂上的文身

最奇妙的头饰之一出自巴泽雷克 2 号墓葬堆，它的年代就在公元前 300 年前不久。（见图 5.11）这是一个毛毡兜帽（以红茜草染制），上方架有弧形的木雕，附以皮质连接物。它的顶上是一只老鹰的头部，双眼突出，鹰嘴大张，口中叼着一只鹿的头部。这只鹿有着皮制的角，老鹰则有皮制的鬃毛。在这只主鹰脖子的两侧，又各有一只老鹰，分别抓着一只雁。这两侧的老鹰身体以浅浮雕刻成，另行嵌上去的头部则是立体的，当这个头部从扁平的表面上凸起时，它看起来就像来自另一个维度空间。也许，当时的人把平面视为不同维度空间之间的联结点，比如人类的皮肤或绘有岩画的岩石表面，因此三维立体的头部从平面中凸起，便能视为生物穿梭于不同的维度空间。在这个木雕顶饰两边的底部，还各有一只鹰（也可能是狮鹫兽）叼着一只鹿，它们的身体都是厚皮制成，头部则是木质的，并用皮革精雕细刻出角、双腿和翅膀。这件头饰的右侧受

损，这可能是遭到当时战场上所用的尖头战斧砍击所致。

巴泽雷克 2 号墓出土的头饰，是西伯利亚南部坟墓出土头饰中的精美范例。这样的男性和女性头饰不可能用于日常穿戴，尤其是在骑马时更无法佩戴。只有在仪式性的表演，或是战争中——战争本身也可能有仪式性的一面——才可能需要用上这些特别具有灵之力的服装。动物和鸟彼此相抗，鸟类常常是具有攻击性、占据主导地位的元素，有时它们会以狮鹫兽的外形出现，这种生物混合了大型猫科动物和鸟的属性；或许这意味着天空中的灵比地面上的更强大。但天空中的生物与地面上的生物之间的边界并不固定，因此其中一种可以转化为另一种，或是同时具备二者的属性。当然，我们与这件器物相隔的年代如此久远，无法确切地知道它们要唤起的究竟是什么。同样明显的是，这不是我们如今的大多数人习以为常的物种之间无法彼此混淆的世界。转化魔法发生的过程是不能用生物学定律理解的。同样，对我们而言，死者就是死者，我们的世界也不会接触到能有东西从中浮现的其他维度空间。但在古代欧亚大草原的世界里，这一切都是有可能的。

混合的关系常可见于马和其他种类的动物之间。马也会戴帽子和面罩，这些配饰常常会给它们加上角。在一些更精心装饰的例子中，比如同样是在巴泽雷克 2 号墓，我们发现了一顶精美的帽子，上面开了洞，好让马的耳朵从洞里探出来，在帽子顶部有一个非常写实的毛毡制公羊头，它十分完整，还有一对美丽的弯角，在它的双角之间站着一只形似公鸡的鸟，它的双翅大张，横亘在木框上。在这顶帽子正面有 7 条薄金片制成的鱼。其他版本的马帽则有着奢华的鹿、狮鹫兽、公羊等，甚至还有长角的食肉动物。辔头、马衔和缰绳则由木头、青铜、铁和皮革等混合制成，并加以薄金片的装饰；木质装饰则可能由抽象的公羊头或鸟组成。马身上还有一层的画面，它出现在马鞍包上，后者由皮、木或羊毛制成，各式各样，饰以皮贴花，上面展示了猛兽噬鹿的画面，或是狮鹫兽等复合生物。在巴泽雷克 1 号墓出土的一个马鞍套上有一条鱼，嘴里咬着一只公羊的头部，这给这些画面增添了多样性，让它们变得更为复杂。

图 5.11 巴泽雷克 2 号墓出土的头饰上的木雕（上），展现了一只鹰嘴里叼着鹿头，下面连接着一顶毛毡帽（下），帽子两边有猛禽搏鹿的皮质贴花

斯基泰人的坟墓中涌现出了丰富多样的关系。要成为强大的人，不能只在人类世界中行动；与其他物种之间也不能只有经济上的关系，不能让后者的价值只作为饮食之物存在，或仅用于交换。人类的力量是更广阔的宇宙力量的一部分，而后者广布于万事万物之中：在组成了库尔干的岩石、泥土和草皮里，在与马匹之间的紧密联系中，在天空的各个不同领域里，在大地和地下的世界中。这个世界上的所有事物可能都有灵魂，甚至也可能被视作各种形式的人类，我们在更近一些时期的万物有灵论信仰中也可以看到这一点。大家都具备能量、精神和强大的力量，这就使得各个物种彼此尊重，认同对方是自己的亲族，并在一个复杂的世界中用各种手段改变自己的地位。阿尔赞 2 号墓和巴泽雷克墓葬堆中的随葬品具有的魔法之力，让如今的我们着迷，为之目眩神迷。而金别针、胸饰、匕首上的镶嵌装饰（见图 5.12）和来自更古老的魔法世界的动物保存至今，与如今的我们涉及这个世界如何构成、事物之间如何联系的常识产生碰撞。斯基泰人的世界观传播广泛，影响深远，在后续的艺术和信仰体系中都有回响。

整个欧亚大草原上出土了许多魔法物品，它们之间仅有少量差异。目前为止，我们已看到了它们在最东边和最早期的体现。墓葬堆在欧亚大草原上的分布参差不齐，横跨哈萨克斯坦（这个国家本身就很广阔）、西伯利亚南部地区，一直到乌拉尔山脉，而后延续到黑海周边地区。由各种精心挑选的本地物品与材料组成的库尔干复合群，散落在欧亚大草原上，一直向西扩散，它们同样也埋葬人类尸体，随葬品则可类比于阿尔赞墓葬中的黄金。尽管其中也有些差异，但总体来说，在公元前 800—前 200 年前后之间，库尔干及其手工艺品中体现出的相似性，依然是远距离联系的惊人证据。在公元前 800 年之后，整个欧亚大草原上首次

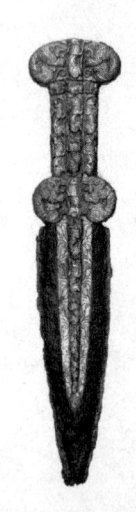

图 5.12 嵌金的铁匕首，刃上有动物和抽象图案，握柄的上端和下端也刻有相对的猛兽——出土于阿尔赞 2 号墓

出现了这样一个全新的联系网络，将极为广阔的地域中的不同群体联合在一起，这些群体共享着相同的魔法观念和一系列惊人的手工艺品。

在乌拉尔的菲利波夫卡出土了明显具有相似性的手工艺品，它的埋葬时间在公元前300年后——那是一把有金柄的铁匕首，让人联想到阿尔赞2号墓中出土的匕首。在高加索北部地区的克莱门兹这样的大型墓葬堆中，葬有大量马匹。再往西去，在黑海北岸有一系列墓葬堆，其中有不少是在19世纪时发掘的，出土了所有所谓的斯基泰手工艺品中最惊人的某几件。黄金饰板、刀尖鞘和黄金的杯子显示了希腊的影响，这一点倒不奇怪，因为在公元前800年前后，希腊人在这块地区建立了殖民地。再往东，在诸如阿姆河宝藏这类惊人的发现中，展现出了阿契美尼德（波斯）世界的影响。而往西进入欧洲，这些欧亚大草原传统的清晰回响也清晰可见，我们将会在下一章中看到与此相关的内容。

库尔干是作为拥有自身灵性价值和本地历史的地点而被造出的；不过，墓葬堆及其内中物质普遍的相似性，则体现了更广泛的联系，它的基础是共同的宇宙观和施行的同一套魔法。欧亚大草原上的魔法基于万物有灵论的信仰，其中强调的是动物、人类和物质之间的紧密联系，而不是它们的差异和区别。这是把事物分隔开来的林奈分类学的反面。墓葬的本地多样性及我们对定居点的了解（虽然不多），说明这一切并不是从某一支单一的民族中流传出来的。没有任何历史资料，诸如希腊的作家希罗多德，或是波斯人和中国人的记载，能证明欧亚大草原上的人有一个称呼自身的统一名称，或任何类似的整体意识。相反，我们看到的是一系列彼此有联系的群体，人、物质和实践的方式常常从东到西、从南往北地流传。在这其中人类与其他生物之间产生的联系有其多样性和实验性，而我们对此始终未能彻底确定或完全掌握。他们发展出的这一整套实践和信仰在公元前1千纪结束之时依然存在，它在艺术形式上的变体即我们通常所知的凯尔特文化，在西边远到爱尔兰。

第4阶段：后期的国家和帝国

斯基泰人的转化魔法演变出了新的形式。在斯基泰时期之后，我们可以看到马背上的游牧民族作为相对单一的群体扩张并入侵的首个例子：匈奴。事实上，匈奴可能更像一个部落联盟，它强盛于大约公元前 200 年，与中国西汉王朝发生过对抗，并于公元前 1 世纪时分裂为南、北二部。在公元 1 世纪中叶，南匈奴内附于东汉王朝；而到 1 世纪末期，北匈奴被迫向西迁移。在艺术风格上，匈奴与斯基泰有着一定的连续性，因此匈奴人可能也与斯基泰人有某些类似的信仰。匈奴人从今天的中国北部和蒙古高原向北扩张，又迫使其他群体发生了迁移：例如今天依然存在的凯特人，可能就是因为匈奴入侵，而被迫转移到了叶尼塞河中游地区。从此之后，蒙古高原便如同一个水泵，不同群体由此涌现、聚集，而后或多或少地向西挺进，有些也会从中国勒索财物，或是用马匹交换中国的粮食和奢侈品。突厥人也起源于西伯利亚，而后向西迁移，并于公元 744 年之后被回鹘人取代中亚霸主的地位。回鹘人所建立的一系列汗国为更古老的万物有灵论信仰吸纳了许多其他宗教的元素，包括摩尼教、琐罗亚斯德教以及佛教。而在公元 10 世纪之初，喀喇汗王朝的萨图克·布格拉汗又将伊斯兰教融入了突厥文化。

中亚迭起兴衰的政权统一于蒙古人的铁蹄之下，后者堪称最著名也是最成功的游牧民族。在公元 13 世纪初，随着成吉思汗的征服，蒙古人由此创造了迄今为止最大的陆上帝国，它横跨欧亚大草原，向西直抵布达佩斯城门，向东则囊括了中国。蒙古人将许多信仰混合在一起，他们有某种超越的神（亦即腾格里）的观念，腾格里一方面具有人格，另一方面又是宇宙秩序的化身。在蒙古人的信仰中还有许多次要神明（可能有 99 个），外加一系列本地的土地灵和个人的守护之灵。他们的火神则可能受到了波斯的琐罗亚斯德教的影响。对蒙古人来说，土地和土地上的一切事物都是活的，具有力量，有必要培养与它们之间的联系。蒙古人继承了各种传统的遗产，其中就包括了欧亚大草原上各民族的传统，这些传统即使无法追溯到青铜时代，至少也能追溯到斯基泰时期。

对于我们在这一节中考察的草原、森林和冻原上的各群体而言，在过去的 2000 年间，他们见证了各种政权的入侵，后者夺取土地、掠夺资源、追逐各自的目标，使用的手段常常是征服和镇压。这些马背上的大

△ 各种不同形状纹样的鹿石。鹿石，又称驯鹿石，雕刻着图案与符号的古代巨石。驯鹿在几乎所有的鹿石中都占有突出的地位。早期的石头上只有非常简单的驯鹿形象，随着时间的推移，设计的细节越来越多，驯鹿被描绘成在空中飞行，而不是仅仅在陆地上奔跑。考古学家已经在欧亚大陆发现了1500多块鹿石

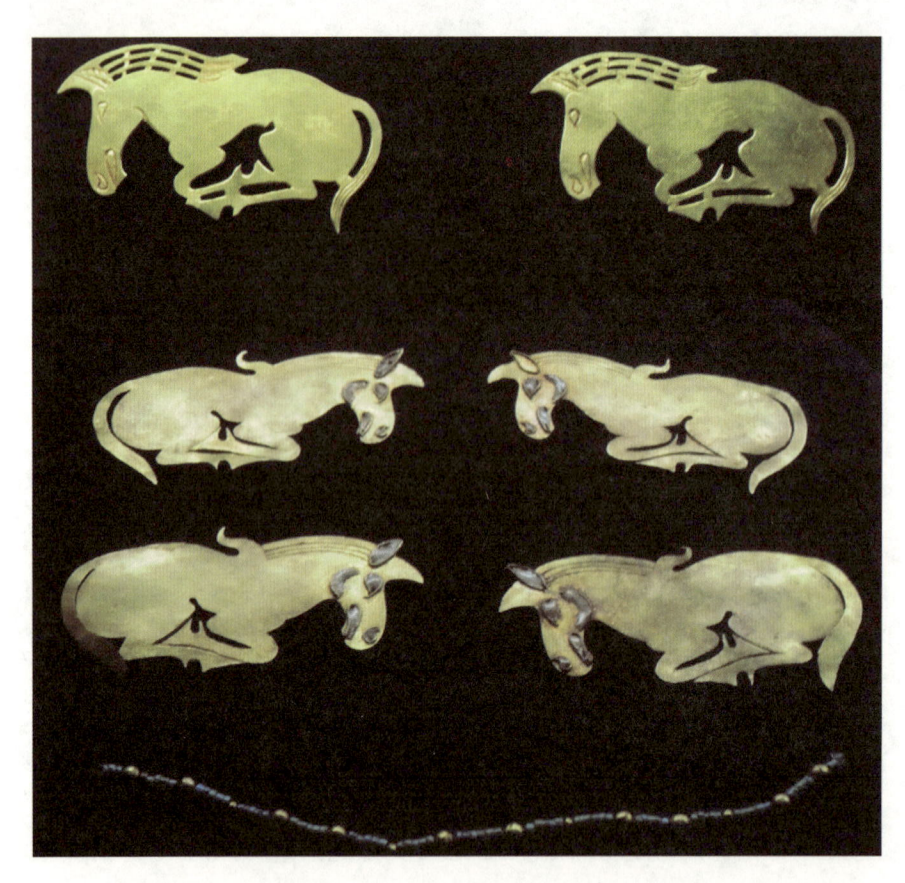

△ 阿尔赞2号墓中发掘出的金马牌匾。阿尔赞遗址是关键的考古学证据,可以帮助我们追溯以库尔干墓和动物风格为特征的斯基泰文化的起源

△ 西伯利亚图瓦荒原现存的萨满

△ 斯基泰风格胸饰，公元前4世纪。它呈月牙形，从风格上可分为三个部分，顶部部分反映了斯基泰人的日常生活，中间部分被认为代表了斯基泰人与大自然的联系，第三部分被认为代表了斯基泰人对宇宙和神话的信仰

△ 斯基泰文身图案，出自巴泽雷克2号墓葬堆。文身或许曾经是一种活跃的媒介，能将一个物种的力量转给另一种

△ 斯基泰雄鹿牌，公元前400—前300年。这个金鹿是在贝壳模具中铸造的。可以看出金鹿与鹿石上的图案一脉相承

△ 树下牵马的斯基泰人，金质腰牌，公元前400—前300年。腰牌图案可能描绘了一个神话中的葬礼场景。斯基泰艺术强调破除物种之间的分界，将动物与人类混合并融合在一起，有时也会加入植物。这种艺术具有模糊性和魔法特征

△ 玉面神人像，石家河文化，新石器时代晚期，神人像的面部特征是人脸和怪兽獠牙的结合，佩戴头饰可能是王冠

▽ 良渚神人兽面纹。良渚文化拥有统一的社会信仰，以"神人兽面纹"为象征符号，这个被称为"神徽"的图案，由羽冠、面部和肢体及下部狰狞的动物造型三个部分组成。围绕对神的崇拜，良渚人设计了琮、钺等一整套玉礼器系统，"以玉事神、藏礼于器"，最高统治者既掌握神权，又掌握王权和军权

◁ 三星堆青铜立人像，商代晚期。人像头戴高冠，身穿窄袖与半臂式共三层衣，衣上纹饰繁复精丽，眼睛大到夸张，有拉长的身体和造型奇特的双臂动作，可能是集神、巫、王三者身份于一体的领袖人物。学者们尚未解开人像手中所持物品的谜团，有琮、璋、权杖、象牙等猜想

▽ 镶嵌绿松石兽面纹铜牌饰，出土于河南偃师二里头。二里头被认为很可能是夏朝都城遗址，三星堆也发现了类似的铜牌饰。该铜牌饰出土时位于墓主人胸部，当时有可能缀于上衣之上。对于铜牌饰的功能，学界有不同的看法，有学者认为这是巫师作法的用具，也有护身符或者身份标志的观点。纹饰内容有饕餮纹、龙纹等不同说法

△ 纽格兰奇遗址内部照片。遗址巨大的体量与方位的精确结合，体现出一种人类的决心，他们想要了解太阳在一年中最短的一天里的运动方式，以及大地由此产生的再生的力量。在通道入口上方有个屋顶开口。12月21日及这个日期前后几天的清晨，太阳光会穿过这个屋顶开口，慢慢照亮整个房间，直到最后落在屋子内部的一块石头上

△ 特伦霍姆太阳战车，约公元前1400年，出土于丹麦特伦霍姆地区的沼泽。这架战车上有一个圆盘，它由两个青铜凸面组成，其中一面覆盖金箔，另一面则颜色暗沉，表现的或许就是太阳在白天和夜晚的两相。可能描绘了马拉着太阳在天空运行的神话场景

△ 巨木阵俯瞰照片。巨木阵的主体结构都是木质的，这一点与巨石阵的石头形成了对比，可能反映了生命的循环，人类群体在东北部举行与生者相称的仪式，而在巨石阵之中礼拜死者

△ 巨石阵是不列颠岛和爱尔兰岛全境内极少数能将周围大片区域的人类吸引过来，让他们进行庆祝、举行宴会并埋葬死者的地方。这里展现出了人类最重大的关系，不只是与其他人的关系，更是与宇宙、植物、动物、木与石的力量之间的关系

△ 凯尔特十字架。在向爱尔兰的异教徒传教的时候，这种十字架首先被圣帕特里克或圣戴克兰采用。据信，圣帕特里克将基督教十字架与太阳的十字晕相结合，结合太阳赋予生命的涵义，来达到向异教徒彰显十字架重要性的目的

△ 冈德斯特拉普坩埚上的复活场景

△ 冈德斯特拉普坩埚上的有角神灵图像

△ 冈德斯特拉普坩埚。1891年发现于丹麦沼泽,它是一件珍贵铁器时代文物,显示出明显的凯尔特艺术和神话的影响。坩埚的浮雕描绘了神灵、动物、战士和祭祀仪式

△ 惹人争议的内布拉星象盘。假如这块圆盘的真实性没有问题,那它约可上溯至公元前1600年,可能出自米特尔贝格的遗址。青铜盘上描绘了以金箔突出表现的太阳、月亮和行星。有人认为这是全世界最古老的对天体的描绘

▷ 瑞典斯科纳某处发现的原始银质护身符雷神之锤——妙尔尼尔。妙尔尼尔是洛基在戏弄诸神与侏儒时意外得到的武器，后来被赠送给托尔使用。它堪称北欧神话中最强武器之一

▷ 丹麦富宁岛发现的奖章，公元3—8世纪，发现于铁器时代的斯堪的纳维亚半岛。上面刻有一个骑马的人物。符文铭文中的houaz，根据丹麦国家博物馆的展示，被解释为"至高者"，可能是北欧主神奥丁的名字之一

▷ 瑞士格拉赫维尔盛水罐，公元前6世纪，出土于瑞士一处凯尔特王子的墓葬。铜罐上的雕塑表现了带翼的自然女神形象

◁ 祭祀四轮车，哈尔施塔特文化时期（约前750—前450年），出土于奥地利一处王室墓葬。可能表现了献祭雄鹿的仪式，站在中间的女性人物负责主持这场祭祀

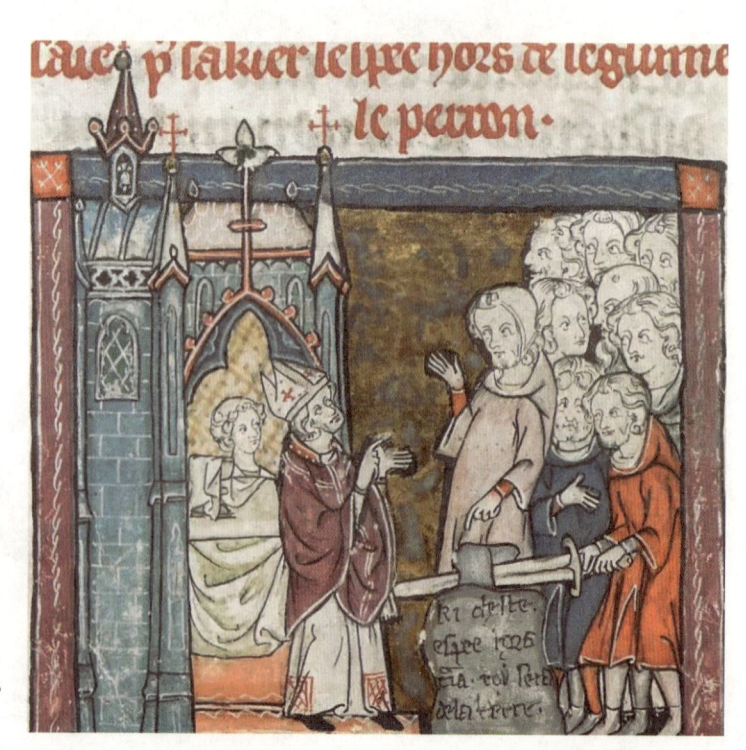

▷ 亚瑟王骑士们的插图，摘自法国国家图书馆手稿。骑士们聚集在圆桌旁庆祝圣灵降临日，看到了圣杯的异象。圣杯的形象是个如罩轻纱的有盖杯子，由黄金制成，饰有珠宝，被两名小天使捧着

▷ 亚瑟王从石中拔出魔法剑的插图，摘自伦敦大英图书馆收藏的《圆桌骑士传奇拉丁通俗本》手稿（1316年）

△《圣杯少女》，但丁·加布里埃尔·罗塞蒂创作（1874年）

▷《特里斯坦和伊索尔德》，约翰·邓肯创作（1912年）

▽《泽诺的美人鱼》，约翰·莱因哈德·韦格林创作（1900年）。灵感来自中世纪康沃尔郡泽诺附近潘多尔湾的美人鱼传说。图中的年轻人是马修·特雷维拉，他是泽诺圣赛纳拉教堂的唱诗班成员，他的声音迷住了美人鱼。传说中，他爱上了美人鱼，与她一同前往水下的家，他唱歌时在彭德湾仍然可以听到他的声音

▽《梅林的诱惑》，爱德华·伯恩-琼斯创作（约1872—1877年）。这幅画描绘了亚瑟王传说中关于梅林迷恋湖中女神尼姆的场景。梅林被困在山楂树丛中茫然无助，尼姆正在阅读一本咒语书

型政权始于东部，向西扩张，又或是偶尔向南侵入中国。俄罗斯人最终的入侵则沿着相反的方向，他们来自西部，尽管同样也骑着马，却试图定居，耕种土地。其他群体信仰的都是某种万物有灵论的混合体，或可以说是萨满教信仰，但俄罗斯人与他们不同，俄罗斯人是基督徒，他们信奉的宗教有一整套教义和一个高高在上的神，仅仅将原住民的世界视为经济资源。自16世纪以来，原住民群体便一直在对付这一新生的威胁，俄罗斯人的入侵与从前不同，他们夺取土地后会建立村庄和城市，并在苏联时期达到集体化的顶峰。

我们在20世纪或更长时间里认识到的萨满教，其最初迹象出现在大约2000年前，亦即匈奴最早入侵之时，这绝非巧合。在公元前1千纪的最后几百年间，我们可以看到更晚近的萨满衣袍上某类符号的最早直接证据。（见图5.13）萨满教兴起于更古老的信仰体系的翻新，在抵抗匈奴这类统一部落的政治活动中形成，并沿着这种脉络开始发展。艾斯特·雅各布森-特普费尔[5]提出，手工艺品将人与动物、动物与动物联系在一起，这些联系曾在斯基泰人的社会各阶层中普遍存在；但进入更晚

图5.13　具有典型"彼尔姆动物风格"的青铜器，出土于彼尔姆边疆区和科米共和国（俄罗斯联邦）：格利亚德诺夫斯基·科斯蒂奇（公元1—3世纪）（上左）、维西姆（公元7—8世纪）（上右）和乌赫塔河流域（公元8—11世纪）（下）。就像其他类似手工艺品，它们展现的主题与历史上被证明为萨满的传统有关

近的时期后，这种功能只集中在萨满身上，只有萨满能与动物之灵沟通，并与这些灵代表的力量互动。萨满就像整个群体在灵之领域的故障检修员，负责解决群体面对的各种问题，这些问题或许会出现在日常生活的现实中，但其根源始终在灵的世界里。殖民主义带来的问题不断增多，萨满信仰也随之繁盛。

第 5 阶段：萨满教与万物有灵论

现今的萨满教没法追溯到旧石器时代，或者说，源于旧石器时代的只有一个笼统的观念，即人类居住在一个万物有灵的世界中，并能在其中探索。如今的萨满教出自抵抗这一特殊的文化背景和政治环境。萨满无法改变被入侵和驱逐的基本事实，但他们或许能够在面对持续的威胁时，一定程度上确保文化的存续。对所有的生活方式都遭到威胁的人而言，文化存续是至关重要的。在西伯利亚这样的地方，人类为了活命，要夺走其他生物的生命，萨满教的施行常常是猎手世界观的一部分，但这意味着人类必须对自己吃掉的动物的灵魂做出精神上的补偿。有些存在被视作这些动物灵魂的主宰者，萨满能与之交流，从而进行磋商，达成交易。萨满教的信仰充满了实用主义和现实主义，尽管它们在外人看来可能十分神秘。有一份 17 世纪的档案，记述了鄂毕河北端的曼西人剥去了他们主神雕像的衣服，将它扔进一个泥洞里，不给食物和水，来惩罚它未能强有力地保佑本族人。

萨满教的实践在过去的几个世纪里留下了不少记录，它是在一种特殊的历史环境中逐步发展起来的，那就是在西伯利亚或北美的殖民主义。在这些地方，因为疾病、土地被夺、过度捕鱼、过度捕杀毛皮动物和过度采矿，再加上许多社会的结构崩溃，不少文化受到了冲击和影响。小群体在这种大国文化令人窒息的围堵之下，只能尽力尝试并发展出全新的角色。从 17 世纪末开始，俄罗斯军队和开拓者向东越过乌拉尔山脉，这里是传统上俄罗斯的欧洲地区与西伯利亚之间的屏障。对土地及欧亚大草原更高纬度的森林中的皮草和鱼的渴望，刺激了这种运动，也刺激了人类向南寻找耕地的进程。就像在北美发生的同样具有毁灭性的活动一样,在西伯利亚,结果也是原住民大量死亡,他们的文化遭到摧毁。而萨满作为一种异质且危险的信仰体系的代言人,不可避免地成为俄罗斯殖民主义、传教狂热乃至之后的集体主义等残酷力量的目标,在17—20世纪之间被迫害、镇压与扼杀。

如今正在复兴的萨满教将从前的实践与新的实践混合,形成了某种具有历史基础的全新形式,人们希望它能适应当代。人类学家戴维·安德森描述过[6]他探访某个鄂伦春族部落的一次旅行,这个部落生活在贝加尔湖东部的维季姆河流域,使用鄂温克语,饲养驯鹿。在这里他遇到了尼古拉·阿鲁涅耶夫,后者曾在城里住过几年,但在受到天启、知道自己将成为萨满之后,就回到了家乡。当时尼古拉在这个群体的土地上到处游走,重新接纳后苏联时期的无主之灵,以便让土地复兴。他的努力引起了争议,在他的小小群体中,也不是所有人都赞同这一做法,这部分是因为他采用新的仪式,它们只是粗略地以旧仪式为基础。安德森描述了一场祭祀仪式,仪式上献祭了一只盲驯鹿,它被斧头砍在后脑上杀死(通常来说人们认为这不够尊重),而后以特殊的方式剥皮、宰割。鹿皮被挂在树上支起的框上,这类似于从前将死者的衣服和所有物悬挂在树上的方式。尽管这是新的仪式,它的基础却大致仿照了尼古拉活动之处附近的镇子巴格达林的博物馆中的旧照片。旧的做法中诞生出了新的,通过各种不同的方式。

在某种特殊的意义上,萨满就像避雷针,他们会引导并安排像闪电一般强大的事物,将最危险的能量和为社会赋予生气的力量导入自身,并以创造性的方式引导这些可能具有毁灭性的能量。

欧亚大草原上丰富的魔法生态

几年前,我曾加入一支中英联合考古队,与蒙古国同僚一起访问了蒙古国的一些遗址。那天我们去看了蒙古国中部一座巨大的青铜时代石造纪念物。在它边上,是一座约1500年前竖立的突厥时期小型雕塑,它大略呈人形，之所以要竖立在这座青铜时代纪念物旁，可能是为了从旧址中吸取力量。我们站在那儿，边聊天边拍照，正在此时，我们注意到一辆家庭用车从草原上开来，而此处与任何道路都相去甚远。那辆车最后停在小雕塑前，从车上下来一家人，有年老的祖父、父母亲和两个年幼的孩子。见到我们，这家人吃了一惊，一开始还有些害羞。过了一会儿，他们明显下定了决心，既然已经在这样一辆不适合越野的车里经过一场艰难的旅行了，是时候干他们打算干的事了。

他们拿出小份装的牛奶、伏特加和大米，绕这雕像行走并将那些液体和米粒浇在雕像上，向它上供。我们不想打扰他们，便没有问他们在做什么，何况他们也没有理由主动将信息告知我们这些外来者。最让人印象深刻的，是他们对这尊雕像日常而坚定的崇敬。我们的蒙古国同僚对此毫不吃惊，表示说向雕像献上供品在蒙古国境内很常见，尤其是在这个国家于1990年脱离苏联控制之后。人们把这样的雕像看作活着的存在，常常认为它们与家庭群体有所联系；我们目睹的这场供奉的仪式可能是定期举行的，也可能是因为他们正处于一段特殊的困难时期，需要向雕像请求帮助。今日的蒙古高原有着极为复杂的魔法景观，它由古老的雕像、挂着彩带作为萨满活动场所的树木和居住着灵的自然场所组成。类似的魔法景观在整个西伯利亚都可见到。

欧亚大草原的草原地带似乎是个简单的生态环境，占据主导地位的就只有草（正如人们以为的那样）。然而，在几千年间，人们向欧亚大陆的主要景观中融入了诸灵及其与人的互动痕迹，让它在灵性层面上成为复杂的环境。像这样播下灵性的种子开始于遥远的过去，到现在也依然具有力量。我们看到巴泽雷克的当地人因考古队发掘古墓、移走墓中尸体而惊慌，他们认为这会导致地震和其他灾难。大型墓葬、赫列克苏尔和鹿石指引人们的迁移，也给人们提供聚集的场所。最终，一种关切土地和灵性力量的结构形成了，如今的萨满教正是其中重要的组成部分。在陷入困境、愤怒或混乱的状况时，萨满能作为媒介，与灵之世界交涉。

在过去的2000多年间，欧亚大草原的历史不断变动，它原本由从匈奴到蒙古人的马背游牧民族统治，而后由自俄罗斯和中国来的定居人口在此建立城镇作为新的定居点,并引入了世界性的宗教。在蒙古高原以外的地方,原住民并不多,而且数量在不断下降。不过,自20世纪90年代开始,萨满教获得了合法地位,它很快就遍布这些地区,如今在圣地、树林或旧纪念建筑中,萨满教活动多得惊人。在外来者进入欧亚大草原之前,此处少有正式的科学,所有宗教也都起源于别处。在其他地方,人类与宇宙建立联系依靠的是科学、宗教和魔法的三重螺旋,在这里却只有魔法占据主导地位。欧亚大草原上的游牧民族有着漫长而复杂的历史,虽然我们对它们的了解至今依然不多,但它们与魔法有着紧密联系。在过去的500年间,欧亚大草原上的人民饱经忧患,还受到西边的俄罗斯人和南边的中国人的强力影响。它们都或多或少地试图扫除魔法和萨满教的活动。然而现在,魔法依然生生不息,重要到足以让一户户家庭驱车横跨欧亚大草原来向旧神像供奉祭品,这说明魔法的观念始终深入人心。我们只有理解了此地的魔法,才有可能全面地理解欧亚大草原过去与现在的文化。

第六章

史前欧洲的魔法传统
公元前 1 万—公元元年

虚构的魔法故事是以魔法事实为基础的。亚瑟王的传说最早于中世纪早期形成书面文本，蒙茅斯的杰弗里于1136年前后撰写的《不列颠诸王史》，是其中最全面也是最早期的一部。在此书中，我们看到了亚瑟和魔法师梅林，以及另一个主要角色——亚瑟的王者之剑（Excalibur，它可能是各种威尔士传说中被称作Caledfwlch的武器的拉丁化版本）。湖中仙女这个角色要到后来才会出现，而且不仅出现在亚瑟王的系列故事里，更出现在西欧各地的传说中。正是她从湖里把剑交到亚瑟王手中，在某些版本的故事里，亚瑟死后，人们又将王者之剑还回湖中。（见图6.1）我们将从现今约克郡的一处湖泊边上开始我们的史前欧洲魔法故事，这个湖名叫弗利克斯顿湖，在约1万年前就有人类住在它附近，他们会小心地将一部分狩猎来的动物和手工艺品抛入湖边的浅水中。在这样远古的时代，并没有任何剑或金属存在，但水的诱惑却是存在的。我们将会看到，将重要的物品精心埋藏在土中或沉入水中的传统极为悠久，在欧洲，这种传统从史前一直延续到中世纪；在人们看来，王者之剑这样的物品拥有超过其功能的力量，这些物品中有不少有着自己的名字，就像人一样，也有自身的生平传记。

蒙茅斯的杰弗里记叙的英国历史从特洛伊人开始，按他的说法，是特洛伊人建立了英国的皇室血统，这一点让我们无法将他的所谓历史当作史实看待。在接下来的每一个时代里，从马洛礼到丁尼生的许多人反复重写亚瑟王的历史，它们常常会变成畅销书，再后来还成了好莱坞奇幻影视剧的主题。这些故事有强烈的感染力，错综复杂，有时还会自相矛盾。纠缠的史实和幻想之间交织着早已被人忘却的魔法，它们的深历史要通过考古学才能复原。

史前的欧洲同时有三套魔法传统：首先是基于太阳、月亮及其他天体的占星学；其次是一系列将手工艺品和尸体精心埋藏在自然环境中的实践，人们以这种方式与土地之灵交易，也可能与人类死者交易；最后一种与转化和创造强大物品的兴趣有关，在人们长期利用物质的过程中可以看出这一点，它同样也体现在铁器时代晚期所谓的凯尔特艺术中。如上一章所述，在凯尔特艺术中我们能看到欧亚大草原的影响。欧洲的魔法呈现的是超越性、交易和转化的混合体，后两者可能格外重要。亚瑟王的传说中有两个元素根源深远，可以追溯到史前欧洲：其一是将最贵重的剑扔进水中，它原本就是从这水中浮出来的；其二则是物品像人一样具有力量和生命的观念。如今的我们可能会倾向于认为欧洲的历史在某种程度上是技术史，改变的动力来自技术的革新；但亚瑟王的传说让我们知道，不少古代欧洲人与物品之间的关系更偏向于魔法，而不是科学。

图6.1 亚瑟王的一名骑士将王者之剑归还到湖中，从湖里伸出一只手，接过了它。画的前景中是垂死的亚瑟王

欧洲是考古学上研究得最透彻的大陆之一，我们因此知道，不同时代的人如何以各种不同的方式与植物、动物、生活空间、坟墓和手工艺品交融共存。地中海世界的影响显然毋庸置疑，但与此同时，欧洲与欧亚大草原之间的联系也很重要，公元前600年前后，整个欧亚大草原联结在一起，其中也包括欧洲的草原部分，新的力量也就此从中产生。在西欧，人类自新石器时代开始便建造了一系列纪念建筑，在复杂的建造过程中使用了石、木和土等材料，并将尸骨、植物、动物和手工艺品埋藏其中，埋藏的方式也高度模式化。在不少例子里，建筑与天体的对应关系都是至关重要的。像巨石阵这样最为著名的遗址常常被仔细研究，

让我们得到了大量的证据，虽然这不能用一个简单的故事来概括。从中石器时代（大约 1.2 万年前的狩猎采集时代，本章会从这一时代讲起），一直到中世纪，埋藏重要的手工艺品和尸骨的过程都具有一定的模式，这证明人类与这个世界诸力量的交易也有一定的模式。这些证据在分类上难以捉摸，有时会被归入"艺术"，它们说明人类常常将物品与模糊性、转化和奇迹这些概念联系在一起，在铁器时代之后尤为如此。现在，我们将以西方人的视角来探索这些联系，同时关注欧亚大陆共有的万物有灵论，尽管在这片广阔的土地上，万物有灵论的物质表现形式是千变万化的。

史前欧洲的时间与空间

在第二章中，我们看到了冰河时代欧洲的情况，为了保证我们的时间覆盖范围，在此处我们将考察的时间起点放在冰河时代结束时的中石器时代，这是一段漫长而神秘的时期，覆盖了过去 1 万年中的一半时间。在约 1.2 万年前，冰河时代结束之后，狩猎采集者的群体继续生活在温暖气候中，此时的海平面升高，生态环境与我们现在的更为接近。（大事年表见表 6.1，文中提到的遗址位置可见图 6.2）欧洲西北部中石器时代的最新发掘成果，以及我们对多瑙河河谷旧有证据的重新认识，都显示了这里的人们并非只能勉强糊口，而是对自身在世界中的位置有着细致的理解，这些理解中也包含更偏灵性的维度。

最早进入欧洲的农民来自安纳托利亚，时间约为公元前 6500 年，他们可能与我们在第二章中所见的加泰土丘的居民有一定联系。在今天的希腊、保加利亚、罗马尼亚、匈牙利等地以及更东之处，人们住在泥砖建起的房屋中，后来的地层直接叠压在更早期的地层上，经年之后，便形成了所谓的台形土丘，它们矗立在平原上。在整个地中海沿岸的大陆和各个岛屿上出现了各种形式的农业，近海之处更有海产品补充食物来源。从匈牙利平原开始，跨过黄土平原，直到西边的法国和荷兰，一种独特的文化产生了，人们居住在长屋中，这种屋子很可能一头住人，另一头住着动物。最早的农民约在公元前 4200 年抵达英国，他们带来了驯化的小麦、大麦、牛、绵羊和猪。在不列颠岛和爱尔兰岛，人们创造出了更田园牧歌式的生活方式，它可能与更早期的中石器时代游牧群体的生活方式之间有着某种连续性。在斯堪的纳维亚半岛，狩猎采集的生活方式一直延续，到了大约公元前 2500 年，最后一批这样的群体也采纳了农耕的生活方式，而北方的人则发展出了不定居的生活方式，并常常使用驯鹿，这些生活方式中有一部分至今依然存在。我们将会看到，所有这些群体都发展出了作为他们文化生活中心的各种魔法实践。

时间	考古学时期	事件与进程
公元前 5 万—前 1 万年	旧石器时代晚期[1]	生活在末次冰期达到顶点时的狩猎采集者——见第二章。大量魔法得到施行
公元前 1 万—前 6000/3000 年	中石器时代（终结时间由最早的农民出现而定）	生活在全球变暖后的狩猎采集者。从斯塔卡的鹿形额饰到莱彭斯基·维尔的人、马和土地之间的共鸣，出现了丰富的施行魔法的证据。人类开始有意地埋藏物品
公元前 6000/3000—前 3500/2000 年	新石器时代（终结时间由最早的金属出现而定）	驯化植物和动物，定居生活。故意埋藏石斧等物品的行为有了进一步的发展。与房屋、人类尸体和植物相关的魔法。大型墓葬和圆形结构的纪念建筑得到建造
公元前 3500/2000—前 1200/800 年	青铜时代（青铜出现的时间在欧洲各地不相同）	与新石器时代之间有着相当多的延续性，只是多了金属。最大型的圆形结构纪念建筑，如巨石阵。将大量青铜器和人类尸体埋藏入土地和水域中。在这个时期结束之时，希腊的古典时期开始了
公元前 1200/800—公元 43 年	铁器时代（开始使用铁器的时间各不相同，罗马入侵的时间也是如此）	人口迅猛增长，一定程度的城市化。罗马统一意大利。古典文化和凯尔特艺术得到发展，后者关注的是人类、动物和灵之间的关系
公元前 120—公元 410 年	地中海和欧洲西北部的罗马时期（详见第七章）	罗马帝国扩张，创造了混合的文化，发展出类似艺术中的魔法或诅咒这类形式复合的魔法实践，魔法在此也与宗教有了新的联系

表 6.1 史前欧洲到罗马帝国的简略年表。农业和金属最初出现的时间在欧洲东南部最早，在西北部最晚

我们对魔法的探索将会回到铁器时代，它在约 2000 年前结束。中石器时代的群体可能主要是冰河时期猎人的后裔，我们可以从非定居的早期生活方式、较少的人口及群体内部总体较为平等这些方面看出这种延续性。

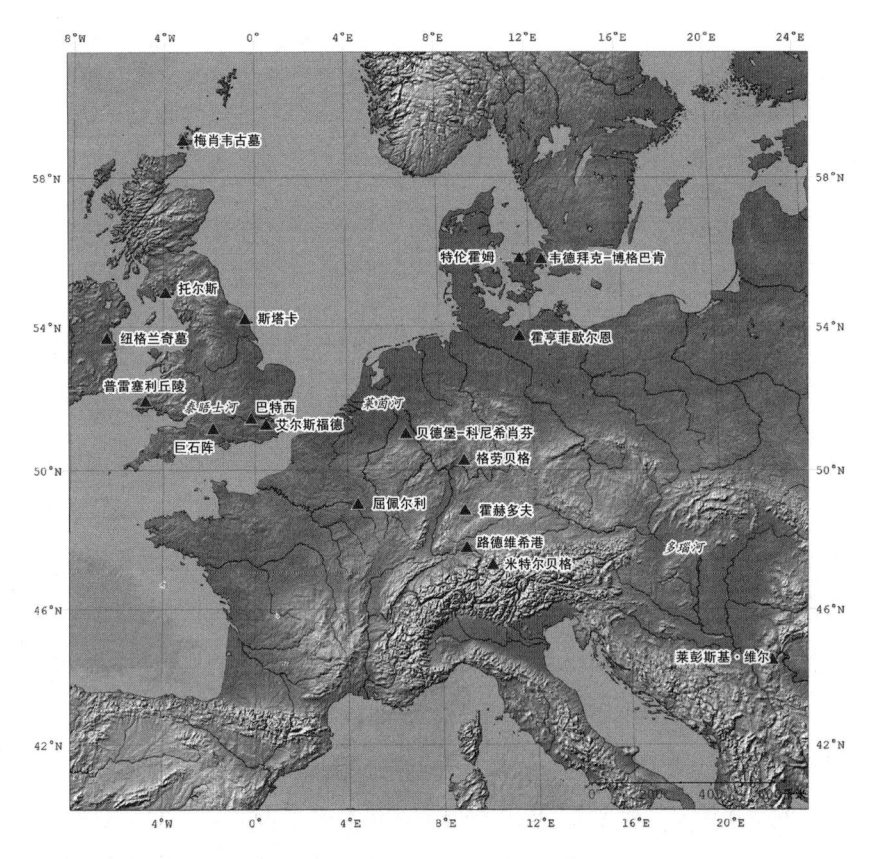

图6.2 欧洲地形及文中提到的遗址

中石器时代的群体同样也创造出了某些有利于后来的农民进入欧洲的生活条件。在20世纪的观点看来，中石器时代的群体人数很少，被动而原始，在黑暗而无止境的原始森林之中躲躲藏藏。但如今我们强调的是更广阔的土地以及土地上的人类群体这二者的驱动力。这种强调部分来自偶然发掘出的保存极为完好的考古学遗址，以及对它们进行的当代最高标准的分析。

英国和欧洲西北部的中石器时代魔法

北约克郡的斯塔卡遗址位于斯卡伯勒南方约8千米处，它保存完好得惊人，而且经历了很长时间的发掘，最近由尼基·米尔纳、尚塔尔·康

图6.3 英国皇家邮政的邮票（2017年）展示了斯塔卡鹿角额饰的复原图，它可能是在仪式上佩戴的

奈尔勒和巴里·泰勒主持的团队进行了出色的大规模调查和发掘（2003—2015年）[2]。这个遗址最早期的发掘是格雷厄姆·克拉克带队在1949—1951年间进行的，他们发现了一个定居点，其位置在从前的弗利克斯顿湖岸边，如今那里充塞着沉积物。[3]在易于积水的层层厚泥浆之下，人们发现了木结构的建筑及大量保存完好的骨头和鹿角。这其中包括著名的带角马鹿头骨，头骨经过修饰，可能是为了让它们能戴在人类的头上。（见图6.3）迄今为止总共发掘出了33个鹿角额饰。克拉克当时认为自己已经发掘出了斯塔卡的整个定居点，他判断这是个季节性居住的营地，是常年游牧的群体的季节性定居点系统中的一部分。他创造出了一幅人类勉强糊口的生存景象，但这个遗址中祭祀仪式的证据多多少少反驳了这一点，而这些仪式又不可避免地被拿来与近代西伯利亚萨满教对比。20世纪知名考古学家莫蒂默·惠勒的判断则更为糟糕，他认为斯塔卡的人"是挤在沼泽里蹚水刨食的一群人，肮脏得超乎想象"。[4]

经过这些年后，遗址保存的状况变得更差，因此现在的有机物和骨头已不像20世纪中期克拉克发掘时那么完好，造成这一点的原因主要是土壤中的酸度出于我们不得而知的原因增加了。不管怎么说，近年来的研究取得了一些令人印象深刻的成果，以意义重大的方式修正了克拉克的结论。现在我们知道，克拉克的发掘展现出的是整个遗址中特别繁荣的一块区域，事实上，他看到的只是一组复杂得多的遗存中的一个片段和一小片沉积物区。在放射性碳定年法的辅助下，如今我们能看到，中石器时代的群体是在公元前9300年前后来到这片湖边（此处还有些冰河时期活动的痕迹，其中包括比这个遗址时间早400年左右的一些木造工艺）。[5]在这个时期，不列颠岛还与欧洲大陆相连——当时地球上更多的水结成了冰，海平面更低——斯塔卡所在的土地则延续到如今已被北海淹没的平原。（见图6.4）人们在湖畔放下木柴，在另一块区域放下小木片，间或点缀以骨头、石头和其他材料。在旱地上也有定居点，不过它不可避免地保存状态不佳。在经过了人类的数个世代之后，旱地地区很可能见证了在灶台边上的人们制造石质工具，屠宰动物，加工木料及其他植物原料，劳动的节奏此起彼伏。

这一群人关注的不只是生存，还要解决与土地之灵，以及动物之灵和植物之灵的关系问题。从很早之前，人们便以一套特定的规则将物品沉入湖里。动物骨头主要是马鹿和狍子的，也有一些野牛的，但它们却并不只是来自以最有效的方式被屠宰的动物。人们会将动物的整个身体部位，比如大腿，直接放在浅水里，有时甚至会将完整的动物尸体放入

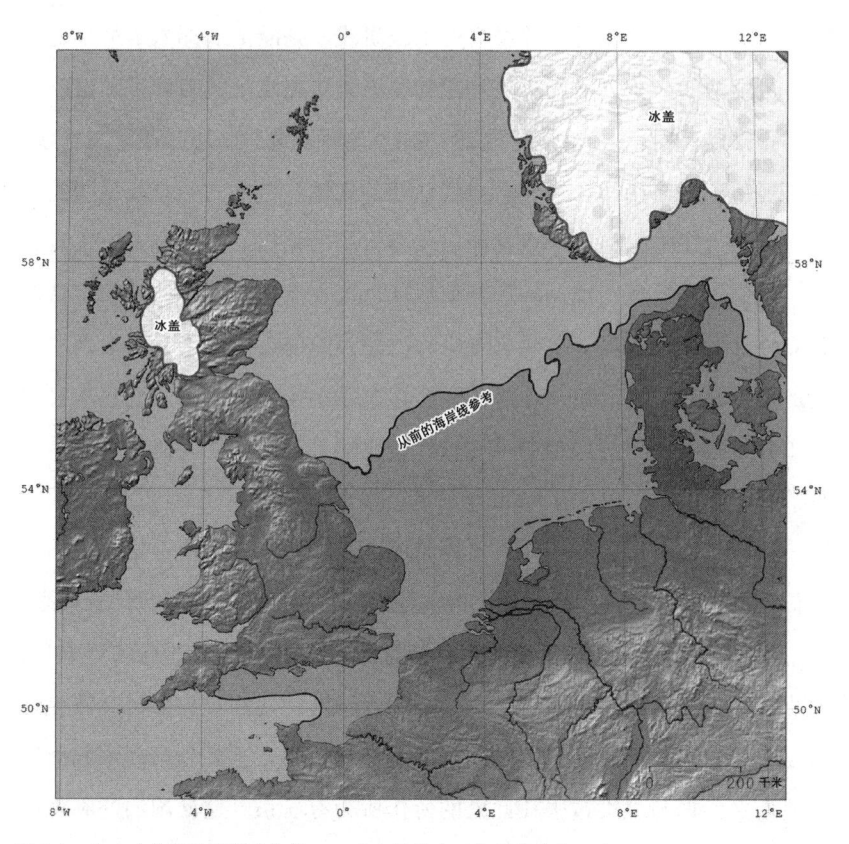

图6.4 末次冰盛期的欧洲西北部——白色区域表示依旧有冰盖

水中。我们很难解读这种行为，但看上去像是在供奉祭品，或许是在与土地上的丰产之力礼尚往来。人们会将骨头制成大大小小各种工具，从用来缝制皮质衣服的针，到劈开木材用的楔子都有。他们同样可能会精心埋藏加工过的木头，另外，虽然石质工具是在旱地上制造的，但当它们磨损严重后，人们却会将其沉入水中——这些手工艺品可能都有着重要的历史，能将它们与人类、动物和植物联系在一起。此外，此处也出土了页岩和琥珀，前者的来源地距此约 40 千米，而琥珀则可能来自如今的波罗的海岸边。有一片页岩的一个角上有钻孔，这个孔可能是用来将它挂在某人脖子上的，这片页岩上凿刻着一系列线条，有所谓的倒刺（barbs）纹，这种装饰纹在同时代的别处仅于丹麦有所发现，而丹麦在此地东边，需要走上很远的距离。

沿湖岸出土了一座木工精良的木质平台，它也可能是古道，至少 30 米长。这个平台由被劈开并抛光的木板拼成，是欧洲北部木工最早的证据。更早期的一些分散的小块木片和废弃物所在之处，与后来的这座木质平台排成一列，这或许说明这个方向有某种重要性，不过不管怎么说，这都显示了后来的活动遵循着早期活动的规律。出土的一只桨说明当时的人已用上了船，但这一点目前还没有直接的证据。为了更方便接近湖泊，人们曾经反复焚烧湖畔的芦苇河床，这一点显示了在此处的生活之计划性和精细的程度。更具有说服力的是，此处还发现了不列颠岛最古老的房屋的证据，它的时间可以追溯至公元前 9000 年，而且有迹象表明它重建过，在一个洞边上的木柱曾经被更换过许多次。人们弃置这个遗址的时间似乎是在公元前 8500 年前后。

尽管此处有房屋和平台，但人们可能并非一直在斯塔卡定居，不过我们可以肯定地说，在许多代之内，他们一直会回到此处。每一次回来，他们都会遇到不少过去活动的痕迹，这些痕迹可能是他们自己留下的，也可能是其他人留下的。在这个遗址 800 年间的使用过程中，其历史渐趋复杂，湖畔也因此获得了一系列的价值和共鸣，这部分与湖水和土地本身有关，也与人类过去在此处的所作所为有联系。这处湖泊的湖畔沼泽体现了从土到水的转化，它通过一座平台以及一系列将物品精心沉入水中的活动而增强了，这成为后来在不列颠岛乃至整个欧洲西部出现的同类行为的先兆。

与惠勒描述的脏兮兮的沼泽狩猎采集者不同，我们如今可以想象出这样的景象：精美的房屋和平台矗立在湖畔，独木舟系在标杆上，可能还有渔网、篮子和其他工具堆着或储存着等待使用，人群来来往往。在正确的时刻——这可能取决于太阳和月亮的运动，或是人们杀死了某种重要的动物，又或是当人们重回这个地点——人们扛着鹿的后半部分身体，或是一整只鹿，走入浅水，将它小心地放入湖中。石质工具、用过的木料，可能还有些植物，也都被用作献给土地之灵的祭品。人类不仅仅从土地中索取，他们与土地之灵间是有来有往的。有可能每一种材料和生灵都有一套相应的仪式，需要人们说出一些特别的话，或是遵循一些表达敬意的形式。我们的想象可以让我们更进一步见到一些特殊的场合，人类戴上鹿角额饰，可能还会披上鹿皮，或许会试图模仿这种生物的动作，可能还会举行一些讲述故事、唱歌奏乐的活动，整个群体共同参与，或是在一旁观看。

在创造出这样的景象时，我们很容易就会在脑海中想象出与惠勒描述的那种肮脏的狩猎采集者截然相反的浪漫场面。但远古时代的生活同样也很艰难：人类群体常常会遇到熊和狼，双方会发生战斗，人类也会因为疾病而很快死去。土地之灵和水域之灵可能会难以对付；在土地或水域中的某些特定的地点，可能会出现一些恶灵。同样，魔法的施行不是奢侈品，而是人们处理问题的部分手段。出于某些我们现在不能完全理解的原因，人类在某些场合能成为鹿是很重要的，这不是因为模仿鹿能让人们更容易捕捉它们，而是因为这种模仿传达出某种理解或亲近的含义，在智识上或情感上非常重要。这个世界是一系列不断进行中的谜，人类在物理上和精神上都得不断抗争：这是一片魔法的土地，人们在其中必须小心地寻觅方向。可能在向灵的世界致意时行为必须正确，对付熊或野猪时也同样如此。人类的日常生活可能充斥着魔法的仪式和规矩。

在欧洲北部广阔的平原上，到处都有被斯塔卡同时代的人类占据过的迹象。其中一些表明人们曾多次使用某些特定地点，这里出现了精细的生活方式及物质流动造成的广泛联系的证据。没有哪一个遗址或地点得到了如斯塔卡这般详尽的发掘调查，但有一点极为有趣、可与斯塔卡比照，在如今的门兴格拉德巴赫以南约20千米处莱茵兰的土地上，贝德堡-科尼希肖芬遗址中出土了两个鹿角额饰。同时出土的还有大量欧洲野牛的遗骨、石质工具和驯化活动的迹象，这两个鹿角额饰发现的地点在一座牛轭状湖泊的边缘，同样也是土地与水域交接之处。而在德国北部，靠近如今波罗的海的地方，有一座霍亨菲歇尔恩遗址，它受到一条16世纪的排水渠干扰，至今只进行了部分发掘。在什未林湖从前的湖岸旁，出现了中石器时代人类占据的明显迹象。这是个遗址群，人们对它了解不多，只知道人类占据的过程分为若干个阶段，但丰富的中石器时代遗物让这个遗址表现出鲜明的特征：超过10500个燧石工具，350个骨头和鹿角制成的手工艺品，其中有部分相当精细。有趣的是，此处又发现了另一个与斯塔卡出土额饰相仿的鹿角额饰。

鹿角额饰出现在彼此间相距上百千米、呈三角形分布的遗址中，这显示了一个微小但清晰的迹象，即当时欧洲平原上的人类普遍遵循着类似的实践。这片广阔的土地包括了如今北海的大块区域，它的平原、河流和沼泽等地形如今我们已不可知，在这整片土地上，占据着这些地点的人会彼此接触。这些人组成了某种超群体（super-group），而其方式我们尚未理解。这些鹿角额饰的用途也是我们如今一些讨论的主题，其可能性包括格雷厄姆·克拉克的实用主义解释，认为人们在狩猎时以此来伪装成鹿；也有些人持萨满教的解释，认为它们被用于萨满教的实践和仪式。这二者都不大可能被直接证明，而实用主义与仪式用途之间的对立，也是我们自身的思维方式造成的，对中石器时代早期的人来说可能没有意义。人类群体与鹿之间的关系密切，从人类在斯塔卡乃至可能还有其他遗址的湖畔精心埋藏鹿的部分身体或近乎整具尸骸来看，他们在处理这一物种及其他物种时，很可能有一整套严格的守则。假如访客能走路或划船从斯塔卡抵达这些丹麦的遗址，便会在使用这些鹿角额饰的仪式中点头表示认可，或许还能通过一些他们知道的动作和歌曲加入这个仪式。

紧随冰河时期后出现的世界，对我们而言极为陌生，难以想象。要理解这个世界，我们需要的不只是高质量的发掘、分析和拟合，还要有一些富有想象力的推测，只是得冒上一定的风险，我们的推测可能要么过于天马行空，要么太接近我们现在的日常思维方式。最早期的斯塔卡居民可能还对冰川时代有一种共同的民间记忆。随着冰川消退，冰河时代最大型的动物消失，树木、草原和温带动物物种出现，这种种巨大的变化，都可能让他们以各种方式进行讨论和解释。这样的解释可能与我们对全球变暖、海平面上升和生态变化的科学追踪全然不同。当时的人或许会觉得这是新的灵进入了土地，太阳获得了全新的力量，或是寒冷和黑暗遭到了驱逐——我们对此全都不得而知。我们有理由确信的是，从日后的任何标准看来，这些都是稀疏分布的小型人类群体，人类数量和动物的种群之间更为平衡。

我们现在定义的中石器时代其实极为漫长，在英国持续了至少4000年。证据虽然稀缺，有时却十分惊人，我们已见到了这一点。我们在丹麦东部韦德拜克-博格巴肯的中石器时代遗址晚期的坟场中发现了一座坟墓，墓中一名新生儿被埋葬在天鹅的翅膀上，这悲伤的一幕说明人类可能在此与天鹅产生了联系，这种鸟会出现在水上、陆地上和天空中，因此在这三个元素之间架起了桥梁。在婴儿身旁是一具女人的尸体，人们认为她死于难产。在韦德拜克共计发掘出了23座公元前6000年前后的墓葬，这一时段已是斯塔卡出现人类定居的3000年后。

过去的人类沉浸在与各种植物和动物物种之间的亲缘关系里，或许，我们认知中的物种边界在他们眼中是可以用某些亲属关系跨越的。他们在铺设木板、击打石质工具、搜集植物和狩猎动物等活动中，展现出了惊人的身体技巧。这种技巧的基础是对因果关系和宇宙论的深切认识。人们制定了如何正确对待世界的行为准则，并广泛地共享这些准则，它们很有可能不会涉及我们常见的物种划分方式，也不会强调有生气的和没有生气的物体之间的区别——工具能赋予手生气，手也同样指挥了工具。进一步的观察后，我们还有两个发现，但它们很难解释。首先，精心埋藏尸骸和工具的行为，或许源于礼尚往来的伦理道德。如果人类从这世界得到过什么，就得归还它，因此当人们杀死并食用一头鹿，就会将它的一部分放入湖中，以感谢这个世界的生殖之力，不管这种力量到底是怎么定义的。其次，同时也是更特别的一点，这种礼尚往来的伦理和由此产生的精心埋藏的行为，似乎贯穿了欧洲西北部的大部分史前史和有文字记载的历史，甚至一直流传到现代。要说亚瑟的王者之剑被沉入湖中的这一行为起源于中石器时代，那显然是夸大了，但我们可以看到，在几千年里，人们确实对能放入水（和土地）中的东西，还有这种埋藏行为能得到的收益很感兴趣。

人成为景观

在中石器时代欧洲西北部的一大片角落里，我们可以看到人们探索着与动物之间的联系。接下来的例子里，人类成了土地本身的一部分。让我们来到多瑙河的铁门地区，在这里，多瑙河将土地一分为二，北岸是如今的罗马尼亚，南岸则是塞尔维亚（及前南斯拉夫）。在这里发现了一系列遗址，时间从冰河时期结束到新石器时代开启，也就是大约公元前1万—前5500年之间。铁门峡谷形成了欧洲东南部小小的遗址热点区，除此之外的整片地区都很少发现中石器时代的遗址。在远古，吸引中石器时代的人类在此定居的因素，主要是多瑙河带来的大量鱼类和鸟类，以及来自陆地上的食物。但我们对这些遗址的了解受到现代发展的影响，尤其是在20世纪60—80年代，罗马尼亚和南斯拉夫政府开始在多瑙河上修筑水坝，以此为契机进行的考古发掘工作，发现了二十几处有中石器时代证据的遗址（见图6.5），范围却集中在一块相对较小的区域内。在考量铁门峡谷出土的证据时，我们将集中在另一个时代的剧变上：在公元前6200年前后，人类的生活方式从狩猎采集转为农业生产。此处讨论的遗址主要是莱彭斯基·维尔，之所以将它从整个地区的其他遗址中单列出来，是因为它集合了房屋构造、墓穴和雕塑。

莱彭斯基·维尔这个定居点建在多瑙河河畔塞尔维亚侧的一片台地上，台地比河面高几米。这个定居点的不同寻常之处在于它由大量房屋组成，

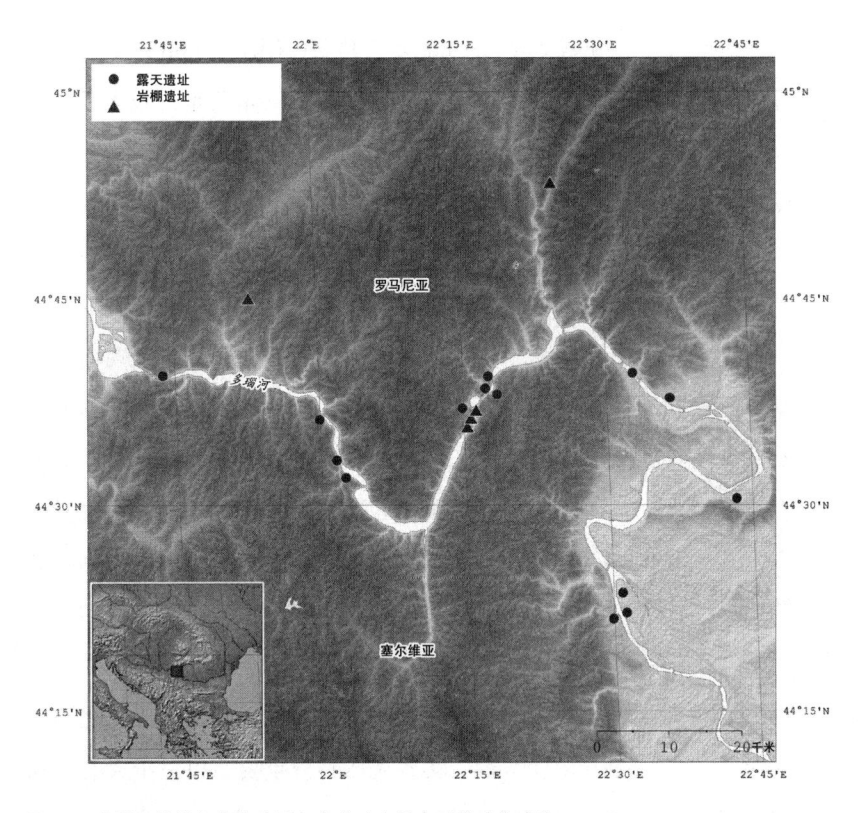

图6.5 多瑙河的铁门峡谷地区,发现了大量中石器时代遗址

从考古学的角度来看,表现为大量精心建造的梯形石灰岩房基(见图6.6a)、房屋正中石块砌成的灶台,以及大量雕刻过的卵形砂石块,其中有一些雕刻的是半人半鱼的生物(见图6.7)。在屋与屋之间同样也发现了人类墓葬。如今,这些特征中的绝大多数断代为中石器时代与新石器时代间的过渡时期,即约为公元前6200—前5900年。自20世纪70年代莱彭斯基·维尔首次被发掘以来,这种房屋与它那不同寻常的艺术便时不时地引发大量讨论。

房屋的尺寸和形状都非常标准,尤其是后者,表现出了明确的几何学特质。房屋沿着长轴左右对称,正中的灶台尤其突出了这一点,同时这些房屋还有弯曲的前墙。房屋的形状符合黄金分割的比例。[6] 它们梯形的结构主要基于内角为60°的扇形,让侧面墙壁的长度为后墙的3倍,而前墙又是后墙的4倍。这样的比例制造了一系列等腰三角形,而这样的等腰三角形在被等分后,又创造出了有着与原本三角形同样比例的新的等腰三角形。（见图 6.6b）要建造这样的房屋需要三角测量的技术。在莱彭斯基·维尔建造房屋的工程延续了700 年，而这种建造比例始终保持不变。在莱彭斯基·维尔隔着多瑙河的对岸，矗立着的正是形状奇特的特雷斯卡维克山，此山同样也展现出了梯形的形状，在铁门峡谷地区的其他山峰都没有那么显著的特征。房屋的形状有可能就模仿了这座山。除此之外，有一座墓葬中的尸体正面朝上仰躺，双腿折起的形状也像反映了这座山和房屋的形状与比例（见图 6.6c）。[7] 这种土地景观和人类居住的房屋之间的联系显然十分重要，以至于人类要动

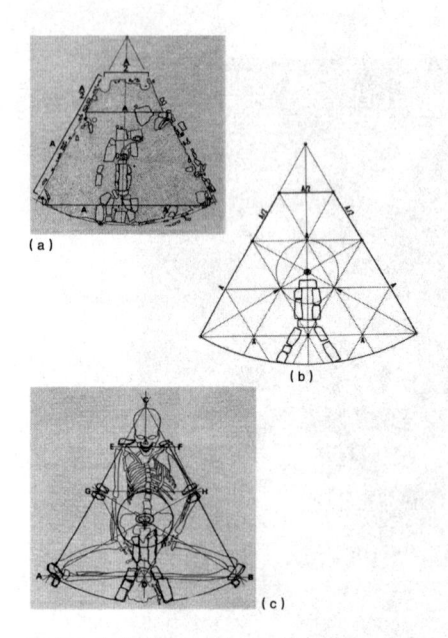

图 6.6 （a）梯形屋子的平面图。（b）建构出的几何学图形。（c）它在墓葬中一具双腿折叠的人类尸体上的反映

用数学的手段来制造二者之间的共鸣。人们可能并不认为自身与生于斯长于斯的土地是割裂的。如今的我们在人和非人之间划分出的界限，在 8000 年前的铁门峡谷地区并不存在。

把人类与其他存在相混合的更惊人的方面，是在这个定居点各处均有发现的卵石雕刻。（见图 6.7）它们在我们的眼中就像是人类和鱼的混合体。考虑到这个遗址中发现的鱼骨数量，这样的组合并非没有可能，对人类骨骼的化学分析也证实，当时的人食用了大量的鱼。事实上，这个遗址靠近多瑙河的一个涡流，它搅起沉积物，为鱼和前来捕鱼的人创造出一片富饶的水域。鱼之于中石器时代的多瑙河定居者，或许就像马鹿之于欧洲西北部的人：它们是对人类意义最为重大的他者，因此也可能根本不是他者。卵石雕刻处理了人类和鱼的特性，或许意在让液体和固体之间的张力结合在一起。

这个遗址还有一点值得记住。欧洲（及世界上的其他地方）史前史的重大分水岭之一，是狩猎采集者的移动世界和农民的定居生活之间的差

别。这种对比之所以被认为意义重大，部分是因为格雷厄姆·克拉克等人对狩猎采集者的生活评价很低——克拉克认为，狩猎采集者的生活肮脏、野蛮而困苦，相比之下，农民的生活则对他们周遭的世界掌控得更多。但正如我们已见到的，中石器时代的狩猎采集者与他们的世界有着精妙复杂的关系，他们能在这片刚刚变得温暖丰饶的世界里轻而易举地繁荣起来，并以哲学和魔法的手段来探索自身的处境。因此，在狩猎采集者与农民的生活方式间有着某种延续性，也就不是什么值得奇怪的事了。莱彭斯基·维尔的情况就是如此。这里最早期的房屋和墓葬中完全没有陶器之类物品的痕迹，而晚期的却有迹象显示，斯塔赛沃文化，也就是这片地区最早的新石器文化的陶瓷得到了引进，然而，这里的人们却一直保持着同样形式的房屋和墓葬。必然的结论只能是，这里的人是逐步采纳驯化的植物和动物，以及陶器等的，他们虽然也会吸收从别处来的移民，但总体而言，在这片土地上生活了许多个世代的人还是他们。因此至少在这样的例子里，农业的到来是旧有的生活吸收新的形式的过程，不管从什么角度看都不是革命性的发展。年轻的世代渐渐转向农业，旧有的宇宙观却没有立刻遭到抛弃，人们在莱彭斯基·维尔还保持着从前那种房屋与群山之间的关联，以及自己与多瑙河的联系，还有与祖先雕像上鱼/人混合形象的联系。

图6.7　莱彭斯基·维尔出土的雕塑

农业魔法

在几个世纪间，农业确实让人们的生活产生了彻底的改变，接下来我们将要看到的，就是这个新兴的新石器时代世界的魔法，尽管精心埋藏手工艺品、骨头等的行为在中石器时代和新石器时代都有发现。与更早几代考古学家的观点相反，中石器时代其实是个充满活力的时期，给接下来新石器时代的群体的生活状态打下了某些基础。不管在哪儿，新石器时代的开始都会带来值得注意的变化，考古学的证据突然涌现，就像照片突然显影。铁门峡谷以外的地区缺乏中石器时代的考古证据，但斯塔塞沃遗址相对丰富，其他地方的相关形式也是如此。欧洲最早期的新石器时代遗址在公元前 6800 年前后的希腊，在那里，它们呈现出了引人注目的多样性，一些泥砖砌成的房屋代代累积，最终形成台形土丘；其他泥砖村庄则往四周发展，人们更新房屋，因此并未形成台形土丘；还有一些遗址建造房屋的方式是在木质框架结构上编织枝条，并抹以灰泥。事实上，我们在欧洲东部发现的是一种泥砖与木质结构框架房屋的混合体，它最终形成的状态是台形土丘和平坦定居点二者的结合。农业部分是由移民者引入的，但没有人事先做过规划；恰恰相反，他们在做重大的实验，将新引入的农业与中石器时代已有的生活方式结合在了一起。

与之形成对比的是，从大约公元前 5500 年开始的 1000 年间，在匈牙利平原到法国东部的整片地区出现了高度的一致性。在这里发展出了一种惊人的生活方式，被称为线纹陶器文化（LinearBandKeramik，该名称为德语词，强调罐子上的线形装饰，常常被简称为 LBK），这里的人生活在长屋中，采用农业生产的生活方式，将死者埋葬在定居点内，或是单独的墓地中。自 20 世纪 30 年代起，欧洲中部和西部的大规模发掘提供了海量信息，明确显示出房屋的形态和定居点布置的方式极为多样。在欧洲大陆的西北部、不列颠岛和爱尔兰岛则可以看到另一种发展：在某些地区，一种与定居有所区别的生活方式逐渐成形，人们会跟随动物移动，同时定期回到有谷类作物的小片区域。在这里人们建造了各种形式的纪念建筑，建造于新石器时代早期的约 4 万座长冢至今还矗立在西班牙东南部和北部、法国北部和西部、不列颠岛和爱尔兰岛及斯堪的纳维亚半岛南部。最古老的长冢于大约公元前 4500 年在欧洲南部和西部出现，后来才向北传播。长冢与线纹陶器文化的长屋有着一定的相似之处，二者在分布与时间上都形成了充分的互补——长冢始建之时，正是长屋式微之际。而且，尽管它们都部分用土建造而成，形式却多种多样，其中一些拥有石砌通道和房间，另一些则是层层堆砌的木结构，不少出土的遗迹证明，不同时代的建筑构造也各有不同。很多长冢中埋有死者的遗骨，但不是全部都有。其他新石器时代早期的纪念建筑包括所谓的堤道围场，它们多为圆形结构的变体，系挖掘壕沟构筑而成，壕沟之间有些断开的地方（断开之处即堤道），壕沟围住的内部也有多种遗迹证据。

当人们努力应对新的生活方式带来的新问题时，仪式和魔法也随之发展，这主要是因为此时人类居住得更为稠密（虽然以后世的标准看，依然算人口稀疏），在不少地区更强调在房屋和村庄中的生活及人类与新驯化的植物和动物之间的关系，它们也带来了各自的全新的需求；此外，有时住处也会离死者更近。在不少地方，房屋是生活的中心，因此拿它们做文章也就不足为奇，这种尝试探索的通常是房屋与人体之间的联系。在欧洲东南部地区，这种房屋的模型留存至今，它们有着头部、手臂、腹部、乳房和头发等人类的特征，在北马其顿和巴尔干半岛的其他地区，有些人类被葬在房屋中或房屋附近，几乎所有这样下葬的人都是女性。在这些地方，一些房屋的模型展现出了性别的特征，所有这些特质都是女性化的（虽然也有可能所有缺乏性别特征的房屋都可以被视为男性化或儿童化的）。或许以某种形式而言，房屋在当时的人看来就是女性。虽然证据支离破碎，不过在女性身体和房屋之间，似乎有着尤为强烈的联系。这或许是因为房屋催生了社群，并哺育了他们。房屋模型中有火的痕迹，它可能被用于仪式，以牢记某个人类个体或一般概念意义上的祖先，虽然人们已经遗忘了他们的姓名和身份，他们却仍然被尊为整个群体的祖先。[8]在法国的汝拉地区，在公元前3200—前3000年的新石器时代晚期，房屋的屋顶便形似当时的人所戴的帽子，一排排房屋看上去就像是站成排的人彼此面对着对方，这一点让人们讨论至今。在路德维希港的遗址中，出土了四对黏土制造的乳房，上面还以颜料画上了圆点。它们可能来自房屋中的某个特殊构造。在德国更北部，也发现了类似的乳房模型。[9]有讨论认为，在巴黎盆地，线纹陶器文化的房屋一般会持续使用20—40年，而后就会被替换，这个使用寿命约等于当时的人均寿命。

　　我们如今的不少人都依附于自己的房子，而在早期的农业社会里，房屋和人类可能根本不会做出区分：房屋就是人。房屋是活的存在，或许当时的人认为它们也有出生、成长和死亡。整个人类的群体聚集起来建成一座房屋，而后房屋便与他们待在一起，并塑造这个社群。与其说房屋是被动的遮蔽之所，或财产的要素，不如说，虽然可能在表现形式上略有不同，但它们可能就像居住其中的人类一样，具有人格、意志和目标。在一个活跃的宇宙中，亲密的社会空间是群体的一部分，也是它的历史中不可或缺的成分。人们可能会给房屋起名，就像我们知道后来中世纪的人会给礼堂起名一样，当然，我们知道，在更后来的时期，"某某家"（House of ...）这个词也会被用来指代人类的群体。因此，在公元前4500年之后的一千多年间一直用于埋葬人类死者的长冢，其形式的灵感来源于长屋或许也就不足为奇了。

　　构筑长冢或长丘的方式有很多种。其中一些会先架构一个类似于房屋的木质结构，而后再往上覆盖土堆。最为惊人的那些长冢的中轴下方会有石砌通道，两旁也有墓室，其中摆放人骨。不过，在考量这些建筑时，我们不能带有自己对死亡和墓葬的设想。在绝大部分例子里，人们不是彻底被埋葬其中，从此被忘在身后。相反，一些长冢就这么敞开着，人类和动物会进进出出，而其结果就是人骨得以流转，被带得远近都是。这样的流转或许有一定的蓄意成分，是为了保证社会中已死亡的各个成员的存在依然活跃。几千年后，在开始于公元前800年前后的铁器时代，在不列颠岛的绝大多数时间和地点，埋葬行为依然十分稀少，人们发现此时的人骨主要出土于坑中或沟中，与其他垃圾混在一起。我们如今越来越清楚地意识到，在后来的时期，人骨被移动的现象还在持续。作为考古学家，我们要思考的是这到底意味着什么。可能一整具人类的尸体太过重要，不能立刻就埋葬。我们都是由血缘、婚姻、友谊和责任的关系组成的，因此有可能从新石器时代到铁器时代，当时的人会将死者的骨头拆散，分别送回他们亲属群体中活着的后人手里，以此来告知并撤销一个群体欠另一个群体的债务，比如因为婚姻而造成的人员交换等。

在这样的情况下，除非所有这类关系都已得到认可且妥善处理完毕，死者都不算真正地死亡。在死者的尸骨被完全埋葬之前，死者依旧是这个社会的成员。而等这样长期的交换终于全部完成，死者可能便成了广义上的祖先。

长冢有时也会以极为戏剧性的方式与其他关系发生作用。在欧洲西北部，部分最为惊人的坟冢出现在爱尔兰德罗赫达西边不远的博因谷中，包括道思、诺思和纽格兰奇三处大型坟冢。这些坟冢混合了石雕艺术与建筑群，基于圆形这一主题，我们最好转变意识后再来欣赏。纽格兰奇建于公元前 3200 年前后，呈圆形，直径约为 80 米。（见图 6.8）土丘的外表面覆盖着白色的石英，这让它能在几英里之外就被人看见，它的底部环绕着 97 块路缘石，其中包括精心装饰过的入口巨石。土丘总体的重量约为 20 万吨，它覆盖着一道 19 米长的石砌通道，这条通道最后通往一间星形房间，房间内有三处凹室，上有以托臂支撑的 6 米高屋顶。三处凹室里都有盆状石头，内有人骨遗骸。考古发掘显示有 5 个人的部分残骨，他们大部分被火化过，随葬物则有抛光过的石球、骨珠和白垩粉。

图 6.8　爱尔兰岛的纽格兰奇，图上是它的石英外表面和通道的入口。这个土堆是近期重建的，同时引发了争议，问题主要在于它在史前的样子到底是不是这样的

很有可能曾被放在这座坟冢中的人不止这些，只是当这座坟墓最终被封起时，他们还留在这里。

在通道入口上方有个"顶部开口"。12月21日及这个日期前后几天的清晨，太阳光会穿过这个顶部开口；它会慢慢照亮整个房间，直到最后落在屋子内部的一块石头上。纽格兰奇遗址巨大的体量与它在方位上的精确结合，体现出一种人类的决心，他们想要了解太阳在一年中最短的一天里的运动方式，以及大地由此产生的再生的力量。如今每年都有不少人会在冬至日的清晨聚集于纽格兰奇观看这一活动，除非该年的这一天阳光不太充裕，这种体验才会被破坏。一些其他纪念建筑也同样会与太阳对应：在奥克尼群岛的梅肖韦古墓与纽格兰奇一样，也是纪念性的建筑，以石块巧妙砌成，同样也有一条通道，以冬至定向；在它附近的巴恩豪斯则与夏至的阳光对齐。在公元前约2000年的青铜时代早期，人们在纽格兰奇附近又再次建造了一座石圈，建造它很可能也有天文学或占星学上的目的，说明在这个地点，至少在1200年间，人类对天空始终怀有持续不断的兴趣。

在公元前3000年前后的新石器时代晚期，人们将天体在一年间的运动轨迹和人类的生与死联系在一起。最有可能的是，人类的生活以某种方式与某个更广阔的宇宙的循环相连，如此一来人类及现象世界的其余部分便可视为是紧密交织的了。我们已在美索不达米亚和中国的例子里看到，复杂的天文学（可能还有占星学）知识有着数学的基础；在欧洲西北部的人类可能也掌握了相当多的数学知识；需要理解角度和运动的轨迹，才能让地面上的建筑与天体的运动对应上。但所有这些知识都只是口口相传，抑或是通过某些如今已失传的助记手段发展并传播的。

1999年，一名非法金属探测者发现了一块上面镶有金箔的青铜圆盘，2002年时，这块圆盘受到了考古学界的关注。（见图6.9）因为无法确定发现之处的环境，这块圆盘的真实性在某些人眼中依然值得商榷；又有一些人持夸大其词的观点，认为这是全世界最古老的对天体的描绘。假如它真实无误，那这块圆盘约可上溯至公元前1600年，可能出自米特尔贝格的遗址，这是德国境内萨克森-安哈尔特州内布拉附近一座山顶上有防御工事的青铜时代遗址,此处可能曾有一个坑,埋有一些其他青铜器(最终有两名金属探测者被捕,他们带着警方来到这块圆盘的发现地点,最终让考古学家发掘出了这个坑)。在这块直径 32 厘米、带着铜绿的青铜盘上,刻画了以金箔突出表现的太阳、月亮和行星。其中一组聚集在一起的 7 颗星星表现的可能是昴宿星团,两

图6.9 内布拉星象盘,表现了太阳、月亮和星星

条金箔弧形则可能代表某个天体或某些天体的运动轨迹。有可能这个内布拉星象盘中包含着天体位置和运动轨迹的知识,作用是帮助人们记忆,它也可能是一种讨论天体在天空中运动方式的手段。(我们将在下文中再次讨论青铜时代的宇宙观。)同样地,内布拉星象盘也可能是一套曾经广泛流传的科技装置的一部分,只是这种装置的其余部分已经失传。

这些年来,人们对考古天文学的热情高涨,当前的一些研究者——其中部分自身也具有天文学知识——声称,他们在巨石圈、石室墓及其他纪念建筑的构造布局中发现了一些复杂的天文学知识的迹象。著名天文学家弗雷德·霍伊尔爵士认为,巨石阵是极其精密的天文学计算工具。在所有加入这类讨论的人中,最知名的当数亚历山大·托姆,他是退休的知名工程学教授,他认为有不少新石器时代和青铜时代的纪念建筑的建造目的是观察夜晚的天空。托姆认为,基于他自身的观察,他能确定出一套用于排布这些纪念建筑的早期度量衡单位,并称之为"巨石码"(megalithic yard)。他是在 20 世纪五六十年代研究出这一套单位的,当时十进制还不普及。此外,托姆还用他的观察结果重构了史前历法,根据纪念建筑中循环出现的方位,确定了一年中的 8 个节日。但当时考古学家的著作中已逐渐展现出学界对新石器时代和青铜时代社会的了解,托姆却几乎完全没有将它们与他的发现联系在一起。相应地,考古学界

则要么缺乏数学知识，要么缺乏天文学知识，无法从其自身的角度欣赏和批评托姆的成果。托姆与当代异教徒及其他团体相处得也不融洽，后者急于在托姆的推导中找到古代高度智慧的迹象，他们仅凭想象，便炮制出了早期德鲁伊教徒修筑坟冢和巨石圈，并在其中进行各种观测、举行神秘仪式的画面。

这些人也在所谓的灵脉（ley lines）中寻找古代智慧，给予他们灵感的是艾尔弗雷德·沃特金斯在1925年出版的《古老的直线》，它是最有影响力的英国史前史作品之一。在大量观察之下，沃特金斯认为他能在长冢、突岩（tor）、直线延展的道路和铁器时代的山堡中找到一片直线组成的网络。对沃特金斯来说，这些直线是罗马人铺设高效的道路网络之前很久，古代不列颠岛上就已存在的交易和联络的证据。灵脉由一群专家测定，他们的探测棒和地理学知识让他们看上去就像是掌握了魔法。在20世纪70年代，《古老的直线》获得了新生，这一点可能会让死于1935年的沃特金斯吓一大跳。与此同时，约翰·米歇尔于1969年出版的《亚特兰蒂斯上的风景》则与嬉皮士的观点吻合，对米歇尔来说，灵脉是一些在地表上纵横的力量之线，古人能够感知到它们，理解它们，而现代城市的世界在科学的阻隔之下无法获得这种直觉式的知识，因此失去了这种欣赏能力。在米歇尔的眼中，萨默塞特郡的格拉斯顿伯里是这套直线网格的中心，它将古代不列颠岛的宗教遗迹接入宇宙的网格。"世界即将进入水瓶座时代"原本是天文学上的说法，指的是太阳从水瓶座前方升起之时；而在占星学中，水瓶座与知觉的扩张及求知欲联系在一起。要在水瓶座时代获得救赎，必须重新发现、重新激活古代的力量，从而净化现代世界精神与物理的污染。

考虑到不列颠的土地上古迹的数量众多，即便我们随机地在不列颠地图上画出直线，也必然有不少直线能穿过古代遗迹，尤其当你不怎么关心这些古迹的年代各有不同，也不关心这些直线与具体某一个古迹间到底有多接近时，更是如此。因此，专业的考古学家对沃特金斯就直线所做的新颖观察抱有怀疑的态度，遑论米歇尔使用沃特金斯的观察得出的结论。但不管怎么说，这两本书都为诗人、小说家和艺术家提供了看待不列颠风景的灵感，许多源于这些观点的引人注目的作品也随之产生。这类观点滋养并支持了人们对久远的过去更广泛而浪漫的兴趣，这一点本身是相当积极的。按照专业的考古学家对证据的标准来看，许多人的观点都有瑕疵，但人们在阐释上的差异，既源于我们对证据的理解不同，也源于欧洲文化和反文化的历史。[10]

如今考古学家们已彻底摒弃灵脉的概念，对于考古天文学的不少结论，学界也持怀疑态度，但依然赞同它整体上的目标。基本上所有考古学家都承认，在史前欧洲，天体的存在及其运动轨迹极受重视，在世界上的其他地方也是如此。此外，史前的欧洲人中间显然存在着某种形式极为精细的知识，如今的我们称之为天文学和占星学。我们甚至可以得出一些更积极的观察结论，例如在公元前2000年前后，不列颠岛上的人类对太阳校准的兴趣转向了对月亮的强调。不过，我们目前掌握的对过去的知识还不足以构筑出这些知识形式上的任何细节，无论再怎么对巨石阵这样的遗址近距离地测量、分析，都无法揭露出一个清晰而可信的测量与观察的系统（见图6.10），部分原因或许是如今传到我们手里的只是一个复杂整体的一部分，此外是因为这些纪念建筑（当然也包括巨石阵）在千年之间反复重建，每一次重建的做法都不一样，背后也都代表

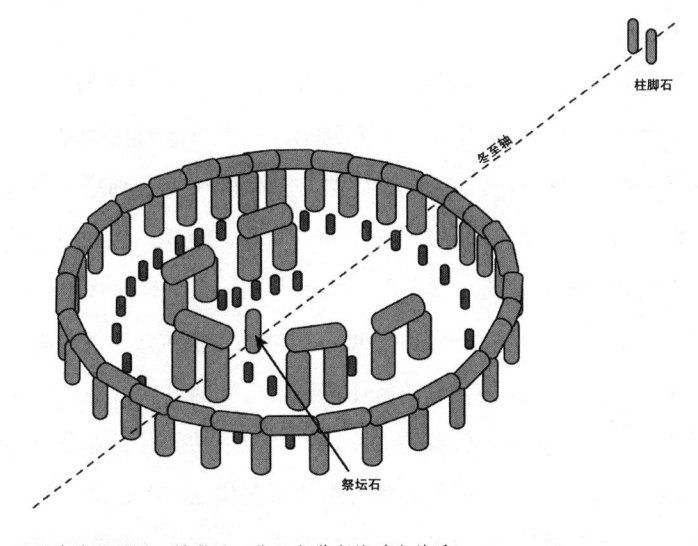

图6.10 巨石阵的平面图，展现了一些天文学上的对应关系

着不同的实践和观念。天文学知识不仅会随着时代的变迁而变化，而且事实上在任何时代，它都是会反复引起争议的话题。天文学知识并不仅源于公认的传统知识体系。

几乎可以肯定，这些观察结果和争论中也有地理上的不同。在整个欧洲，夜晚的天空几乎相同，观察它的人却各有不同。在纽格兰奇，人们倾注在校准上的努力巨大而直接，它展现了权力和天文是相关联的，因此，能通过纪念建筑来掌控太阳运动轨迹的群体，可能也能掌控其他事物。于观察者而言，太阳、月亮和群星从不是中立的，相反，它们是一些在下方世界发挥作用的力量，如果可能的话，还要加以控制和拘束。有力量的地方，便会有破坏、争议和讨论。我们如今对考古天文学的讨论在今天的世界发挥了作用，从前的人对天空的讨论也是一样，而我们最知名的纪念建筑中有不少便是社会中各类群体热烈讨论的对象。

各个世代的人都一直认为巨石阵与魔法有联系。我们掌握的与之相关的书面材料，以蒙茅斯的杰弗里于12世纪所写的为最早，他认为巨石阵是由巫师梅林建造的神庙，到了18世纪40年代，威廉·施图克利认为它是德鲁伊的神庙。最有见地的当数20世纪的考古学家雅克塔·浩克斯，她认为每一个时代都有与其匹配的巨石阵，这种观点绝妙地捕捉到了对这一历史遗迹持久不断地重新阐释，只是在一定程度上受到了对它新的实证理解的推动。

巨石阵是一类所谓的圆石阵遗迹中最为知名的，圆石阵遗迹一般为封闭的环形，外部有堤岸，内部有沟渠；在新石器时代晚期，它们在不列颠岛全境内都很常见。巨石阵始建于公元前3000年前后，并由此开启了一段大约1500年的反复重建的历史。圆形的建筑形式在不列颠岛始于新石器时代晚期，一直延续到罗马统治时期。在青铜时代早期就有大量坟冢被建为圆形，而从公元前1500年以降的青铜时代中期开始，房屋就成了最常见的圆形建筑，人类就住在圆形的空间内，这一点与欧洲大陆的不少地区截然相反，后者的房屋始终是方形的。巨石阵是圆形的，这一特性本身就很重要。圆形具备实用的重要优点，它建筑方便，也不会浪费边角上的空间。作为英国最知名的考古学家之一的理查德·布拉德利曾经指出，圆形具备宇宙论上的含义，它对应着太阳在一年中通过的路径，成为定期转化和变化的基本隐喻。尽管有过于超前之嫌，很多人还是认为，按照青铜时代的宇宙观，太阳和月亮都在循环飞行之中，太阳会在白天从天空中升起，到夜间则穿过地下世界，直到黎明时分再度出现。现藏于丹麦国家博物馆的特伦霍姆太阳战车（见图6.11）可能制造于公元前1400年前后，此时人类已逐渐废弃巨石阵，这架战车上有一个圆盘，它由两个青铜凸面组成，其中一面覆盖金箔，另一面则颜色暗沉，表现的或许就是太阳在白天和夜晚的两相。

巨石阵是很难理解的，因为这座历史遗迹本身十分复杂，而且位于一片更为复杂的仪式用土地上。这片土地上的诸多遗迹之间确有联系，但它们从不是根据某一位设计者制作的某一张设计图而建造的。这些遗迹的特征是在几千年间，随着人类群体应对生与死的重要问题而逐步累积的。近年来学界的研究有了不少新的进展，不仅揭示了巨石阵本身的奥秘，还关注了它北边的杜灵顿垣墙及埃文河畔新发现的石圈阵，后者

图6.11　特伦霍姆太阳战车，1902年出土于丹麦北部的一片酸沼中，人们用它刻画了太阳及其跨越天空的场景

被称为蓝石阵（Bluestonehenge）。[11] 最早期的证据是最叫人激动，但也最令人迷惑的，它的形式为（旧停车场下的）4个柱坑，使用的材料可以追溯到公元前8500—前7600年的中石器时代，当时斯塔卡即将被废弃。这些松木杆子（橡树当时尚未被移植到不列颠岛）非常巨大，在此处以东约2千米处的布里克米德，我们也发现了中石器时代的生活证据，它们的时间可上溯至公元前7600—前4200年，在当时的土地上，这些杆子一定是相当惊人的景象。在巨石阵西北约3千米处，是新石器时代早期筑堤营地"罗宾汉之球"，再往南则是一条科萨斯（cursus）。科萨斯是一种神秘的历史纪念建筑，它们由平行的直线和壕沟组成，末端则为圆形，在土地上创造出线形障碍物，有时能有几千米长。当时的人可能会排成队列在石碑道中行走，不过石碑道也会阻碍任何想横穿这些直线和壕沟的人。在建造巨石阵的早期阶段，人们正好也建成了另一条更大型的科萨斯，要完成它想必需要大量工作，而人们也一定曾在它完工之后在其中列队前进。

迈克·帕克·皮尔森是近年来相关研究的主要调查者之一，他与马达加斯加同僚拉米利索尼纳合作，打算围绕对更广泛的巨石阵景观的解释创建一些结构，他们最初的灵感来源是马达加斯加岛人将木与生、石与死联系在一起的观点。帕克·皮尔森注意到，巨石阵东北的杜灵顿垣墙和巨木阵（Woodhenge）的主体结构都是木质的，这一点与巨石阵知名的石头形成了对比，他由此将前两者与生者、后者与死者联系在一起。假如这个思路正确，那便给整片土地的景观提供了基本的构造，它反映了生命的循环，人类群体在东北部举行与生者相称的仪式，在巨石阵之中礼拜死者。他和他的团队发现的证据以多种角度证实了这种解读。

新石器时代的不列颠岛的谜团之一是缺少房屋，尤其在不列颠岛南部更是如此，相较之下欧洲大陆存在房屋结构的证据却很明显。我们推测，这是因为当时不列颠岛上的人过的是不定居的生活，他们不断更换栖身之处，没有留下多少考古学痕迹。正因如此，在巨木阵内部发掘出土了一座巨大的村庄，便很令人惊讶了。这座村庄可能约有1000座房屋，它们大部分被通道划分成四部分，共同围绕一块中心空地聚集；更大的房屋呈弧形向西排布，它们的中心则是一座大型房屋，它有独立的围墙，同时还有一对木质三叠塔（trilithons，这种结构由两块直立的巨木上叠加一块横过来的木头组成），它们模仿了巨石阵中心成对的大石头。较小的房屋占地为 5 米 ×5 米，中有灶台，还有木家具的结构曾经存在的证据。其中一座屋子的灶台旁有两道压痕，可能是有人跪在灶台旁时膝盖留下的。人们很可能并未在杜灵顿定居，而是来到此处举行仪式（有证据显示可能主要是在冬至和夏至前后），同时也兴建这些建筑，其中包括巨石阵。如今已识别出大量更大型的所谓 D 形房屋，它们可能并非用于居住，而是用于仪式期间的聚会。与房屋一样，此处也有大量宴飨的证据，此外，尽管发现了约 8 万根动物骨头，人类遗骨却只有 300 根。

这一点与巨石阵的情况截然相反，在巨石阵，没有发现活物的迹象，它一开始可能被用作火葬的墓地——历年来的各种发掘共计找到了 63 次火葬的痕迹，时间横跨整个公元前 3 千纪——这里最初由一些斜坡和一条壕沟包围，在最里侧的斜坡内摆放了一圈蓝砂岩，或是木质的杆子。在公元前 2500 年前后，巨石阵的整体构造出现剧烈变化，中心巨石也首次被放入阵中。成对的三叠石结构呈马蹄状竖立在中央，取自最早期建筑的蓝砂岩则环绕在它们周围。在蓝砂岩圈外，呈同心圆状放置的是砂岩巨石，上有横放的过梁。正如很多人已注意到的那样，这些砂岩巨石的连接方式反映出的是木结构建筑的建造技术，有可能它们就是杜灵顿垣墙内所谓南阵（South Circle）的木结构遗迹的石砌版，二者的尺寸相同，总体排布方式也一样。同样在公元前 2500 年前后，人们开始从东北方建造大道。随后中心巨石排布的细节略有修改，在这个遗迹最终于公元前 1500 年前后被废弃之前，它的外围又添加了两圈凹洞，当时正是重大变革的时代，我们将会在下文中详细叙述。

所有这些主要的遗迹——杜灵顿垣墙、巨木阵和巨石阵——都与太阳的运动轨迹有关，与冬至和夏至的清晨和黄昏的关系尤其紧密。如人们已注意到的那样，这很可能不只是抽象的历法，更是人类聚集起来举行宴会和仪式的时间点。人类的年份由仪式构成，就像他们按照能获取的食物和活动来划分出季节一样，人类在仪式生活中花费了大量精力，而仪式生活也必然成为保证福祉的手段：植物乃至鸟兽的生长周期都遵循太阳年。近年来的研究显示，杜灵顿垣墙和巨石阵都坐落在自然形成的山脊末端，在地质作用下，山脊与冬/夏至日的方向是对齐的。由此便产生了固定的形式：在巨石阵，人们在建造斜坡和沟渠时又建了平行的大道；在杜灵顿垣墙，则以碎石铺设小径来辅助行走和列队前进。地面上的运动跟随着太阳的轨迹。

所谓的蓝砂岩对巨石阵而言十分重要，长久以来，人们对它们的来源争论不休，而现在，这个问题似乎已经解决了。蓝砂岩事实上是由一系列火成岩组成的，其中最重要的是一种中等粒度的硬质岩石，它被称为辉绿岩。对巨石阵中蓝砂岩的化学分析显示，虽然看起来各有不同，但它们可能都来自南威尔士普雷塞利丘陵的一系列露出地面的岩层，该处距索尔兹伯里平原直线距离约250千米。更惊人的是，在普雷塞利丘陵一些露出的岩层中发掘出了证据，显示此处曾开采过与巨石阵中的蓝砂岩的尺寸和形状类似的石材；各类石头在巨石阵中的排布方式，反映的可能正是它们从普雷塞利丘陵的岩层中取出时的排列方式。找到这些石头的来源解决了它们出处的实际问题，但又带来了新的疑问，那就是为什么要费上这么多的人工，将它们运输到这么远的地方。围绕着这些问题依然有着各种尚待验证的大胆推测，虽然我们已经知道，在运输方式的实际问题上，至关重要的应是河与海两方面的水路。蒂莫西·达维尔和杰弗里·温莱特在巨石阵和普雷塞利丘陵两处都进行了发掘，他们认为，蓝砂岩在史前曾被认为具有治疗的功能。他们表示，在巨石阵附近埋葬的死者，例如公元前约2400年下葬的著名的"埃姆斯伯里弓箭手"，身上表现出极不寻常的疾病和重伤。达维尔和温莱特同样认为，他们在普雷塞利丘陵找到了祈福和治疗仪式的证据，形式则是泉水。有不少泉水经过改造，其中不少附近有石刻艺术。对史前时代的人来说，巨石阵就像是法国的卢尔德圣地，寄托着人们疗养治愈的希望。

巨石阵和其他遗迹是巨大的仪式舞台，随着时间流逝，它们的设置也发生了转变，石与木移动了，新的尸体得到了焚烧和埋葬，挖了新坑。人们走上这样的社会舞台，有时列队，有时独自一人，在这一切发生时，预期也融入了行动之中。在这些戏剧里，演员并不只有人类。大量动物被用作祭品，或是消耗在宴会上——如今我们依然能想象出把这些动物赶到一起并杀死时的气味、声音、能量及因此而造成的骚乱场面。我们最难把握的，当数石与木在这其中扮演的角色，尽管我们已经知道，要是没有了它们，这些遗迹将会失去很多力量。很有可能，对新石器时代和青铜时代早期的建造者和参与者来说，石与木都是活的存在，能够行动并给人类带来或好或坏的影响。当人们从普雷塞利丘陵将有时重达数吨的巨石运出来，需要花费的力气显然是惊人的。这些石头具有其他更便利的巨石不具备的力量，这种力量的部分来源便是石头具备的治愈特性。

没有哪一个解释能完全概括这样的纪念建筑建造、重建和使用的理由。就巨石阵而产生的解释常常针锋相对，并因此在学界形成热潮，它们十分有趣又富有创造性，但没有哪一个人的观点能称得上完全正确。这些遗迹都是复合的纪念建筑和土地景观，经历了人类的无数世代，因此当公元前1500年前不久，人类最后一次改造它们时，显然早已遗忘了它们最早的建造者及其目的。就像今日一样，在当时，各种各样的人都会出于各种各样的目的和动机来到这些纪念建筑遗迹前。话虽这么说，但有一些事还是可以确定的。巨石阵的景观是不列颠岛和爱尔兰岛全境内极少数能将周围大片区域的人类吸引过来，让他们进行庆祝、举行宴会并埋葬死者的地方，像这样的地点还包括了奥克尼群岛上的各类纪念建筑遗迹群，以及我们在上文中已提及的爱尔兰岛博因谷的那些遗迹。人们为这些土地景观付出了大量的精力和技能，这其中包括理解太阳等各类天体运动轨迹的知识，各种建筑学的技能技巧，以及通过宇宙论的形式探讨生与死的重大问题的方法。"朝圣之旅"这个词用在这里显然是时代错误，但这些遗迹确实以它们的方式如中世纪欧洲的大教堂一般让人印象深刻，而且至少同样长寿。这里展现出了人类最重大的关系，不只是与其他人的关系，更是与宇宙、植物、动物、木与石的力量之间的关系。这里是令人着魔或使人畏惧的地方，它们处理的是与天体之间的超越关系，而天体，则能从极为遥远之处将力量施加在人类身上。

考虑到巨石阵对专业的考古学家及一般大众的重要性，而理解与欣赏这一历史遗迹的方式存在对立，多年来巨石阵已成为冲突的根源也就不足为奇了。大体上，对立的核心是，一边是学术化的、疏远的理解，另一边则是想要彻底体验这些石头及其周边景观的渴望，后者又混合了情感和更偏向于智识的因素。尤其是在一年一度的夏至庆祝之时，紧张气氛便会涌现，原本公众是被允许进入石圈内的，但在 1984—2000 年之间，"对开放准入进行管理"后，这一许可被撤销了。这导致 1985 年发生了所谓的"豆田之战"（Battle of Beanfield），当时警方以暴力手段将几百个主持仪式的人驱赶出了石圈。同时也涌现出了许多新的参与形式，其中最有创意的当数名为《亵渎》的充气城堡版巨石阵雕塑作品，它的创作者是英国艺术家杰里米·戴勒，此人还制作了一件 T 恤，上面画了一张嘴，里面是歪歪扭扭的灰色巨石，说明文字为"巨石阵，英国之牙"。本书写就之时，英格兰遗产委员会创建了一个网站，在其中可以追踪一年间太阳、月亮和某些行星在巨石阵附近天空中的运行轨迹[12]，这样无论你身处何地，都能探索天文学／占星学的联系和对应方式。如今的考古学家已不太愿意表示他们是唯一一群能够理解并解读新石器时代及其他历史古迹的人了，这一点倒是好事。

献祭的景观

让我们再一次以想象重构历史。现在我们正站在一片青铜时代晚期的土地上，就假设是公元前 1400 年前后吧，地点则是现今的比利时北部和荷兰南部的某处。环顾四周，你会看到秩序井然的地块上有着庄稼、树林、河流和酸沼，土地上散布着由长屋及其邻近墓地组成的小定居点。房屋周围有各种动物，也储存着食物、木材、稻草和一个兴旺的农耕经济用得着的各种物品。你可以看到穿着得体的人在各处进行日常活动：他们的发型各有不同，身上穿着铜别针拼在一起的衣服，斧子、镰刀和其他工具被拿在手中，或是挂在腰带上。其中有些人可能有武器，例如剑或矛。如果你能在此处逗留得更久，甚至学会他们的语言（我们现在不知道他们用的是什么语言），那你会很清楚地知道，这是个有着一整套强大规则的社会。

你会观察到，当有人死去，他拥有的武器——主要是矛或剑——不会与他一同埋入墓中，而像镰刀或装饰品之类的个人物品，却有这样的可能。武器被小心地沉入水中，沉在河流、溪流或酸沼里。长期居住地的证据显示，每隔一两代，一个定居点里的人（或几个定居点的人聚集在一起）会拿出人们死后留存积攒下来的武器，将它们扔进水中，支流汇入河川的地方。我们可以假设，这类整个社群都参与的大型活动还会伴随着宴飨、歌曲和交谈，人们会谈到那些去世的人，如今这些人已成为祖先，或许还以某种方式与水及水赋予生命的特性联系在了一起。人们同样也可能会谈到那些武器，谈到它们参与过的战斗，谈起它们曾经辅佐过或背叛过它们的主人；或许有名字的武器并不止王者之剑，只是青铜时代物品的名字早已被我们遗忘。男人和女人的物品在土地上各有其应当归置之处，很有可能它们也各有一套相应的仪轨。构筑个体生命历程的不只是他们肉体上的需求，同时也是精神上的需求。

在欧洲西北部，青铜时代约为公元前 2000—前 800 年。在这漫长的岁月中，人类埋藏物品的行为出现了广泛的模式，这一点若干年前理查德·布拉德利便已指出[13]，在这种模式中，物品埋藏的各种方式，无论是放入水中、坟墓中或旱地的宝库里，彼此之间似乎都有联系。虽然行为的细节和方式依地点而各有不同，但在青铜时代，整个欧洲西北部的人都会将各种物品沉入河流、酸沼中，或是埋入干土地里。我们现在已经知道，供奉祭品的传统可以追溯到斯塔卡和中石器时代，非常古老，但同时它又能向晚近的后期延伸，直至中世纪世界的王者之剑。我们没法直接比较中世纪和它之前几千年的两个不同的世界，但中世纪的记录能帮助我们质疑那些我们认为理所当然的事，我们现在正在关注的青铜时代与铁器时代的事便属于这一类。笼统地说，当人们将更多的东西放进坟墓时，他们沉入水中和酸沼中的物品便会减少。这种模式的存在表明了人类对如何丢弃物品的主动选择和参与，不能认为这些物品是他们在无意中丢失的。

可以通过拉丁文的习语"吾既给出，汝应回赠"（Do ut des）来理解经由给出物品来与土地之灵交易的行为。假如人们能恰当地滋养或尊敬灵体、神明或力量，便可以期望后者做出回报，保持土地丰饶、人丁兴旺，或帮助保障一般的福祉。礼物交换的理论中涉及三重义务：给予的义务、接受的义务和回报的义务。假如不给予，便无法产生关系；拒绝接受礼物则等同于拒绝这样的关系，而一旦接受了礼物，从社交上来说便完全有必要做出回报。此外，献给强大力量的礼物必须是对赠予人而言极为重要的；琐碎的小物虽然也不能少，却终究不够。似乎有理由认为，总的来说，无论当时的人具体究竟如何构想，将金属制品之类的物品或人类尸体的一部分以正确的方式埋藏在合适的地点，都可视为献给这个世界的力量的赠礼。出现在尼德兰南部的所有青铜都是输入的，要么来源于中欧，要么来源于大西洋沿岸，早期是完成的青铜制品，后来则是输入青铜组件后在本地铸造而成（青铜是合金，主要的成分是铜，加上少量锡或铅——这些低地国家本身完全不出产这些金属中的任何一种）。青铜的外来属性让它成为重要赠礼，尤其是当它们被打造成本身也具有力量的物品时。

在荷兰南部，埋藏物品的方式有其体系，放在聚落和坟墓里的是镰刀和本地产的饰物；沉入溪流、沼泽和酸沼的是长矛矛头、斧和镰刀；沉入大河中的则是剑、镰刀、矛、斧和外地输入此处的个人饰品。人们选择在某些沼泽的一些特定地点反复献祭：人们记得该回到沼泽的哪一块地方去，该给予它什么——沼泽中棕色的水会立刻将扔进去的任何物品淹没，站在它边上将什么痕迹也看不到。我在此的重构基于戴维·丰泰因的研究[14]，他分析了比利时北部地区和荷兰南部地区（他将此地称为尼德兰南部）的青铜制品（包括镰刀、剑、斧、矛和饰品）。这片地区的南部边界是代默河，它向西流入斯海尔德河；东部和北部则是默兹河，它向北穿过这片区域，而后转向西，流入北海。尼德兰南部地区不仅有大量出土自酸沼、河流、坟墓和定居点的青铜物品，还大规模发掘过青铜时代的诸多遗址，提供了 4000—2500 年前人类生活的详尽细节。这些河流环绕的中心区域是一片沙地高原，但这片地区的主要特征还是河流、沼泽和酸沼，尤其是现代排水系统尚未出现时，这些特征更为明显。丰泰因的研究从制作出这片地区第一份详细的青铜器物目录及其出土地点开始。他从中辨识出相当重要的体系，指明了什么样的物品会被抛往何处。丰泰因估计，至少有五成青铜器物是人们故意弃置的，他几乎可以肯定，真实的比例还不止如此。

每个地区都有其各自埋藏物品的相应地形，这显示出了当地的文化范式，因此在铁器时代（公元前 800—约公元 43 年）的不列颠岛南部，剑总是会被沉入河流，但在英格兰北部和苏格兰，剑只出土于旱地上，主要是在坟墓中。在此发生作用的是不同的习俗，不列颠岛南部的习俗日后在王者之剑等中世纪神话中重现，我们也已看到了这一点。水超脱尘世的特性是很重要的，同样重要的事实还在于剑被起了名字，成为有灵性的一员及战场和暴力行为的积极参与者。

在荷兰南部，似乎有种禁忌，不能将武器放置在坟墓里，这样的事虽然也有发生，但数量非常稀少，这或许说明当时的人认为武器不是个人的所有物，而是代表群体持有的，因此应该由整个群体沉入河中。这一点在大约公元前 800 年的铁器时代早期发生了变化，此时的男性坟墓中出现武器的次数增多了，不过通常来说，这些墓中随葬的武器与在河流中出土的武器状态不同。坟墓中的剑常常已发生变形，例如重塑成圆形，或折成六角手风琴的形状，这种改变的副作用是它们无法再作为剑来使用；而以这样的方式将剑弯曲且不折断它们所需的技巧，至少与制造它们相当，可能整个社群里也只有少数几个人能做到这一点。沉入河中的剑却通常经过打磨，这让它们变得比刚造好时更为有用。在大约公元前 150 年的铁器时代后期，我们可以看到更进一步的变化。在青铜时代，人们总是将剑沿着河道分散抛入，只是在大大小小的河道汇聚处有所集中。而在铁器时代晚期，我们可以看到土地上首次出现圣地，人们将极大量的手工艺品放置在圣地内明确的建筑中，通常还会同时放入大量兽骨和一些人骨，前者很可能是宴飨后的剩余。这样的现象在法国北部很常见。这类圣地说明当时出现了比青铜时代或铁器时代早期更具结构性的魔法施行体系；它们可能与更明确的神明联系在一起，并转而受到罗马世界及诸神谱系的影响。

在铁器时代早期可以看到让这个时期因之命名的变化：铁器被引进了，青铜器逐渐衰退。然而，尽管在青铜时代末期，青铜的使用就已出现了衰退，但在欧洲西北部的不少地方，铁器却没有立刻变得常见。要等到约公元前400年之后，铁器的使用才真正地开始突飞猛进，而此时，青铜器物也再次变得常见，金与银制成的物品同样如此。铁器没有取代青铜器，只是改变了它在铁器时代人类能够获得的一系列材料中的定位。不仅金属的使用方式发生了变化，物品的风格也产生了戏剧性的改变：在公元前500年前后，物品上出现了全新的复杂风格，它常常被称为凯尔特艺术，从爱尔兰到俄罗斯西部均有发现，这一整套共同的艺术风格将整个欧洲连接在一起。就像在第五章中讨论的斯基泰艺术一样，凯尔特艺术也反映了人们以一种万物有灵论的方式，事实上也就是魔法的方式，对世界的参与，我将在下文中讨论这一点。

凯尔特艺术：模糊和转化的魔法

这是一个用来别住衣服的小小铜胸针，不到5厘米长，却给我们呈现了至少10张人和动物的脸。（见图6.12）从不同的角度看，出现的是完全不同的东西，而所有这一切都刻画得具有模糊性。从上往下看时，这个胸针的两端是夸张的人脸，有着鼓起的眼睛和鼻子；而如果从侧边观看，有着球状眼睛的便是其他生物的脸，但在这上面仍然有个凸起物，它可以被看成一段躯干，甚至能被视作一匹马的一条后腿，末端还有蹄子。侧面两端还有两张脸，它们具有一定的昆虫特征，至少在我看来如此；而当你从下往上看，它已遗失了别针的底部，出现的是类似鱼的身体。要对这个胸针表现出的形式进行完全正确的解读是不可能做到的。我们只能以我们现在的概念来理解类似的物品，没法知道在铁器时代之人的感官中，它又会变成什么样子。

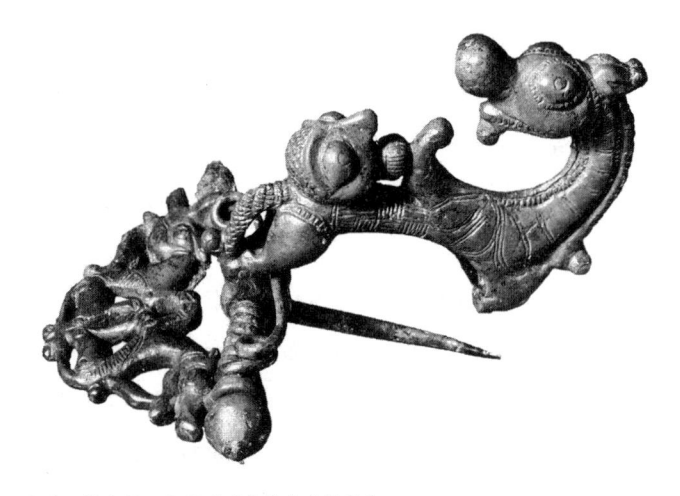

图6.12 格劳贝格胸针，它展现了各种生物的形象

或许我们对任何一个主题能问出来的最糟糕的问题，就是"这是什么？"。胸针呈现出的是一些复合的动物，它们的元素经过抽象提纯（尤其是人脸的部分），元素间彼此转化，因此直接定义并描述物种没有任何意义。这个胸针出土于德国黑森州的格劳贝格，制作时间约为公元前450年。[15] 在这个时间点上，整个中欧所有人都佩戴着类似的胸针，用它们别住斗篷或内里的服饰。青铜胸针常常会作为死者的随葬品埋入墓中，它们对形式和物种的探索或许也起到了保护或辟邪的作用，因为死者会在他们的新世界中遭遇各种生物。凯尔特艺术是个充满变化、模糊不明、变形、不确定而有着多重可能性的世界。这个世界的基本特征并不固定，不会遵从于客观的观念，而是受到观察者的主观影响，不断变动。

有一件出土于不列颠的相当后期的物品，名为艾尔斯福德桶，它由三条青铜带围绕木质主体组成（可能被用于盛放麦芽酒、蜂蜜酒或葡萄酒——这只桶从肯特郡艾尔斯福德的一座火葬墓中出土时，一同出土的还有一只进口的罗马平底锅和一个与饮酒有关的水壶）。（见图 6.13）这只桶有把手，一些配件将把手与桶的本体连接在一起，其形状是抽象化的人脸，仿佛戴着装饰性的头冠。三条青铜带中最上面的那一条装饰着抽象的螺纹，其中点缀着奇异的生物，它们的身体和腿像马，却有着人类的脚和喇叭状的大嘴。（见图6.13）我们完全无法确定它是人类装扮成马的模样,还是某种混杂了人类特征(及奇怪嘴巴)的马。艾尔斯福德桶的年代为公元前75—前25年,在这个时代,硬币在不列颠岛南部逐渐变得常见,它们常常会使用马的形象(基本上是从希腊硬币上借用的),有时也会雕刻出勉强可算作现实主义风格的马匹,但剩下的马则以各种形式发生变形。

再提一次,铁器时代的人想要的不是以林奈喜爱的方式来区分和定义不同的物种,而是探索它们彼此的联系、混合与模糊性。复合生物有可能拥有组成它们的各个存在的全部力量,让它们的能力超越其中任何一个物种的。科学的分类体系将事物分开,凯尔特等形式的艺术则将它们混合在一起。二者间没有好坏的区别,只是各自追求并发展的文化与智识上的兴趣有分歧罢了。值得注意的是,公元前最后一个世纪,罗马帝国向北进入高卢,帝国国境之外的人民将当地的铁器时代的做法与罗马输入的做法混合在一起,创造出了一种新的混合文化。甚至在罗马于公元43年正式入侵不列颠岛之后,这种文化还继续存在。

图6.13 艾尔斯福德桶的细节,展现了一些半人半马的生物的形象

我们也发现了人类探索边界的其他形式。从苏格兰的托尔斯出土的所谓矮种马头盔，是带有冲压花纹（指从物体背面压入，从而让它在正面产生凸纹的装饰）的弯曲青铜片，上有弧形的抽象花纹，其中有些可能类似鸟头，头盔上另有圆孔，好让矮种马的耳朵露出来。（见图6.14）更惊人的是这个头盔正面的两只角。这两只角很可能原本是为其他东西而做的，最有可能的是战车上的轭，它们的雕刻纹饰与面具本体的冲压花纹形成了对比。角上的雕刻纹饰十分类似当时（公元前300—前200年前后）剑鞘上的纹饰，其中或许也刻画了人脸。保存完整的一只角末端是一只鸟的头。托尔斯矮种马头盔是个复杂的物件，由大量其他物体拼凑而成，还经过了修补。加上这对角的整体效果或许是为创造出一只能反映鹿形的矮种马。我们已在第五章西伯利亚人的例子里见到过这样的马-鹿复合体。

图6.14 苏格兰邓弗里斯-加洛韦的托尔斯出土的托尔斯矮种马头盔。不仅它的双角可能原本用于战车，青铜片上也可能有被修补过的痕迹。托尔斯矮种马头盔混合了各种装饰风格，给人以抽象且更具象征意义的印象。它的总体作用可能是将矮种马变形为鹿（或某种其他生物，诸如龙等）

最后一个模糊性的例子一定能代表很多同类物品。巴特西盾于1857年在泰晤士河南岸发现，它是被人沉入河中的，年代则可能为铁器时代晚期。巴特西盾是欧洲西北部从青铜时代便已开始埋藏金属制品的壮观例证，在当时一定也是一件意义重大的祭品。图6.15展现了这面盾牌的完整正面，以及它最底下那个圆片上半部分的细节，这个形象可能是一张人脸，有一个鼻子将双眼分开，鼻子下方则或许是一把大胡子。按照这个思路，此人应当是戴了一顶精美的头盔或其他头饰。或者，这个图形描绘的也可能是某种长角的生物，或许是一只艺术化的鹿。同样有可能的是，这些冲压花纹和珐琅彩就是故意用来塑造出具有模糊性的形象

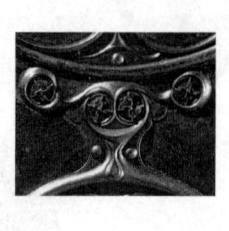

图6.15 巴特西盾，最为著名的不列颠岛凯尔特艺术作品之一。它的年代尚有争议，从公元前350—前50年不等。图片展示了整个盾牌（77厘米长，34厘米宽），它由一片片青铜板叠加拼成，上面镶嵌着三块圆片，分别有冲压花纹和红色的珐琅彩。细节图为最下方圆片的上半部分，显示出一个具有模糊性的形象，它可能是人，也可能是有角的动物（或二者的某种混合体）

的。这到底是一个人，一只鹿，还是说二者皆是？盾牌本身太小、太薄，用来防御并不怎么能派上用场，盾牌上也没有在战斗中受损的迹象。或许它的防御作用除了体现在物理的层面上，也体现在宇宙观的层面上，能帮助人类避开无形但确实存在的危险。装饰精美的物品总能引发故事、歌曲和表演，我们可以推测，语言上的双关语或诗歌可能会拿盾牌装饰中视觉上的模糊性做文章，在这样的情况下，装饰形式越是能唤起情感就越好。所有可能存在过的丰富的史前口头文化，如今都已失传，我们只能努力想象这样的物品是如何作为多重维度、多种含义的聚焦点，如何召唤人们去行动的。不过，我们能确定的是，人们混入这个世界的方式对他们自己而言也很复杂且令人困惑，由此引发的对存在的迷惑，与它解决的一样多。

凯尔特艺术不仅模糊了物种间的界限，更混杂了时间与空间。在欧亚大陆有一种历史悠久的传统，它最常见于岩画艺术，会在同一个画面上展现出一个物品的各种视角，或同时将各种物品组合在一起。在欧亚大陆的两端，我们都能见到描绘战车和马车的画面，先是在蒙古国达尔维县的一块鹿石上（相关讨论见第五章），而后则是在德国斯图加特附近霍赫多夫的铁器时代早期的墓葬中。（见图6.16）

利用了空间元素的复合画作给我们展现的是从不同角度看到的画面。从某种程度上，它们也利用了时间的元素：人不可能在同一时间一次性地看到所有这些视角，因此将知觉的若干连续时刻复合在一起的画面，便成了复合画面或所谓的元知觉（meta-perception）。（若说当代艺术中有任何可等同于此类艺术的，当为立体主义，它的着眼点在于知觉基于时

第六章 史前欧洲的魔法传统 217

图6.16 蒙古国科布多省达尔维县的青铜时代晚期或铁器时代早期的鹿石，图上展现的是同一块鹿石的四个面，其中之一描绘了一辆战车，既是平面图，又像是俯视图（上）；德国霍赫多夫墓葬中出土的一张长椅，椅背的诸多图画中有一辆战车，部分是侧面图，部分是俯视图（中）；战车细节（下）

间的本质。) 这两个例子早于凯尔特艺术，但都是凯尔特艺术中常见的拿维度做文章的清晰例证。

举例来说，在法国屈佩尔利出土过一块有装饰的青铜盘，它可能曾经安装在战车的车板上，盘上展现的可能是一个双头的生物（可能是龙？)，也可能是只有一个头的龙，画面同时展现了它从左边和从右边看的视角。我们可能会质疑龙这种生物是否真的能看得到，但就算我们真的在看着龙，也不可能同时看到它的左侧和右侧，即使我们遇到这种生物的时候什么事都有可能会发生。屈佩尔利青铜盘包含了双重的呈现方式，首先它描绘的是一个我们不确定是否存在的生物；其次它提供了双重视角，拓展了我们通常的感知边界。在这里，我们身处的世界超越了日常的感觉和感知，人类以魔法的方式延伸并挑战了对这个世界的理解。

从大约公元前 500 年开始，所谓的凯尔特艺术便出现在从爱尔兰到俄罗斯西部的欧洲大地上。不是所有地方都能找到有丰富装饰的青铜和金银器，一些地区的出土文物较丰富，另一些地方则少些。这种艺术也并非在所有地方都一样——它有几种明显的区域性变体。但各处都贯彻着某种相似的感觉，另外，它们很有可能都源于更早的青铜时代的样式，例如岩画艺术上的那些。像这样的描画模式，尝试的不是表达出我们日常生活中感知的世界，在这一点上，凯尔特艺术与大约公元前 500 年始于古希腊的古典艺术截然相反。希腊艺术在人类与他们的世界之间规定了严格的界限，凯尔特艺术展现的则是人类沉浸在复杂现实里的感受，在这种现实中，人类和马并不总是界限分明，马与鹿也会混合并融合在一起。许多作品不会只描画单一的事物，因此青铜时代早期的胸针上常常会将各种各样的生物交融在一起，这些生物的个体都很模糊，而且经常会处于从一种生物向另一种生物转化的过程中。凯尔特艺术并不组合人类、植物和动物，因为它们首先就绝不是分离的。更确切地说，它从事物的中间开始，从这个世界的生产力的内部开始，让不少复合生物共享特性和力量。自林奈之后，区别物种的标准成了两个物种之间无法混种杂交并产下有生育能力的后代。生殖隔离让物种之间产生区别。但在史前晚期，人们不会去寻找或看到这样的区别，因此也就很难想象当时会有林奈这样的人存在。像这样将诸多事物混合在一起的思维方式，与后来有固定的分类学和类型学的科学思维模式正好相反。魔法的混合探索了世界的生殖力及人们与它们相连的方式。

此外，那种认为事物可以也应该从某个视角被观察的观点，是在文艺复兴之后才在西方艺术中兴起的，它对青铜时代和铁器时代的人类而言没有什么吸引力。知觉涉及的是视角的转变，或是多重视角的可能性，它并不只存在于对推车和战车的描画中，更有许多其他事物，例如对动物和人类的看法。凯尔特艺术与我们如今看待世界运行的观念形成了对比；它没有将这些观念确定下来。对所谓的斯基泰艺术和凯尔特艺术进行的对比并不能揭示出什么相同水平的技术和主题，但在对变形和模糊性的兴趣，以及对维度、时间和空间的利用上，二者确实表现出了共通的风格。

所谓的凯尔特艺术是在从西伯利亚到大西洋沿岸均有发现的一系列相关艺术形式的最西端例子。这是一个横跨整片大陆的魔法世界，可以与地中海地区缓慢浮现的理性的存在模式形成对比和反差。理性与魔法一起构成了欧亚文化的两种传统，它们在几千年间共存，同时制造出富于创造性的张力。晚期史前世界的艺术风格并未随着西方罗马人的到来，或东方波斯人及希腊人的入侵而消亡。各种传统融合、重现并被重构。举例来说，凯尔特的艺术风格没有在罗马时期的不列颠（公元43—410年）消亡，而是通过罗马的地方性文化得到了重新加工，给中世纪早期的艺术形式提供灵感（见图6.17），最终通过文身和绳结状的装饰艺术进入我们如今的世界。

图6.17 德斯伯勒铜镜，出自铁器时代晚期，上有雕刻装饰，这种装饰类型后来也出现在中世纪的插图手稿中

罗马北方诸行省的混合文化

在欧洲西北部，正式的宗教和像神庙和神祠这类宗教建筑，是在罗马时期首次出现的（有些地区是在铁器时代即将结束之时，或许是受到罗马世界带来的刺激）。新的神庙和神祠需要祭司来领导人们采取更正式的崇拜方式。不过，在神庙中也会定期出现精心并刻意地埋藏硬币或其他形式金属制品的现象，人们可能还会埋藏有机物质。[16] 当时的人依然会依照铁器时代及更早以前设立的照料土地和水域的规则，将具有力量的物品扔进河流、酸沼，或埋藏在定居点内。在罗马的影响下，许多事都发生了变化：人口增长了；金属的使用程度爆炸式地增加了（可能要到都铎时期，人口和金属物品使用的水平才能恢复到罗马时期的水平）；城镇形成了；军营和堡垒也建造起来了，由新造的道路相连；人们还兴建了大型别墅。人们生活的基础构造中有不少产生了改变。帝国全境内的人都得在新的罗马方式前做出选择，是通过保持旧有的生活方式来抵抗它们，还是尝试着将过去的生活方式与输入的文化结合在一起，从而形成一种相当新颖的生活方式；而让人吃惊的是，人们生活的元素中也有不少还保留原样。渐渐地，在像罗马人统治下的不列颠这样的地方，出现了一种混合文化，它有罗马的元素，比如说，笔直的大道，由税赋激发的更理性的计算能力，还有罗马强加的官僚体系。但古老的不列颠生活方式还健在，它不只在于与土地和埋藏物之间的有来有往的关系，或是铁器时代的艺术风格延续到罗马时期乃至更后来的时代；更在于人们拒绝接受新式的矩形房屋建筑结构，而继续坚持他们圆形房屋的传统。

在更基础的层面上，罗马的景观中有相当多的元素仍遵循着铁器时代的排布方式。我们看到巨石阵景观和更早期的新石器时代历史遗迹的重要元素对准了冬至日和夏至日的太阳方位。而在公元前1500年左右巨石阵被废弃之时，正是田地系统首次出现的时代，这些田地的中轴常常会与冬/夏至日的太阳方位对应。在像不列颠岛这样的地方，田地反复开垦的过程一直持续到罗马时期结束。尽管田地的结构细节有所变化，但它整体的排布方式没变。农业景观是空间上的排布，而这其中也编入了时间的元素，可能就是在冬至和夏至举行的重要仪式。田地不仅具有实用性，也有宇宙观上的意义，这种宇宙观的力量极为强大，让它持续了近2000年，直到英国人皈依基督教。不仅埋藏在土地中的物品代表着魔法，景观本身的排布方式亦是如此。

欧洲的异教过去

当人们书写欧洲前基督教时期的历史时，一般会遵循两条路径。其一或许是当前最流行的，即强调罗马的到来，以及后来罗马帝国衰落后彻底浮现的基督教世界带来的剧变。其二则选取了截然相反的方向，强调的是所谓的异教欧洲与如今的欧洲之间隐秘而深层的延续性。这两种选择都涉及政治，同时二者也都以魔法为中心，只是方式截然相反。在前者的叙述中，魔法在千年之间渐渐被人类从这个世界中清除了出去；而在后者中，魔法是一条中心线索，它维系了本土的信仰，抵御了现代性带来的各种攻击。现代的异教主义和古代的魔法帮助彼此进一步地明确自身，证据就是如今的冬/夏至日时分会有数千人聚集在像巨石阵这样的遗迹上，这些人中还有一小部分认为遗址属于他们，因为他们自称是不列颠岛原住民的子孙（与异教主义相关的更多讨论见第十章）。

魔法在欧洲的过去和现在都是一个不变的要素。然而，古代的智慧并不是通过选定的一些原住民在几千年间流传下来的。魔法被反复重新发明，正如欧洲的居住者的血统不断混合。当欧洲的人类想要处理诸如世界如何运作这样的哲学难题时，他们利用的是一系列持久的主题：天空中他们无法触及的力量；他们与生殖力之间礼尚往来的互惠作用；转化和模糊性的问题。每一个时期的人类都以各自的方式来处理这些难题。在中石器时代人口稀疏的世界里，人类的小群体面对的是新近才变得温暖而富饶的环境，他们与铁器时代后期稠密的社群不仅在时间上，而且在人类生存的体验上，都相去甚远。但这两种情况下的人们都会将重要的手工艺品抛入水中，会给人或马匹戴上鹿角，从而混淆并混合不同物种的力量,并在制造木、石和金属制品的过程中提升人类的技能,而它们又反哺给了这些人类周遭的世界。

  罗马入侵或中世纪世界崛起之后,像这样就各种关系而进行的探索并未停止。我们将会在第九章中看到,基督教的教会并未制止这些行为,反而给它们提供了新的埋藏地点。长期以来人类对转化的尝试最终哺育了科学,首先是炼金术,而后又变为更客观的形式,亦即化学。人类在这个世界中的参与,以及这个世界在我们之间的参与,共同形成了人类长期的关注焦点,这是一系列没有最终答案的问题,如今的我们也依然在全力应对它们。

  湖中仙女从湖中抽出王者之剑,将它交到亚瑟的手中。过去的历史于我们而言就像是一处湖泊,它能让我们从中获得资源,它的存在又成为如今我们的一部分。但事物具备力量并不只是因为它们源于过去,更是因为它们能帮助我们解决当代的问题,无论这些问题是关于身份认同,是关于我们与宇宙之间的联系,还是更日常更实际的议题。来自过去的魔法在每一个时代都会被改写,只有当它们不再具备现实的作用时才会消亡。

第七章

犹太、希腊和罗马魔法

约公元前 1000—公元 1000 年

在至少3000年间，神迹的概念让魔法与宗教之间的关系变得更为复杂。在犹太和阿拉伯的传统中，从摩西到耶稣和穆罕默德等宗教人物都能行神迹，神迹成了他们力量的基础，并由此输入基督教和伊斯兰教的精神中。"神迹"这个词具有令人惊奇和难以置信这两重含义，按照它包含的概念，神迹总是超越了世界通常的运行方式，源于某种神圣或魔法力量的影响。摩西，先知以利亚和以利沙，还有耶稣和穆罕默德，都以类似的方式行神迹：他们驱除恶魔、治愈病人、让死者复活，以各种方式挫败仇敌，在物理世界中制造剧烈的变化，例如分开大海或在海上行走，让污浊的水重新能够饮用。行神迹的人的事例有着漫长的文化历史，可上溯至中东的美索不达米亚古文明，甚至更早以前；但如今神迹有了新的用途，那就是在唯一神这个全新的文化中创造出信仰。

或许旧信仰体系中的某些元素依然附着在神迹的施行之中，让它们在这个新世界中获得了古老的力量。很久之后，当新教与天主教对峙时，新教对天主教这个更古老的教会的主要批评就在于后者使用魔法（我们将在第九章中更详细地看到这一点）。人们认为，相信物质能被转化，或物质能被赋予某种保护人类的力量，这些想法都是违背教义的，因为与之产生联系的力量可能属于上帝，但也可能属于恶魔。近代早期对魔法和神迹的负面评价，让人们很难在书写更早期历史的时候展现魔法的积极特质，也很难展现它在犹太、希腊和罗马生活中持续而显然的存在。

我们上一次接触中东和地中海东部的世界是在第三章。在公元前4—前2千纪之间，我们在美索不达米亚和埃及发现了一个由宫殿和神庙、国王、法老和祭司组成的青铜时代世界，在那个世界里，魔法和宗教同样重要，它们交织在一起，形成复杂的双重螺旋。而现在，我们返回公元前 1 千纪的铁器时代世界，并发现许多事都发生了改变：魔法依然重要，但是出现了新的宗教感受（有时涉及唯一神），一些小族群在庞大的帝国之间发展壮大，机械论宇宙观开始在希腊缓慢产生，更正式的科学加入了魔法和宗教的行列，形成了三重螺旋。

社会的各个阶层都接受魔法，无一例外，但施展魔法需要相当多的专业知识；门外汉草率地对待这样的力量，一般来说只会造成灾难。在这些时代的官方说辞里，魔法强大却模糊不明，施展魔法的人有时是专家或魅力超凡的个人，有时是掌握了宗教知识的祭司和拉比。在希腊和罗马，魔法与宗教紧密地绑在一起；但对犹太人而言，魔法距离宗教更远些。人们重视它、争论它、驳斥它，将它视作危险之物；它复杂多变，却处于社会和文化诸力量的中心，同时又很好地诊断了文化与社会。魔法对如今的历史学家和数千年前的人们来说同样重要，为了理解它，我们首先得简单地勾勒出更广泛的文化传统和历史，它们中有不少也为我们如今生活的世界奠定了基础。

几股大型势力统治着青铜时代后期的世界，埃及取得了黎凡特的部分地区，并在此过程中与安纳托利亚的赫梯发生冲突，此外还有第三方势力，即东边巴比伦的加喜特王朝；另外，中东也与希腊的迈锡尼宫廷有联系，下文将详细叙述。（下文中提及的主要位置见图 7.1）

在这些强大势力的冲突背后，是一套共享的、互通的物资贸易。在公元前 14 世纪末，一艘船在土耳其南岸的乌鲁布伦沉没，就此搁浅在海床上，满船货物完好无损。它在 20 世纪 80 年代被考古学家发现，让人们得以一瞥这个彼此联结的青铜时代世界，而这个世界在这艘船沉没后约一个世纪内就会消逝。产地与形状各不相同的 10 吨铜锭堆叠在一起，另有 1 吨锡（二者熔铸在一起时足以制成 11 吨青铜）。可能原产于如今以色列北部某处的 149 个迦南陶罐（这种类型的器物在希腊、塞浦路斯、黎凡特和埃及都有出现），内中装有洋乳香树脂（古代版的松节油）。另外还发现了 175 个钴蓝色、绿松石色和淡紫色的玻璃块。出土的异国珍品数量丰富，其中包括北方波罗的海的琥珀和南方非洲的乌木原木。也有起源于非洲的

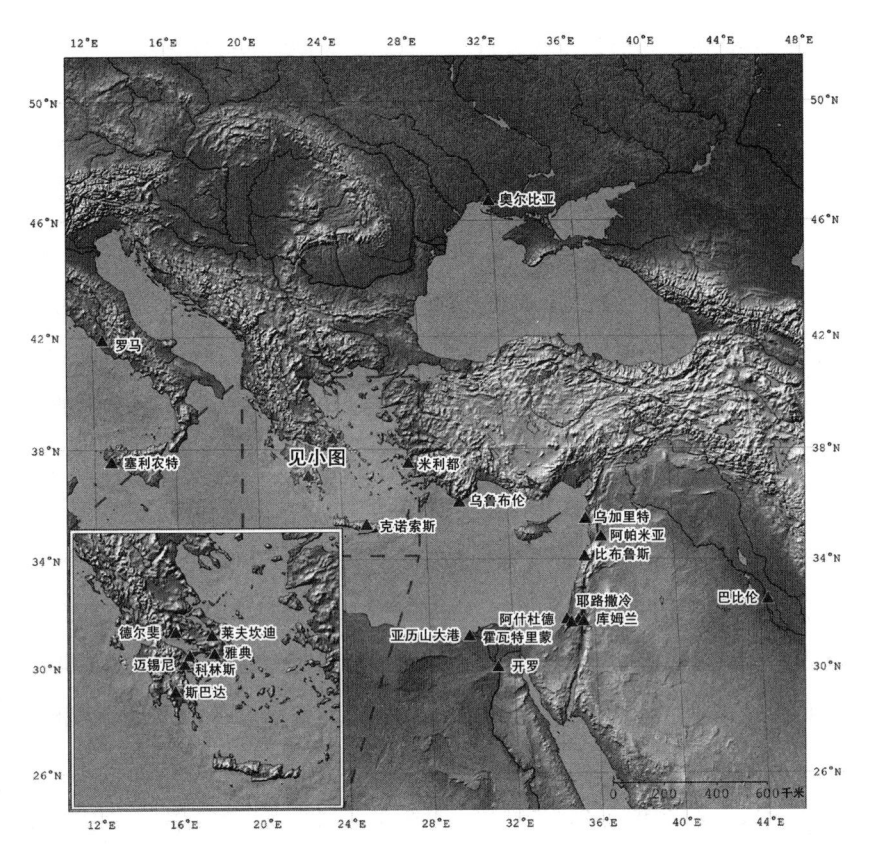

图7.1 文中提及的地区和遗址

大象和河马的牙、雕成鸭子形的象牙化妆箱、化妆用的象牙勺、埃及珠宝、塞浦路斯的油灯、一只大金酒杯、有娜芙蒂蒂铭文的黄金圣甲虫、玛瑙、红玉髓、黄金、精致的彩陶器等。这艘船本身则是用黎巴嫩的雪松木制成的。在埃及阿玛纳发现的所谓"阿玛纳文书"记录了地中海东部所有主要势力之间的皇室礼物交换，信件中提及的礼物与乌鲁布伦沉船上发现的遗物极为相近。这艘船似乎本来是向西行驶的，可能打算去类似罗得岛这样的知名贸易中心，而它的货物最终可能会运往希腊的迈锡尼宫廷。

基于某种至今依然有争议且与我们的叙述不太相关的原因，这个青铜时代晚期的世界在大约公元前1200年遭遇了突如其来而且充满暴力的终结；包括阿什杜德、比布鲁斯和乌加里特在内的主要城市都毁于一旦，权力结构也发生了大规模重组。[1] 正如大灾难之后总会发生的那样，一个与之前完全不同的全新的世界形成了。大约公元前800年，民族身份产生了改变，也因此，在黎凡特和希腊两处，大量的交互作用中诞生了新的民族国家或城邦。以色列的人民和国家开始将自身与周围邻国区别开来，其手段包括：一是通过信奉他们所独有的唯一神；二是通过希伯来语，一开始他们讲述宗教观念的方式是口口相传，后来改为以书面形式流传；三是通过建立圣殿和一整套仪轨。几乎就在同一时间段，以不少城邦为媒介，希腊的民族身份观念也开始形成；希腊人保留了古老的众神，但使用语言、艺术和一整套政治手段，将自身与希腊本土以外或爱琴海以外的群体区别开来，尽管在希腊世界内部也始终存在着相当大的多样性。

关于希腊的故事被讲述得简单而有力。古希腊的城邦鼓励人们辩论、质疑，这从最一开始就是他们民主进程的一部分。我们从前听到的版本是，在公元前5—前4世纪的复兴时期，像苏格拉底、柏拉图和亚里士多德这样的人物都是理性主义者，他们从清晰阐明的前提中发展出逻辑论证的基本原理，让所有信仰都暴露在怀疑论的细细审视之下。这种净化式怀疑论的首批受害者中就有魔法，之后魔法信仰就只在文化水平较低、传统的农夫和奴隶的文化中幸存。希腊思想从神话转向逻辑，或者，用更希腊式的词汇来说，是从神话（mythos）转向逻各斯（logos）。这个故事听来十分有力，但可惜不是事实。与所有人类的思想一样，古希腊的精神世界也复杂多样，里边充满了神与灵，也包括更抽象的力量。古希腊的宇宙富有生气，具有感觉，因而在与其各种力量进行斡旋时魔法就必不可少，它与向理性主义的迈进是并存的。罗马的魔法则是希腊魔法的回响，它强调诅咒和爱情的魔法，但帝国的扩张也让地中海魔法与东方和欧洲大陆的魔法结合到了一起。

复杂多样的不只是希腊、罗马和犹太的思想，还有这些思想的来源，它们源于公元前2—前1千纪之间的地中海东部和中东地区多文化复合的世界，这个世界中有各种语言、文化形式和习俗，它们彼此之间有时差异极大，有时则映射着更大的帝国。在公元前1千纪间的犹大王国和以色列王国这两个小国就是例证，它们与埃及、阿拉姆、巴比伦、亚述和希腊等世界联系在一起，成了所有这些及其他影响力的载体，但又从这股洪流中提纯出某种特别有犹太人特色的东西，它从此之后便对这个世界造成了重要的影响。我们倾向于从亚伯拉罕诸教——犹太教、基督教和伊斯兰教——的角度来考虑这一区域的世界历史影响，但如果不关注它们与魔法的联系，便无法理解这其中的任何一种宗教。

在审视公元前1千纪的地中海东部地区时，我们面对的是一些至今仍然不断回响的文化发展进程。因此，如今我们很难仅仅停留于这一时期本身，不如说，我们更关注的是通往犹太教、基督教、伊斯兰教、文艺复兴和启蒙运动的某些发展阶段。中世纪和现代世界中有如此多的方面被看作源于犹太、希腊和罗马文化，我们也对这些起源与传播的故事极为熟悉。我们对过去的任何一个历史时期的看法都不是中立的，而当涉及犹太、希腊和罗马文化时，我们尤其需要小心警惕。我们将首先来了解犹太人的魔法及其历史，而后再来考察希腊的魔法形式及它们在罗马的直系后裔。

犹太人的历史

现在，让我们把注意力集中在青铜时代晚期（约公元前1200年）以后的黎凡特南部的世界。（见表7.1）正如我们已见到的，若干个新的民族出现在了更大的权力集团的夹缝中，后者包括从过去一直延续下来的埃及，以及数个世纪后才新形成的亚述帝国和阿契美尼德帝国。犹太民族便是这些新民族之一，他们建立了他们的国家，犹大王国和以色列王国。不了解犹太民族如何形成，便无法讲述犹太魔法的故事。

我们的两个主要信息来源为《希伯来圣经》和考古学证据，它们有时给我们以启示，有时令我们困惑，却始终充满争议。在青铜时代晚期的世界覆灭之际，希伯来语从其他闪米特语言中分离出来，与它关系最近的是阿拉姆语（耶稣使用的语言）和腓尼基语。此处有一点极为重要，腓尼基人发明了世界上最早的用来表音的字母文字，因此能听到的东西也变得能看到了，这与楔形文字和埃及文字这些象形文字极为不同。字母文字在地中海东部世界发展出了各种变体，这一部分是因为很早便采用了字母文字的阿拉姆语分布甚广，另一部分则是因为腓尼基人本身四处进行贸易活动。包括书面希伯来语在内的这些新文字的出现，导致楔形文字和阿卡德语逐渐式微。我们也将看到，希伯来语的发音和书写方式，对符咒和咒语的性质至关重要。

时间	重要事件
公元前1200年之前	广义的迦南文化环境存在
约公元前1200年	埃及撤出黎凡特。希伯来语出现的最初证据
约公元前1000年	以色列联合王国建立。耶路撒冷成为带有圣殿的高地小村庄
约公元前930年	王国分裂为南边的犹大王国和北边的以色列王国
公元前721年	亚述入侵以色列——以色列人被俘虏
公元前587年	巴比伦入侵犹大王国——第一圣殿被毁，人民被俘虏
公元前539年	以色列人从巴比伦归来，第二圣殿建成
公元前2世纪	哈斯蒙尼王朝
公元前63年	被罗马征服
公元70年	犹太人反叛罗马后，耶路撒冷被攻陷，第二圣殿被毁。犹太会堂和拉比成了更中心的角色
公元136年	巴尔·科赫巴的反叛终结，犹太地的犹太人被流放。受到额外助推的犹太人离散，犹太教的中心转移到巴比伦和开罗
公元390—634年	拜占庭时期
公元634—1099年	阿拉伯早期阶段——犹太人群体穿过北非、进入伊比利亚半岛的事变得更为常见
中世纪时期	犹太人的三个中心分别为伊比利亚半岛和北非（塞法迪犹太人）、欧洲（阿什肯纳兹犹太人）和中东。在这些地区及其间出现了不同的传统，但彼此仍有定期交流联系
从18世纪开始的现代时期	在欧洲尤为重要的启蒙运动
公元1940—1945年	犹太人大屠杀
公元1948年	现代以色列建国

表7.1　犹太历史的重要时期和年代

以色列是这片广义的迦南文化圈地区内拼嵌在一起的小国之一。约公元前10世纪，以色列王国建立，历经扫罗、大卫和所罗门三位国王的统治，这段历史即所谓的联合王国时期，它的国民可能之前都是不定居的族群，《圣经》最早的几卷显示了这一点。处在这个新兴小国中心的第一圣殿在耶路撒冷建成。有考古学证据表明，在公元前10世纪和9世纪早期，耶路撒冷都只是一座高地村庄，直到公元前8世纪晚期，它才逐渐发展成一座城市，估计可能要到那时，第一圣殿才具备了对全国而言的实际重要性。在所罗门死后，统一的以色列分裂为南部的犹大王国和北部的以色列王国。公元前721年，以色列王国落入亚述人手中，国民也被俘虏至亚述。犹大王国继续兴盛了一段时间，向亚述人的贸易网络中提供食物和原材料。但在公元前587年，巴比伦人在尼布甲尼撒二世的领导下，入侵犹大王国并摧毁了耶路撒冷的圣殿，将犹大王国的宗教器物连同国王和臣民一起掳掠至巴比伦。

阿契美尼德帝国的居鲁士大帝于公元前539年征服了巴比伦，而后他下令让以色列人回归故土。所谓的第二圣殿在这之后于耶路撒冷建成。公元70年犹太人反叛罗马的统治，第二圣殿被提图斯摧毁，而后再未重建。值得注意的是，比较严格意义上的一神教最初产生于巴比伦流亡时期，而后它成了第二圣殿时期中对Y-H-W-H（耶和华）崇拜的基础。埃及的埃赫那吞，以及琐罗亚斯德教对阿胡拉·马兹达的崇拜，也曾向着一神教迈进。但是，第二圣殿时期的犹太人对唯一神的信仰，似乎比之前的任何群体都更彻底。上帝成了一个奇点，一个独一无二的"唯一"，其他万事万物的原因。没有能与唯一神对抗的力量，因此他能要求信徒坚持唯一的教义，在这样的教义之下，不会有争议，也不会有偏离。有严格教义的宗教在政治上都很强大，对于任何试图与之争论的人而言，都有着潜在的危险性。而随着宗教的约束越来越强，异端的思想便会发展、扩散。人们常说一神论让魔法不再有存在的可能性，因为除了上帝之外，不会有任何别的力量——我们将在下文中检验这一论断的真实性。

犹太文化（几乎）总是多中心和离散的。至少从公元前539年的巴比伦之囚开始，犹太人就在巴比伦城及其周边地区建立了不少大型的犹太社区，像这样的社区一直持续到中世纪盛期乃至后世。在不同时代，埃及，尤其是亚历山大港和开罗，总是大量流放者或将这些地方视为故土之人的家园，这些人中就包括了大量犹太人。从罗马帝国晚期开始，亦即公元4世纪之后，犹太人进入欧洲，在这里他们以阿什肯纳兹犹太人之名为人所知，并发展出了意第绪语，这是一种希伯来语、德语和斯拉夫语的混合体。人数众多的塞法迪犹太人则定居在北非和伊比利亚半岛，在当地，他们常常在穆斯林的统治之下繁荣壮大。各地的犹太人社区都与更广泛的人群密切接触，他们之间的关系摇摆于恐怖的大屠杀与健康的共生之间，犹太文化也由此既能保持某种独立性，又能与周围其他文化保持充满活力的交流关系。在维持自身身份认同的同时，犹太人也受到了各种文化的影响，例如东边的波斯及巴比伦，更接近犹太教中心的希腊和埃及，以及西边更远处的欧洲。在公元 7 世纪之后，犹太文化与阿拉伯文化平行发展，犹太人与阿拉伯人常常生活在彼此承认但始终相异的状态中。犹太人承认流入中世纪世界的各种古代的影响，从而将不同地域和时期的魔法文化熔于一炉。

以色列与公元前 1 千纪早期地中海东部的其他小国相似。语言、信仰、共同的习俗和领土成为新国家的基础，这种方式在如今我们这个民族国家组成的世界里可谓理所当然，但在当时却显得很是新奇。内部的矛盾让它分裂为两个更小的国家：犹大王国和以色列王国。即使在二者统一之时，以色列也依然是个小国，它被更大的势力包围，被迫遭受它们定期的入侵和掠夺。但以色列又与其他国家不同。毁灭、流亡和重生成为以色列人自我认知中的重要元素，因此从古至今恢复能力都是犹太人的自我形象中至关重要的一面。当犹太人走出流放地时，最早的犹太一神教也随之诞生，这个传统在几个世纪后由基督教继承。这两种宗教都产生了世界性的历史影响。这两种信仰也都与魔法交织在一起，魔法就像双重螺旋中的第二根链条，但其对世界历史的影响一直未能得到充分的认识。

犹太魔法：开罗藏经库文献及其他来源

尽管不少内容还有待研究，不过如今的我们对犹太魔法的兴趣似乎大有复苏的趋势，最佳例证便是基甸·波哈克证据翔实的惊人著作《古代犹太魔法》，在研究过程中我有幸与他结识。毫不夸张地说，基甸的学术成就相当值得尊敬。他的著作以英语和希伯来语写就，其中引用了希伯来语的古代文本，乃至希腊语和阿拉伯语的更多作品，此外他也阅读了古代阿拉姆语和曼达安语等诸多语言的相关资料。更有甚者，他在研究时得面对一个问题，即各种语言会以多种多样的文字写就，因此便可能会出现中世纪时的阿拉伯语以希伯来字母写成的状况；除此之外，还有各种外来语的变体，例如犹太人使用的巴勒斯坦阿拉姆语（Jewish Palestinian Aramaic），这是以希伯来字母的变体转写的阿拉姆语，被专家简称为 JPA。古代地中海东部地区充满魅力的特征之一在于它开放而国际化，来自各种传统的信仰和实践方式混杂在一起。由于黎凡特南部的地理位置和犹太人定期地流亡，犹太魔法与更广泛意义上的犹太文化一样，结合了埃及、巴比伦、亚述、希腊和阿拉姆等文化世界的影响。犹太魔法从所有这一切中提炼出了某种独特的东西。要追踪这种如同经历化学反应的文化的各种成分的起源，恐怕得花上几十年的时间来学习语言，了解它们千变万化的文化背景。

最早期的原始资料最为匮乏，这导致第一、第二圣殿时期的魔法常常得靠后世的知识来追溯重塑。我们对犹太魔法的了解聚焦于约公元300—700年间的古典时代晚期，即晚期的罗马帝国及新出现的拜占庭帝国。这主要是因为此时有一个值得注意的原始资料来源。中世纪犹太教的特征之一，是他们会在犹太教会堂内开辟出神圣的藏书室来存放手稿，这被称为"藏经库"（genizah，"档案"或"储藏室"之意）。希伯来语是用来题写上帝之言的神圣语言。希伯来语的手稿不能被随意弃置，否则就是不虔诚，因此它们被永远地留在了神圣的藏经库内。中世纪早期的开罗有一个人数非常庞大的犹太群体，开罗藏经库文献也被描述为世界上规模最大的单部中世纪文献总集。19世纪晚期，英国旅行者偶然发现了开罗藏经库文献，将其中大部分运回英国，现在它被收藏于剑桥大学图书馆、大英图书馆和牛津大学博德利图书馆内，剩余的少量收藏则分散在各地。阿米塔夫·高希的历史小说《在古老的土地上》中对开罗藏经库以及它所引出的各种中世纪历史故事有着令人回味的讲述，这本书部分关注了中世纪向东横跨印度洋的纺织品贸易线路，它让犹太人在喀拉拉邦等印度南部地区建立社区，并在公元4世纪时建成了这个国家最古老的犹太会堂。

在开罗藏经库文献中，有些手稿是完整的，有些是非常零散的片段，对它们的详细研究如今依然在进行，却已让我们对中世纪和更早的犹太人历史不少方面的看法发生了改变。为数众多的文本提到了魔法的施行，而过去那些兴趣在于历史的更正统方面的人往往轻视或忽略了这一点。所有这些文本拼在一起，就提供了对公元 6—7 世纪古典时代晚期直接而详尽的纪录，这个时间点在阿拉伯人征服埃及之前，又在罗马帝国衰亡之后。另外，从这些文本中也可以一窥第二圣殿时期及更早以前的历史。作为这份材料补充的，有库姆兰的《死海古卷》，它是更早时代（也许能追溯到公元前 600 年）的直接证据，再结合其他一些物质遗存，诸如写着祷文的金属片和源于巴比伦的写着咒语的碗等，我们将会在后文详细叙述。当然，《希伯来圣经》及《新约》也是丰富的资料来源，却具有争议。对犹太魔法的理解需要从我们相对熟知的古典时代晚期世界回溯到我们知道得更少的公元前 1 千纪，这需要我们以学术化的谨慎和思辨来进行重构。

犹太魔法可以分为几大类，这些类别在其他时代和地点也很常见。犹太魔法发展出了一系列处理日常生活中的困扰和难题的技术，同时也有那个时代更宏大的宇宙观问题。犹太魔法有两个突出特征。其一，它强调的是保护人类不受恶魔、鬼魂和灵体的侵害，相比于希腊和罗马的诅咒，犹太魔法中的攻击性魔法发展得相对较少。其二，犹太魔法，尤其是在中世纪的，强调的是秘传、神秘和复杂的特性，常常涉及字母和数字之间的联系、上帝的诸多名字及驱魔术的效力。我们或许会认为，保护性和复杂性这两个特征是因为犹太文化持续地遭受外部威胁，内部又争论不断，但这种分析似乎过于简单。犹太文化及其魔法显然没那么简单。

犹太魔法的历史

从史前到第二圣殿时期结束（早于公元前 1000—公元 70 年）

犹太魔法有其自身的历史。（见表 7.2）它在第二圣殿时期之前几乎不为人所见，当时犹太魔法在一个多神教的世界中刚开始发展，而后在大约公元前 500—前 200 年的第二圣殿早期，魔法才变得更受人关注。我们在此时需要面对大量的魔鬼，它们特别喜欢附在人身上。有些犹太人认为，魔鬼源于被天堂驱逐的堕落天使与女人的结合，这令它们同时具备超凡与世俗的两种特质。对另一些人来说，魔鬼是邪恶之人的幽灵，类似于后期犹太信仰中的附鬼（dybbuk）。不管它们的起源为何，魔鬼都能被驱除：通过操纵动物、植物或矿物的方式；通过魔法师的祷文和咒语，同时辅以正确的装备和仪式；又或通过驱魔人本身超凡的存在以及他先天的力量（就算不是全部，至少大部分驱魔人都是男性）。魔法师和驱魔人的身份我们目前尚不清楚。在某些情况下，他们是圣殿中专精于此的祭司，但也有些是靠行使各种魔法来维持生计的人。

与魔鬼的负面性质相对并形成平衡的，是天使的正面特性。能获得天使的帮助将会十分有用，这一点从《多俾亚传》的故事中可以体现。魔鬼阿斯摩太在撒辣的婚礼前夜杀死了她的未婚夫，天使拉斐尔则帮忙捆住了这个魔鬼（因为阿斯摩太的行为，撒辣已失去了7名未婚夫）。阿斯摩太（Ashmedai）在犹太恶魔学中反复出现，这个名字可能源自伊朗的 Aêsma daeva，即"愤怒的魔鬼"。对付阿斯摩太的方法是焚烧某种产自底格里斯河的鱼的心和肝。在撒辣的事例中，这股气味将阿斯摩太从伊朗的埃克特巴那赶到了上埃及，拉斐尔就是在那儿捆住他的（不过后来阿斯摩太一定是逃脱了，因为，正如基甸·波哈克所说，它将是"接下来数个世纪犹太魔鬼学中的'明星'之一"）。[2]

时间	事件与进程
公元前1000年之前	信息很少——摩西及其他超凡的人物行使神迹，当时的人可能相信魔鬼、天使、占星学和保护性的魔法
约公元前1000—前587年	第一圣殿时期。多神教信仰。口头传播魔法和宗教信仰。可能会使用护身符和四字神名（Tetragrammaton）。更早以前的信仰（如上）和超凡人物的活动依然持续
公元前539—公元70年	第二圣殿时期。一神论。口头传播知识。有一些书面的祛魔赞美诗。包括耶稣在内的各种超凡的人物。护身符。保护性与攻击性的魔法
约公元70—634年	犹太魔法受到关注——良好的书面材料——开罗藏经库文献十分重要。巴比伦咒语碗和护身符十分常见。保护性魔法。魔法与医学联系在一起。在扩大的犹太人世界里，离散的犹太人有了更多施行魔法的动力
中世纪	书面材料十分重要——《天使拉结尔之书》《秘密之书》《摩西之剑》——它们可能利用了更早以前的材料。实践性与神秘主义的卡巴拉得以发展——尤其是在塞法迪犹太人中。一些占星学。上帝的诸多名字和希伯来字母代码（Gematria）成为施行魔法的重要手段。《诗篇》的魔法之用。护身符十分重要。阿什肯纳兹犹太人中的魔像（Golem）
现代	延续了中世纪的神秘学传统和实践性卡巴拉，但同样也接纳了启蒙运动中对魔法的批评。当代犹太魔法对非犹太人，包括一些社会名流的影响

表7.2 犹太魔法简略年表

魔鬼对气味敏感的事，犹太人和非犹太人都知道。其中的诀窍在于，要知道哪些特殊的植物和动物能够发出驱赶特定恶魔的气味。获得它们的过程可能会很棘手而且风险很高。中世纪世界广为人知的曼德拉草的故事，在犹太人的知识中早已出现，当时它被称为巴拉斯草根。巴拉斯草根神出鬼没，危险无比。约瑟夫斯在约公元 75 年时曾经描述道，在马卡鲁斯镇附近发现了一种植物根，它色如火焰，在傍晚时分会散发出耀目的光彩。据说这种根"会缩成一团来避开所有靠近它、想拔起它的人，要想让它保持静止不动，只有将女人的尿或经血泼在它上面"。[3] 即便你真抓住了这种根，也会造成致命的后果，因此你需要手里握着另一种根，或是按照以下这套略显可疑的步骤行事。当人们发现了巴拉斯草根，有知识的人就会"将它周围都挖开，只留下根还盖着土的那一小块地方；然后将一条狗拴在它上面，狗想跟着将其拴在根上的人，便会猛冲出去，如此便能轻易地将这种根拔出来，而狗立刻就会因此而死——它成了想要拔出这种植物之人的替代品，拔出来后，这种根对拿起它的人就没有危险了"。[4]（见图 7.2）如果在这之后将这种植物绑在病人身上，或摆在魔鬼的鼻子底下，魔鬼就会落荒而逃。希腊世界的人也熟悉类似的植物根；而对犹太人来说，尼罗河中有一种石头，能吓跑魔鬼，或是让吵闹的狗不再吠叫。正如波哈克注意到的，可能有不少骗子会兜售假冒的根、石头或其他物质；另外，在地中海东部的市集上，很有可能不是所有人都能抵御得了它们的诱惑。

第二圣殿时期的魔法有一个至关重要的特点，即它依靠口头传播，后世发现的书面文字和数字还没有得到使用（尽管这一结论也可能受到我们缺乏书面证据的影响）。如我们将会看到的，在后世的犹太魔法中，有文字的护身符非常常见。我们并不太清楚使用护身符的情况有多么古老，不过确实有证据表明，在第二圣殿时期，甚至可能在第一圣殿时期，就已有了一些辟邪的行为，其中包括使用上帝的名字，它是所有词语中最强大的。在公元前 2 世纪，犹大·马加比对抗塞琉古帝国的军队失利，在某些人看来似乎是因为当地的指挥官没有听从犹大的命令，但在另一些人眼中，原因却是阵亡士兵身上佩戴的护身符，上边带有《妥拉》所

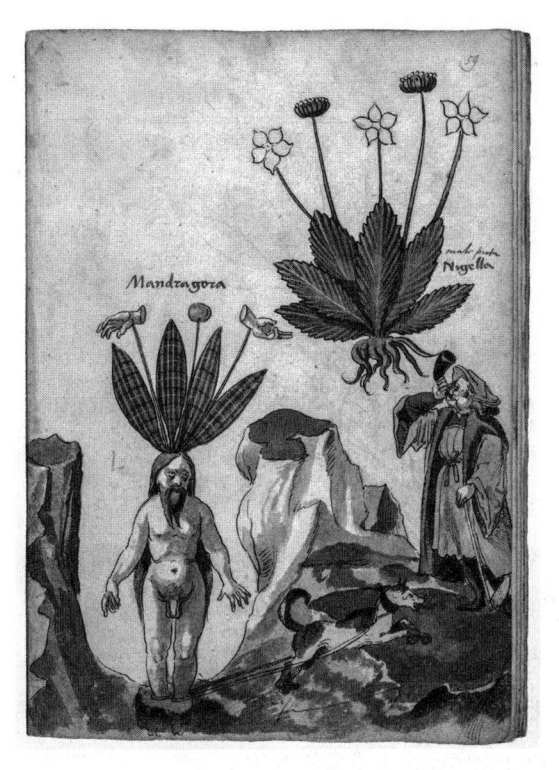

图7.2 一个人在狗的帮助下采摘曼德拉草。曼德拉草似乎有男有女，画面上的这一个显然是男性。这张插画出自一份16世纪的手稿，它显示出某些魔法实践的持续存在

禁止的"雅门奈亚（Iameneia）的偶像形象"。

一个重要而身份模糊的魔法师群体是那些富有魅力的圣人，例如以利亚、以利沙和摩西，他们对于宗教信仰的发展十分重要，作为魔法师的一面也同样重要。摩西所行的神迹，类似分开红海等，都广为人知。而以利亚及他的后继者以利沙则能引发或终结旱灾、复活死者、制造食物、分开并跨越约旦河、让污浊的水重新变甜等。这些圣人力量的来源多多少少有些模糊不清，但完全有可能源于上帝。他们的力量可被用于普遍的福祉（或事实上造成伤害），也可用来取得更私人的利益。

耶稣有不少更早期犹太圣人的特征，在这个人物上，犹太教和基督教的传统有重叠的部分。耶稣能靠增加鱼和饼的数量来喂饱5000人；他没有分开水，但能在水上行走；他能治愈病人，唤醒死者，最让人印象深刻的是，他本人也是死而复生的。这一切都正好符合犹太人的神迹和

魔法制造者传统。对后世的教会历史而言，难点在于如何解释耶稣所宣称的合法性很大程度上源于他施行的奇迹。对魔法模棱两可的态度是基督教起源之处的核心问题，基督教自创立以来便一直在设法解决这个问题，但至今也未能完全将其消弭。人们并不总能确定魔法师对抗或驾驭的力量究竟源于上帝，还是根本就来自魔鬼，后者也完全可以翻译为某个更古老的灵性存在的宗教说法。

除驱魔和使用上帝之名外，占卜也发展出了多种形式，其中包括占星术、手相术（解读掌纹）、面相术、体动占（palmomancy，通过人们身体的抽搐和瘙痒来解读未来）、抽签占、探地术、历术、黄道吉日占（hemerology，为特定行动寻找合适的吉日）、圣经占卜、利用雷电或地震等自然现象来预测未来、释梦以及炼金术。绝大部分技术都需要经过训练，以便能够敏锐而精确地解读各种征兆，这些知识的体系也由此渐渐形成，一代代流传下去。同样值得注意的是，相比于地中海东部的大多数其他信仰，犹太信仰中缺失了一个环节：他们禁止向偶像献上供品、顶礼膜拜，而在其他文化中雕像常常被视为神圣力量的活体具现。犹太魔法的破坏圣像传统与后世的伊斯兰教相同，但除新教之外的基督教却并非如此，在基督教的信仰中，圣徒和圣母玛利亚的雕像常常意味着奇迹的可能性。

从第一圣殿时期到第二圣殿时期之间发生的转变，见证了人们的信仰从多神教变为一神教。这带来的问题在于，当世界上只有一个全能的上帝时，魔法又该如何运作。而人们给出的答案大致是，魔法与唯一的上帝关系不大，它打交道的对象主要是大量的次级存在，这些存在可能是负面的，也可能是正面的，表现为恶魔和天使的形式。

罗马晚期及古典时代晚期（公元 70—700 年）

在公元 7 世纪阿拉伯扩张之前，古典时代晚期的犹太魔法在全新的环境中再次有了发展，这个阶段多数的犹太人都生活在以色列之外的埃及、巴比伦或欧洲。在公元前 167—前 160 年之间，马加比家族领导了反抗塞琉古帝国的起义，其后大量犹太人被杀，或被驱逐出境。但随着公元 70 年第二圣殿被毁，新的宗教制度和机构也应运而生，在建筑上表现为犹太会堂，而在人物上则表现为社区中的拉比。

我们对古典时代晚期的魔法的了解要比之前全面得多，手稿上的证据记载了各种魔法的施行方法，还有大量种类繁多的魔法物品，上有咒语和咒符。古典时代晚期的犹太魔法有两片流行地区，在东边为巴比伦尼亚，在西边则围绕着巴勒斯坦。东边的地区归根到底受到美索不达米亚遗产的影响，而西边的地区则混合了希腊、罗马、埃及和犹太世界的元素。东边魔法世界最好的窗口之一，是所谓的"巴比伦咒碗"，据估计它们已知现存的总数约有1500个，不过其中只有约300个得到了学术研究。（见图7.3）这些碗的年代主要集中在公元5—8世纪这段短暂的时期内，不过已知有更早得多的例子，或许可以再往前追溯1000年。即便是在如今的伊朗西部和伊拉克这样一块有限的地区里，它们也展现出了古代信仰和魔法行为的极为显著的多样性。公元7世纪阿拉伯人入侵后，这种碗也渐渐不再被使用。我们不太清楚为什么这种碗会在公元5世纪流行起来，可能在此之前类似的咒文被写在更容易腐烂的媒介上，因此没有流传到我们手中。

图7.3 写有阿拉姆语文字的咒碗，出土于美索不达米亚，约公元5—6世纪

在这些咒碗中有不少是大批量生产的普通黏土碗，尺寸与现代的麦片碗相当。不幸的是，它们中有不少来源于非法挖掘活动，因此我们无法知道它们的考古学背景。至于那些知道背景的碗，有不少发现于屋内或门槛下，也有在墓中的，偶尔这种碗还会大量出现，或许那里就是生产它们的工坊。总体来说，这种碗会被倒扣着摆在房子里的不同位置，有时会被放在房间的四角，或是某个特定的房间内。有时这些碗会成对出现，也可能伴随着蛋壳之类的物品，蛋壳上边可能会用墨画上咒符。碗的内部有文字（有些是真实的文字，有些是看上去像文字的涂画——后者或许说明碗的制造者或使用者的文化水平较低），还会出现诸如戴着镣铐的魔鬼之类的图画。碗上的绘画和神祇的图像，使用的祷文和咒语，都可以追溯到美索不达米亚的某些文化形式。咒碗的主要目的在于保护使用者不受魔鬼或巫师的侵害，保护某个个人、一个家庭或更大范围的群体免受魔鬼的袭击。有的时候，咒碗是要保护某一个有名有姓的个人，帮其预防或治疗特定疾病。我们可以想象，在这种情况下，这只碗可能就被放置在他的病床下。

守护咒文大部分是以阿拉姆语写就的，其次是曼达安语，叙利亚语要少见得多，还有很小一部分以某种尚未能破译的巴列维文字写就，另有一两个（其信息尚未发表）使用的是阿拉伯语，还带有穆斯林元素。有些以方形阿拉姆字母写就的咒碗上的文字中，包含了一些引自《希伯来圣经》的段落。而曼达安语的咒碗则使用了特定的曼达安语词组，这说明在同一个习俗中出现了进一步的地区变异和文化差异。希腊语在这种碗上出现得极为稀少，又进一步说明了这些碗的东方文化背景。相对地，咒碗文字中却出现了波斯语的外来词，而这种语言在西方犹太魔法传统中几乎没有。波哈克认为，咒符和咒语在专业的群体中一代代地口头流传，这些人为特定的目的和主顾定制了通用的"套餐"。咒语似乎是用魔法施行者所使用的语言书写的，偶尔也会在碗的外面用另一种语言（可能是主顾所用的语言）写一些类似"在厨房里"之类的话。这些碗由大量不同的人制造，说明这种魔法到处都有人施行；也有批量生产的情况，同样的魔咒会出现在一系列碗上面。

犹太魔法的西方中心处于埃及、希腊和罗马的世界，在这里出现了一系列戴在身上或贴近身体的小物品，其中包括护身符和雕刻过的宝石。我们已知的护身符都被雕刻在铅、青铜、金或银的薄片上。这些矩形的金属片（被称为 lamellae）长宽都不过几厘米，人们以锋利的铁笔在金属片上雕刻咒符或咒文，而后将它们卷起来，或是在更少见的情况下折叠起来，塞进金属管、盒子或皮袋子里。（见图 7.4）它们可以被挂在脖子上，也可以被绑在手臂或腿上。这种护身符上使用的语言主要是阿拉姆语和希伯来语，或是二者的混合。它们的年代仅限于公元 5 世纪和 6 世纪，但分布的地域却很广泛，随着离散的犹太人扩散到各地，从西西里到格鲁吉亚都有发现，主要集中在巴勒斯坦。目前已知的这类护身符至少有 40 枚，而且还不断有新的护身符出土；出土的地点有坟墓、房屋和公共设施内部，其中还包括一所犹太会堂的窖藏，这或许可以说明官方也认可这种做法。我们现在掌握的这些护身符或许主要被卖给精英人士，它们都是金属制造的；也许还有多得多的护身符被书写在容易腐烂的莎草纸或皮革上。一些空的护身符容器也证实了这种假设。

有些护身符是大批量生产的，比如用于抵御发热等常见小病的那些；它们可能会在制造完成后才添加上主顾的名字。事实上，它们中的绝大部分被用来应对魔鬼造成的病痛，或保护主顾不着魔，不受邪眼的侵害。我们可以看到，它们中有不少被用于广泛的医学目的，只是疾病的成因完全不在细菌理论的范畴内。我们将在下文中看到，在希

图 7.4 使用从金箔上切割下的矩形金片制成的罗马金护身符，沿着它的短边，从上到下共雕刻了 16 行文字。第 1—3 行为 12 个魔法字符，第 3—16 行则是希腊语草书正文。这个魔咒保佑了特伦提亚的女儿法比亚平安生产。整张金片是完整的，只是因卷起、压折和沉积造成了严重的扭曲。出土于牛津郡的寇斯伊。铭文全文如下："以您的诸圣名，愿特伦提亚的女儿法比亚能健康美满，愿她能掌控未出生的婴儿，将他带到这个世上；愿主与伟大上帝之名永存。"

腊和罗马的世界里，写在铅板上的诅咒（它们常常以拉丁文名词 tabulae defixiones 为人所知）是很常见的。诅咒铅板在巴勒斯坦也有出土，但上面的文字是希腊语，因此它们并非直接源于犹太教的文化背景。希腊人和罗马人施加诅咒，犹太人则提供保护——这是这两种魔法之间至关重要的区别。

在位于如今以色列南部的内盖夫地区东北部的霍尔瓦特·里蒙，考古学家发掘了一处年代约为公元 5—6 世纪的犹太会堂建筑群，其中出土了一系列有铭文的残片。人们在湿黏土上写好文字，然后放入火中烘烤，将文字保存下来。用火烘烤黏土是交感魔法中至关重要的元素，真实火焰的热度能点燃激情之焰。波哈克在讨论这一发现时注释道，现代学者通过将它与中世纪的魔咒对比而重构了它的文本，在此我将直接使用他引用的如下文字，"你神［圣的］天使，［我恳求］你，正如［这残片燃烧，让玛？］林［之女］拉［结？］的心脏随我而燃烧，我［某甲之子某乙］"。[5] 这段咒文流行了 1500 多年，这或许说明有不少人认为它确实有效。

宝石、戒指和吊坠在古代世界里到处都很常见，它们常常被人佩戴在身上。在古典时代晚期，世界各地可能有至少 5000 颗魔法宝石，上有魔法言词（voces magicae），或者说是固定格式的祈祷文，它们以埃及语和希腊语写就，有时会召唤这些地区的神祇。那些特地使用了犹太符号和/或希伯来语的就为数不多了。另有一组数量有限的宝石上雕刻有犹太人的七枝烛台，但没有出现天使或其他神祇的名字。一些刻有圣经故事场面（骑在马上的所罗门用长矛刺穿女魔鬼，或是但以理喂食巴比伦大蛇神等）的宝石则可能是基督徒的。还有少量宝石玩了文字游戏，将希伯来字母表上最前和最后的字母穿插在一起，如果用英文来写，就类似于 AZBYCXDW，然后在这样的字母序列中的辅音之间插入元音，从而制造出某种类似于词语的效果。也有些倒着拼写的词语。这些例子很罕见而且令人困惑，说明铭刻宝石本身在犹太传统中不常见，尽管居住得靠近其他文化背景的犹太人使用宝石的次数可能更多一些。

将语言用作魔法之途的重要方式之一是使用魔法莎草纸和魔法书（像这样的书在不少后世的传统中也一直很重要）。阿拉姆语的魔法莎草纸较为少见，但这很可能是因为留存至今的莎草纸本来就数量稀少。包含有魔法秘方的莎草纸常常都只是残片。其中有一组来自一个"多语言的魔法工坊"，由一本科普特语魔法古抄本、一些希腊语的魔法莎草纸和 5 段阿拉姆语残片组成。类似这样的发现显示了魔法的国际性维度，出自不同传统的魔法文本共同存在，而一个文化影响另一个文化的情况也很有可能发生。有一份阿拉姆语文本中包含了所谓的四字神名，即《希伯来圣经》中上帝的四字母名字 Y-H-W-H（翻译成英语时常常写作 Yahweh，在旧式用法中则为 Jehovah）。使用四字神名的情况可以追溯到第一圣殿时期，甚至更早以前，据说摩西的权杖上就曾刻有四字神名；摩西还将上帝的名字刻在一张金薄片上，将它扔进尼罗河里，从而让约瑟的棺材重返人间；魔法让棺材漂浮在水面，犹太人也由此获准离开埃及。最常使用四字神名的地方是额饰（ziz），这是一种佩戴在祭司额头上的小饰板，据说它有着相当强大的魔力和神力。尽管教义禁止文身（例如犹太法典《塔木德》就禁止这么做，它是公元 200 年前后由犹太拉比们完成的文本），但将神名写在身上作为精神保护的终极手段仍很常见。

在希腊的影响下，出现了不少利用字母来防护和占卜的做法。这些做法的核心是神秘的符字（charactêres）。符字激起了不少有关古代魔法性质的讨论。这是一种圆环字母，起源模糊不清，但总体来说，应该源于希腊，或者更有可能源于希腊化埃及的传统。符字是一种半字母的符号，笔画末端带圈（因此被称为圆环字母），但所有想以直接的方式理解它含义的人都失败了，我们或许可以得出与古代作家一样的结论，认为它们表现的是天使的语言。（见图 7.5）从埃塞俄比亚到亚美尼亚，一直到摩尔人的西班牙，符字在所有古典时代晚期和中世纪早期的魔法传统

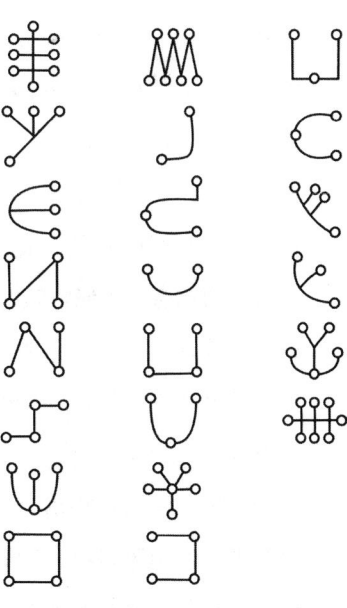

图 7.5 天使梅塔特隆的字母表所对应的符字

中均有出现，在西班牙，它们被称为 carateras。

在中东，从护身符和咒碗到手稿的不少物品上都出现了符字，例如著名的犹太魔法文本《秘密之书》。《秘密之书》可能是犹太文本，同时展现出了希腊化埃及世界的影响（尤其是它使用了符字），不过这也可能部分是因为我们目前掌握的证据来源本身就是复合的。据说这是一本神秘之书，天使拉结尔在诺亚踏入方舟的那一年将此书交给了他。此书的部分希伯来语片段出现在开罗藏经库文献中，后来它又被翻译成包括拉丁语和阿拉伯语在内的各种语言。《秘密之书》中描述了七重天堂，列举了天堂各区域的天使，还详细地指导了人们应该如何祈求特定的天使帮忙解决特定的问题。你可能希望获得国王的宠爱，引起求婚者的兴趣，或是做某些不那么有可能实现的事，例如抓住一头狮子。此书之所以重要，是因为天使的世界极为复杂，它们能给予的帮助各式各样，而要获得这样的帮助，需要的魔法也千变万化。

魔法言词在犹太传统中很常见，尽管其中有不少来源于犹太之外的国家，而且本身没有什么意义，这两种特点的最好范例就是 abracadabra 这个词。当其他语言被转写为希伯来语时，人们需要解决希伯来语没有元音的困难，不过在少数情况下，这种困难也是其优点。希腊的太阳神赫利俄斯（Helios）转写为希伯来语就是 HLYWS，正好都是上帝名字所用的字母（只是另外又多了两个字母），这种呼应的力量或许能让赫利俄斯大约等同于一名天使。希腊化埃及的魔法常常不怎么关注词语的意思，而更关注它们的发音，或这些词语与数字的联系。按照希腊人给每个字母分配的数值，天使阿布拉克斯（Abrasax）这个名字加起来正好是 365，这便将他与太阳年一年的天数联系在了一起。其他名字有时则在虚构的词语的辅助下，能加到 3663 或 9999 的数值。还有一些魔法言词本身没有意义，却利用了发音，例如 phôr bôphorba phorbabor baphorba 便是这样一组极为知名的词语，人们认为它的发音具有重要的作用。早期（以及晚期）的基督教教会中以新方言讲出的话，罗马的萨利祭司那些无法破译的吟咏，或是波斯琐罗亚斯德教祭司那低不可闻的话语，都与其含义没什么太大的关联，毋宁说，这是在通过声音，或是创造出的某种氛围而设法获得其他的效果。

词语能拼成形状的能力同样具有力量，尤其是公元 3 世纪以来出现的 ABRACADABRA 三角咒文，它在开罗藏经库文献及其他材料中均有出现。人们认为一行行地重复某种疾病的名字，每一行都少一个字母，从而拼成三角形，就能削弱这种疾病的效果。在伊拉克基什出土的一只咒碗上有魔咒，试图直接将玛玛（Mama）之子阿卡科伊（Akarkoi）遭受的痛苦反弹给那些致其痛苦的人，这个魔咒可能就是基于希腊语中 kefalargia（"头痛"）一词的转写。

$$QPRGYH$$
$$PRGYH$$
$$RGYH$$
$$GYH$$
$$YH$$
$$H^6$$

像这样用词语拼成的三角形，也可以写出心目中导致了疾病的魔鬼的名字（并将其削弱）。词语构成的形状本身的美学特质，也是魔咒效力的一部分。

占星学在犹太魔法中的角色尚有争议，一些人坚持认为它很重要。[7] 所谓的《闪的论说》有一个留存至今的版本，是以叙利亚语写就的，成书时间约为公元 1—3 世纪之间，但可能使用了更早以前的材料，此书中包含了一份历书。它教你应该如何通过黄道十二宫来规划这一年，书中给出的预测具体得令人惊讶，是通过春分时的上升星座算出来的："如果这一年起始于处女座：所有名字里有犹德斯（Yudhs）、塞姆卡特（Semkat）、贝斯（Beth）和努恩（Nun）的人都会死亡、遇到抢劫，从家中逃走……初熟的庄稼也不会有好收成……枣椰子会丰产，但干豌豆的价格会降低。"能占卜得这么明确，可能是基于许多个世纪以来的观察及巴比伦世界中的预测结果，同时利用了源于希腊语或希伯来语姓名的字母象征。这样的预测是否会导致人们少种庄稼或豌豆，如今的我们也只能靠猜了。

基督的降生地就是由星星指示的，东方三贤士循着它找到了那个地方，他们可能也了解一些星象知识。巴比伦和希腊的占星学可以轻松地将不少天体与当时存在的大量神祇联系在一起。但希伯来人信仰的是一神教，不可能有这样的联系，由此天体的力量便不通过神祇，直接作用在人类身上。犹太教思想里这种全新的一神教占星学，为后世欧洲的基督教占星学树立了模范。

中世纪和现代魔法（公元 700 年至今）

过去 1300 年间的犹太魔法是个庞大的课题，与犹太人的复杂历史紧密联系，在这期间，他们流散到了中东、北非和伊比利亚半岛，乃至整个欧洲及新近殖民的世界，尤其是北美。魔法是在与哈拉卡（Halakha）共同成长的复杂过程中发展起来的，后者就是宗教法，它把占卜和其他一些事物都列为禁忌，禁忌的存在说明事实上确有人这么做。有不少魔法书和魔法秘方都很有影响力。在上文中我们已经见到了《秘密之书》，此书可能写于拜占庭时期的巴勒斯坦，但带有许多后世的影响。宗教作品也可能被用于更具魔法性质的目的：比如说，中世纪时的《诗篇用法之书》中列举了不同诗篇的魔法用途，此书有幸被天主教教会创立的《禁书目录》收入。《天使拉结尔之书》是所谓的实践性卡巴拉魔法书（卡巴拉中更偏向于魔法的一类），以希伯来语和阿拉姆语写就，完成于中世纪，但其中有些段落也许能追溯到古典时代晚期。此书对占星学有一定的强调，这可以理解为巴比伦文化对犹太文化的影响。我们在上文中已经见过的老朋友天使阿布拉克斯，就起源于古典时代晚期希腊化埃及的世界，他的名字在希腊语中由 7 个字母组成，它们能相加得出 365 的数字，这让他能与太阳年的一年联系在一起。这个例子直接证明了中世纪魔法思想的复杂性，其中书面（及口头的）语言可以与数字在转化、塑造现实方面的能力联系在一起，又反过来能与天体的运动及其特质联系在一起。像这样的深奥事物属于专业人士的领域，常常让外行人困惑不解，敬畏不已，而让他们眼花缭乱的不是科学，正是魔法。

犹太魔法如今依然存在，而最负盛名的施行者却是非犹太裔的名人；原本的文化背景几乎消弭殆尽了，它真正地成了现代的魔法。麦当娜一度醉心于犹太卡巴拉的事赫赫有名，她将伦敦中心的一座大房子改造成了卡巴拉中心，全世界一共有50个这样的中心。现代卡巴拉极有选择性地利用了13世纪时的《妥拉》评注，即《光明篇》，以这样的形式再一次谈及上帝之名、宇宙的本质、善与恶、宇宙能量的形式等问题。批评者把这种信仰嘲讽为"犹太教低配版"，人们对卡巴拉的兴趣在很多人看来也完全不过是转瞬即逝的风潮。但另外，诸如此类的兴趣也说明当代世界的人普遍有种缺失感，这种感觉让他们想与我们周遭的世界产生更深层、更有意义，同时以某种宇宙观和道德为基础的联系。

就犹太魔法还有很多可说，但我希望自己已经指出了过去犹太魔法的各种做法是多么千变万化，其中许多做法在今天也产生了不同的影响。我们在这一节中考量的魔法传统有着鲜明的犹太特征，一开始它回应着犹太人在黎凡特南部建立以色列国的努力，而后又回应着他们流散到世界各地后艰难而多种多样的经历。现在，我们将进入一系列完全不同的文化背景，来看古希腊和罗马及其创造的魔法，它们始终从中东和地中海世界更广阔的文化背景中汲取灵感。

希腊和罗马魔法

古典希腊的魔法景观与宗教景观有一定重叠，也就是说，以大型神庙为根基的神谕同时具备二者的元素。另外，还有一系列人物会提供各式各样的魔法服务。他们或是挨家挨户地兜售服务，或是驻扎在像神谕所这样令人印象深刻的机构中，他们的身份包括预言家（manteis 或 chresmologoi）、唱诵咒语的人（epodoi）、表演奇迹的人（thaumatopoioi）以及擅长解读奇迹的人（tetraskopoi），与之竞争的则是擅长召唤死者灵魂的专家（goetoi），以及可能更平凡一些的割草根者（rizotomoi），后者可能是草药医生，但也有也许能像药巫（pharmakeis）

一样行一些治愈病人的神迹。无论如何，这样清晰的分类都显得失之过简，这些人中有不少混杂了各类魔法技巧，可以满足他们的各种实际需求。倘若一国的统治者在战争与和平的重大问题上需要建议，或是某个个人需要更私人的建议，都有花样多到让人困惑的魔法师可供选择，从某个以特殊魔法技术而闻名的家族传人，到那些碰巧得到一本神谕书，刚自封专家开张营业的人都有。[8] 但预测未来是个困难的活计。举例来说，就公元前 413 年与前 412 年间雅典是否该在西西里开战的问题，占卜家们的意见彼此针锋相对（雅典军队被打败，证明反对这场战争的预言家是正确的）。在不少城邦，占卜家们拥有官方职位，人们在政策和行动方面会向他们咨询，为国家行为提供魔法方面的参考。

在讨论魔法如何踏入古希腊和罗马社会的各个角落之前，我们需要先在更长期的历史背景下考察希腊的城邦世界，以及他们刚产生的新民族形式，还有罗马帝国的发展，这一点我们将重点关注。希腊与罗马的魔法中有大量重叠的部分，因此我将把这二者合并起来讨论，当然，就像之前一样，这里会随着历史而产生一些变化。

正如犹太世界逐渐得到发展一样，青铜时代后期国际局势的转变也让古典希腊世界渐渐形成。在上文中我们已经提道，如今土耳其南海岸的乌鲁布伦沉船，原本航行的目的地应该是迈锡尼的港口或宫殿。像这样的宫殿则植根于更早的米诺斯文明。最早在克里特岛定居的是早期的航海者，时间则是末次冰期快要终结之时。在整个新石器时代和青铜时代早期，克里特岛的农夫们参与了爱琴海和地中海东部的生活方式的发展，他们驯化、种植、储藏橄榄，以及葡萄，前者以油或橄榄果实的形式被储藏，后者则被酿成葡萄酒。这些作物，加上谷类和常见的各种驯化动物，保证了人们在作物生长的季节之外仍有重要的食物储备，让人类得以在岛上定居，人口逐渐增长。大约从公元前 2000 年开始，第一批宫殿出现在克里特岛上，其中最为著名的便是克诺索斯。每一座米诺斯的宫殿都能容纳几千人，它们也是国王和贵族的家，同时居住着辅佐他们的抄写员和行政官员，这些人负责记录农产品和贸易物资。用于记录的文字先后有好几种：最早的是一种象形文字，随后则是所谓的线形文字 A，这两种文字至今都没有被破译。不过，线形文字 B 已被破译，且已被证实是某种形式的希腊语。从某种意义上说，克里特岛上的人也是希腊人，只是并非我们熟知的后期的希腊人，当我们在寻找这些宫殿和希腊后期城邦之间的联系时，必须多加小心。

在克诺索斯和其他宫殿的周围，环绕着许多小型的农庄，人们在那里种植、加工农作物。尽管从很多方面而言这是个完全不同的世界，但我们依然能想象出与今日类似，生长着橄榄树、葡萄、谷物，驯养着牛、羊、猪的景观。在丘陵和山峰的顶上建有所谓的山巅圣所，人们在那里向神灵供奉祭品，其中还包括了一些身体部位的雕像，或许是为了祈求或感谢神灵疗愈相应的患处而献上的。书面记录显示，此时已出现了一些与古希腊众神同名的神祇，但我们在此必须假设，考虑到此时还没有神庙和祭司，人们的宗教感受一定与后世截然不同。从公元前 1800 年开始，国际联系的证据越来越多，位于如今叙利亚海岸的乌加里特遗址是当时重要的贸易和联络中心，而埃及则在各个时代都很重要。中东宫廷社会留下的书面记录显示，他们曾与克里特岛进行贸易，希腊和东方之间的联系从此时到后世都很重要。（详细地图可见图 7.1）

早期的宫殿从大约公元前 1700 年开始衰落，原因不明，不过很快又重新崛起。除了克里特岛上的宫殿之外，在这个时期我们也发现了希腊本土最早的宫殿，建成它的人我们称之为迈锡尼人。除了在特洛伊挖掘，海因里希·施里曼在 19 世纪 70 年代和 80 年代还发掘了著名的迈锡尼王家竖穴墓，发现了大量精美的手工艺品。克里特岛的宫殿盛极而衰，而后在公元前 1200 年前后，作为青铜时代晚期范围更广的崩溃的一部分，迈锡尼宫殿同样开始衰落。在约公元前 1200—前 800 年之间，出现了所谓的"黑暗时代"：人口减少，剩下的人也都逐渐搬入更小型的个体农庄中。不过，并非一切都是黑暗的，优卑亚岛上的莱夫坎迪遗址（最近由我的同事艾琳·莱莫斯发掘）便是这样一个反例。在这里，略晚于公元前 1000 年之时，建起了一座大型的方形建筑，地板下埋有随葬品齐全的墓葬。墓主之一是女性，随葬品中有一件巴比伦金质胸饰，在下葬之时它就已有至少 1000 年的历史，也就是说，它从青铜时代一直留存到了铁器时代。推动时代发展的，是从青铜器技术向铁器技术的转变，但这种转变显然不像我们曾经想的那样激烈，那样具有革命性。

从大约公元前 800 年开始，出现了像雅典、斯巴达和科林斯这样的著名古典城邦——或称 polis（复数为 poleis）——此时它们的人口还相对较少。在公元前 800 年，雅典可能有 5000 人，而到了公元前 4 世纪，亦即柏拉图和亚里士多德生活的年代，雅典人口已达到 4 万。没过多久，在西西里岛、意大利南部、法国南部和黑海北岸周边也出现了类似的城邦。过去人们认为这些城邦是希腊的殖民地，不过如今看来，它们与希腊城市的关系其实更为复杂，而且它们可能相当独立。公元前 800 年也是希腊字母发源的时间，这种文字本质上是受腓尼基字母启发而诞生的，但希腊人加上了元音字母，这是近东闪米特语系的文字所缺乏的。有了元音字母也就意味着，即使是不会说希腊语的人，也能阅读与拼读这种文字。

随着亚历山大大帝（他于公元前 323 年去世，少年时曾师从亚里士多德）的征服，希腊文化也传播到了印度的边界和整个北非，由此催生了一系列极有趣的混合文化，例如我们将在下文中详述的希腊化埃及文化，还有希腊化巴克特里亚的生活方式，后者在艺术、科学和魔法方面都结合了希腊和印度的影响。

大概在公元前 800 年城邦崛起的同时，在意大利北部，伊特鲁里亚文明也从之前铁器时代的维兰诺瓦文化中逐渐发展成形。伊特鲁里亚人居住在城市中，他们与希腊之间联系紧密，同时也发展出了自身的文化。伊特鲁里亚语是非印欧语系的语言，我们至今也未能完全理解它，因此考古学证据就成了我们最主要的信息来源。伊特鲁里亚人也信仰众神，只是他们神祇的性质尚不明确。他们与罗马之间的关系存在争议，一些人认为是他们建立了罗马，而另一些人更倾向于认为伊特鲁里亚人只是影响了罗马的文化。在公元前 4 世纪初，罗马超越了伊特鲁里亚人，又蚕食了萨莫奈人等其他对手，终于在公元前 218 年统一了意大利。腓尼基人的后裔迦太基人建立了横跨地中海南半部的贸易网络，罗马同样也与他们交战，并最终于公元前 146 年打败了他们。意大利境内的领土合并成了一个统一的国家。罗马人的军事组织让他们能够征服意大利以外的领土，例如在公元前

120年，罗马征服了法国南部，随后庞培又分别于公元前70年代和60年代在伊比利亚半岛和中东取得胜利，最后，公元前50年代时，恺撒征服了高卢（同时也偏离目标，进入了不列颠岛）。埃及在公元前31年遭到吞并，屋大维于公元前27年成为罗马帝国的第一任皇帝奥古斯都，从而开启了这个在接下来千年的大部分时间中都以各种面貌一直延续的帝国。

罗马帝国在它的领土扩张到最鼎盛的时期，从波斯世界一直横跨到不列颠岛，还拥有北非和以莱茵河为界的欧洲。过去的观点认为，是罗马帝国将文明带给了野蛮人，尤其是那些在欧洲的野蛮人。而现在，我们采纳的观点与从前略有细微的差异，我们观察到，罗马人与他们征服的各支原住民之间是相互影响的。在罗马扩张的过程中新的文化形成了（例如罗马化的不列颠），但罗马人本身也在这帝国内部的联系中逐渐罗马化。最好是将整个罗马帝国视作一个庞大的循环系统，人类、物质和思想在其中流动。这种文化流动的最重要例子之一，是基督教从巴勒斯坦被引入西方，首先是公元312年君士坦丁大帝接受基督教，而后在391年，基督教成为整个帝国的官方信仰。

希腊罗马的魔法、宗教和哲学

我们需要先简略地了解这个时期的魔法、宗教和哲学，才能知道魔法所处的位置，它浸润于宗教的气氛中，却已能够望见机械论宇宙观和某种独特的理性思维的第一缕微光，这种理性思维的基础是以怀疑论为前提来考虑智识框架及其逻辑一贯性。在首次出现的1200年之后，这些观念将作为科学理性的基础而在欧洲占据统治地位。

希腊宗教没有教条，没有官方的教义，没有圣书，没有专职祭司，也没有教会。希腊宗教始于公元前800年前后，以我们所熟悉的奥林匹亚诸神为基础。过去的观点认为宗教仪式是城邦的公共事务。但如今我们可以感受到其中存在诸多变化，这当中的国际维度相当重要，德尔斐供奉阿波罗的泛希腊神谕所，或是为了向宙斯致敬而举办的奥林匹克运动会，都说明了这一点。我们如今也了解到，从小规模的家庭神祠，到为氏族和家族举办的祭典节日，每一个城邦的宗教仪式都各有不同。以更开放的视野来看待希腊的宗教，这让我们能将魔法添加到信仰和习俗的谱系中去，同时注意到神秘而秘传的祭仪的范围之广。朱莉娅·金特正在重新认识希腊宗教，在她看来，要理解希腊魔法，只有将它放入宗教的背景中，因为有证据表明，希腊魔法的固定咒文和希腊语的祈祷文极为相近。除此之外，在城邦内外，与宗教和魔法有关联的是同一批人。希腊诸神是各种力量，是人们已知的宇宙各方面的实体化，在这个宇宙中，人们通过与诸神产生联系、进行交易而参与其中，诸神则给予他们肉食、财产或向他们许诺行动必有好结果。在罗马世界有个习语是"吾既给出，汝应回赠"，我们在上文中已提及，它表明罗马人在对待诸神时，采取了与希腊人相同的交易姿态。魔法与宗教都是与宇宙力量进行的交易，而这种方式对于日后的科学而言是极为陌生的。假如能以合适的方式接近诸神，便能让他们做出反应——所有询问神谕的人都会获得答案。凡人不知道的，只是神会说出什么话而已。

希腊社会崇尚个人主义，竞争激烈，不少人认为希腊魔法企图驾驭宇宙力量为己所用。但精通希腊魔法的埃丝特·爱丁诺的看法则略有不同，她将希腊魔法视作一种焦虑的文化，它之所以会产生，是因为人与这个世界及其他人之间的关系变幻不定。针对他人的魔咒同样也受到phthonos（"嫉恨"）[9]等负面情绪驱使。在商业、爱情、体育锦标赛或是战争中，人们都在私下里或公开地竞争着。phthonos包含着幸灾乐祸的意味，亦即以他人之不幸为乐。这种竞争更为隐蔽的形式就是通过魔法来施行的，但同时人们也了解，最好的办法还是靠自己努力。无处不在的嫉妒、竞争和焦虑让魔法得到了长足的发展，并广泛地被人使用。

在基督教出现之前，整个罗马帝国充满了大量的祭仪、信仰和神祇。人们并不一定会将自己信仰的宗教带到自己去的地方。祭拜当地的神明是可以接受的事，也很实用——亚历山大大帝进入埃及后，就去当地的神庙祭拜了埃及神灵。就像学界反思对希腊宗教的看法一样，如今的学界也开始反思罗马的宗教实践，转而更强调它的多样性和创造性。从不少角度来看，当代的分析者要解决的是隐性的基督教思维模式，这种思维模式假设宗教必然有教义，有一系列针对错误信仰或异端的非难，还有与国家权力平行的制度化的教会。然而这些元素是伴随着基督教（事实上还有犹太教和伊斯兰教）逐渐成形的。在更早期、更开放、多宗教共存的信仰世界里，魔法与其他信仰和习俗并行不悖。魔法与罗马世界的结构交织在一起。

当人们的世界观发生转变，魔法也渐渐被机械论宇宙观取代，这种观点认为宇宙由其自身的力和质量推动，它可以被预测，而不会受神圣力量的影响。持有这些观点的人主要有小亚细亚米利都的前苏格拉底哲学家泰勒斯、阿那克西曼德和阿那克萨哥拉。阿那克萨哥拉是欧里庇得斯和伯里克利的老师，但当他说太阳不是神而只是一块石头的时候，雅典人便认为他对神不敬（公元前437/6年），将他流放到兰普萨库斯。对神不敬的指控后来又落在了苏格拉底头上，导致他被判死刑，这不是因为他否认诸神存在，而是因为人们认为他所提倡的人类与诸神的关系是不当的。在公元前4世纪，苏格拉底的哲学被柏拉图及其学生亚里士多德接纳。尽管此二人对这个世界的看法从广义上看仍保留着神秘感，但他们沿用了苏格拉底使用的辩证的质疑方法，并创立了一种揭示这个世界的构成和运作方式的经验主义方法。

与之前一样，魔法处在一个复杂而动态的哲学环境之中，它本身对这个环境亦有贡献。我们接下来要考察的就是以神谕和诅咒为形式的希腊罗马魔法。

神　谕

在整个希腊和罗马世界，人们依靠神谕来了解未来。人们有各式各样的神谕所，从本地的小圣所，到像德尔斐的阿波罗神谕所这样的大型国际中心，不一而足；他们提出的问题范围也很广，从个人问题到国家事务均有涉及。咨询神谕是一种古老的做法，在埃及，圣船神谕有着极为深远的历史，在这个活动中，人们会扛着阿蒙神的圣船，在它经过时提出自己的问题。在公元前 8 世纪希腊城邦逐渐形成的过程中，人们也彻底重塑了神圣的景观，他们在过去的圣地建起新的建筑，也在之前未使用过的地点建造了神庙和圣殿。供奉还愿祭品的行为也增多了。有不少圣地只为本地区服务，但也有一些获得了国际性的地位。其中最突出的便是德尔斐，人们特地前来此处向全知的阿波罗神寻求答案；这座神谕所始建于公元前 8 世纪，为供当地使用，虽然有证据表明，从一开始就有人从遥远的地方带来还愿祭品，例如青铜战士雕像或罐子等。在接下来的一个世纪里，这座神庙一直在扩张，但在公元前 6 世纪，它突然脱离了本地的控制，与此同时跨城邦的联盟德尔斐近邻同盟成立，以监督宗教崇拜活动。亚历山大大帝于公元前 331 年完成了一系列征服，在之后的希腊化时代，希腊变得更为统一，德尔斐的地位逐渐下降，这说明它的地位与独立城邦的政治及因此而制造出的对手相关。[10] 我们将会在下文中看到，直到罗马时代晚期，德尔斐都一直发挥着作用。

前往德尔斐的人不会直接向阿波罗提问，而要通过女祭司皮提亚这种备受争议的媒介人物。（见图 7.6）提问者都是男性，能提出问题的时间在一年中只有 9 个月，每个月里也只有一天。过去人们将阿波罗的女祭司视为神庙权力政治中无助的受骗者，但现在，我们可以认为，她们其实是古代世界中最有权势的女性，因为从各个国家前来的代表团会向她们提出问题，并因此而改变自身的行动。人们从远近各地来到德尔斐，需要先举行净化仪式并献上各种礼物和祭品，才能寻求神谕；而在完成净化仪式并向神献上礼物后，如果兆示不佳，咨询神谕的过程也会终止。如果咨询能继续进行，询问者会被领入神庙，皮提亚则坐在神庙下方一个小房间的三足鼎上，她可能会吸入从地面的裂隙中涌上来的烟气（究竟有没有这种烟气，或者它到底是什么——可能是火山造成的——这些都是备受争议的问题）。皮提亚会回答向她提出的问题。如今人们对她回答的内容仍有分歧：一些人认为她开口说的就是诗歌和谜语；另一些人则认为，诗歌是后人的创作。不管怎么说，众所周知，这些答案都模糊而玄妙，人们常常只有等到问题涉及的行动完成之后，才会真正理解她所说的含义。

向神谕所提出的问题之中，有很重大的，也有很私人的。亚历山大

图7.6　卡米洛·米奥拉的画作《神谕》中的德尔斐神谕所

大帝和他父亲腓力二世都询问过皮提亚自己的战役是否会取得成功。雅典将军米太亚德感兴趣的则是,他是否应该应色雷斯的多洛科伊人要求,去指导他们的部落事务。小亚细亚的吕底亚国王担忧自己做了亵渎神明的事,询问这是不是他得病的原因。有些人得到的答案却非所问:希拉的贵族波吕涅托斯外号叫"battos",这在希腊语里是"结巴"的意思,他询问了和口吃相关的问题,却被告知他应该在利比亚创建昔兰尼城,而他也确实照做了。吕底亚的国王询问,假如自己征讨波斯和他们的国王居鲁士会发生什么样的事。他得到的答案说,他将毁灭一个伟大的国家;直到他兵败之后,他才意识到,他将毁灭的正是他自己的国家。有不少人想知道的事与婚姻、缺少子嗣或财务问题相关。有些人会因为询问了不敬的问题而激怒神,在这些问题中,他们希望破坏某种道德准则,这其中包括谋杀后是否能逃脱,以及做伪证是否合适。

皮提亚(事实上还有阿波罗)耐心地做出回答,而一幅幅充满忧患的人生画卷则从他们眼前掠过。虽然我们从各种不同的原始资料中搜集到了

600多个问题的记录，但只有在极少数的情况下，我们能确切地知道询问者怎样提出问题，给予他们的答案的本质又是什么。但当时的希腊人不会如此平淡地看待此事：他们认为他们收到的是神的话语，给予他们这些话语的，是一位能够看到世上万事万物的神灵，他从他无限的知识中给予人类恰当的片段建议。人们花了很大的力气来构思问题并解读答案。用我们的话来说，这可能有助于人们仔细考虑他们的困境或他们对未来的期望，因此，我们或许能将皮提亚视为政治顾问和个人事务咨询师的结合体，她能够给出既切题，又能在文化上为人接受，同时能对人有帮助的答案。

神谕和占卜先是在罗马的意大利广为人知，而后才传遍整个帝国。希腊神谕所在罗马人中也很受欢迎，尤其是公元前146年希腊并入罗马帝国之后。"当心3月15日！"就是最知名的预言之一，现在的人主要是通过莎士比亚知道它的，但苏埃托尼乌斯将这句话归于名叫斯普琳那的预言家或者说内脏占卜师，说是她给了尤利乌斯·恺撒这个建议，想要阻止后者被杀，却未能成功。在罗马世界里，内脏占卜师会检查动物的内脏，通常是羊的肝脏，从它的形状来预测未来，他们关注的是内脏的异常情况，这个过程我们在美索不达米亚的世界已见到过（详见第三章）。随着基督教成为罗马帝国的国教，皇帝狄奥多西一世在公元390/391年关闭了所有神谕所和圣所，想以此来清除异教的祭仪，虽然这一举动似乎并未取得成功，却确实给德尔斐及其他地方的神谕带来了正式的终结。

诅　咒

最神圣的主宰，符字（Kharaktêres）啊，请捆绑队伍中间偏左的波菲拉斯和哈普西克拉底的双脚、双手、肌腱、眼睛、膝盖、勇气、跳跃、马鞭、胜利和桂冠，还有尤金尼厄斯赛马场中其他蓝队的骑手……[11]

在叙利亚的希腊城市阿帕米亚的战车竞技场上发生的这种蓝队与绿

队之间的竞争，后来也在整个古代世界中被效仿。人们以种种手段企图影响马匹或骑手的表现，其中相当典型的就是诅咒。此处引用的几行字出自公元 5 世纪或 6 世纪时的一块咒板，它的施咒对象可能是蓝队的战车骑手，也可能是战车上的马（我们不确定到底是哪一个）。人们会在这些竞赛上赌很多钱，因此这种朝蓝队下黑手的魔法多少有些作弊的色彩，虽然很有可能绿队本身也遭受着对方的魔法反击。这块咒板同样也提到了我们的老朋友符字（此时它的名字的拼写方式更希腊化，而不是拉丁化），亦即圆环字母。这块咒板上共有 36 个符字，据推测它们可能对应了埃及占星学中天空的 36 个分区。同样值得注意的是，此处施咒者称呼符字的语气，就好像它们也具有生命，有自主的意识一样。如果确实如此，那它们便是这场游戏中的主演，而不是某种别的事物的代表，无论这别的事物到底是什么。我们将在下文中再讨论这个有生命的问题。

在希腊和罗马世界全境之内，已发现的咒板至少有 1700 块，而且这个数量还在不断增加。（见图 7.7）目前已知最早的咒板可以追溯到公元前 6 世纪末，出土于西西里的希腊殖民地塞利农特。到公元前 5 世纪中期，它们在雅典出现，而后传播到黑海的奥尔比亚。从公元前 4 世纪中期开始，咒板传遍了整个希腊-罗马世界。古典时期的咒板涉及的内容似乎主要是诉讼，在此之后这类内容则相对较少；在罗马帝国时期之前，阿提卡出土的咒板数量最多，其中有不少出自雅典的阿哥拉广场和凯拉米克斯墓地。在罗马帝国时期，咒板似乎传遍了地中海，在不列颠岛亦有发现。它们风格类似，考虑到出土的地点如此分散，这个特点就显得相当突出，另外从公元 2 世纪起，咒板上也可见埃及和犹太世界的巨大影响。

毫不令人意外的是，拉丁文的咒板主要出土于帝国西部。人们最后使用咒板的时间为公元 6—8 世纪之间。与犹太护身符一样，咒板使用的材料通常也是铅片，另有一些使用更珍贵的金属，但写在陶片、石灰岩、宝石、莎草纸、蜡和陶瓷碗上的诅咒也有发现。用拉丁文书写的咒板常常被以拉丁文名字 defixiones 称呼（单数形式为 defixio）。咒板和一些四肢被缚或身体扭曲的小雕像都是束缚魔法的一部分，这些雕像以蜡、黏土或羊毛制成，有时也会使用铅或青铜，在非常少见的情况下则会使用

图7.7　公元前4世纪初的希腊咒板

大理石；柏拉图是少数曾经提及这种咒板的人之一，他写道，这种魔法使用了绑缚诅咒（katadesmos，复数为 katadesmoi），施诅咒者将能按照自己的意愿捆绑受害者。人们会将咒板裹起来，或是卷起来，在极少数情况下，还会用一根钉子刺穿它；受折磨的小雕像则常常处于不得安宁的状态，人们通常会用针或钉子刺穿它。有一个用于捆绑的基础咒语，它可以适用于法律、体育、戏剧、商业、复仇和正义、性或婚姻等各种领域。一些咒板上的文字十分工整，另一些则相对较差，这说明有时候专业的抄写员也会靠抄写诅咒来挣外快。诅咒的范围囊括了人类生活的绝大部分，这或许也能解释为何它会如此流行。

书写诅咒需要确定四方关系：诅咒的主顾；编写诅咒的专业人士，他们常常会采用既定的咒文；负责实施诅咒的神（有时也会是死者的幽灵）；以及遭受诅咒的受害者。诅咒力量的来源或是诸神（他们本身完全无法被捆绑住），或是未埋葬的死者，后者在世界中愤怒地游荡，想要带

△《莉莉丝》，约翰·科利尔创作（1889年）。犹太神话人物莉莉丝被认为是人类祖先亚当的第一任妻子，由上帝在同一时间用与亚当同样的泥土创造，因不满亚当而离开伊甸园，后来成为诱惑人类和扼杀婴儿的女恶魔

△ 迦南女神阿斯塔特祈愿牌，公元前1570—前1500年，来自土耳其南部哈塔伊省的阿拉拉赫遗址（Alalakh，今名Tell Atchana）。阿斯塔特是迦南人/腓尼基人的爱情、性、战争和狩猎女神，由美索不达米亚的伊什塔尔女神发展而来

△ 咒碗，公元4—7世纪，来自伊拉克巴比伦。咒碗的文字是巴比伦犹太人的阿拉姆语

△ 曼德拉草，摘自《健康全书》抄本（约1390年）

△ 敌基督者坐在利维坦上，摘自《花之书》根特大学本（1120年）

◁ 摩西与火蛇，爱丁堡圣吉尔斯大教堂彩窗画。这是《圣经》中摩西行神迹的故事，内胡什坦是一条铜蛇，安装在摩西根据上帝的命令制作的杖上，可以治疗在沙漠中流浪时被蛇咬伤的以色列人

△ 乌银制成的十字架护身符（公元6—7世纪）。上面的魔法符号和咒语近似"Abracadabra"

▽《亚拉腊山上的诺亚方舟》，佛兰芒画家西蒙·德·迈尔创作（1570年）

△《复活拿因寡妇的儿子》,小卢卡斯·克拉纳赫创作(约1565—1573年)。在基督教传统中,耶稣所行的神迹也是信仰的要素之一。神迹总是超越了世界通常的运行方式,源于某种神圣或魔法力量的影响。当新教与天主教对峙时,新教对天主教这个更古老的教会的主要批评就包含后者使用魔法

△ 德尔斐遗址的地标建筑雅典娜神庙照片。德尔斐为古希腊福基斯地区的重要城镇，高耸于帕纳苏斯圣山之上，拥有希腊最著名的神谕所，人们特地前来此处，通过女祭司皮提亚向全知的神阿波罗寻求神谕

△ 希腊女蛇神雕像，约公元前1500年，米诺斯文明新王宫时期。它是在克诺索斯遗址的米诺斯王宫神庙库房中发现的，人们推断它可能用于米诺斯王宫中的某种神灵崇拜祭祀仪式，女蛇神手里抓着扭动的小蛇，可能与动物女神的母题相关，这一主题起源于近东，通常表现为被动物拱卫的女神形象

◁ 凹雕玛瑙护身符，罗马时代，约公元2—3世纪，刻有用符字和希腊字母书写的咒语

▷ 巴斯咒板，罗马时代。巴斯咒板是20世纪80年代末在英国巴斯市发现的数百块咒板的总称。这些咒板上写着关于归还赃物并诅咒盗窃的文字。在希腊和罗马世界全境，已发现的咒板至少有1700块

△ 希腊化埃及的星座图，托勒密王朝时期，出自埃及丹德拉的哈托尔神庙浮雕壁画

△《战车竞技赛》，让-里奥·杰洛姆创作（1876年）。在这幅画所描绘的希腊战车竞技赛上，蓝队与绿队之间的竞争会涉及魔法手段，其中相当典型的就是针对马匹或骑手的诅咒

◁《喀耳刻下毒》，约翰·威廉姆·沃特豪斯创作（1892年）。喀耳刻是希腊神话传说中的女巫，善于运用魔药，并经常以此将她的敌人以及反抗她的人变成怪物。这幅画中讲述海神格劳克斯爱上水泽仙女锡拉却遭到拒绝，向喀耳刻寻求帮助，而爱恋着格劳克斯的喀耳刻偷偷在锡拉经常沐浴的海水里下毒，使得锡拉中毒后变成水怪

△《三重赫卡忒（又名伊尼特蒙的欢乐之夜）》，威廉·布莱克创作（1795年）。赫卡忒是一位重要的泰坦女神，象征着暗月之夜，她总是与夜晚、鬼魂、冥界、巫术等联系在一起，也是希腊人施行诅咒时最常召唤的女神之一

△ 庞贝古城的西塞罗别墅的马赛克壁画局部。这幅画展现了两个女性角色在戏剧背景下召唤女巫（她们三人都戴着戏剧面具）

△《伤悼俄耳甫斯》，古斯塔夫·莫罗创作（1865年）。俄耳甫斯教是希腊的秘密宗教之一，与其相关的神话是到冥府接回欧律狄刻的诗人、音乐家俄耳甫斯的故事

△ 墨西哥玛雅遗址普洛斯雷斯（Placeres）的灰泥外墙雕塑，约公元250—600年。这幅外墙雕塑于1968年前后在墨西哥坎佩切的丛林地区被发现，遭到外国人的掠夺，历尽艰辛才得以回归故国。雕塑中央是一个玛雅国王的头像，戴着独特的王冠头饰。头像左右各有一位玛雅神祇，他们都手里拿着玛雅象形文字，左边的神拿着"黑"与"黄"，右边的神拿着"芦苇"与美洲虎

△ 墨西哥仪式集会组雕，约公元前750年，奥尔梅克文化。这组雕像可能展现了十六个人正举行一场神圣的灵境追寻（vision quest）成年仪式

△ 秘鲁礼刀刀柄,约公元950年,西坎文化。刀柄上刻画的形象被称为"西坎神"。西坎神在西坎宗教中十分重要,主宰生命和财富。这尊神威严站立,头上的半圆形头饰象征彩虹和弯曲的天穹,两侧各悬挂一只小鸟

▷ 哥伦比亚泰罗纳人制作的金吊坠,公元10—15世纪。吊坠表现了手持两个权杖的萨满,戴着一个大鼻饰和带有两只巨嘴鸟的头饰,头饰暗示着他超自然的地位

◁ 哥伦比亚人形坠饰,约公元300年,托利马文化。坠饰上面描绘的超自然神祇是以树居蜜熊为原型,这种动物可能在当地的神话或宗教中扮演一定角色

▷ 墨西哥阴阳人石雕,约公元1050年,瓦斯特克文化。(左)男子的锥形头饰是瓦斯特克人典型的仪式着装,他的腹部有一个黑曜石大圆盘,可能代表某种神镜或通向灵界的入口。(右)该男子背面悬挂着一个死者,死者顶着骷髅头和一副稍小的骨架

△ 玛雅的《德累斯顿手抄本》局部，公元11—12世纪。此抄本以玛雅文字抄写而成，记载了玛雅人的历史及其复杂历法，玛雅人的神圣历法书构成了占卜的基础

◁ 尼日利亚诺克人泥塑基座，约公元元年。泥塑上描绘了并排站立的男女托着一条蟒蛇，这是诺克文化中的常见母题，同非洲其他地区文化一样，与世界创生、生育以及祖先居住的灵界有关

▷ 突尼斯鬼脸面具，约公元前500年。这个面具出土于迦太基，作为这一时期典型的"鬼脸"或"怪异"面具，可能和帕祖祖、贝斯一样具有驱魔功能

来灾难。人们最常召唤来施行捆绑的是地府诸神赫尔墨斯、珀耳塞福涅和赫卡忒，他们或是居住在冥界，或是在冥界与生者的世界间穿行。将咒板放在坟墓中可以给它带来额外的力量；人们也会把诅咒写在装着小人偶（这让我们联想到巫毒娃娃）的小棺材上，然后把小棺材埋进坟墓里。被选来放入诅咒的坟墓中的死者，可能与诅咒里的任何一方都没有关系，但有证据表明，人们会特意选择罪行累累的死者，从而让诅咒在这种关联中获得邪恶的力量。咒板上也常常会向 Daimones（"无实体的灵魂"）致意，但他未必是被放入诅咒的坟墓的墓主。诅咒和反诅咒会来来回回地较量，例如在大型的体育活动上就是如此，这让结果变得更无法预料。回文在罗马帝国时期的咒板上尤为常见，有时候会被写得非常长。像这样的例子便是魔法所具有的危险的创造性。

有些诅咒涉及的细节极为具体，到了粗俗的地步，它们极其详细地提及某些个人和这些人身体的特定部位，表现出了一种在我们看来似乎几近有害的痴迷：

> 我将凯贝拉的妻子埃雷特里亚人佐伊丝分派给大地女神与赫尔墨斯。我捆绑她的食物和她的酒，她的睡眠和她的笑容，她的聚会和她的西塔拉琴演奏，她的入口，她的欢愉，她那小小的两块屁股蛋，她的思想，她的双眼……大地。[12]

诅咒将佐伊丝献给冥界的神祇，给予他们控制她的力量，而后又分别提及她身体的各个部位和她的各种行为。正如埃丝特·爱丁诺所说，佐伊丝很有可能是个高级妓女，即男性在酒宴上雇来寻欢作乐的女性，在这种酒宴上，她的西塔拉琴的音乐天赋只是她吸引力的一部分。[13] 诅咒的目的究竟是让她不那么成功，还是想让她爱上诅咒的主顾，我们尚不清楚。

爱情魔法在古典时期之后变得常见。在一张魔法莎草纸上，我们发现了如下魔咒，它用于给厄洛斯塑形，并赋予它生气：

有一个仪式可以让你获得助手。用桑木制作一个有翅膀的厄洛斯，它要身穿斗篷，右脚在前，背上留个空洞。在中空处放一片金箔，其上用冷锻的铜笔写某某的名字，[以及]"MARSABOUTARTHE——成为我的助手、帮手和送梦人"。深夜到你追求的女人家门口，用这个厄洛斯敲她的房门，然后说："看，某某住在这里；站在她身边，确保她敬拜的神或邪神没有意见之后，说出我的提议。"回到你自己的家里，摆好桌子，将亚麻布铺在桌上，摆上当季的鲜花，将这小雕像摆在上面。[14]

半夜来到你可能的爱人家门口，手拿一尊神像，并乞灵于神的态度，这大概是件尴尬的事，但除此之外，这件事还有很多趣味。你得严肃对待魔法和你自己，才能把这一套当成可能赢得人心的策略。特定的材料似乎决定了行动是否能有效，这些材料也在文中得到了详细说明——以桑木做雕像，使用金箔，以及冷锻的铜笔。如果一切顺利，厄洛斯会将梦境送给那名可能会产生爱情的女人，她有可能无法抵抗这些梦境。厄洛斯可能不是消极地承载欲望，而是这场游戏中积极的主演者，古代晚些时候有很多与此相关的讨论，比如雕像究竟是否真的能自己移动，是否有某种独立意志与能量。

要不是有一些众人皆知的例子，那种认为雕像能自己活动的想法或许确实会被视作幻想。萨索斯岛的忒阿根尼是一名运动员。他展示自身力量的方式之一，是将一尊非常沉重的雕像从市集扛到他家，然后再扛回去。忒阿根尼死后，人们给他立了青铜像。他的一个敌人在夜间鞭打这尊青铜像，作为攻击他本人的替代。此事的结果是青铜像倒了下来，压死了这个人。而后雕像便被控告谋杀，送到了公共会堂的特殊法庭上，这个法庭是专门用来审判我们视作无生命的物品的，显然，希腊人区分活物和死物的标准与我们不同。雕像被认为有罪，判处流放，在这桩案子里，流放指将它扔进海里。后来萨索斯岛发生了饥荒，德尔斐的神谕说应该允许所有被流放的人回国，最终不仅人类的流放者回到了萨索斯岛，这尊雕像也被从海里捞了起来。饥荒随后减轻了。

罗马法律中包含一些重要的魔法禁令，随着时间推移，这种禁令也变得越来越多。在罗马帝国时代，魔法逐渐融合了更广泛的"邪术"概念（maleficium，意为"恶作剧"或"有害魔法"——这个词在后来的女巫控告时也很常见），从此所有魔法都沾染上了负面色彩，基督教的影响更加深了这一点。"药"（veneficium）这个词可以指治病的药，也可以指毒药，与希腊词 pharmakon 类似，它通常指的是一些有魔力的物质、活性的成分，它们能让"邪术"得以实现。如果一种草药能把人类变成狼，或是把一个农夫的作物移到其他人田里去，那它无疑属于有害的魔法。假如某人被下了毒，讨论究竟用的是哪一种"药"，其实没有太大的意义，它唯一的作用仅在于反映下毒之人的力量有多强大而已。

罗马诅咒在整个帝国境内均有发现，但其中存在地域差异。不列颠岛上产生了一系列与众不同的诅咒，在 150 块咒板中，有至少三分之一涉及抢劫，这种频繁程度在其他地方都见不到。咒板在不列颠岛出现的最早证据在公元 2 世纪初，即公元 43 年克劳狄入侵的几十年后。不列颠岛的咒板中有约 130 块出现在巴斯的罗马浴场和神庙中，其余的则被埋藏在其他圣所或沉入水中。巴斯出土的咒板中，只有两块出自同一人之手，这或许说明人们自己会写咒板，不用依赖专业人士。这一点或许也可以反过来说明，诅咒的知识及其他形式的魔法此时已在人群中广泛流传，或者说，至少在能读会写的人中间已是如此。这些不列颠岛的咒板中有一部分提供了受害者的名字，少数还记录了写下诅咒之人或委托人的名字。给神提供的信息的全面程度各有不同，这说明人们认为不同的神祇知道的信息多少有所区别——有些神以全知著称，能自行了解委托的前因后果；其他神则可能需要了解更多背景知识，才能给予帮助。

罗马帝国境内的魔法呈现出多重混合的形式，这部分源于它的希腊化罗马背景，但也是因为受到各行省本地文化的影响。进一步的混合发生在埃及，此地先后被希腊和罗马征服，出现了相当大的魔法融合，这在日后引起了相当大的回响。

希腊化埃及的魔法

> 不要翻译这些文字,这样这些秘密就不会叫希腊人知道,他们那不敬、虚弱而做作的话语便不能破坏我们语言的庄严和活力,也不会损害那些名字所具有的能量。这是因为希腊人的话语虽然表面上令人钦佩,实际却空洞无力,他们的哲学只不过是冗长的噪音。而我们与他们相反,我们使用的不是词语,而是充满能量的声音。[15]

公元前332年,亚历山大大帝征服埃及之后,一种复合的魔法传统便在埃及缓慢地产生了,它起初混合了希腊和埃及的魔法形式,又吸收了犹太、波斯、罗马以及最后的阿拉伯文化的影响。这样的知识体系本身就有其重要性,它对中世纪魔法造成的影响也同样重要,主要是通过所谓的《赫尔墨斯文集》——这是始于公元2世纪的一系列文本,人们认为古代的智慧就是通过它们传进了当时的世界。希腊的学者被亚历山大图书馆吸引,另有一些埃及祭司则学会了读写希腊语,在希腊化时代到公元前31年埃及被屋大维并入罗马之间,希腊语是当时的国际语言。我们在上文中已经知道,犹太人在亚历山大港和开罗都建立了社区,还有不少退役的罗马士兵也在埃及定居。早期的基督教和诺斯替教(后者本身就是柏拉图哲学、基督教、犹太教和波斯的知识传统的融合)都在繁荣发展,而公元42年以后的科普特基督教更是埃及特有的产物。像这样把如此庞杂的影响混合在一起,必然会催生出富有异国情调的思想模式,其多样性在当时和现在都让不少人着迷。

希腊化埃及的魔法最重要的来源是一系列莎草纸书卷,它们源于埃及的罗马时期,却以希腊语写成(其中只有极少量,可能就只有底比斯一处窖藏里的莎草纸,以埃及语写成),如今被称为"希腊魔法莎草纸书卷"。总体而言,埃及魔法是保护性的,或与死者有关,而希腊化埃及的魔法则掺入了希腊魔法的竞争元素,强调诅咒和绑缚。但其中属于埃及的脉络依然清晰,它会召唤本地的神祇,会将动物制成木乃伊,有时在这些动物木乃伊的裹尸布中会发现咒板。人们在幻视或梦境中召唤神祇,而后向他们提问，这是希腊化埃及魔法的常见特征。魔法文字出现在莎草纸上，尤其以希腊语的 7 个元音字母居多，人们有时会将它们排列成圆形或三角形。希腊语的单词、字母和名字出现在宝石上，单词、形象和宝石的颜色之间呈现出了复杂的交互影响，例如，写在白色石头上的魔法文字或许能给产妇通乳，葡萄酒色的紫水晶则能防止醉酒，等等。

赫尔墨斯主义通过一批作于公元 1—4 世纪的希腊语文本产生了特别大的影响，尽管这些文献常常仅存后世的抄本。这些文本被声称是智者赫尔墨斯·特里斯墨吉斯忒斯（Hermes Trismegistus，"特里斯墨吉斯忒斯"是埃及语"三倍伟大的"的希腊译文，这个头衔曾在公元前 2 世纪时被授予透特）的著作。这些文本的内容既有理论，也有技术，后者主要是魔法、占星学和炼金术的指导。这个时代的占星学是从希腊的思想和数学，以及埃及和美索不达米亚的天体知识的结合体中发展而来的；黄道十二星座可能便是个希腊发明。有一些形式的魔法在它们相应的星座符号下能发挥出更大效用。总体而言，人们将恒星、行星的能量与宝石、金属和人体组成部分联系在一起。

超越性的维度是很重要的，迷狂能让人摆脱肉体的影响，与诸神交流。在某些版本中，炼金术的主要目的不是将贱金属转化为贵金属，而是将灵魂从物质身体中解放出来。按照这些观点，魔法的艺术能够提供通往宇宙奥秘的入口。基督教的支配地位逐渐显现，到公元 4 世纪，绝大多数的旧神庙都遭到了废弃，教堂则变得十分常见。基督徒常将赫尔墨斯·特里斯墨吉斯忒斯视为异教徒，却认为他很重要，例如希波的奥古斯丁便是如此。公元 7 世纪时阿拉伯人入侵埃及，带来了新的文化影响，最著名的赫尔墨斯主义文献《翠玉录》也因此成文；它很可能写作于公元 9 世纪，后来对炼金术产生了相当大的影响。

在整个中世纪时期，人们都在将阿拉伯语和希腊语的文本翻译成拉丁语。马尔西利奥·斐奇诺于 1462 年替他的赞助人科西莫·德·美第奇翻译了 14 篇赫尔墨斯文本，这是《赫尔墨斯文集》对欧洲文艺复兴产生影响的先决条件。像焦尔达诺·布鲁诺这样的哲学家（S. J. 帕里斯以他为主角写过一本学识丰富的历史小说）也受到其中思想的吸引，即认为对自然之力的理解能构成自然哲学的新基础。这一点我们将在第九章中详细叙述。

地中海魔法

如果我们在公元前的第一个千年结束或下一个千年开启之时,乘坐魔毯环游地中海沿岸,并顺便进入罗马帝国的话,我们就会看到除了我们在本章中讨论的神谕和诅咒之外,还有不少其他类型的魔法。炼金术的尝试很常见,占星学受到巴比伦和亚述的影响,但又具备了本地的多样性。希腊医学发展出了体液理论,将人体视作土、气、火和水的结合体,同时也把人和行星联系到了一起。体液理论是欧洲中世纪医学的基础。

有两种哲学的发展逐渐变得显著。其一关注的是知识的本质,其问题类似:我们要怎么了解我们生活的这个世界;我们对自己掌握的知识有多确信;我们的争论中又有多少矛盾之处。其二则开始了一场非同寻常的思想实验——与其将宇宙视作活的实体,我们或许能以更抽象的词汇来理解它,例如力、质量和速度。第二种发展让我们得以通过建造桥梁、高架桥、道路和下水道来改造、操纵这个世界,以谋求人类的福祉,它使用的思想由希腊人孕育,带来的却是罗马人宏大的规划。这种更抽象的世界观源于前苏格拉底哲学,在约2000年间都与有生命的宇宙共存;抽象的方法成为我们行事的基础,与此同时,有感觉的宇宙则提供了框架,让人得以更全面更满足地生活。再后来,机械论的宇宙成为科学必需的构成部分,而有生命的宇宙则归属给了魔法。但一直要到近代早期,人们才将这二者视为彼此对立的存在。但这样的对立并非必需。逻辑推理并不是科学的朋友或魔法的敌人,只要我们在尝试理解这个世界并在其中茁壮繁荣,它都是非常有用的。

超凡的个体以他人所不能的方式引导魔法的力量。在亚历山大大帝取得多次胜利之后,他生命的终结之时,人们争相触碰他的衣服,以求将他的力量转化到自己身上。人们与这个世界不是隔绝的,而是存在于这个世界的统一体中，无论是善是恶。神力是更强大的人类力量的具现。除此以外，人类在一个充满了活跃之物的世界中活动。愤怒的雕像能够杀人，铅版能造成伤害。道德责任能延伸到物质世界，要使用或开发物质，便不能不付出代价。神的不悦会造成饥荒，城市不得不设法重新取悦神。犹太人唯一的上帝与多神教相对，改变了这套游戏的规则，因为至少在理论上，唯一的上帝是全知全能的，而且非同一般的喜怒无常。数量惊人的各式天使和魔鬼模糊了一神教和多神教之间的界限，这些存在能够随心所欲地活动，也确实这么做了。人们需要设法与它们打交道，这就常常会用到魔法。

　　犹太、希腊和罗马的魔法有着不同的文化背景和目的，却彼此影响。至少从流传到我们手里的信源来看，犹太魔法似乎更注重保护而非攻击。而在更注重个人主义和竞争激烈的希腊与罗马的社会里，人们会经常使用攻击性的诅咒，它涉及人们生活的许多最重要的方面。在魔法的收支平衡表上，犹太魔法留下了相当正面的记录，希腊与罗马的魔法则要负面得多。这种负面影响加深了魔法的恶名，给它带来了可疑而危险的一面，而这些方面在后罗马的世界中被放大了。

第八章

非洲、澳大利亚和美洲魔法

战争激发了某些最激烈的人类情绪——恐惧、希望、对我方的爱或对敌人的恨。因此，战争经常催生出特殊形式的魔法也就不足为奇了。战争魔法有时也被称作攻击巫术，在世界上的不少地区都很常见，其中包括南美、非洲和东南亚。[1]这些魔法的发展常常旨在保护人们不受殖民暴力伤害，或是让人们能偷袭殖民者。在20世纪后期和21世纪的广义上的后殖民地世界里，这些魔法传统被动员起来，在新的冲突中给人们提供帮助，在那些地方，人们不仅以现实的暴力手段袭击敌人的身体和财物，也会对敌人的灵魂和精神发起攻击。同时，保护性的魔法也常常被用来确保群体的灵魂和身体的平安。

印度尼西亚的苏门答腊岛在1903年遭到入侵后成为荷兰的殖民地，在这个巨大的岛屿上，无论是在过去的殖民地时代还是现在，都存在着各式各样的魔法，其中有一种被称为伊尔姆·基巴尔（ilmu kebal），它能让人刀枪不入。在葛林芝火山附近的葛林芝区洛洛村里，有个名叫德帕提·帕波的男子，据说他在与荷兰人旷日持久的战斗中从未受伤。当地人说荷兰人的子弹在他的衣服上打了好几个洞，却没法穿透他的身体。德帕提·帕波修习过班卡西拉（pencak silat，一种印度尼西亚当地的武术），还向当地的萨满学习过，这才获得了这种保护能力。他在附近的火山上冥想，让魔法能力达到了不同寻常的水平，以此来抵抗荷兰人，但最后还是失败了。女舞者也会修习伊尔姆·基巴尔，而后她们便能赤脚在针床、剑刃上行走，或是在火焰中舞蹈而不受伤。

被祖先之灵附身能让人获得刀枪不入的力量。在斯里兰卡近年来的内战（1983—2009年）中，主要的反叛力量之一的泰米尔猛虎组织就发明出了新的做法，例如将战争中英勇的死者土葬，而不是火葬。死者会变成鬼魂和低级妖魔，从而拥有力量，可以在战争中帮助生者。猛虎组织也会施展一些保护性的魔法，例如男人会将他们的头发剃光，或是将一小瓶氰化物戴在项链上，就好像女人结婚时首次戴上的项链一样。他们希望这些举动能保护他们不受伤害。在泰米尔猛虎组织的例子里，项链证明佩戴者在精神上做出了献身的承诺，它能让佩戴者在自杀任务中欣然拥抱死亡。

这类魔法都吸收了旧有的信仰体系，在富有挑战的新环境中以新颖的方式重塑了传统。我们在上文中看到，像泰勒和弗雷泽这样的西方作家认为，非西方的魔法都严格遵循着既定的传统。但我们将在下文中看到，在这个世界的很多地方，殖民主义才是主要的影响因素。在面对各种形式的侵略、流离失所和驱逐时，人们想尽一切办法来抗争，在这个过程中，他们将古老的做法与新的目标结合，创造出不少新颖的魔法形式。值得注意的是，西方发生的战争同样也引起了魔法的革新：第一次世界大战中，士兵们发明出不少护身的手段，其中包括在子弹上刻自己的名字，用它弹开射向他们的子弹，以及用子弹制成十字架来提供保护。这样的物品及其他类似物是在德帕提·帕波反抗荷兰之后的几年间被制造出来的。[2]

在多次受到殖民主义蹂躏的同时，非洲、美洲和澳大利亚这三片大陆上的人们对人的意义问题进行了一系列广泛的实践和哲学思考。他们显然有各式各样的答案，但总体而言，他们对何为人类这一问题的回答与西方人的答案有着很大的不同：成为人类并不意味着与物质和灵性的世界分离或分开，而是紧密地交织在其中，以复杂的方式与各种事物相连。人类并非以环境为生，或从环境中来，而是存在于其中。对不少读者而言，进入非洲、美洲和澳大利亚的世界，意味着要重新审视我们原本的常识，同时克服我们听到人类可能与岩石等物品有联系时产生的怀疑。假如我们认真看待这种观念，我们的生活又会如何展开？将一块石头纳入我们的家族史的想法让人困惑，但如果我们想到同一家族的好几代人一直住在某间屋子里，或是有亲缘关系的人们在某段时间里始终居住在一片土地或一条街道上，可能就更容易接受上面的想法。在这种情况下，人类和物质之间或许就不是那么泾渭分明了。

从 15 世纪开始，西方的殖民主义让非洲、美洲和澳大利亚的原住民深受其害。土地遭到掠夺，大量人口因为疾病而死亡，无数人被掠为奴隶，秩序和信仰的体系则被蓄意破坏至崩溃，这些情况都很常见。魔法则是殖民主义修辞学的中心：所谓的现代和前现代之间的分野，正在于是否相信魔法。几个世纪以来，人们在施行魔法的传统、轻信和不变的社会与不相信魔法的开放、质疑和民主的文化之间画下了关键的界线，这一点在马克斯·韦伯的作品之后又产生了新的形式。人们用魔法承载的负面意味来贬低非洲社会和美洲、澳大利亚、太平洋等地的原住民。只因为他们相信魔法，他们那充满活力、保持动态变化的社会也因此被划入史前阶段，充当"活化石"：欧洲社会的更早期也更原始的版本，永远无法摆脱"原始"这个形容词。西方人为这种病症及其原因开出的药方是《圣经》和科学。在这些原住民遭受的所有肉体和文化上的摧残中，被贴上相信魔法的标签似乎是最无害的，但这种标签造成的影响却极为深远，意义非凡。许多人类行为被无视或被边缘化——其创造性和深度我只能在本章中略述——而这些行为往往是社会活动的核心。

我会依次讨论各大陆，从非洲开始，到澳大利亚结束。可以说的太多了，而我只能在其长期历史的背景下，让诸位略微感受他们的宇宙信仰。

非　洲

在牛津大学皮特·里弗斯博物馆的下层厅里，有一座被称为马文古（Mavungu）的雕像（见图 8.1），它原本属于中非刚果河流域那片广阔土地上的刚果人。马文古是木雕，像它这样的木雕被称为钉子保护神（nkondi），有时被西方人看作一种钉子崇拜。马文古有一张凸出的脸，嘴巴张开，眼睛里的瞳孔很小。它的一条手臂抬起，双腿是红色的，身体正面有两个小小的盒子，盒上安有镜面。最惊人，事实上也最令人不安的是他周身插满钉子和金属片。对于制作了马文古并与之互动的刚果人来说，他不是一件物品，而是一个人，能行动并影响这个世界；另一位著名的钉子保护神被称为曼嘎卡（Mangaaka），它被像酋长一样放在轿子里四处巡游。在刚果人看来，钉子保护神像任何人一样，都是身体和有生气的灵魂相结合的产物，而灵魂也可以转移到另一个身体中。[3]

自然之灵是四类具有力量的存在之一，其他三类分别是鬼魂、人类祖先和各种类型的仪式雕像（它们由纤维、黏土罐或木头制成），马文古便是最后一类中的一个强大的例子。对刚果人而言，水之灵有时能附在人身上，让人因为水的特性而生病。人类像这样被自然之灵附身的情况有可能自然而然地发生，但更多情况下源自另一个人类的恶意。要将这灵赶出去，就得消解掉导致自然之灵附身的巫术。人们会请来占卜师给像马文古这样的雕像下指示并赋予他生气，通常的做法是将钉子刺入他

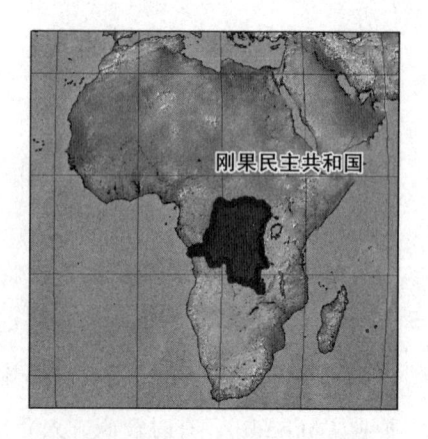

图8.1 马文古，钉子保护神的范例之一（过去人们曾认为这是一种钉子崇拜），出自刚果民主共和国卡刚果的恩刚扎村

的体内，但也会将一些相关的东西放入他身体正面的盒子里，这些东西可能是从坟墓里取来的泥土，或是有魔法属性的特定药物。占卜师能通过这两个盒子正面的镜子照出什么地方可能有危险。这种仪式中最戏剧性的部分便是将钉子敲入马文古的体内，其中可能还牵涉谐音带来的力量：将 kazu 果实的碎片放在马文古的一个盒子里，将能帮助他 kazuwa（"咬掉"）导致自然之灵附身的巫术。马文古常常会穿越到人类看不见的死者的世界里，恳求祖先出面与灵交涉，在这样的旅程中，他的瞳孔会缩小，而瞳孔的消失意味着他在死者的国度里获得了完美的视野。

插在马文古身上的每一个钉子或金属片都代表着一次纠纷、疾病或困难。他身上的状况反映出恩刚扎村的历史及其社会关系，就像在不少小型社区里常见的那样，这些关系往往相当紧张。从比较日常的角度看，马文古是一种重要的技术手段，能监控并改善某个地方的人际关系。通过对巫术的控告，纠纷和矛盾尖锐地暴露出来，有时也能得到解决。被判定犯有施行巫术罪的人，完全能合乎情理地宣称自己只是无意识中成了更广大的力量的代理人，而这种辩解如果为人接受，便能极大地减轻此人的罪行。刚果人自己承认马文古发挥作用的方面，但又强调人类生活中所有元素都有灵性的一面，人类在这其中处于与祖先、鬼魂、自然之灵和仪式雕像之间的复杂关系里。

在刚果人的世界里，马文古是重要而活跃的一部分，这个世界有诸多维度，它的一部分面貌能为人类所见，另一部分则不能。人们将具有一定人性的强大事物与各种物质结合起来，创造性地利用语言，便能驾驭复杂的精神和生态领域。19 世纪末，当马文古被人从恩刚扎村搬走时，这种复杂性还有着刚果人长期受到殖民的因素。葡萄牙人最早沿着西非和中非海岸航行是在 15 世纪 80 年代（很可能在很久之前，来自北方的古典时代的希腊人便已完成了同样的航行，但尚没有足够的证据来证明这一点）。1491 年，刚果国王恩津加皈依基督教。刚果王国领土辽阔，等级森严，权力集中在君主和强大的贵族阶层周围，他们会从各省征收贡品，其中包括象牙、木雕、纺织品、铜、盐等，后来还有奴隶（这些奴隶被投入了彼时刚刚萌芽的奴隶贸易）。恩津加国王之子名为阿方索一世

(1506—1543年在位），他发展出了一种吸纳15世纪中非的灵和神祇概念的基督教模式。当时的刚果人很可能并未将基督教视作一种全新的宗教，而更像是将外来的观念嫁接在原本已为人接受的信仰结构上。阿方索与葡萄牙的宗教和世俗领袖以及梵蒂冈，都保持着定期通信。他的儿子亨里克被送往欧洲完成宗教修习。新的基督教信仰与传统的魔法相呼应，因为两者都认为人类的世界被灵的世界所包围，而且深受其影响。在不少殖民地，魔法和宗教形成了强有力的双重螺旋。

正如我们在上文中所见，马文古在19世纪时被人掠夺，当时正是刚果发展史上极为特殊的时期。1892年马文古被收缴，而后被葡萄牙商人收购，并被卖给著名的英国旅行家和探险家玛丽·金斯利。据说马文古是刚果最强大的三尊木雕之一。我们不清楚收藏的具体情况究竟如何，但19世纪末，在整片中非和西非的大地上，确实有大量神祠和圣地遭到拆毁。最恶名昭彰且可耻的事件是1897年的贝宁惩罚性远征，这次远征导致整个贝宁城被洗劫一空，导火索则是有人袭击了某些英国商人，但同时也是因为有（不实的）谣言，说该地区的圣地有人祭的行为。这场洗劫导致不少受崇拜的雕像流入市场，艺术家保罗·高更就是从中受益的人之一。他在1889年的巴黎世界博览会上买了其中两尊雕像，随后又以或许会让刚果人震惊的方式给它们添加彩绘，做出了修改。

马文古被玛丽·金斯利陈列在她伦敦的家中，直到1900年她过世之后，她的兄弟将马文古捐赠给了皮特·里弗斯博物馆。在皮特·里弗斯博物馆，起初马文古与其他来自尼日利亚的雕塑一同展出，笼统上来看，它们之间有着相似之处，这些雕像都是19世纪80年代尼日利亚南部"开放"的过程中，各类惩罚性掠夺获得的战利品。在当时，英国掠夺这类雕像，旨在展示原住民表现出的原始主义和野蛮。在当时的西非和中非，确实有人做出了野蛮的行径，但做出野蛮行为的是步步进逼的殖民势力，而非当地的原住民。

马文古让我们得以一瞥殖民关系和本地信仰体系二者的复杂性质。从15世纪开始，非洲各地的人们便开始与白皮肤的外来者通过谈判建立新的关系，他们改变了自己的生活方式，同时也选择性地接纳了一些外来的影响，如基督教。当地人与葡萄牙人及后来的其他欧洲人之间的关系，在一开始还维持着彼此的尊重和好奇，至少在这些人群的上层中如此。种族歧视的观点在当时尚未成形，或许唯有16世纪后的奴隶贸易才能催生出不再把非洲人当人看的种族主义形式。

欧洲人的态度在20世纪又发生了缓慢的改变。此时影响人们观点的是人类学，其中包括埃文思-普里查德的《阿赞德人的巫术、神谕和魔法》，它以魔法为主题，是这类作品中最知名的作品之一，我们在第一章中已介绍过。有争议的事件被提交给毒药神谕来裁决，这是阿赞德人最强大的神谕；在埃文思-普里查德的时代，阿赞德人的土地上，毒药会被投给鸡吃（以前可能是投给被控告的人）。人们会向被下毒的鸡询问相关的问题，如果它在一定时间之内死亡，那答案便不言自明。问题最终与巫术有关。巫师是代代相传的，其原因在于巫师的肚子里有某种物质，它只能从父母中同性别的那一方继承。假如儿子被判施行巫术罪，那么他的父亲也肯定是巫师，所以儿子才会经由父系的血统遗传到这种状态。一些时候人们会蓄意用他们的巫术能力作恶，而另一些时候却可能是无意的，因此某些人会为他们不经意造成的伤害而道歉。埃文思-普里查德叙述了巫术及阿赞德人为找出谁该为这些行为负责而付出的努力，在他的叙述中，神谕可以被视作一种灵敏的技术手段，阿赞德人用它来发现并解决争执，从而帮助调节村庄或地区的政治状况。被指控施行巫术之人的家庭可以雇用仪式专家来为己方进行反向调查，类似于上诉。这可能会让更多的关系、冤情和纠纷浮出水面。在被判处巫师罪的人死后，人们会出于善意将他们的肚子剖开，把肠子绕在一根棍子上，以证明他们实际上没有罪，让他们所有的直系男性亲属松一口气。

埃文思-普里查德的工作很重要，因为它让西方人对其他文化，特别是对巫术和魔法等问题的思维模式发生了缓慢的变化。他认为，阿赞德人在事故和死亡等问题上的思维过程与他自己的思维过程一样显示出逻辑和连贯性；阿赞德人不过是采用了不同的前提。如果所有主要的疾病、事故和死亡都是人类用巫术引起的，那么人们就需要一种普遍可信但也可以进行辩论和对个别结果进行更详细质疑的调查方式。神谕的技术有很多种，总体来说人们相信它们能奏效，不过它们也可以接受公开的批判调查，特别是在那些利益相关、有权质疑它结果的人那里。在被人接受和批判这两方面，神谕都与西方的科学方法没有太大的不同。二者都是从一个难以批判的核心假设入手，在个别案例的许多不同细节中系统地、有逻辑地推进。

非洲的史前史和历史

为了能对整个非洲大陆上施行的魔法有更广泛的了解，让我们先来看看这片大陆在更长的时期内的总体趋势（见图 8.2，这片地区的地图和文中提到的遗址）。在近代，我们可以看到非洲人将本地的占卜和巫术的观念——它们来源于更久的非洲历史——嫁接到如今已成古老信仰的伊斯兰教和基督教上的复杂过程。这三种潮流都涉及创造性的人类活动，尤其是当两种或更多的潮流交织在一起时，这种情况会大大增加。

人类的起源在非洲，它可以追溯到约 700 万年前我们最古老的祖先，我们在第二章中已简述过这一点。最原始的魔法很可能也是在非洲施行的，但在这一时期的大部分时间里，考古学证据几乎无法让我们辨认出具有魔法特征的东西。人类现存的生活方式的直接起源可以追溯到约 5000 年前，不过它也有极为丰富的多样性，变化不断（大事年表可见表 8.1）。

非洲展现了世界上的诸多不同环境的缩影。东非和南部非洲相对海拔较高的高原基本上是干旱或半干旱的不毛之地。撒哈拉，这个世界上最大的沙漠地区，事实上也呈现出极为微妙的多样性，它湿润和干燥状态的循环也同样如此。西非和中非总体而言炎热而潮湿，它支撑起了世界上最大的几片雨林，尤其是南边毗邻沙漠的广袤的刚果盆地，以及北部变化多端的萨赫勒地区（它是撒哈拉沙漠与南部稀树草原的交界地带，从大西洋一直延伸到红海）。非洲生态的深历史尚没有人写就，但即使在最近的 1 万年间，我们也能看出不少变化，湿润而寒冷的时期与炎热而干燥的时期交替循环。撒哈拉周期性地变绿的过程中穿插着它成为真正

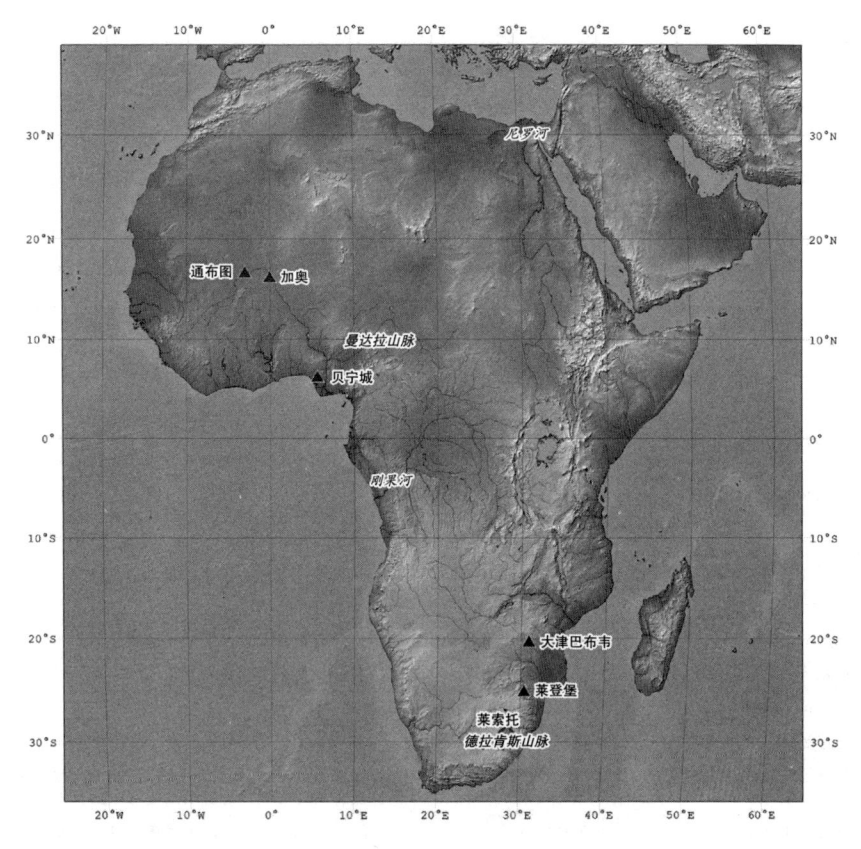

图8.2 本地区地图和文中提到的非洲遗址

沙漠的时期,而在近阶段,它的沙漠化则是气候变化与人类对环境的影响相结合而造成的。

与非洲大陆接壤的两个大洋,即印度洋和大西洋,在很大程度上是非洲历史的一部分,正如非洲也是这两大洋的一部分。至少在过去的 5000 年里,人类、植物和动物从东南亚和亚洲大陆本土进入非洲,而非洲也输出了各种植物、动物和矿物资源。罗马与印度的贸易始于约 2000 年前,但它与非洲之间的联系还要古老得多。"黑色大西洋"的文化在过去的 500 年里逐渐成形,它始于欧洲殖民和奴隶贸易,但非洲人也是积极的参与者,这一点在刚果的历史中可见一斑。

非洲史前史的后半段与世界上其他地区有着显著的不同。在较近的时期,我们依然能在非洲看到一些狩猎采集者群体,他们依靠沙漠或雨

时间	主要时期	事件与进程
公元前700万—前20万年前	旧石器时代早期和中期	从人类起源到现代人的出现

西非

时间	主要时期	事件与进程
公元前1.2万—前5000年	晚石器时代	畜牧和一些早期的驯化行为；探讨了人与动物之间关系的岩画艺术起源于此时
公元前5000—前3000年	新石器时代早期	定居的农耕群体和牧民混居
公元前3000—前2000年	金属器时代早期	人们首次使用铜器并进行大迁徙；与金属制品相关的魔法可能起源于此时
公元前2000—前1000年	早期城市化	最早的大型城镇的出现，横跨撒哈拉沙漠的贸易的出现
公元前1000—公元500年	铁器时代	国家的发展——诺克、加纳、马里等祭祀祖先及相关习俗可能起源于此时
公元500—约1480年	中世纪时期	一些早期国家的延续，新国家的发展来自北方的伊斯兰教及相关的魔法形式
公元1480—1950年代	欧洲殖民时期	欧洲人入侵非洲，西非被并入各帝国的版图；占卜系统的发展，以及随着奴隶被带入美洲的巫毒教
公元1950年代至今	独立	民族国家形成；占卜和巫术的进一步发展

东非

时间	主要时期	事件与进程
公元前4万—前1万年	晚冰期的狩猎采集者	新的石器技术，高度流动的群体
公元前1万—前2000年	全新世的狩猎采集者	粮食生产密集化，人口增长
公元前2500年	非洲之角和红海沿岸的王国	
约公元前2500年至今	畜牧的发展	放牧家畜出现在种植作物之前
约公元前1000年	班图人的扩张	说班图语的人群走出西非；铁制加工技术发展，与金属制品相关的魔法可能起源于此时
公元元年至今	斯瓦希里海岸	在当地人、阿拉伯商人之间，及横跨印度洋的联系
公元1490年代—1960年代	欧洲殖民时期	欧洲人入侵非洲，东非被并入各帝国的版图；如在阿赞德人那里发现的一样，巫术得到发展，占卜也是如此
公元1960年代	独立	民族国家形成——占卜和巫术的进一步发展

南部非洲

时间	主要时期	事件与进程
公元前2万—前1万年	晚冰期的狩猎采集者	可能是科伊桑人祖先的群体出现；人们通过岩画艺术与灵的世界相连，同时处理着他们与动物之间的关系
公元前1万年至今	全新世的狩猎采集者	粮食生产密集化，岩画艺术有所发展
公元1千纪	农民和牧民	铁制加工技术发展，与金属制品相关的魔法可能起源于此时；占卜的各种形式可能有所发展
约公元700—1300年	国家和城市	城市崛起，其中最广为人知的是大津巴布韦
公元1490年代—1960年代	欧洲殖民时期	欧洲人入侵非洲，南部非洲被并入各帝国的版图
公元1960年代	独立	民族国家形成：1980年津巴布韦独立；1994年南非成立了第一个民主政府

表8.1 非洲自末次冰期以来的简略年表。有不少地区很难清晰地划分出各个时期。该表分为西非、东非和南部非洲三个部分，以便在一定程度上反映非洲大陆内部的多样性

林中的野生动植物资源为生；也有不定居的牧民，擅长养羊或牛，常常出现在半干旱地区，例如著名的马赛地区；定居的农民则依靠各式各样的作物为生，这些作物中有不少是在非洲本土驯化的。这些生活方式都是在约 5000 年前形成的。金属在不少地区都很重要，但我们在非洲常常会看到不同于欧亚大陆的金属使用顺序，欧亚大陆上的人们在长期与各种金属打交道的实验中先是用红铜制造物品，而后用青铜，再然后用铁；但是非洲人首先于约公元前 500 年时开始加工铁，这些铁器本身很可能独立起源于非洲大陆内部，而没有借鉴外部的技术，后来非洲人才转向使用青铜和金器。正如我们在下文中将会看到的，金属制品引发了一系列极有特色的魔法。在过去的千年间，整个非洲大陆的城市得到了发展，在西非和非洲大陆中央的萨赫勒地区出现了各种城邦和王国，在东南部则出现了城市与国家同名的大津巴布韦。（见表 8.1）

世界宗教中有两个在非洲有着深远的历史。阿拉伯人在公元 642 年征服埃及，让伊斯兰教在北非确立，它从那儿开始，沿着非洲最北端迅速蔓延，取代了基督教等其他宗教的社群。到公元 9 世纪初，伊斯兰教已抵达东非海岸，遍及萨赫勒地区西部；到 12 世纪时，商人横跨撒哈拉沙漠，来到南部的加奥和通布图等地，将伊斯兰教也带到了那里。在所有这些地区，伊斯兰教都染上了本地的色彩，并展现出相当可观的多样性。伊斯兰教还产生了各种魔法，其中包括使用邪眼和法蒂玛之手这样的保护性器具，以及将罐子、骨头和其他物质摆放在门槛和门廊下，防止恶灵进入建筑尤其是住宅之中的仪式。在公元 4—6 世纪之间，基督教被引入努比亚和埃塞俄比亚，于是其原本的建筑风格也受到了本地风格的影响。在这些地区，基督教与伊斯兰教有着长期而复杂的相互影响，二者并非总是处于对抗的状态。这两种宗教在非洲之角都发展出了非常活跃的基督教圣徒崇拜，他们有着各自的雕像和圣所，能够施行神迹。我们已经看到，自 1491 年起，欧洲各种形式的基督教被引入中非，然后是西非，此后它们便与那里各种形式的本地信仰相互影响。非洲呈现出多种信仰的潮流，它们在这片大陆上以复杂的方式交织在一起，人们则在几千年之间有选择地从中汲取养料。

非洲魔法史一瞥

魔法最古老最持久的实践之一便是岩画艺术，它在非洲至少可以追溯到冰河时代晚期，甚至在某些地区延续到了今天。据估计，在非洲大陆上有记录的岩画艺术遗址就高达 5 万处，进一步的推测则认为这个数字不过是总体的十分之一。如今我们对岩画艺术的理解越来越倚重本地的信仰体系，而不再是外来者的阐释模式。努力接受当地的思想能让我们摒除我们理解这个世界时的常识，但也要承担可能无法掌握过去行为的本质的风险。

尽管岩画艺术流传的地域广阔，但仍有一些地区已得到了集中研究与讨论。其中之一是南部非洲和莱索托的艺术，它本身就足够惊人，而且在学界采用了科伊桑人（通常是 19 世纪）的描述之后，对它的阐释就变得更加生动，有了进一步的深度，同时引发了不少新的争议。人们认为在德拉肯斯山脉等地的艺术是由说科伊桑语的人在至少过去 2000 年之间创造的，在这段时期内，这些狩猎采集者的群体与来自北部的牧民和农民之间，常常有着难以捉摸的相互影响。科伊桑语是所谓的哒嘴语言（click language），如今在书写这种语言时，哒嘴的部分用感叹号来表示。在 19 世纪和 20 世纪早期，有不少科伊桑人与对他们感兴趣的欧洲人交谈过，其中有两个男子分别叫作钦（Qing）和蒂雅哒奎因（Diä!kwain）。对这些交谈的叙述及西方人的添油加醋至今仍有争议，但不管怎么说，它们提供了一扇小窗，让我们看到了不同的世界。对科伊桑人而言，岩画不是在描绘人类和动物，而是在尝试让它们获得生命。重要的是绘画这个动作本身，而不是完成的画面。绘画常常是更广泛的一系列表演的一部分，其他还包括唱歌、跳舞和讲述故事，它们用来解决狩猎、降雨、人的生育等问题，并调解科伊桑人和本地农夫之间的关系。绘画是完成事物的方法，也是穿透事物表面抵达其隐藏的本质的方法；有迹象表明，科伊桑人有着广泛的力量观念——举例来说，动物（或许尤其是蛇类）的脂肪能赋予人类潜在的力量，而不只具有营养价值。某些人类个体扮演着各种社会角色，其中包括治疗师或术师（可能好坏皆有）、祈胜或控雨师，还有怀有恶意、故意伤害他人的恶法者。

大卫·刘易斯-威廉斯曾将这些人描述为萨满，[4]但鉴于他们与在西伯利亚顶着同样名字的人之间的差别极大，我认为这个词没法给我们提供多少帮助。不过，很明显，我们眼中灵的世界与所谓的现实之间的边界，在科伊桑人眼中，则以极为有趣的方式显得相当模糊。他们或许认为岩石表面是这两个世界的交界点，因此绘画的动作本身就是在让灵的世界在岩石表面显现，同时也将那个世界的力量带入我们的世界。由此在我们看来是所有物质中最坚硬的岩石，在其他人眼中，则可能是用来投射另一个世界的屏幕，他们以此来解决跨越两个世界的问题（他们要解决的大多数问题都是这种）。刘易斯-威廉斯也论证了转变意识状态的力量：在科伊桑人的仪式中每一个人都能做到这一点，尤其是仪式中的专家，能够通过服用药物或是在几乎没有食物和水的情况下连续跳舞来进入迷狂的状态。在刘易斯-威廉斯看来，这能解释各种形式的现实如何能同时存在，又为何会存在：在某些状态下，我们可能都见过在日常生活中不那么容易接触到的鬼魂和显灵；眼见为实，人类在感觉上得到了灵的证据，因此也就接受了灵的存在。这种观点很有力，文化通常有助于发展和提供各种版本的现实，人们接受这些版本，作为他们对世界如何运转的常识理解的一部分。强有力的定期体验能强化普遍的信念，但它可能并非这些信念的唯一来源。

创造岩画艺术的不仅有狩猎采集者，还有牧民。从埃及到利比亚、马里、阿尔及利亚，直至摩洛哥，这一大片弧形地带中可能存在着10万幅美丽而惊人的岩画，描绘了人类和动物，其中尤以女性人像最为重要，被视作生育力和繁殖力等的起源。（见图8.3）最好将艺术视为某种形式的创

图8.3 戴着有耳朵的帽子的人抓住大羚羊的角，这让它"恰好"成为被攻击的目标（来自南非自由州省）

生,而不是一系列闲暇时默观的图像,也正是这一点让岩画艺术成为强大而普遍的魔法模式。

其他还有不少显然以丰产为目的的活动,也涉及一系列重要的魔法信仰。马里的曼迪人有一种名为尼亚玛(nyama)的概念,它是一种遍及万物的生命能量或热量。将黏土烘烤成罐便是将额外的尼亚玛注入它们。将旧罐子碾碎并做成新罐子,不只是以有利可图的方式改变黏土性质的纯技术行为,更是在回收作为祖先的旧罐子中的力量,将它纳入新一代人的器具中。摆放在这种罐子里的食物不仅能获得过去的力量,而且也含有当下的努力。在过去的 2500 年间,出现了一种制造黏土面具或大略具备人形的塑像的传统,它至少能上溯至约公元前 500 年尼日利亚的诺克文化的塑像。在南非德兰士瓦的莱登堡镇,人们复原了一组惊人的黏土头像,它们以模具制成,共有 7 个,在约公元 500 年一起被埋入该地,成为南部非洲最古老的人类雕塑(见图 8.4);这些头部塑像是中空的,其中有两个的尺寸大到至少能让孩童戴在头上,这就增加了一种可能性,即它们原本或许用于入门仪式。精心设计过的发型和可能代表伤疤的痕迹(在后来的时期中十分常见)或许能说明它们有着某种特殊的文化背景,只是我们对这种文化背景还一无所知。塑像上覆盖着赤铁矿结晶,它们在日光或火光下会闪烁,创造出一种激动人心的效果。

我们已知的造型传统主要用的是黏土,从考古学的角度看,这是因为木雕难以保存。虽然只是推测,但像 11—15 世纪的马里杰内古城这一类黏土塑像的传统,有可能是更广泛传统的一部分,正是这后一种传统创造了我们在本章开头介绍的钉子木雕马文古。

图 8.4 莱登堡的复原头像中较大的一只

我们之所以会猜测莱登堡头像可能用于入门仪式，是因为较近的时期内整个非洲的所有过渡礼仪都十分重要，而且我们猜测，较近的过去的所有时期都是如此。祖先是许多非洲社会的核心。创造祖先是一个至关重要的过程，不能等闲视之。祖先是一种概括性的强大角色，它能代表生者与诸神、诸灵交涉。这种交涉的过程复杂而漫长。创造祖先意味着剥离一个人的个性和特点，这在任何情况下都会自然发生，因为故去的人会从人们的记忆中消失，认识他们的人自己也会渐渐逝去，但这也是一件需要刻意努力才能完成的事。祖先必须被与控制着丰产和福祉的强大力量联系在一起。举例来说，喀麦隆曼达拉山脉中央的所有群体都有祖先崇拜；在这里，坟墓的形式有着更广泛的内涵，卡普西基人或卡姆韦人的钟形或酒壶形的坟，代表着各式小屋、谷仓、罐子或子宫，由此一个人便能通过发酵、发芽、妊娠和降生的过程而成为祖先，反过来获得在世界的这些方面的力量。死亡不是消极或虚无的状态，而是一种新的活跃模式，也与当地生活中充满活力的元素联系在一起。

在某些地区有祭祀祖先的神祠。其他群体，比如加纳北部的塔伦西人，会建造并维护各种神祠和圣林，将它们作为与祖先和大地之灵联系的地方。村庄之中或附近有一些神祠，它的中心是一根泥土塑成的柱子，与祖先有关的重要个人物品被放置在柱子周围，或被挂在柱子上，其中可能包括头骨或下颌骨。与大地相关的仪式环境常常带有自然特征，例如洞穴和泉水，也包括人类照料维护的树林。有些树林中也有立石，例如恩奥神祠（Nyoo Shrine）便是如此。这些立石，还有旁边完整或破碎的罐子的制造时代早于如今塔伦西人的群体记忆[5]能追溯的最早时代。科学测定显示，在恩奥神祠立石的活动最早可以追溯到公元3世纪，在随后的几个世纪里，人们又逐渐立起了更多石头。此处的灌木和树木可能同样也是人们特意栽种或培育的。这种神祠有可能已经使用了1500多年，虽然在这个过程中，神祠的意义和人们在神祠中的行动都已发生了改变。人类已无法记起的祖先被聚集在这样的神祠之中，其方式与我们在古老的教堂、犹太教会堂、神庙或清真寺中感受到的历史重量并无不同。一些更古老的神祠中的物质材料可能会被送往其他神祠，从而将表演形式、与各种祖先及其他力量交涉的能力，连同石头和其他物质材料一起，输送给其他地方。

我们知道生命的终结十分重要，它的开端也是如此，它始于性的生殖力量，也通过降生的过程实现。金属冶炼作为最强大的物质转换形式之一，能直接与人类的创生联系在一起。如我们所见，非洲的铁制品出现在青铜器和金器之前，在公元前 500 年，冶铁业就已经在西非建立起来了。作为一种转化的行为，尤其是通过冶炼，将铁从岩石矿中取出，冶铁往往把人和物结合到了一起。在如今的许多地区，加工金属的工匠都是男性，冶炼炉则被视作女性：举例来说，在基辛加人中，冶炼炉是冶炼工匠的妻子，因此在冶炼的过程中，男人必须戒绝与他们的人类妻子的性行为。在津巴布韦的修纳和南部非洲的其他地区，人们认为冶炼炉拥有双乳和肚脐；在相隔甚远的多哥，巴萨里人也有这样的观念。冶炼这种火热的活动被与性交联系在一起。在这二者之中，都可能出现新创造的神迹。如今许多进行冶炼活动的地方也不允许女性和孩童进入。

金属工匠控制着转化和破坏的强大力量，因此常常在社会中扮演重要角色，人们会在各种不同的领域中召唤他们来施展魔法。几乎在所有地方，冶炼都会被视为一种在精神上和物理上都很危险的活动，因此必须在定居点外进行。有趣的是，锻造或铸造金属的工作同样也是火热的活动，人们却不担心它会造成和冶炼一样的危险（尽管至少从用火的角度看，二者同样危险）。在整个非洲大陆，金属工匠都是男性，制造陶罐的则是女性，这两种活动都让人

图 8.5　尼日利亚伊格博人的伊肯加雕像，出自奥卡的阿莫比亚地区——这座城市以锻工出名。伊肯加雕像展现的是作为个人成就化身的灵，它们表现出了伊格博人的优势与权力，其中就包括锻工。这尊雕像颂扬的是人类右手的力量，他的右手握着一把刀，左手则握有象牙。公羊角进一步地象征了力量和凶猛。伊肯加需要人们为其供上食物，以科拉（kola）酒祭养，尤其是在人们完成需要力量的工作时

联想起其他各种具有力量的生产与消费的活动，包括照料动物和处理及烹饪食物等，它们在各个社会都很重要。

与冶炼和锻造联系在一起的物品有很多，例如图中这件器物，它被称作伊肯加（ikenga），或所谓的个人神，来自尼日利亚的伊格博人，它是一个带有金属角的风格化的人像。（见图8.5）

这尊伊肯加是长着公羊角的人像，手里拿着一把刀和一个象牙。伊肯加的形式多样，但通常都有角，而且一般都被做得比较小，便于携带。这尊伊肯加似乎对锻工来说有某种特殊的意义：收藏者报告说，当地人将它描述为"锻工的福神"，能保佑生意兴隆，同时也能保护人不被邪恶力量所伤。

我们已经见到了不少占卜的例子，非洲人的群体中也发展出了许多种预测未来的方法。（见图8.6）从约鲁巴的伊巴族极为正式严谨的仪式，到西非库兰科人的各类做法，整个西非有一系列极为广泛的占卜模式。[6] 要概括很困难，但它们仍然有一些共通的特征。占卜师常常觉得他们是被某种外部力量选中的人，这可能是通过梦中得到的启示：因此这不是他

图8.6　一幅描绘19世纪晚期卢巴人的比伦布占卜师的版画，来自刚果民主共和国

们自愿选择的使命。同样，他们常常强烈地感觉到，他们给委托者提出的建议并非来自他们自身，而是来自其他的力量，尤以灵或神为典型。人们一般认为，占卜师一旦成为这种媒介，便不再保留任何主观个人的因素，因此，占卜师所说的话就不会受他们所掌握的村庄或社区的信息的影响。如果占卜的结果不正确，那可能是因为占卜师错误地解读了信息，又或是巫术影响了占卜的过程，再或是，在非常少见的情况下，被咨询的灵本身就怀有恶意，给出的答案才会引人误入歧途。人们不会因为错误的占卜就怀疑整个体系，就像我们也不会因为医生的误诊而放弃现代医学。占卜的结果意味着占卜师将会给委托者提出特定形式的建议，让他们采取一些特殊形式的行动：举行某种献祭或净化仪式。如果人们未能全面、正确且迅速地遵循这类建议，就可能会遇上糟糕的结果。在某些地方，占卜师总是双胞胎或成对出现，理想情况下是一男一女，抑或占卜师单独一人，但穿着和行为表现得雌雄同体，以便将男性和女性的力量结合在一起。

尼日利亚的约鲁巴人的伊法占卜（Ifá Divination）是整个非洲大陆上最正式的占卜体系之一，修习者所受的训练十分严格。移居的约鲁巴人也将伊法占卜带到了加勒比海和南美，这一过程的主要原因是奴隶贸易。占卜的训练从占卜师年幼时便会开始，他们需要学习大量的口头知识，它们被称为 ese Ifá（意为"伊法的智慧"，在一些阐释中，伊法似乎是指某个神祇，而在另一些阐释中，它指一套知识或学识）。人们会为国家大事而向诸灵寻求建议——举例来说，国王在重要的祭祀场合中应该献上哪一类祭品，它们的性质如何，接受这类祭品的又该是哪一位神等。伊法也能在组织常规仪式时起到作用，或是指点日常问题。

伊法占卜的主要手法是扔下一条链子，链子附带的棕榈坚果排成弧形，让 4 颗坚果落在链子左边，4 颗在右边。坚果落下后可能面朝上，也可能面朝下，由此会产生 256 种不同的可能结果，它们被称为欧度（odu）。每一种欧度又分别有各自的名字。每一种欧度都与许多诗文（ese）相联系。在伊法的某些版本中，占卜师会念诵出与这一场占卜中坚果排布方式相关的诗文。委托者会从其中选出对他的问题有帮助的那一些。伊法占卜涉及坚果组合的大量可能性，因此有着复杂的数学基础；而占卜师又会将这些数字的排列组合以语言的方式传达出来。目前有一个应用程序能提供所有256种欧度及与之相关的部分诗文，由祭司以诗歌的形式念诵，并援引历史和现代政治相关的问题。2008年，联合国教科文组织将伊法占卜列入了人类非物质文化遗产名录。

在非洲广泛流传的占卜试图预测未来；这种预测历来是十分困难的，但仍发展出了各种高度发达的方法。像阿赞德人的毒药神谕这类占卜，尝试的则是探究过去。我的最后一个例子是科特迪瓦的鲍勒族和古罗族的老鼠神谕容器。它的外部装饰中有一根豪猪的尾巴和红色的小羚羊角——二者都是安静的夜行性动物（这也是常常与占卜联系在一起的动物的特征）。人们相信老鼠"从不说谎"，而且它们能听到"大地的声音"。

鼠卜是非常复杂的活动。（见图8.7）先抓来一只老鼠，将它放在一个金属容器下层的格子里。上层的格子则放置占卜的用具：一片小龟壳，外加10根鸡翅骨、蝙蝠的翅膀骨或木棍。这10根骨头里，左边的5根代表的是生者的5种类型，右边的5根则代表祖先和各种危险。在邻近

图8.7　鲍勒族的老鼠神谕，来自科特迪瓦（1990年）

的尤雷族那儿有种说法，认为老鼠失去了声音，因此只能通过骨头来交流。占卜师将玉米粒撒在容器上层的碟子里，然后盖好盖子。老鼠会爬到容器上层，吃掉一部分玉米，由此改变骨头的排列方式。盖子被揭开之后，占卜师便会解读改变后的图案。在其他地区，占卜师解读的图案则用螃蟹来制造。（见图 8.8）将不出声的动物用于占卜是很常见的。多贡人生活在马里中部的高原和高崖边上的村落里。黄昏时分，占卜师会在村落边缘的沙地上准备好复杂的符号网格，然后将玉米粒撒在准备好的图案上。到第二天的大清早，占卜师会返回沙地，解读狐狸爪印的图案，寻找神谕对他们问题的解答。请注意这里的空间和时间都具有临界特征，这一点是许多非洲占卜系统的普遍特征。占卜发生的时间既不是白天，也不是黑夜；既不在村庄中，也不在树丛里。

几乎在葡萄牙人沿着非洲西海岸向南探索的同时，克里斯托弗·哥伦布于 1492 年首次抵达美洲。随后，西非或中非到南美或中美之间产生了横跨大西洋的新连接。这种连接在物理上得到了季风和洋流的帮助，而在甘蔗被引入之后便获得了新的形态（甘蔗发源于巴布亚新几内亚）。甘蔗先是被种植在非洲沿海岛屿上的小型种植园内，而后又在美洲获得了更大规模的推广。直到今天，种植、收割和加工甘蔗依然需要大量人工。从 16 世纪开始，非洲人被当作奴隶贩卖，并被运输到大西洋的彼端。他们带去了非洲的植物和习俗，奴隶商人也将辣椒、西红柿、土豆和玉米等南美的食物带回了西非。黑色大西洋两岸的交换还包括信仰系统的交流，这一点非常重要，其中最为知名的便是来自西非的巫毒教，它衍生出多种宗教，其中就

图 8.8　一个正在进行恩刚（nggàm）活动的人——这种活动通过解读淡水蟹改变的物品位置来预测未来（拍摄于喀麦隆的鲁牧斯基）

包括融合天主教等多种信仰的海地巫毒教。不那么知名但同样重要的是一系列被称为坎东布雷教（Candomblé）的信仰，它更明显地将天主教和非洲本土的习俗结合在一起，如今在巴西和南美的其他地区十分重要。

现在，让我们来看美洲及其受到的各种影响，在人类历史的早期它曾受到西伯利亚的影响，而在几千年后，影响它的则是它与非洲之间的这些联系。

美　洲

在整片美洲大陆，不管是过去还是现在，不管是北部、中部还是南部，人们都在探索人类沉浸在世界中的方式，找出了在我们看来明显有分野的生命与非生命之间的一连串联系。他们这种观点常常被冠以"万物有灵论"之名，在大部分的美洲魔法思想中贯穿始终。

美洲大陆是地球上南北向最长的大陆块，从阿拉斯加和加拿大的北极圈一直向南延伸到亚南极。（文中提及的地点及地形特征见图 8.9）它跨越的纬度意味着美洲有世界上的几乎所有生态环境，从北部的冰盖，到中美和南美的热带雨林。贯穿西海岸大部分地区的巨大山脉更增加了这种多样性，落基山脉和安第斯山脉都呈现出了种类多样的动植物群落，包括云林和高山草原。西部有山脉也意味着，包括南美的亚马孙河和北美的密西西比河在内的美洲最大的河流中，有不少总体流向为自西向东，并由此产生了地球上最大的两个流域。北美的东海岸沿岸大部分地区也有一道山脉，如此一来二者包围了其间的中央平原，其环境涵盖从草原到沙漠各种类型。南美的动植物依然保留着它们在冈瓦纳大陆（组成这块古大陆的还有南极洲、印度和澳大利亚）的起源的影响。

美洲大陆上的自然生态多样性，至少在过去的 1.5 万年间一直受到焚烧、开垦、种植和狩猎等人类活动的影响。人类很有可能是从今天的西伯利亚东部进入北美的，他们最早公元前 2.1 万年时便已在那里定居，并在 1.5 万年前就将制作精美的树叶形石器散布在西伯利亚东北部、阿拉

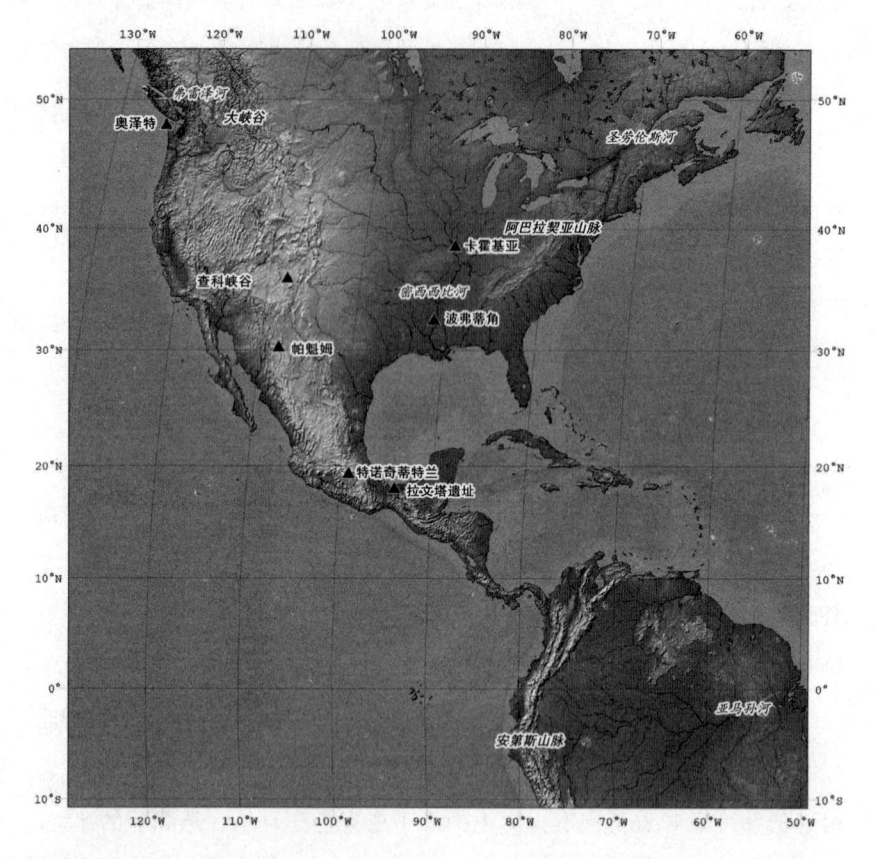

图 8.9 美洲地形图及文中提及的地点

斯加和加拿大西部（大事年表见表 8.2）。冰川作用让海平面周期性降低，在过去的 6 万年间至少 4 次在白令海上制造出陆桥（所谓的白令陆桥），这便使各种动物物种从亚洲向美洲迁徙成为可能。人类也很有可能是这些迁徙潮中的一部分。

在早期，狩猎十分重要，同时也很危险，因为有一系列人类不熟悉的大型动物。狩猎的目标主要是北美野牛，自 17 世纪欧洲人将马和来复枪引进给原住民后，人类的狩猎活动对猎物而言变得致命了许多。在这期间，植物性食物至关重要，据说世界上如今的农作物中，约有四成起源于美洲，其中包括土豆、红薯、各种豆类、西红柿、玉米、辣椒、胡椒和巧克力。

时间	时期	事件与进程
北美		
可能为公元前1.5万年	前克洛维斯文化	对美洲的早期占领仍有争议
约公元前11500—前9500年	克洛维斯文化和福尔瑟姆文化	学界接受的美洲最早占领时期——猛犸象在福尔瑟姆文化末期灭绝；早期移民可能将萨满教从西伯利亚带到了美洲
公元前8000—前1000年	各种地区性发展的时代	生活方式差异极大；出现了波弗蒂角这样的大型中心和密集的仪式
公元前1000—公元1492年	极大的区域多样性	不同区域的生活方式差异极大，一些地区人口发展迅速，大型的仪式性场所和定居点，民族学上已知的艺术风格得到发展；占星学和天文学的兴趣出现
公元1492年至今	哥伦布的航行，开启了白人的殖民时代	大规模地驱逐和杀害原住民；各类魔法实践，常常将美洲本土和非洲的魔法形式混合在一起；万物有灵论广泛传播
中南美		
可能为公元前1.5万年	前克洛维斯文化	对美洲的早期占领仍有争议
公元前1.5万—前7000年	狩猎采集者群体	各种本地的生活方式出现
公元前7000—前2000年	开始驯化动植物	定居的村落生活方式出现
公元前2000—前1000年	中美走向国家化	纪念建筑和大型定居点出现；围绕金字塔和球场出现了密集的仪式和魔法实践
公元前1000—公元1492年	国家更替——从奥尔梅克人到阿兹特克人和玛雅人；安第斯山的印加人；亚马孙流域出现大量人口	不少地区出现了复杂的定居点、纪念建筑和物质文化；可能重视万物有灵论，但同样也重视人祭和痛苦；预兆和占卜极为重要
公元1492年至今	各种欧洲的殖民群体	原住民大量死亡，本地的国家形式瓦解，大量土地丧失；在非洲的影响下，发展出了魔法的新形式；万物有灵论广泛传播

表8.2 美洲从人类定居到白人殖民的简略年表

在最初的移民和人口增长之后，美洲大陆上的人口开始饱和，大陆内部的人口移动便出现了。在美洲大陆内语言的丰富多样性，说明地区的差异和复杂的人口移动模式同时存在，而其结果，举例来说，便是仅加利福尼亚州一地就有18种语系（欧洲只有4种）和约74种语言。不同的文化重心逐渐形成，它们联合了不同语言的人群，常常围绕着早期国家或帝国建立；不同的群体聚集在后来的安第斯山的印加王国，中美从奥尔梅克人到阿兹特克人所建立的各王国也吸引着人们。在美国西南部的普韦布洛人群体和密西西比河畔等地的印第安人，也有可能发生了具有一定自发性的聚集，他们的例子只是其中一部分。各势力来回移动，也正因此，在美洲西南部和密西西比河流域也可见到与奥尔梅克伊始的中美文明的联系，中美的烟草和石雕最远可以向北到达五大湖区。令人惊讶的发现至今仍在不断出现：例如，所谓的马拉若文化的坟堆，在公元 800—1400 年之间兴建于亚马孙河河口附近，用于耕作和仪式活动，在考古学发现它之前，无论是口述史还是传说中都未发现这支群体的任何信息。可能从 2000 年前开始，就有来自太平洋群岛的外部影响，他们从复活节岛航行至智利海岸。更确凿的证据则表明，自公元 10 世纪末开始，斯堪的纳维亚与从格陵兰岛到加拿大西海岸之间的土地都有着联系。但直到 1492 年后的后哥伦布时代，原住民群体才遭到大规模毁灭，他们的土地被夺走，死亡人数众多，这些遭遇具有深刻的意识形态和现实意义，其全球影响一直持续到现在。

在许多个千年中，在这整片广阔的大陆上，大部分的人类很有可能都是以不定居的方式生活的。从约 3000 年前开始，墨西哥低地、美国西南部和密西西比河流域就出现了大型的聚落中心。从公元前 1200 年开始，在密西西比河沿岸和奥尔梅克人居住的墨西哥地区，考古学已发现了不少精心构筑的大型遗址。在北美，这样的遗址中最令人印象深刻的早期例子，是密西西比河下游河谷中的波弗蒂角，不过这个遗址中的土丘本身修建的时代可以再往前推 6000 年。波弗蒂角的核心区域覆盖在一片约 200 公顷的土地上，占其主导地位的是 6 条同圆心且上有房屋的人造土垄，以及 5 个土丘。（见图 8.10）人们依靠鱼、鹿和坚果等食物为生，并由此在完全依靠农耕之前，便已在此地定居。

波弗蒂角的建设始于公元前约 1600 年，它利用了更古老的土丘建筑传统。土丘 B 及建有房屋的土垄建造的时间，约为整个遗址建起后的 200 年，而土丘 A 则被建在一片沼泽中，这本身有一定难度，但也因此说明当时的人对土和水等基本物质的兴趣。（见图 8.10）建造土丘的沉积物经过精挑细选，我们或许可以将它视为起源传说的具体化表

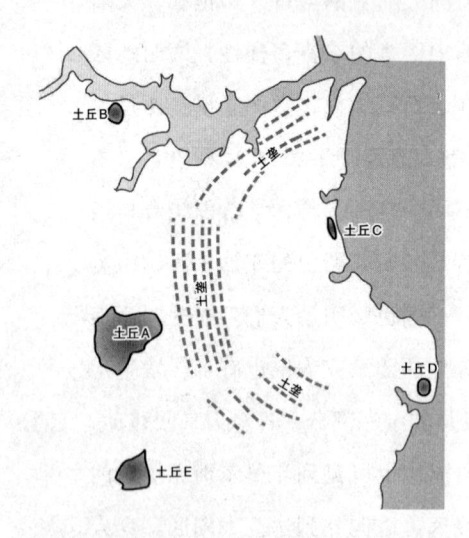

图 8.10　波弗蒂角遗址，图中展现了主要的纪念建筑及特色景观

现。这个遗址的另一个惊人的特征在于，他们用来制造工具的大量石块，都是从外界带入缺乏石材的密西西比河谷中的。有一些石头来自500千米之外，更多的来自1000千米之外，它们被同时用来制成实用性和非实用性的各类物品。这些石头的数量远超过功能性的需求，因此反而让我们想到了朝圣，人们到圣地旅行，并带回了精美的石头、羽毛和工艺品等与这些地方有关的东西。波弗蒂角代表了人们为建造一个复杂的祭祀中心所付出的巨大努力，这种祭祀中心能为人们提供住所，但同时也能让他们借此沉醉于宇宙信仰。

与此同时代，亦即公元前1000年后不久，人们在墨西哥境内的奥尔梅克地区构造出了复杂的特色景观——拉文塔遗址的凹槽金字塔可能与当地被侵蚀的火山相呼应，整个遗址精心地对齐，让与金字塔相接的广场朝向北方（奥尔梅克文化的时间约为公元前1200—前400年）。大型的玄武岩头部石雕、球场、神庙和洞穴及酸沼等自然形成的场所，被连接为统一的神圣景观。人们还在此处发现了一种疑似文字的图案，它与复杂的艺术图像系统一起，强化了一套复杂的信仰。有人认为奥尔梅克人有神的观念，但它们最好被看作一系列趋势或力量，而不是确定清晰的神祇（我们将看到，下文会提及的阿兹特克人也有类似的状况）。祭司能在天空、大地和地下世界之间居中斡旋，利用复杂的仪式来求得帮助。奥尔梅克的村落环绕在大型遗址周围，支撑它们的是以玉米、豆类和南瓜为基础的农业，而农业本身则源于几千年来的栽培实验。虽然奥尔梅克文明给后来的玛雅人带来了相当多的启发，但与此同时，却很少有证据表明它对密西西比河流域的社群造成过影响，后者似乎在自己的历史推动下发展。

中美洲对美国西南部的影响则更为明显（如今的国境线不能说明任何问题）。从1800年前开始，人们便建立了大量定居点和令人印象深刻的仪式建筑，它们被称为基瓦（kivas）。到了1200年前，人们建造了以查科峡谷为首的一些大型遗址，这个过程在200年后达到高峰，并形成了一种以圆形建筑为基础的复杂建筑模式。所谓的大屋群（Great Houses）一直被学界类比为宫殿，与同一地区后来的普韦布洛建筑相比，它们宽泛来说都有宗教用途，却在组织和目的上大不相同。帕魁姆的大型建筑群位于今天的墨西哥，在公元 1200—1450 年间极为繁荣，它们展现出了精细的象征系统，人们在土丘之间开凿水渠，将大地和水的元素结合在一起。当地艺术中出现的羽蛇及球场展现出了中美洲的影响，但也有本地的特色，其中包括在仪式上杀死 300 只五彩金刚鹦鹉（可能是专为献祭而养育的）以及丛冢雉。宇宙观并不仅仅作为人们头脑中的想法而存在，更通过这种养育和杀戮的过程，成为血腥而具有转化力量的现实存在，并被引人注目的意象所加强。

人们花费了大量的精力来调查后期的密西西比河流域遗址，尤其是卡霍基亚的主要中心，它位于所谓的美洲之底（American Bottom），在密苏里河与密西西比河交汇之处附近。（见图 8.11）卡霍基亚的僧侣墩（Monks Mound）是古代北美最大的建筑，其体量仅次于玛雅和埃及最大的金字塔，以及中国的秦始皇陵封土堆。在卡霍基亚，天文学影响下的地形排布非常引人注目，与土和水的关系也是如此，因为这个遗址围绕一系列湖泊而建。[7] 此地可能有过戏剧性的仪式和献祭活动，因为有些废

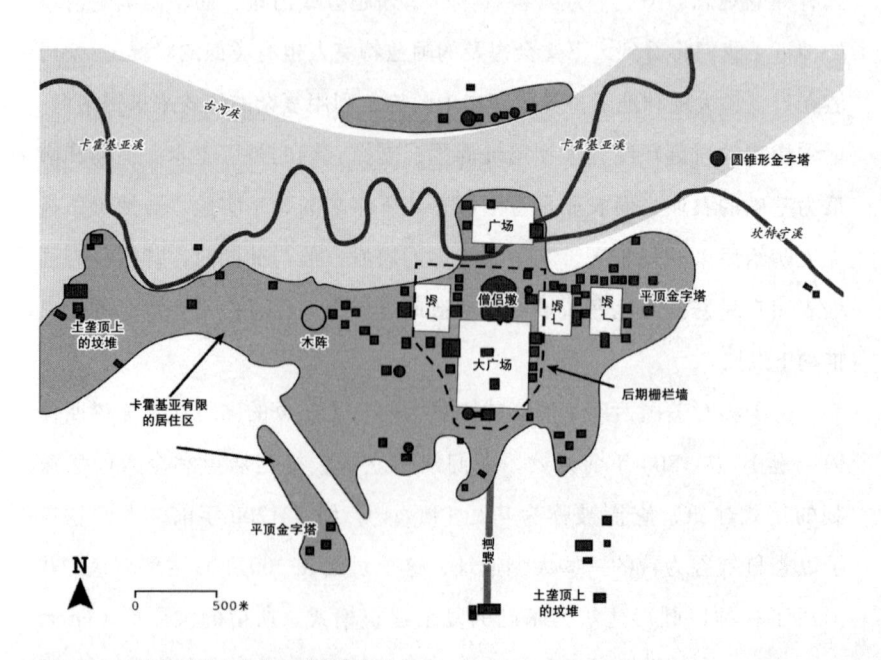

图 8.11 卡霍基亚的主要特色景观及其排布

弃的屋子地板下埋着物品和人类遗骸，而且有些墓葬坑埋有年轻女性的尸体，她们看起来不像是出于自然原因而死在了一起。卡霍基亚是个殖民地，在密西西比河流域北部也发现了类似的遗址，它们可能属于一个有交流的遗址网络。

卡霍基亚本身则是在公元1050年前后受到所谓的"人口大爆炸"影响而建立的，当时这个遗址突然扩张，居民从1000人涨到了1万—1.5万人。为什么会发生这样的事，我们至今不得而知。卡霍基亚的巅峰期持续了一个世纪，在接下来的100年间，它被彻底废弃和遗忘。那里很可能存在着一个阶级分层的社会组织，它周边有密集的农业，有玉米、南瓜和豆类的田地；为了维持人口中不事耕种的那一部分人的生计，他们也必须储藏大量的农产品。卡霍基亚像是一段短暂、戏剧化而神秘的插曲，但它迅速繁荣又迅速衰落的经历则在别处有所回响。

在过去的3000多年或更长时间里，从今天的墨西哥到五大湖区，各种宗教的联系在整个美洲大陆北部纵横交错。人们踏上神灵之旅，许多意义重大的物品的位置随之移动，这些物品如今仅留下一些不灭的元素。在这个漫长的时期里，偶尔会有一些非同寻常的中心在诸多联系的间隙中凝聚成形，土丘、墓葬和水系在这里被结合在一起，许多人常常被精心组织在依照天体排布的建筑周围生活，也可能依照四季变迁。

大量的体力劳动被用于塑造地貌景观，由于缺乏驮畜，所有工作都得由人力完成。这些群体中有不少信奉平等主义，部分人是狩猎采集者，这意味着这些工作中有不少是出于信念和信仰而完成的，并非出于强制。尽管人们已调查了卡霍基亚这样的遗址许多年，但直到最近才进一步体会到这些遗址及整个文化现象的惊人之处：根据时间与空间的不同，各个遗址以及它们之间的联系各有不同，但它们又确实有着可以相互比照的地方。精心构筑的土丘使用的材料来自本地的环境，这让我们回想起在第五章见过的欧亚大陆上的库尔干，从这个意义上说，人们精心地以物质来确定他们的景观所处的位置，在这个过程中，人类与物质之间的重要联系也随之凸显，在卡霍基亚则尤以关乎各种土地的联系为主。

就在欧洲殖民时期之前，今天的墨西哥境内生活着我们现在所说的阿兹特克人。1519年，西班牙人骑马进入墨西哥谷时，他们因所见的一切所呈现的秩序和复杂性而震惊，尤其是阿兹特克王国的首都特诺奇蒂特兰。在阿兹特克世界森然的秩序背后，是大量交织在一起的仪式、艺术和军事实践。阿兹特克是中美洲一系列大国中的最后一个，这些大国从奥尔梅克开始（公元前1500—前400年），它的石雕、纪念性建筑物、放血的祭祀仪式和中美洲所特有的球赛都有着强烈的仪式色彩。在阿兹特克人之前的则是托尔特克人（公元900—1168年），阿兹特克人将托尔特克人视为自身的文化灵感来源，并在某种程度上将其视为国家治理和艺术上的导师。

阿兹特克人原本可能是不定居的群体，他们在公元12世纪从北方进入墨西哥谷，定居在特斯科科湖畔，并于1325年在此处建立了他们的首都特诺奇蒂特兰。它后来成为山谷中一系列城邦中最大的一个，这些城邦最初是自治的，在14世纪之后则都归于阿兹特克的统治之下。当1519年西班牙人进入山谷时，山谷中的人口可能约有100万，特诺奇蒂特兰本身的人口则可能有20万（当时西班牙最大的城市塞尔维亚的人口则约为7万）。这座城市建在一座自然形成又经由人工大肆扩张的岛屿上。城市的规划遵循着极为复杂的宇宙观秩序：在三个基点上的三条堤道从岸边通往岛上，从主神庙区延伸出去的4条游行大道则将整个城市划分为4块区域。这4块区域又进一步分为20个小区或分区（后者被称为calpullis，来源于阿兹特克人使用的纳瓦特尔语中的词汇）。每一个分区都有一座神庙、一座祭司居所、一座战士居所和一座用来教育年轻男女的"年轻人之屋"。每一个分区都由本地的人力负责维护街道和水道，人们会在本地的神庙中进行崇拜活动，同时在城市中心的主神庙内参加更大规模的仪式。

特诺奇蒂特兰辉煌的中心是它的主神庙区，它的各边约500米宽，内中容纳80座建筑，它们给诸神及侍奉他们的男女提供了居所。竖立在它中心、约60米高的是大金字塔，它的顶上有两座神庙，分别祭拜战争之神威齐洛波契特里和雨神特拉洛克。在这片区域后的是主宫殿，居住着被称为特拉托阿尼（tlatoani，"发言者"）的统治者，这儿的建筑周围有花园和池塘环绕，屋中摆放着从整个阿兹特克帝国流入这座城市的财宝，它们或是作为供品敬献而来，或是战争的战利品。具体体现在这座城市中的神圣的宇宙观，通常也会以其他更朴素的方式在更小的城市中得到呼应，让整个墨西哥谷及其他地区的信仰和行动获得统一。

我们在理解阿兹特克人的信仰及其实践上遭遇的问题，在一定程度上受到了名为《新西班牙事物通史》的记录影响，它由方济各会修士贝尔纳迪诺·德·萨阿贡在16世纪编撰。这部作品（有时以它保存最完好的版本《佛罗伦萨手抄本》为名——在网上可以找到电子版）的编撰工作始于西班牙征服阿兹特克30年后。萨阿贡在皈依了基督教的纳瓦人的帮助下完成了这部作品，它的内文采用了纳瓦特尔语和西班牙语，同时收录了纳瓦人画家绘制的2000张插图。《新西班牙事物通史》提供了一份令人印象深刻的阿兹特克人的宇宙观、文化、社会和自然史的记录，尽管所有这些主要是通过欧洲人的视角来看的。

众所周知，入侵者对他们看到的许多方面都深感震撼。科尔特斯军队中的步兵贝尔纳尔·迪亚斯写道："这些伟大的城镇、金字塔和从水中升起的建筑，看上去就像是从阿玛迪斯传说中现身的魔法世界。事实上，我们的一些士兵确实在问它究竟是否不过是一场梦。"同时他又加上了一个沉痛的结尾："但我所见的那一切，如今都已倾覆毁灭；再也没有任何完好的了。"

阿兹特克人的国家确实如梦似幻，但这是个艰苦、苛刻而令人困惑的梦。对如今的我们中的不少人来说，可能很难想象在如此戏剧化的国家的生活会是什么样的，在那里，常常需要观众参与的仪式和表演是一切的准则，而这些仪式活动的中心，则是生者或死者的身体。放血的活动非常常见（可以追溯到奥尔梅克时期甚至更早）——人们会用黑曜石匕首或龙舌兰荆刺划开自己的舌头、耳朵或大腿，给诸神提供他们渴望的鲜血。在特诺奇蒂特兰的主神庙内，以战俘为主的大量人牲提供了更多鲜血。主祭司会手拿一碗碗鲜血来到城中神祇的主要神像前，用鲜血涂抹他们的嘴唇。

人类如何与宇宙力量相联系，是阿兹特克世界中至关重要的问题。

地上世界的力量与灵的世界的力量彼此渗透，人类的世界与神圣的世界之间有一系列呼应，人类世界中的动物和人类在神圣的领域中则有着更为强大的一面。《新西班牙事物通史》和阿兹特克记载中都有诸神的名字，例如西瓦科亚特尔（"蛇女／地母"）、威齐洛波契特里（"太阳／战争之神"）和特拉洛克（"雨神"）。这些神祇究竟是否以确定的形式存在，有某种固定的万神殿，如今尚有疑问，我们可能更应该将他们视作神圣的力量、彼此相联系的特质和捆束在一起的交互作用，是神名的集群暗示的一系列可能性。诸神的形象展现出的是他们各自具有数量众多的属性。威齐洛波契特里与蜂鸟相关，有时干脆便会被画成蜂鸟。而当他以人形现身时，头上会戴装饰有蓝绿色蜂鸟羽毛的头盔；他的脸或黑或有条纹，手里拿着蓝色的蛇修考特尔。（见图8.12）阿兹特克人认为修考特尔是绿松石蛇或火蛇，它本身就是阿兹特克人的图像系统中的常见元素，当它出现在威齐洛波契特里手中时会展现出投枪器的形态，而威齐洛波契特里的长矛则与闪电相关。阿兹特克统治者的皇冠以绿松石制

图8.12　手抄本该页上方正中的便是太阳或战争之神威齐洛波契特里。选自《波旁尼克手抄本》

成，代表修考特尔的尾巴。在某个壮观的仪式上，纸做的修考特尔会舞动着从大金字塔降下，带着代表他火焰的火炬。

威齐洛波契特里还扛着一面镜子和用鹰的羽毛装饰的盾牌（在关于特诺奇蒂特兰建立的故事中，老鹰指明了该城应该建在何处）。在主神庙内，威齐洛波契特里的雕像被棉布包裹着，并以黄金和宝石装饰。人们对待这尊石像的态度常常如同对待神本身，而不只是神的象征。在12月举行的威齐洛波契特里的主要仪式上，人们会用苋菜和蜂蜜制成威齐洛波契特里的小雕像，并将其打碎，由参与者吃下。此外还有一类复杂的存在，它们被称为伊克斯帕特拉斯（ixiptlas），是诸神的人形替身或代表，可能是雕像或由面包所制，它们被视为活物，享有神祇的部分力量。在仪式结束之时，人们会将这些诸神的人类化身献祭。诸神、石雕、人类或植物等各种实体间的边界极为模糊，这可被视为整个宇宙连续性的生动例证，这种连续性跨越了我们所认为的无生命事物、含人类在内的活物以及神明的领域。阿兹特克人的灵性生活中有很大一部分涉及追寻整个世界的相似性和转化，同时他们也会寻求那些或许有益，又或许能避开危险的新联系及重大的意义。神圣的力量存在于这个世界中，也存在于与这个世界相隔却有联系的其他维度中。

就像很多其他民族一样，对阿兹特克人来说，预测未来即便困难，也是重要的活动。与其他中美洲民族，尤其是玛雅人一样，他们发展出了复杂的历法，包含两套不同的时间周期，它们以类似于中国商代历法的方式互相搭配。一方面，他们有一套太阳历（xiuitl），由18个"月"组成，每个月有20天，最后多出来的5天是不吉之日。另一方面，这套太阳历又与一套仪式用的神圣历（tonalpoalli）接轨，后者包括20个具象符号，比如"蜥蜴""死亡"，这些符号以固定的顺序与1—13的数字搭配，由此便产生"1蜥日"或"12死日"这样的名字，被用来给每一天命名。这套历法是神圣历法书（tonalamatl）的基础，它可以被用来进行占卜。更复杂的是，每一天的名字和数字都由一位特定神祇掌控。这样一套复杂系统带来的结果便是全然不同的因果关系观念：前一个周期中发生的事件，与后一个周期中发生的事件，它们之间可能失去因果关系。

这两套历法互相搭配形成长度为52年的历法周期（Bundle of Years）。名字相同的日子会在很长的时间间隔之后重新出现，它们具有类似的特征和结果，跨越很长的时间周期形成一种相似性的回响。从一个历法周期到另一个历法周期的过渡期总是一段危险、越线的时间。

祭司们会在婴儿降生之时做出预测，说出这孩子可能会有怎样的生命历程。除此之外还有不少其他的祭祀专家（在《新西班牙事物通史》一书中常常被称为"巫师"——这可能是基督教的偏见，因为有各种迹象表明这种专家是官方认可的）。他们中有些人是治疗师，也有些人能预测未来，或保护人们免遭各种形式的巫术侵害。预测或占卜通常要用到镜子，它们常常用抛光的黑曜石制成；也会用到装着水的碗，占卜者会尝试通过凝望水面识别出未来的迹象。镜子在中美洲有着悠久的历史，早期由抛光的黄铁矿石制成；铁镜或黑曜石镜与太阳联系在一起，也就因此与威齐洛波契特里联系在一起。神祇特斯卡特利波卡名字的意思是"烟雾镜"，人们在描绘他时，总会将他的一只脚画作镜子，另一只脚画在脑袋后面。黑曜石镜暗喻权力和统治，特诺奇蒂特兰的大神庙里就曾出土过黑曜石镜和抛光过的金镜。一面阿兹特克黑曜石镜成为伊丽莎白时代的魔法师约翰·迪伊的道具，他用它来占卜未来，并与天使联络，我们将在下一章看到这种在两个魔法世界之间的联系。

阿兹特克人发展出的各类魔法是中美洲悠久历史的一部分。阿兹特克人的灵性世界的基础不是抽象理论，也不是关于世界如何运作的普遍命题。相反，我们在此遇到的是一个充满物质的世界，聚焦于人类的身体。这种以身体疼痛为中心的体验对我们中的大部分人来说显得极为陌生，因为我们现在总是用麻药来消除身体的各种疼痛。举例来说，我们几乎无法想象将一根带有黑曜石小刀片的绳子拉过舌头上的洞会有什么样的痛感。强烈的身体感受使人体验到身体的现实，再加上情绪与精神层面的体验，就使魔法和参与活动成为现实的一部分。

1521年，特诺奇蒂特兰因科尔特斯的士兵而血流成河，这是整片大陆大规模死亡与混乱的序曲，这些事件虽然没能彻底消灭原住民的文化，却引起了大规模的变革。人们借助旧有信仰的透镜来理解基督教等新形式的信仰，因此诸神与人类可以化身为面包并被打碎的旧观念，便在天主教弥撒的面包与酒中找到了意外但有力的回声。

更近的魔法：万物有灵论

美洲的许多人生活在一个万物有灵的世界里。一般认为，信奉万物有灵论的是狩猎与采集的群体，但研究整个美洲大陆上的所有群体后，结果表明他们其实多少都信奉着一定程度的万物有灵论。例如，对不少亚马孙人来说，万物都类似于人。许多神话都假设，在更早以前，包括人造物、溪流和岩石等在内的所有东西都是人。这些东西经历了各种过程，变得陌生，变得有差异，呈现出了不同的外表，但这未能抹消它们内在的人性——不是作为人类物种的人性，而是作为一种存在状态的人性。此外，如果所有事物都属于人类世界的社会领域，那么（作为人的产物的）文化和（由非人类力量操纵的）自然之间就不可能有区别。任何事物都同时是自然的和文化的。对貘或美洲豹来说，它们的身体不很重要，更重要的是作为它们存在本质的人性内核。对貘来说，水潭就像它的木薯啤酒，倒下的树则是它的房子；而对美洲豹来说，鲜血便是木薯啤酒，如此等等。反过来，如果一个人擅长狩猎，富有攻击性，难以与村民和平共处，这就表明他与美洲豹之间有亲属关系。从西方人的视角来看，身体的差异十分关键；但对不少亚马孙人来说，身体的外部形态不过是遮盖了贯穿整个世界的内部一致性的表象。

应该顺便指出的是，按照西方人的观点，人类是从猿猴进化而来的，与动物没什么不同（事实上，我们与其他事物也没什么不同，包括那些被认为无生命的物体，都是由原子和分子构成的）。然而，我们有灵魂，或者说思想，它让我们从精神和智识的层面上区别于其他所有动物。伟大的法国人类学家克劳德·列维-斯特劳斯曾讲过一则逸事[8]，据说西班牙在美洲殖民的初期，传教士曾怀疑过印第安人究竟是否有灵魂，更进一步的问题则是他们究竟是否算得上完全的人类。反过来，印第安人则将欧洲人溺死，任由尸体腐烂，想看看欧洲人的身体是否和他们自己一样。他们觉得可能欧洲人的身体与他们的不同，更不易腐败，这或许就说明欧洲人是灵体。对任何一方来说，外在表现都可能是假象。

美洲大陆各地都曾有人提出这种哲学问题。奥吉布瓦族居住在五大湖区西部，位于如今美国与加拿大的边界线上，他们认为所有事物其实都是人，这些事物可能"披着各式动物形态的伪装，看起来像是风雷这样的气象现象，或太阳这样的天体，甚至像石头这样我们可以毫不犹豫地判定为无生命的物质"。[9] 在所有非人形态的人之中，最强大的是太阳、四风（Four Winds）、雷鸟（其外形为雷电或鹰）和所谓的"动物之主"，他以精纯而永恒的形式凝聚了各种不同动物的具体特征。在人类之中，只有萨满能从人变为动物，再变回人类——即使对他们来说，这也是一个危险而充满挑战的过程。这些非人形态的人被称为"祖父"，以体现他们与人类的亲属关系。祖父们可以帮助人类，充当灵魂导师或保护者的角色；人类要想获得力量，便需要这样的祖父帮助。年轻女孩或男孩会在灵境追寻（vision quest）中找到正确的灵魂导师，这一过程一般发生在他们的青春期，要经过独处、禁食和祈祷。整个美国中西部大平原上都广泛存在灵境追寻的实践，只是不同的群体采取略有不同的形式。

人死后，他们的身体会停止运作，渐渐腐烂，但他们内在的灵魂会转生成动物，更常见的是变成鸟类。身体被视作衣服，而衣服能给人力量——萨满的衣装能帮助他们获得魔法的力量。反过来，人类同样也能给衣服以力量，身体的动作能给衣服以生命。在南美和加勒比的原住民的语言中，称呼衣服和身体的词语之间存在着联系。在这两个例子里，衣服或身体都可能隐藏起与外在特征不同的内在本质；同时在这两个例子里，衣服和身体也都能提供能力。举例来说，在美洲豹身体里的人类将能像任何一只美洲豹一样，迅速而猛烈地移动。而当人类穿着打扮得如同美洲豹一般，或许也能在较小的程度上做到这一点。

或许这样的存在方式对我们许多人而言十分陌生。但也许它们并不那么陌生：我们会给宠物起名字，将它们视作我们的家庭成员，并认为它们各有各的性格。在更有限的意义上，像汽车这样的东西可以通过它们的个性来命名和了解，另外还有一些我们日常熟悉的东西，例如工匠的工具，虽然没有名字，但可以被理解为有独立的性格。我们虽然不会把童话和其他虚构故事中描写的动物当真，但不管怎么说，我们也会发现它们在研究人类的意义方面是有用的。事实上，不同的动物经常被认为体现了人类的性格特征，由此狐狸狡诈，猪贪婪，而狗忠诚于人。不少重要的作品以动物为主角，它们帮助我们理解的不是动物而是我们自身，这与奥吉布瓦族的观点相差无几。

没有生气的物体给我们带来的则更多是挑战。奥吉布瓦族的语言中体现了有生气和没有生气的物体之间的差异。欧文·哈洛韦尔曾与曼尼托巴省贝伦斯河河畔的奥吉布瓦族人一起工作，作为人类学家，他记录过如下的问题和答案："有一次，我问一位老人，'我们周围看到的所有石头都是活的吗？'他思考了很久，然后回答道，'不！但有一些是。'这个有限制的回答给我留下了长久的印象。"[10] 在奥吉布瓦语的语法中，石头是有生气的，在其他阿尔冈昆语族的语言中也同样如此，哈洛韦尔很想知道为什么。从西方人的观点看，我们给世上的万物分类时，以万物的本质和不变的属性为基础——由此宇宙便能被划分为生命与非生命（但也有些踩在二者边界上的情况，很难分类，例如病毒）。奥吉布瓦族的分类则有不同的基础，来自经验。他们知道有些石头曾经移动过：哈洛韦尔复述过一个故事，说有一块石头会翻滚着跟在它的人类"主人"身后，石头上还有个嘴形的记号，能让它以模仿说话的方式移动。这样的石头显然就是有生气的，而其他石头则可能不是，至少没有人见到它们移动过。从那些没有生气的物体中挑出有生气的，需要小心仔细——你没法以一般的分类法则为基础来挑选。在奥吉布瓦语里，最接近"活着的"或"有生气的"的词语是 bema.diziwa.d，它可以被翻译成"一直停留在活着的状态中"。这样的状态可能会停止，或者相反，人们会发现，一些从未被认为是活着的事物也可能有这样的状态。

在一些外人看来，这可能是一个奇怪的观点。但奥吉布瓦人不太强调分类，而更强调观察，这在其他人类的传统中显然也同样重要。会动的石头是一个活跃、成长和变化的世界的一部分——它们需要被如此理解。同样，虽然西方人觉得很难接受石头这样移动，但我们也确实意识到，一切事物在原子层面上都在不断运动（尽管我们大多数人对原子的运动缺乏直接经验），我们同样也理解，由于地壳循环产生的力，大陆也在移动。在这些非常微观和非常宏观的运动之间，我们也都知道石头会被水和风侵蚀，由此可能在这类力的作用下改变形态和位置。对西方人来说，自然的概念是很重要的，但对世界上的许多人，包括美洲原住民来说，却并非如此。原住民不认为他们能预先知道事物能做什么或不能做什么。只有与这些事物在一起，共同行动，人们才能确定答案。我们或许很难接受这种观点，但它的立场似乎又完全合理。

世界是一个远离人类的外部存在吗？还是它存在于我们之中，而我们也存在于它之中？这是美洲原住民的实践和哲学方面的重大而关键的问题，它的答案总体而言强调人类与这个世界彼此交织的状态。交织有多种形式，要感受这种多样性，让我们再来看看更多美洲人及其历史的例子。

沿着加拿大和美国的西海岸，从阿拉斯加和不列颠哥伦比亚省的交界处向南到加利福尼亚州的北端，有不少原住民群体以野生食物为生，其中尤以鲑鱼为主，他们住在长屋中，探索着复杂的宇宙观，并践行戏剧性的艺术。弗雷泽河河口的水下遗址保存了与更近代的形式相类似的编织和造篮工艺，有证据表明，这些文化约始于公元前 2500 年。从公元前 800 年左右开始，出现了所谓的造型线条艺术（formline art，即以连续流动的线条为基础的艺术，这些线条勾勒出事物的形状，同时也带有内部装饰元素）。华盛顿州奥泽特的遗址在公元 1500 年前后被泥石流掩埋，其中保存了 4 座木板建成的房屋和约 5 万件物品，上面的部分装饰纹案也出现在了后来殖民地时期的艺术中。

这些原住民群体与欧洲人的最初接触是在 1778 年，当时詹姆斯·库克船长的"发现"号和"决心"号正准备寻找太平洋和大西洋之间的西北航道，在努特卡海峡逗留了一个月。库克和他的船员遇到的社会主要以氏族和世系为基础，定居在村庄中的大房子里。在 18 世纪末，据估计约有 20 万人沿着这条 1500 千米的海岸线居住，他们说着约 45 种不同的语言，分属 13 个彼此隔绝的语系。到 1900 年，这里遭遇欧洲人的疾病的侵袭，人口减少到了约 4 万人，其遭遇可谓美洲大陆上人口减少现象的缩影，各地人口锐减八成乃至更多的事都极其常见。每一支氏族或世系都有一套自己的图像系统，它们是从祖辈那里继承而来的羽毛头饰（crest，被视为类似于纹章），在面具、盒子、仪式柱（有时候会被外人称为图腾柱）、外套和其他物品上都有出现。人们用羽毛头饰来象征氏族起源的故事，当他们在漫长的冬天里跳灵舞时，羽毛头饰也能维持与那些对氏族而言十分重要的力量之间的联系。这些活动通常由萨满主导，涉及讲述故事、唱歌、舞蹈和辩论，这些传统最终可能追溯到美洲人的西伯利亚祖先。重要的物品，如故事板，上面都绘有动物图案和更抽象的线条，在它们的帮助下，萨满便能激发并召唤灵的力量。有些物品过于强大，以至于在每次仪式结束之时，人们都会按一套程序将它们毁去。冬季典礼是一年循环的一部分，这些典礼中包括了"鲑鱼首现节"，它是为了确保每年春天都有大量的鲑鱼从海中洄游到当地河中。同样重要的还有竞争性的夸富宴（potlatch），人们毁去大量的东西以夸耀他们的财富。自从与欧洲人进行的毛皮贸易（针对中国和欧洲市场）给原住民带来新的财富之后，夸富宴便显得尤为重要。

　　萨满自有一套用具，在特林吉特人等群体中，这些用具达到了非常高的复杂程度，包括鼓、摇铃、象牙和骨质护身符，还有最重要的面具，面具是灵的具象化体现，这些灵包括陆地水獭、熊和蝠鲼。戴着面具的萨满并不只是类似于某个灵体，而是成了那个灵体本身，分享其力量。萨满能直接与动物之灵沟通，敦促它们关注人类世界的问题。在某些情况下，萨满还能治愈病人，发现并驱逐引起各种不幸的女巫。萨利希人等对内陆地区有一定影响的南方群体，会进行召唤诸灵的活动。作为萨满活动的补充，普通人也有可能召唤守护之灵帮助他们自己或整个群体。

　　在沿海地区的群体中，乌鸦是特别强大而有影响力的灵体，它是北美大陆上一系列恶作剧者式的文化英雄之一，这些文化英雄还包括平原上的郊狼，以及五大湖区附近包括奥吉布瓦族在内的多个群体中的纳纳伯周（Nanabozo，这个名字有诸多变体）。这类角色或许在世界和人类

图 8.13 牛津大学皮特·里弗斯博物馆中的海达族雕画盒。这是由一整块红杉木制成的曲木盒，制作时需要先用蒸汽蒸软，然后再将它弯曲成想要的形状。底座和盖子是后加的。它的长度刚刚超过1米，高度约为70厘米。它原本被用于存放氏族在夸富宴上的特别服饰，于1874年之前被人搜集，并于1884年与皮特·里弗斯将军的其他收藏品一起进入博物馆。这个盒子曾是一个前来参观这所博物馆的海达族团体的研究对象——这次参观的细节详见 http://www.prm.ox.ac.uk/haidabox

创造之初也曾提供过帮助，但它们同样难以预测，难以相处，容易厌倦，因此需要娱乐、刺激和恶作剧。

图8.13所示的盒子是造型线条艺术的绝佳范例，它的图案结合了抽象的线条和具象的画面。从底部开始，我们可以看到两只手，它们有着朝上的、涂成红色的手指，手掌上则绘有眼睛。在两只手之间有一个老鼠女库金·贾德的图案，她是人类从自己的世界进入灵之土地时的传统向导。中央上部的图案由一些脸和五官组合而成。就在老鼠女上方、和她在同一块镶嵌板内，是一张向下的嘴，嘴里长着蓝色的牙齿。在嘴上方的镶嵌板内，是由两个鼻孔组成的拉扁的鼻子，在鼻孔的两端则各有一只黑瞳孔的蓝色眼睛。在鼻孔上方的是两双眼睛，它们或许属于下方的鼻子，二者之间有一道中间填涂了蓝色的橙色线。在每双眼睛之间都有一个橙色的小点，下方则是一道填涂了红色阴影的橙色线，因此这个小点也可能代表一个小鼻子，红色阴影的部分则是简略的嘴。在主要的鼻孔上方是另一个更大的橙色点，可以将它视作另一个鼻子。在这块镶

嵌板的左右两边，有两张侧脸，它们都有着向下耷拉的嘴、一只有着黑色瞳孔的大眼睛，拱顶部则可能是一只耳朵。在这些侧脸上下两边的图案被解读为鱼头。你可以自己看图，还能再找出其中的不少元素。

海达族的设计图案就像美洲西北岸的所有其他图案一样，通过近距离观察，人们会发现大量可能的组合方式，它们的可能性数不胜数。近距离观察总是好的，但近距离观察永远不会让我们得出最终的答案。母题各种可能的组合意味着即使是同一种元素，也能带来不同的图形，由此两种不同的事物便能存在于同一块空间中。这其中同样也利用了维度——虽然画在平面上，但中央最大的鼻子有一丝立体感。这种利用了维度的做法，在面具之类的三维物品上表现得更为明显，工匠往往在二维空间中构想出一个设计图案（例如一张脸），然后将其呈现为三维的样貌。如果这其中体现出的物理技巧还不够说明问题，那我们还能从中看到哲学上的趣味和机敏。观看者面对的是外在的伪装，变形的过程始终存在，而时间与空间的同一个点上同时自相矛盾地出现了多重真实，展现出世界模糊性的一面。假如我们这些外来者也能开始欣赏此中展现出的趣味、悖论和深度，那换作知道该如何去观看它的群体，他们从出生时起便已理解这些神话故事，能够从这些图案联想到有着双关意味的词汇，又能从中更多地看到多少东西呢？[11]

这些文化中的许多元素已经失传，但幸运的是，仍有许多幸存的元素又焕发了新生，比如伟大的海达族雕刻家比尔·里德的作品就被全世界的不少博物馆收藏。尽管时间、空间和最终的感受都相去甚远，但这里确实出现了我们在第五章和第六章所见的斯基泰或凯尔特艺术中的模糊性、过渡性和转化的回响：所有这些艺术都以具体的形式呈现了思考世界的其他方式。

在美洲大陆的许多地区，我们都可以看到创造性的转变，宇宙论是与外来的新事物碰撞的核心。在五大湖地区，从17世纪末开始，法国贸易者便遭遇了各个阿尔冈昆人群体。法国人感兴趣的是能卖回欧洲的海狸皮，它们在欧洲会被制成帽子。他们带来的是殖民贸易者常见的交易货物：珠子、铜罐或镜子。这类物品中有不少恰恰在当地极为重要：原住民少年要成为成年人,重点在于需要进行灵之探求来重新获得一些重要的物品,而后他们便会将这些物品穿戴在身上,以证明自己在探求中获得的力量。颜色在当地人眼中很重要,红色、白色、蓝绿色和黑色能分别以不同的方式产生感应:红色的含义是暴力或战争等反社会的行为;蓝绿色代表的是思想、知识和存在的各种扩张的形式;黑色则是无法认知或缺乏生命;具有特殊颜色的物质,如白色的海生贝壳类、用来做珠饰的深色豪猪刺、白水晶、天然铜矿或有颜色的石头,都与水下或大地上的存在(例如美洲豹、龙或有角的大蛇)相关,它们是各类医疗团体的守护之灵。当地物品被赋予的价值也延伸到了欧洲人的商品上。法国人想的是资金上的回报,当地人感兴趣的则是将它们与宇宙中的主要力量相联系而产生的价值。看到法国人乐于用这种具有灵性意义的物品来换取相对微不足道的东西,如海狸皮,当地人困惑不已。这种交换构筑在不相称的价值体系上,是美洲原住民与欧洲人之间一系列务实交换的基础,它在19世纪初瓦解,此时欧洲人开始大规模地占有原住民的土地。

　　非洲和美洲在其大部分长期历史中没有任何联系,但在最近的几个世纪中,随着西非人口作为奴隶大量进入巴西、加勒比和美国,二者之间便有了明显的联系。显而易见,我们很难确定到底有多少人被迫迁徙,但自16世纪以来,人数完全可能达到了1000万。这种大规模的联系造成的后果,便是将非洲的信仰和习俗引入美洲,尤其是非洲的宗教和魔法信仰。在美洲中部和南部,西非的传统与当地最主要的基督教形式天主教融合在一起。有很多运动值得讨论:如巴西各地的坎东布雷教,它融合了西非的神祇与基督教的圣徒;还有萨泰里阿教,它融合了约鲁巴人和基督教的人物或信仰,由此雷神香戈(Shango God of Thunder)便成了圣徒芭芭拉,占卜之神奥伦米拉(Orunmila, the God of Divination)有了圣方济各的新外形。东非的影响之一则是拉斯塔法里运动(Rastafarianism),这个名字来源于1930年11月拉斯塔法里(Ras Tafari,Ras的意思是"王子")加冕为埃塞俄比亚皇帝海尔·塞拉西一世,黑人国王加冕创造出了人类在千禧年回归埃塞俄比亚乐园的象征意义。

最著名的，或者说最臭名昭著的，则是巫毒教（Vodou，这个词语有各种拼写方式，例如 Voodoo），它主要流行于海地，那里曾经有过极为恶劣的种植园经济模式，也因此燃起反抗之火。源于贝宁的巫毒教激发了人们的反抗精神，并在 1804 年帮助美洲第一个黑人国家独立，这本身也是一个非凡的故事。巫毒教强调生者与死去的祖先及大量本地灵和神祇之间的关系。人们将生与死视为循环，这体现的是对人类在世界之中位置的整体看法。灵体附身、献祭动物、音乐和舞蹈都是它的显著特征。在巫毒教的帮助下，当地发展出了治疗师的传统，吸引了无法获得西医的穷人。巫毒教最臭名昭著且为人夸张演绎的特点是活死人（Zombies）；活死人是一些被巫术窃走了灵魂的人类，它们存在的状态介于生与死之间。人们害怕活死人，但更害怕的是自己也成为其中之一。巫毒教有其令人恐惧的一面（就像所有信仰体系一样），但更重要的是，它给海地这样由极少数富人统治的社会中的穷苦大众带来了希望。巫毒教的重要特征就是希望，而不是恐惧。

最近的魔法滥用问题

美洲魔法更有争议的一面是非原住民群体会使用原住民群体的魔法。在网上随意搜索，你便能修习北美萨满教、玛雅魔法及其他很多课程。付了钱，学了课，学生就能拿到他们选择的魔法的某种纸质毕业证书。这种滥用几乎完全脱离了发展出该魔法的文化背景，让非原住民群体从不属于他们的文化和精神财富中获取钱财，毫不奇怪地，原住民群体对此极为愤怒。

最有争议的案例之一是 20 世纪极有影响力的作家卡洛斯·卡斯塔尼达，他自认为是在传播托尔特克人的知识，但其说法引起了相当大的争议。就像其他几百万读者一样，我阅读了卡斯塔尼达的书籍，被它们吸引，沉迷其中，感到困惑，最终产生了怀疑。卡斯塔尼达提供的东西很有诱惑力：一扇通往纳瓜尔（nagual，发音为 na'wal）知识的窗户，在他动笔写作之前，这些知识都隐藏着，不被外部的世界所知。卡斯塔尼达曾是加州大学洛杉矶分校人类学专业的博士生。在美国西南部进行田野考察期间，他自称成了亚基族巫师唐璜·马图斯的学徒。唐璜能进入一个"非日常现实"的平行宇宙，在其中人类能解开我们自己这个宇宙中的不少未解之谜，还能实现许多不可能做到的壮举，例如飞行。为了进入这另一个宇宙，就得服用佩奥特仙人掌、曼陀罗草或蘑菇，并使用各种形式的剥夺肉体感觉或冥想的手段；必须放弃从理智的，分析的层面上接近这个世界，以便进入一种更直接更物质的存在状态。对于西方的读者来说，卡斯塔尼达的作品令人回想起阿道司·赫胥黎的《知觉之门》，在此书中赫胥黎记录了他服用佩奥特仙人掌的体验。赫胥黎的书名则又来自威廉·布莱克的一首诗："清除一切迷障，知觉之门将开，万物显出本相：如其所是，绵延无止。"吉姆·莫里森读了赫胥黎，将自己的摇滚乐队命名为"大门"，而当"大门"乐队在洛杉矶录制最早那一批歌曲时，卡斯塔尼达正在同一座城里为他的博士学位而努力。

对20世纪六七十年代寻求超验体验的人来说，卡斯塔尼达提供了一种传统魔法知识的基础，这是非常诱人的。他的作品还有其他很多吸引人的地方。在书中，一个富有魅力却忧虑不安的学生，以简单却令人信服的散文写下了他的一系列改变人生的体验，带来这些体验的是同样富有魅力的原住民教师，他从极深的文化根源中获取知识，并举例说明这些知识能直接回应当前的关注点。就在美国的国境线内，在这个似乎是现代最前沿的国家，还留存着思维逻辑与主流截然不同的人和传统。

卡洛斯·卡斯塔尼达这个人及他与亚基族相遇的事，都笼罩着不少谜团。一方面，卡斯塔尼达的书中从未使用过任何一个亚基词语，也没有人能证实唐璜确实存在。有不少唐璜的哲言妙语看起来与其他人的警句极为相似，其中包括弗洛伊德和维特根斯坦之类的人物。另一方面，在中美洲确实有纳瓜尔教，它也作为一种信仰传入了美国，但它更主要的宗旨是说，每个人都有对应的动物形态，具备了正确力量的某些人能将自己变形为动物。这些信仰可能来源于阿兹特克人或是托尔特克人。有些人认为卡斯塔尼达的全部亚基族相关知识都来自加州大学洛杉矶分校的图书馆，他在构思他那些书时依靠的完全是生动的想象力；另一些人则觉得他确实有过某些个人体验，只是在写作时大加修饰，让它能契合当代的超验形式和当时的毒品文化。举例来说，卡斯塔尼达很可能读过赫胥黎。

对原住民来说，卡斯塔尼达是又一个滥用了他们思想的例子，而且获利颇丰：卡斯塔尼达的书本本都很畅销。不少人将卡斯塔尼达的作品视作佛教和各种神秘传统的混合物，但它同样包括从美洲西南部到墨西哥的广义原住民魔法。要是没有作为中心和锚点人物的唐璜，书中的"授业"便不再具备它们当初具备且现在依然存在着的权威和力量。如果卡斯塔尼达把这些想法写成自己的，我们可能就不会在本书中讨论他了。对原住民而言，正式的殖民占领可能已经终结，但依然有人以各种形式占用他们的文化，并从中获取高额利益。原住民的魔法是这类有利可图的滥用的中心。

美洲人民发展出了他们自己强大的魔法传统，但他们同样受到外部世界的影响，在古代是西伯利亚的传统，更近代则是非洲和欧洲。尽管有着多种形式，美洲信仰的核心依然是与整个宇宙及其创造性和毁灭性的力量合而为一的。而澳大利亚原住民则以另一种方式强调了人类与世界之间的密切关系。作为一整片大陆，澳大利亚虽然也受到过一些外部的影响，却发展出了孤立而独特的文化轨迹，它可以追溯到6万多年前。

澳大利亚

澳大利亚西北部的海岸线与中央内陆之间，蜿蜒着一条7000千米长的梦之径（Dreaming track），或所谓的灵歌之径（songline，起初以原住民语言中的词 tjukurrpa 知名，见图8.14）。这条梦之径与七姐妹有关，她们是女性的祖灵，曾横穿整片大陆，以逃避贪婪的老头尤拉（Yurla），又叫瓦蒂·尼鲁（Wati Nyiru）。这个男人会变形，他能把自己变成令人渴望的食用植物或成荫的树木，以吸引女人走近。起初被吸引来的女人不止7个，但塑造地形的劳作极为繁重，她们的人数也逐渐减少。一些女人因为疲惫而变成了石头；其他人随后接替了她们的位置。戏剧性的事

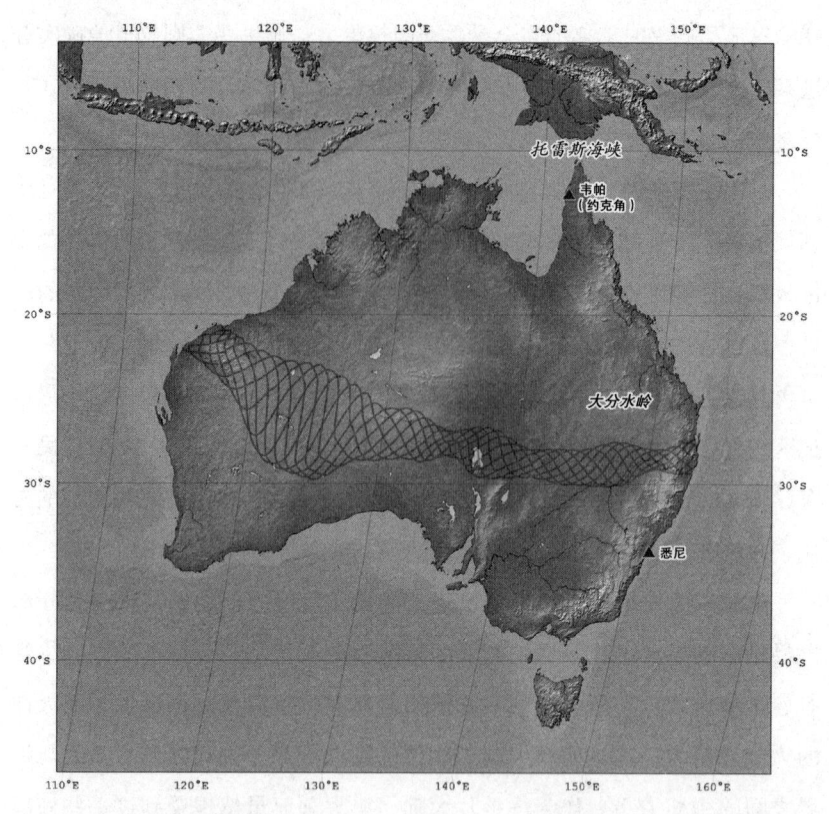

图8.14 澳大利亚地形图，可见文中提及的地点；此外，7条正弦曲线代表的是七姐妹横跨大陆的灵歌之径

件发生了。在距离西澳大利亚海岸约600千米的内陆，马尔杜族（Martu，他们属于最后一批完全居住在沙漠里的原住民）的野外有一处潘加尔水洞。这些女人飞到尤拉头顶，向他露出下体，以此来嘲弄他。尤拉的阴茎自己掉了下来，从水洞里冲出，留下一个至今仍然可见的大洞。于是这些女人往南逃向另一个岩洞，尤拉的阴茎则沿着河床紧追不舍。七姐妹为求安全，爬上北面的一座山，那儿至今还能见到一排岩石矗立在山上。尤拉藏在那附近，他的阴茎（或是蛇）盘绕着伺机而动。七姐妹凭借智谋战胜了尤拉，却始终没法甩掉他。尤拉可能是男人的，也可能是某种源于大地本身的生殖之力的化身，这一点始终未能确定。尤拉以他肆无忌惮的欲望践踏一切习俗和礼节，但又以微妙的方式强化了人们生活的法则。历经跨越几千千米的路途，七姐妹飞到夜空中，变成昴宿星

团，从而逃离了尤拉。昂宿星团在一年的特定时间内会出现在南半球天空中，标志着大地上的季节变化、新植物生长和动物降生。

七姐妹以不同的原住民名字为人所知，这是因为她们穿越澳大利亚大陆的时候跨过不同语族的边界，所留下的故事彼此联系，显示了各个人类部族之间的差异与统一。七姐妹的梦之径是横跨大陆的众多路径之一，尽管有证据表明，像这样的路径在澳大利亚广袤的沙漠中，比在更湿润、更肥沃、人口更稠密的东南方要普遍很多。梦幻时代和梦之径的概念让非原住民们着迷，但我们很难真正地了解这些路径究竟是什么。非原住民的记录里最知名的当数布鲁斯·查特文的《歌之版图》（*Songlines*），这是一份引人入胜的记录，其中有一些有趣却充满误导的虚构内容，我们将在下文中详述。各种经典的民族志中都写到在澳大利亚大陆上发现了分布极广的歌谣群（song cycles），原住民们通过歌谣来唤起乡土的韵律，或者更确切地说，他们歌谣的韵律表现着跨越群山、平原与河床。歌曲的韵律又毫不困难地转化为舞蹈和表演：人们以舞蹈来表现孕育他们的乡土。人们认为这样的歌谣也源于乡土本身，乡土所孕育的人类是一系列史诗歌谣的看护人和传播者；而现在，由于人们远离土地，这些歌谣在澳大利亚的很多地方都受到了威胁。

像所有引人入胜的虚构故事一样，这其中有着一些真实的成分。然而，灵歌之径描述的不是连续的道路——如我们上文所说，七姐妹能从一个水洞飞到另一个，而不用走过二者之间的土地。梦之径描绘的是一幅神圣的地图。它关注地表景观中对人类最重要的各方各面，与血缘和宇宙观相联系；此外，它还关注一些更平凡的问题，例如在哪儿能找到巨蜥或野生山药。它们强化了被原住民视为法则的事物。梦幻时代的故事贯穿了整个宽广的生活光谱，从日常生活到最宏大的宇宙观问题，从水洞边的生活，到天空中的群星，无所不包。这些故事中包含了道德准则、所有权和守护土地的义务；其中同样还有指路的元素。梦幻时代的故事有着诸多层次，外人却只能体验到最肤浅的一层；事实上，词语和歌曲不过是它更宽广的整体中的一部分——只有通过在这片土地上行走、经历生与死，一个人才能彻底理解它。对世界的理性思考必须与人类生活中的全部感觉和情绪体验结合在一起，包括其中那些困惑、冲突、满足与失落。对于我们这些人，土地在很多时候会被从价格角度考虑，我们的生活中充满从一地到另一地的迁移，因此我们很难理解不少原住民深深扎根于土地的身份认同感。

梦幻时代似乎是关于过去的，但对原住民而言却并非如此，最好将它形容为"永恒的现在"，过去与现在融合在一起，很难在线性的时间概念中得到理解。人类的关联性（有好有坏）通过图腾崇拜的概念得到加强（英语中图腾这个词语来自阿尔冈昆语，它可能是个奥吉布瓦词，用来指称亲属关系）。每一个原住民部落都有一种作为图腾的植物或动物：比如说，一个部落的图腾是黑凤头鹦鹉或岩袋鼠，那他们的成员便会有这种动物的某些特征；这种联系依照的完全是字面上的意思，在人类与这个世界之间保持连续性。（这种做法有一种比较日常的表现形式，即以动物或鸟类来命名体育运动的球队——熊队对战海狸队。）对原住民来说，人类与周边世界之间的连续性会让他们怀疑人类究竟是否处于独立状态。在我看来，这就是魔法最深层也最迷人的含义。生命的力量彼此联通，互相交织，因此尤拉可以是一个男人，也可以是贪婪的生殖力，而七姐妹可以是女人，也可以是石头。

在梦之径北方的阿纳姆地以北，居住着雍古族（Yolngu）；他们将使我们了解对祖先与灵的信仰在更局部的地区运作的细节。如今约有5000名雍古族人住在从前的传教所，或更小的中心。就像这片大陆上的不少地区一样，这儿的居民也在设法平衡西方文化与他们自身文化的需求。雍古族的生活围绕着马尔代因（mardayin）展开，这个词最好翻译成"神圣的律法"，它规定了土地的所有权和人类对土地应负的责任，一系列的歌谣和舞蹈、物品和绘画等都是这种律法的具象表现。正如霍华德·摩菲在他就雍古族的生活和艺术的迷人记录中所写："祖先委托部落的成员照料他们的土地，而假如这些成员要履行他们对祖先应尽的义务，马尔代因的知识便必不可少。"[12]

力被称为玛尔（maarr），它对于土地和人类的丰产至关重要，瓦加尔（wangarr，意为祖先）于黎明时分在土地间移动，便会赠出玛尔。玛尔是一种始终有益的力，它能带来狩猎或采集的成功，同时保证人们整体的福祉。每一个雍古族部落都有自己的瓦加尔，它们常常是强大或危险的生物，例如鳄鱼、致命的毒蛇或各种鲨鱼。在树皮或死者的棺材盖上画出的这类祖先，并非形象的呈现，而是祖先本身，绘画让它们所有的力量都得以显现。这样的信仰在世界上的许多地区都有回响，在这些地方，祖先对生者有着深远的影响。祖先的力同样也蕴藏在强大的物品之中，人们常常会将这些物品悄悄藏起，大部分时候只有成年男子才知道它们藏在哪里。曾经在生前参加过多次重要祭典的老人聚积起的力是如此之多，以至于他们自身也几乎成为神圣之物，这样的老人就模糊了日常生活和祖先世界之间的边界。

每个氏族的领地上都有特定的地方与源于祖先的孕育之灵（conception spirits）有关。在某个人死后，经由合适的仪式与物品，他们的灵会直接回到这些灵之力的储存之所。祖先提供了生命赖以创造并成长的力，在生命终结时，这种力必须回到祖先的世界。在澳大利亚的某些地区，原住民被赶出了他们的土地或被杀害，这导致原住民的仪式、艺术和表演不再延续，这些地方便会被视作孤儿之地：在仪式设法恢复之前，在这些没人照料的土地上，灵之力将渐渐不再流动。在非原住民聚居的城市及其他地区，尽管并非不可能，却也很难重新启动这些仪式。

这种信仰有着深远的历史，深深地扎根在土地上，虽然原住民本身对历史这个概念充满怀疑，更乐于强调他们的信仰和理解永恒的那一面。从1788年开始，白人占据了这片大陆，其中聚集人口最多的是东南部，即今天的新南威尔士州、维多利亚州和塔斯马尼亚州。在这里，我们在美洲看到的故事重演，原住民遭遇了数不清的悲惨事件，约有八成甚至更多的人因为缺乏免疫力，死于天花、流感和普通感冒。白人带来了"原始"的观念，还有白人更高等的观念，而支持这些观点的理由则在于，白人认为他们的宗教和科学高于原住民的魔法信仰。疾病常常会先于白人定居者，从一个原住民群体传播到另一个；由于原住民对白人的疾病没有抵抗力，在不少地区，有关原住民生活的最早的记录对象，都是些已深受疾病之害的群体，这也加强了人们的印象，即原住民的生活方式只能勉强维持生存。然而，假如将所有历史记录小心地集合在一起，我们仍能多少了解到原住民生活的面貌。

欧洲人对澳大利亚的最早描述是如诗如画的风景———一望无垠的茵茵绿草，各色树木点缀其间。对原住民来说，草原是非常实用的环境，它能为人们提供种子、球茎和块茎；原住民的主要肉食来源，例如袋鼠和沙袋鼠，都是草食类动物。经过火烧，草原会生长得更为繁茂。但这一景观并非全然或纯然属于实用主义，在最近的记录中，人们会谈到通过火烧来净化土地。火是人们的朋友，对应一套特别的仪式，其使用背后也蕴含着重要的知识。

原住民在与白人接触的过程中迅速灭绝，澳大利亚的大部分景观也因此在19世纪中后期回到了森林的状态，一切被清除，这让欧洲人对这片土地本来的样子产生了错误的印象（在比尔·甘觅奇的《地球上最大的庄园》中，有着原住民照管土地的种种实践的卓越记录）。但如今也有一些证据可以表明，原住民在占领澳大利亚的6万年间一直在使用火，因此，认为如今澳大利亚的景观基本上是自然形成的，狩猎采集者群体从中获得大地给予他们的一切，这种流传甚广的说法也就不攻自破了。（大事年表见表8.3）尽管原住民没有通过种植和收获或饲养动物来从事农业生产，他们对土地的照管却有着长期而系统的历史，目的则是从精神上和物质上维持人类与土地之间的关系。

时间	事件与进程
约公元前6万年	最早移居澳大利亚的人类从东南亚来，迅速扩散到了整片大陆上
公元前6万—前8000年	建立了地区性的生活方式，各种岩画艺术按照年代不同而各有其风格，展现出后世失传了的仪式和魔法形式
公元前8000—前2000年	海平面上升，人口和集约化的情况都可能进一步增加，尤其是在澳大利亚东部。最早的土丘证明了仪式、魔法和历史实践的存在。岩画艺术表现了人类、动物和植物之间的关系。口述史展现出的有些梦幻时代信仰的元素可以回溯到这个时期
公元前2000—公元1788年	在某些地区，食物生产高度集约，人口迅速增长。岩画艺术和土丘传统延续，梦之径同样如此
公元1788年至今	最早的白人定居开始，原住民大量死亡，并从土地上被驱逐

表8.3 澳大利亚简略年表，从最早的人类定居到白人殖民

对原住民而言，重要的不仅是土地，还有海洋。澳大利亚的大洋多

产而多样得惊人，考古学家在此处发现一些最引人注目的大型贝堆或贝冢也就不足为奇了，悉尼、北领地和昆士兰周边的贝冢遗迹都得到了充分的研究。早期的贝冢研究采取实用主义的态度，关心这些问题：贝冢中的贝壳属于哪些物种；在过去的约4000年间，随着海平面的稳定，贝冢能在多大程度上反映海岸和河流系统状态的变化情况；这些贝壳能制造出多少肉类食物……这都是些有效的问题，不过，近年来随着考古学家与原住民之间的关系变得更为密切，原住民也得到训练成为考古学家，人们开始重新思考贝冢的存在意义。

伊恩·麦克尼文近期在托雷斯海峡所做的研究，提供了关于贝冢的新观点。托雷斯海峡隔开了澳大利亚与新几内亚，是一片150千米宽的群岛组成的丰饶热带海域，那里有迷宫般的珊瑚礁，盛产鱼类、贝类、海龟和儒艮（一种海生哺乳动物，重约400千克）。此处发现了不少不同的贝冢，其中有一些主要由儒艮的骨头组成，另一些则由贝壳和鱼骨组成，更有一些包含种类更广泛的残骸。麦克尼文指出，这些贝冢的形成取决于许多不同的关系：人类和非人类物种之间的关系，带有图腾或宇宙论的色彩；男男女女在共同采集、烹饪和食用食物时的关系；个体与群体之间的关系，与入门仪式有关。总而言之，贝冢中发掘出的东西描绘出了整个群体的历史上的所有重要方面。

组成贝冢的不是垃圾，也不是不被需要的弃置材料，而是具有文化内涵的事物，它们应被视作至关重要的历史和关系的承载者而受到小心对待。人们在托雷斯海峡的马布亚格岛等岛上的村庄中从事日常工作，贝冢便不断提醒人们过去的重要事件，它同样指向未来即将展开的仪式，这些重要事件由此与常规的日常生活联系在一起。在约克角西海岸的韦帕，贝冢能积累到几米高，以纪念建筑的方式令人想起人类、非人类和祖先之间的重要关系。

澳大利亚还拥有世界上最伟大的岩画群之一：尽管它们戏剧性地大量聚集在北部热带地区和中央的沙漠地带，但总体而言遍布整片大陆。考古学证据表明其中有着长期的联系，某些可能已有约3万年历史的岩画艺术母题至今仍在为人使用。澳大利亚最主要的考古学证据来源是石器工具，色彩、光泽及石头的来源所蕴含的力量，为它们赋予了美学和灵性特质，这对一些史前史学家来说是个挑战，他们更了解石器的切削性能，而不是其宇宙观意义。

随着时间推移，岩画艺术有所改变，但我们从中也可以看到延续性，在若干个千年间，它们出现了各种不同的风格。岩画艺术是几何学线条和具象绘画的结合体。要确定它们的年代很困难，但将风格变化、图像叠加情况和某些绝对年代测定相结合进行分析，人们便能得出一系列恰当的相对时间顺序。阿纳姆地的岩画艺术早期阶段描绘了一些早已灭绝的生物；随后的画面进入"动态"阶段，展现出人类带着武器、穿着衣服，常常是或跑或跳的模样；再往后则出现了带有薯蓣特征的人类形象——所有这些风格的岩画艺术可能都绘于冰河时代结束之前，也只有在更后来的风格中，远古的艺术家才会描绘像鳄鱼和淡水鱼这样的今天常见的生物。最早期的风格给了我们一扇窗口，让我们能通过当时的宇宙观视角，看到澳大利亚的更新世生活。所谓的"动态"风格的人像头顶上的巨大而精美的头饰，表明当时有着不为后世所知的个人装饰及仪式，这证明无论是古代的还是当今的复杂的澳大利亚原住民历史，仍有许多我们未能掌握。

今日的灵歌之径

> 瓦蒂·尼鲁是个聪明的男人，一个变形者，他能变形成诱人的森林食物或阴凉的树木，来引诱女人。有时候他那强大的欲望会在天空中创造出奇妙色彩组成的弧形，亦即欲望的彩虹，它划过女人的头顶，窥视着她们。
>
> ——伊纳温特吉·威廉姆森（来自南澳大利亚州的 APY 地区）
> 2013 年在堪培拉表演"七姐妹"的段落[13]

白人没有梦幻时代，他走的不是道，白人，他走的是另一条路，他走的路属于他自己。

——穆林巴塔族人穆塔

在澳大利亚，原住民群体与非原住民群体常常带着成见彼此接触，真相却遭到滥用或误用，而掩埋在深处。非原住民的观点源于种族歧视，常常非常陈腐。他们认为原住民群体无法组织自己以应对当代世界，这种观点完全无视了两个世纪以来殖民主义造成的驱逐和流离失所。有趣的是，更广义上的澳大利亚社会认同原住民的生活方式在精神层面上的价值，这主要集中在由这种生活方式产生的艺术上，它们在国际市场上价值不菲。原住民的艺术极具视觉效果，但它充满了故事，与乡土和梦幻时代相联系。诗人莱斯·穆雷曾经写道，在几万年间，澳大利亚曾由诗歌统治——这一陈述的真实性可由第一段引用的文字证实。但讽刺的是，"灵歌之径"被用来代表原住民对土地的依恋之情，使这种说法流行起来的布鲁斯·查特文不仅是个白人，还是个浮夸的英国人。他通过阅读和讨论意识到，在这片土地上有着路径，它们描述了土地的特征、资源和危险之处。而后他将歌谣和"梦之径"糅合起来，创造出了"灵歌之径"的观念，说人们能通过歌谣在大陆上旅行，并咏唱他们从未见过的乡土。

在原住民看来，白人没有梦幻时代，这一点让他们震惊。也正因此，原住民常常将澳大利亚社会中的某些事视作灵性的扭曲，并为此而惊讶。关于世界的知识很丰富，中小学校和大学里都会教授，但它们都是抽象的知识，并不以土地为中心，而且任何对知识或其道德后果的责任感都是缺失的。梦之径或灵歌之径不仅仅是一个造物的故事，它还教导了人们如何与土地相联系，他们身上担负什么样的责任，以及履行这些责任的最好方式。原住民社会的魔法将人类和土地联系在一起，而土地不仅包括土壤、岩石和水，还包括所有植物和动物，它们交织成一个不可分割的整体。灵歌之径能作为贯穿整片大陆的路径而存在，也可以是某一个地区之内的存在，或是关于某个氏族的土地的详尽故事。

带着在人类群体与他们生活的世界之间建立统一性的渴望，外部的人们很容易便会将原住民过去的生活方式浪漫化。事实上，在很大程度上，原住民所深深介入的世界与其说是他们周围的世界或者说环境，不如说是一个内在的世界。人们保持开放，同时面对世界毁灭性和创造性的方面——干旱的沙漠、群体内部和群体之间的冲突、毒蛇的危险——他们与乡土之间的关系也不只是浪漫而温和的统一。在当代澳大利亚，作为原住民究竟意味着什么？这是个紧迫而困难的问题，它与原住民文化该如何发扬并改变其澳大利亚的归属感的问题紧密联系。毫无疑问，原住民的习俗和信仰向我们揭示出另一个存在维度，其深度和微妙性往往难以被完全把握，却给当前澳大利亚主流社会乃至世界许多其他地区提供了改变生活方式最基础的替代方案。同样显而易见的是，人类与这个世界的深度交缠能带来怎样的创造性可能，以及在过去的两个世纪里，由于对原住民魔法的破坏，这个世界是何等黯淡。

掠夺时代的魔法参与

在巴布亚新几内亚的皮利洛岛，有一位老人给我讲述过当地氏族历史，他回溯了一系列人类世代，最后说道，"我们都是从那块岩石中来的"，同时用手指着海岸上一块极为巨大的漂砾。这句话不是比喻，而是指一种存在形式——完全是他字面上的意思。这件事让我一直记到现在。人类的生活环绕着各种有感觉的存在，这些存在尽管有着石头或植物的外形，却也可能在某种意义上是人类。而如今的我们依靠追溯联系的链条来肯定身份认同，血统将人类世代联系在一起，同时将它们锚定在更广阔的世界中。

在非洲、美洲和澳大利亚，过去和现在，人们发展出了种类繁多的参与世界的模式。从相对平等主义的美洲、非洲和澳大利亚狩猎采集者群体，到铁器时代晚期、中世纪非洲或阿兹特克人、印加人及他们的前人那种高度组织化的政治形式，我们可以假定存在一个力量的光谱。采取平等主义的群体也并不是人人平等，对仪式的掌控，老年人超过年轻人，男性超过女性。群体中多人参与的魔法同样有它保密的一面，因此有很多事不为外人所知——外人指的是没有完全进入当地知识系统的人——他们只能理解世界观整体中的一部分，无法看到它的全貌。人们利用物品和绘画，让灵之力作为连接灵的世界的方式或门户，在仪式上显现。在某些情况下，一旦仪式结束，灵就离开了；原住民们可能会随意踏过一幅沙画，而就在不久前他们还以极为敬畏的态度对待它。力量的流动至关重要，一旦灵离开物体，人造物便会失去其神圣的光环。

在非洲与美洲的国家社会中，魔法关系之间的区别很大。统治者掌控权力，这在某种程度上是由于他们与宇宙力量之间的更高级联系，只有少数情况下，他们个人会被视作神祇。为了安抚这些力量，人们需要持续地献祭：在阿兹特克人中间，大量的流血牺牲是必需的。疼痛能让人确认魔法的力量，它常常由自残造成，具体的方式是我们许多人难以想象的，更别提亲身实践了。印加人会在新统治者登基及其他非常必要的时刻使用人祭。这类与更宏大的力量进行交易的活动持续不断且高度发达，在非洲的某些地区也会定期发生。但澳大利亚原住民并不了解这类形式的人祭，或许因为人祭是一种与政治等级制度和权力不可分割的魔法形式。

在这些广阔的地区，人们一般都是万物有灵论者，尽管他们的万物有灵论各自有着千变万化的表现。物体能够行动、移动、拥有自身的意图，或能通过仪式被赋予这样的力量。主体与客体之间、有感觉的人类与无感觉的物体之间的分野是科学的内在要求，但在不少原住民的哲学中却缺乏区分。整个世界以它们各自的方式具有感觉，对其他人类的敬畏或许也需要延伸到植物、动物和土地上。人们采取尊敬的态度并不总是为了寻求和谐和教化；就像人类可能会遭到粗暴对待，其他事物也是如此。但人们应当深思熟虑后再采取暴力的行为，而不该在对其他存在漠不关心或茫然无觉的状态下做出这些事。

一旦我们开始检视美洲、非洲和澳大利亚的哲学与魔法实践的范围、深度和精妙之处，我们便很难想象，为什么西方世界会如此彻底地排斥它们，给它们贴上异类的标签。这种被培养出来的无知是殖民主义在文化与精神上的结果。我们花了很长时间来克服这个问题，这一定程度上也是因为，对我们中的任何人来说，要走出我们原本坚信的信仰体系本就是一件困难的事，有时候甚至完全无法做到。但不管怎么说，其他人的信仰就算起初看来有些奇怪，也能让我们质疑自身的常识，思索世界中力量的性质，什么是人类，什么又不是，以及我们该如何行动来尊重我们的周遭世界及其中可能蕴含的力量。

第九章

中世纪和现代欧洲魔法

公元 500 年至今

1872年4月16日，一群男人在萨默塞特郡威灵顿外的小村庄罗克韦尔格林的巴里摩尔酒馆坐着喝酒，消磨周日午后的时光。尽管已是4月，天气显然还很寒冷，这些人围坐在火堆旁。突然一阵冷风灌进这家酒馆老旧的烟囱里，几件物品滚落在地板上。这些人知道落在地上的东西是什么，他们迅速地抓起它们，带着它们匆匆从酒馆离开。但此事在当地广为流传，甚至连 E. B. 泰勒也得到消息，我们在第一章中已经提过他，当时他是这里的地方法官，后来成为牛津大学的人类学教授。泰勒询问了不少人，找到了其中4件物品，它们是用纸包着的洋葱，纸用大头针固定在洋葱上。其中有一个洋葱至今还保存在牛津大学皮特·里弗斯博物馆（见图9.1），日后泰勒本人成了这个博物馆的管理员。而在当时，其中一个洋葱所附的纸上写着约瑟夫·霍兰·福克斯（1833—1915）的名字，他是泰勒的妻子安娜·福克斯（婚后成了安娜·泰勒）的堂兄。就像福克斯家的其他成员及泰勒本人在前半生中一样，约瑟夫是个贵格会教徒，因此他反对饮酒，也反对出售啤酒及其他酒精饮料的店铺。这是一场相信饮酒是邪恶之举的人与希望能出售并消费酒精饮料的人之间的战争，在这场战争之中，洋葱是一件看似没有任何杀伤力的小武器。

在发生这些事件的19世纪70年代，因阿瑟·韦尔斯利成为威灵顿公爵而得名的威灵顿还是个小镇，人口约有6000；镇上主要的雇主是托内代尔的羊毛纺织厂，这家纺织厂属于福克斯家族，他们也部分掌握着英国最后一家能够发行自己的纸币的商业银行。在高街上有英国国教的教区教堂和贵格会聚会所，建于1845年。1843年时，威灵顿有了它自己的铁路火车站，泰勒夫妇会定期乘火车往返于牛津和威灵顿之间，在威灵顿，他们

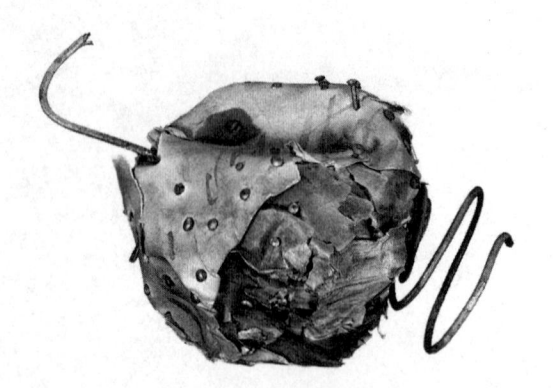

图 9.1 皮特·里弗斯博物馆里的洋葱，由泰勒夫人于 1917 年 E. B. 泰勒过世后捐赠给皮特·里弗斯博物馆

住在安娜家的老宅"林登别墅"。19 世纪末的威灵顿就像英国的一个缩影，其居民分属不同阶级，包括最遥不可及的韦尔斯利家族。威灵顿本地最显赫的就是福克斯家族，镇上的大部分居民则是工人和农业劳动者，在巴里摩尔酒馆喝酒的那些男子也属于后者之列。当地人在信仰上显然有英国国教与贵格会的区别，但洋葱本身则说明此地还有其他信仰系统。也正是它们让泰勒以及这座镇子上其他一些更体面的居民着迷而又感到恐惧。按照泰勒的描述，巴里摩尔酒馆是"一座低矮的乡间小酒馆"，于 1870 年开张。1869 年政府新颁布了"葡萄酒与啤酒屋法令"，这家酒馆的主人撒母耳·波特尔便申请了售酒许可证。酒馆聚集了不少行为不当的人物，再加上它附近两座屋子的使用者被怀疑是"品行不端的女孩儿"，因此波特尔刚开始申请许可证时，遭到了拒绝。不同的道德准则在这里彼此冲突，中产阶级的价值观得到了新法案的强化，让撒母耳·波特尔的生活变得更为艰难。他在 1870 年和 1871 年申请许可证时没有碰到任何困难，但我们仍可以将巴里摩尔酒馆视作当地的阶级和宗教政治中心，酒与性的话题在此发酵。

我们从泰勒写给他叔叔的一封信里知道了烟囱中发现洋葱的事[1]，信中还提到撒母耳·波特尔在本地有些可疑的名声。波特尔是家中的第 7 子，人们通常认为这个排行具有不同寻常的力量（这里利用的是传说中幸运数字 7 的重要性，第 7 个儿子常常会遇到灵异现象，或是具备魔法能力），因此所有人毫不怀疑地认为，正是他将这些物品放进了烟囱（巴里摩尔酒馆的洋葱不过是烟囱里的一大类物品中的一部分,我们将在下文中看到)。在此引用泰勒信中的话:从烟囱中发现的东西,"在村子里引起了相当大的轰动,因为村民们都知道,把针插进写有某人名字的物品,然后将它们挂在烟囱里晾干,是一种造成伤害的方式,这样可以通过魔法的交感作用,将伤害传导给模拟像中被刺穿和悬挂的那个人"。[2] 撒母耳·波特尔作为"巫师"的名声,或许能让他在竞争中取得小小的胜利,击败那些他认为妨碍他卖酒谋生的人。在这件事里,泰勒的妻兄约瑟夫·福克斯显然很活跃,正如泰勒在信中指出的:"这是座粗鄙的屋子,约瑟夫原本想把它买下来,或是阻止它继续获得许可,而这一点……解释了此人对他的愤怒,这种愤怒发泄在了这一过程中,而此人的行为即使没有造成什么伤害,也是极为丑恶的。"[3] 约瑟夫·福克斯遵循贵格会的信仰,继续主持他父亲成立的威灵顿禁酒协会,同时于 1869 年在罗克韦尔格林开了一家戒酒会堂,会堂内有一间咖啡厅,每天晚上都会有二三十个客人。这些人是否会在不去咖啡厅时前往巴里摩尔酒馆,我们不得而知,只能心存怀疑。不过,波特尔的生意最终还是保住了,约瑟夫·福克斯似乎到最后也没有因为针对他的魔法而受伤害,我们在泰勒的信中知道了这一点:"表面看来,我的朋友似乎没有遇上什么坏事,不过,第二年他的妻子发了一次高烧,当时有智之人纷纷摇头。"

发现洋葱和其他魔法物品的事让泰勒惊讶万分。就在这些洋葱从烟囱里滚出来之前的那一年,泰勒发表了《原始文化》(1871 年),它是 19 世纪末在英国和其他国家流传最广、影响最大的人类学作品。泰勒分析了当时已知的世界各地小规模社会中的习俗和信仰,这些都是当时的人类学家感兴趣的内容。他特别关心的是信仰体系,而该书的核心观点是,人类的精神文化从对魔法的信仰发展到对宗教的信仰,再到对科学的信仰。在这一系列信仰体系中,后面的总是比前面的更合理、更有制度基础,也更为有效。在这样的历史发展进程中,人们必须选择他们认为最佳的信仰体系,而明智的人会选择科学——他的这种观点与我在本书中提出的三重螺旋恰恰相反,我认为魔法、宗教和科学这三重元素都很重要,因为它们与人类体验的各方面产生共鸣。泰勒自认为是科学家,将人类学称为"解放的科学"。他的意思是说，通过记录其他社会中过时的、不合理的信仰，人类学将使他和其他人拥有发现自己社会中这种信仰的残留痕迹，并将之连根拔除的能力。魔法属于人类精神发展的早期阶段，不属于19世纪末这个理性、科学、工业化的大英帝国。在泰勒看来，魔法在英国的背景下是一种残留物，就像人们从某种化石记录中了解到的生物，人们只会在世界的偏远角落里发现其苟延残喘的痕迹。萨默塞特郡的乡村从某种意义上来说也很偏远，却依然处于泰勒生活的核心。当他沿着洋葱的线索发现各种与巫术相关的物品、魔法药物，以及狂热的探测者（dowser）和灵媒时，对他来说，要将所有这些发现都斥为一个早已消逝的时代的残留，就变成了一件很困难的事。不过，尽管这些经历给泰勒带来了一些认知上的不适感，却没能强烈到动摇他的基本观点。

而现在，我们已有了完全不同的观点来看待英国乃至整个欧洲从过去到现在的所有时代的魔法。撒母耳·波特尔所施行的这类大众魔法，是一个不断变动、不时革新的巨大体系的一部分。人们通过这个体系来处理他们在生活和生计上遇到的各种问题，那些无法轻松寻求法律或社会官方机构帮助的人更倾向于如此。巴里摩尔酒馆里的洋葱只是烟囱和屋内其他地方发现的许多东西中的一例。我们所知道的大多数东西都是保护性的，正如下文中将看到的那样，但波特尔似乎是在做实验，希望随着洋葱被浓烟熏干，洋葱所附的纸上写了名字的那些人的身体和生命力也能随之干枯。这类魔法想必在许多代人中间口口相传，但魔法并不是纯粹的传统，也不是由迷信和缺乏教育的人不假思索地重复的行为。人们放入烟囱中的东西主要属于大众魔法的领域，但或许也与学术性魔法相关，我们随后会讨论到它。

中世纪和现代魔法的发展轨迹

前面我们先讲了19世纪，这一时间已接近我们所关注时期的终点，但接下来我们要考虑的是从公元 5 世纪罗马帝国衰亡开始一直到今天的魔法（大事年表可见表 9.1），由此我们将看到古代世界的魔法遗产在中世纪和现代时期是如何被借鉴和转化的。在这 1500 多年的时间里，魔法先是存在于宗教特别是基督教背景之下，而后进入了越来越受科学影响的文化之中。

时间	事件与进程
公元 410 年	罗马帝国衰亡，中世纪时期开始。从古代世界流传下来的各路魔法遗产
公元 597 年	基督教再次输入英国，魔法的进一步发展与教会联系在一起——通过坟墓和自然环境中的埋藏物证据可知
约公元 1000 年	中世纪盛期开始——占星学和炼金术进一步发展，借鉴了古代的传统。诅咒和护身用具都有发现。体液理论
约公元 1350—1600 年	近代早期——文艺复兴——魔法、宗教和科学的混合。占星学和炼金术进一步发展，受到此时新翻译的希腊文本的影响。迪伊的活动——与天使交谈，预言术发展。教堂中的护身用具。第一次对女巫进行广泛的迫害
约公元 1600—1750 年	现代科学的发展——牛顿将科学和魔法的观念结合在一起。更强调保护家庭。女巫迫害在欧洲东部更加盛行
19 世纪	机械论宇宙观占统治地位，但各种形式的魔法继续存在——占星学、炼金术、巫术和地方魔法，其中包括烟囱里的洋葱等
20 世纪	新物理学的诞生——量子力学和相对论。新的魔法组织得以发展（详见第十章）。各种各样的魔法实践继续存在。现代科学的某些方面在魔法的观念中有所回响（详见第十章）

表 9.1 欧洲文化变迁的简略年表，从中世纪早期到当代

中世纪的世界发展出了深度参与的景象，将人类完全置于整个世界之中。地球位于宇宙的中心，它的周围环绕着若干个同心球体构成的天堂，各类天体存在于低层的诸天之中，它们的运动轨迹会影响人类的情绪、健康和命运。源于古希腊思想的体液理论认为人类由土、气、火和水组成，强调人类是由与地球相同的物质构成的，但又进一步解释了行星的影响，因为各大行星又分别与四大元素相关。此时出现了各类技术，它们能够维持人类在土、火、水或气之间的平衡。人们用药草、酊剂和其他混合物来治疗人体内的不平衡问题；由此，魔法治疗逐渐发展为医学。转化是人们最关注的问题，也就是将更基础的物质转化为贵金属，而这是让整个宇宙走向完美的更广泛愿望的一部分，这个领域最终逐渐融入我们如今视为化学的学科。教会是一个怪异的魔法中心，因为从神迹到圣徒崇拜都属于魔法的范畴，也因为教会承认恶魔和天使的存在，

它们构成了人类生活中一个持久而公认的维度，令人恐惧且敬畏。人们需要与超越人类的存在进行交易，而只有那些拥有正确知识或力量的人才能做到。归来的亡者令人恐惧，同样令人恐惧的还有女巫和男巫们。当时有各种技术和手段，人们用它们来发现和抵御世界上大量存在的危险魔法。

在构筑这些复杂图景的过程中，人们将基督教与古代世界流传下来的观念融为一体，后者主要基于他们对柏拉图和亚里士多德的理解。宇宙究竟如何依照令其移动的灵和力的作用而运作，地球在这个宇宙中的位置在哪里，人类又在宇宙中的何处，这些问题都很重要。对异端和不虔诚的指控可能使这些问题变得生死攸关。

在这其中最为迷人的是15—17世纪的文艺复兴时期。如今被我们截然分开的魔法与科学，在当时是一个复杂的结合体，甚至在最伟大的头脑中也极具创造性地共存。我将对比通常被描述为魔法师的约翰·迪伊与通常被描述为科学家的艾萨克·牛顿。迪伊发展出了一系列魔法实践，其中有些借鉴了中世纪的世界观，但他也接触过一些我们或许会视作科学的东西，举例来说，他对炼金术很有兴趣。牛顿也是一个坚定的炼金术师和占星师，同时是个非正统的基督徒；但这些都不妨碍他发展出后来成为现代物理学基石的思想，即使对牛顿而言，宇宙应当是有感觉的，而不是一系列无感觉的物体通过力、质量和动量表现出的运动。占星学和炼金术在整个早期近代世界中无处不在，正如攻击性和保护性的魔法一样。在这个时期，我们看到魔法、宗教和科学的三重螺旋已开始有了现代的雏形，尽管这三种分类中的任何一种，在当时都没有彻底与其他两种分开。

在18世纪的启蒙运动中，科学确实将魔法驱逐出了上流知识分子的圈子，这是因为魔法并不符合新兴的机械论模型，在这种模型中，宇宙被纯粹的物理力所推动，这些力作用于赤裸裸的物质之上。魔法强调的是事物之间的相似性，科学寻求的却是因果关系，后者强调的是全新的概念。除此之外，与新出现的科学相比，魔法不会假装自己完全客观。科学自认为可以不介入这个世界而客观地理解它，因此任何受过相应训练的科学家都可以对同一个实验或同一组定理得出相同的结论。这是有史以来魔法第一次被放逐到边缘地带，它还常常被推到阶级结构的下层。泰勒是19世纪为科学代言的新文化角色的继承人之一。就像其他人一样，他否认魔法，却无法摆脱对当时魔法的迷恋。我们现在已经把这种态度视为理所当然，同时很难理解魔法在所有其他时间、地点充当人类生活核心的事实。

大量文献只关注科学逐渐发展而魔法日渐衰落的一面，却忽视了大众魔法不断增加且极为狂热的事实记录，我们在其中可以看到烟囱里的洋葱、教堂或家庭中的保护性几何图案、墙里的猫和瓶子里的女巫，它们从中世纪早期一直延续到现在。写下这些大众魔法记录的人常常认同古老的魔法，因此倾向于赞美这些丰富多彩的日常活动。偶尔有些考察学术性魔法的人也会设法将其与大众信仰联系起来，这是因为二者以我们如今尚不清楚的方式彼此影响。我同意这一点，并认为人类的行为中有一大片领域具有连续性，在其中，一方面普通人竭力追赶，要接受科学的新发明；另一方面，他们又在体验灵的存在，与死者或天使交谈，而其方法则以秘传的魔法作为基础。在所有这些情况下，人们都在思考并体验人类在宇宙中的位置，以及人类与宇宙的联系带来的道德和实际上的意蕴。这类思考结合了对人类在世界中的主观位置的强调，以及更为客观的尝试。我们都既是主观的，又是客观的，两面互补，而非互斥。

中世纪魔法

在宗教改革期间，新教徒批评天主教的主要论点之一便是后者施行魔法。基思·托马斯曾经写道："中世纪的教会……就像是魔法力量的巨大蓄水池，能为各种世俗目的所用。"[4]

不把中世纪魔法放入教会和中世纪社会的大背景中来考量，我们便无法理解它。二者的制度结构和文化形态都以复杂的方式延续了罗马帝国的模式，从东边进入欧洲的德国人和斯拉夫人带来的影响，加上更古老的欧洲人的史前遗产，我们在第六章中对此已有讨论。这些都是相当复杂的问题，在此我们只能给出简要的总结，但仍有一些重点需要指出。很多人认为西罗马帝国终结的时间是公元 410 年，当时罗马被西哥特人攻陷并洗劫。罗马帝国就此衰亡，但在欧洲各地呈现出不同的情况。在罗马人统治的不列颠，虽然不是所有地方，但在大多数地区，制度瓦解得相对较快，公元 5 世纪成了一段神秘而充满争议的时期。即使如此，在不列颠的乡间，农业和食品制造、罗马的田地和景观依然有着延续性。工业和消费水平则确实在几个世纪里出现了大规模的衰退。尽管不列颠岛上的人在罗马帝国末期已开始信奉基督教，但在罗马陨落之后，教会和基督教的礼拜仪式只在西部地区延续。在别处，基督教被重新引入盎格鲁-撒克逊世界是在公元 600 年前后。与之形成对照的是，在地中海世界的意大利、西班牙和希腊，教会一直持续存在，随之延续的还有各时代的学术文化和不少罗马的制度。在公元 7 世纪阿拉伯人入侵之前的北非，情况也同样如此。人们在基督教语境下进行哲学辩论，利用的却是古典学问，这对后世践行的魔法的延续性和特性而言十分重要。莱茵河西侧的法国和德国的状态介于地中海的延续与不列颠的崩溃之间，它们还保有一定程度的罗马基础设施和农业，这在后来影响了中世纪的发展。

欧洲在物质和社会意识上彻底与罗马世界割裂，是在公元 850 年之后（尽管有些人认为应该在更晚的公元 1000 年前后），此时在欧洲西部出现了中世纪的村落，其中大部分一直留存到今天。这些村落围绕教堂而建，由领主的宅邸提供世俗权威的保障，坐落在大片开阔的农田之间。负责耕种这些长条形农田的则是一户户家庭。我们对这些村落社区习以为常，这是因为在欧洲它们至今依然是我们生活的一部分，但在它们刚刚建立之时，仍有些于当时而言新奇而独有的特征。当时的村落呈现为生者与死者共存的社区，聚集在教堂的神圣力量周围；而在更早的史前时期和罗马时期，村落还不那么常见，将死者埋葬在生者中间的情况也比较少见。有不少村民开始依附于教会或世俗的领主，他们缴纳金钱或产物来尽纳税的义务，不过也有部分人更自由一些。这样的基本社会现实为中世纪魔法创造了基础条件：一个在根本上不平等的社会，这种不平等还有着逐渐加深的倾向；生者与死者在同一空间内的复杂共存关系；

生活不易，食物可能短缺，孩童早夭，人们在物质、心理乃至灵性方面都痛苦不堪，无法解脱。人们竭尽全力发展出各种能改善状况的方法。有需求就会有发明，大众魔法便是对生活的匮乏的创造性反应。

不少人认为中世纪魔法是早期异教习俗的延续。从某些方面看确实如此——比如说，人们在某些特定地方发现了持续而刻意的物件和动植物遗存。[5]但正如我们会见到的，中世纪的村落生活与任何欧洲更早时期的生活都截然不同，其魔法也是如此。此外还有教会扮演的角色，这点说来或许有些可笑，不过，教会的权威中有很大一部分来源于魔法的有效。圣徒的神迹是耶稣本人所行魔法的回响；由此，神性的实质是通过行神迹来实现的；神迹定义了圣徒，在不少情况下，圣徒通过圣所来持续显现神迹。确实，教会试图区分神迹和魔法，视前者为上帝通过特别正直的人所做的工，而魔法则通过灵、天体、恶魔、天使等发挥作用，但这种区分恐怕在很多人那里并不存在。天主教十分重视弥撒时的圣餐变体，即面包变成肉，葡萄酒变成血。对信徒而言，这两种看起来和尝起来依然是面包和酒的物质本身，便是这场神迹的一部分。我们将在下文中看到，弥撒给地方魔法提供了基础，同时也有可能，正是这种实践之中的魔法气息鼓励了教堂以外的尝试。

中世纪时期为后来欧洲的生活奠定了基础，其中也包括魔法的传统，现在我们对这个世界已经习以为常。但重要的是，我们要承认这个世界原本在许多方面是奇异的，而这种奇异感有着诸多来源。史前世界和当时涌入欧洲的日耳曼人群体中都广泛流行万物有灵论，而在后者的信仰中也存在不少神祇。这个世界中约束人类的法则——重力、身体的强壮程度或生与死的力量等——总体来说都不能束缚诸神，而且诸神的行列中也会添上一些本地的灵，给一些宇宙论问题增添地方色彩。匈奴人和哥特人等群体可能都源于遥远的东方，就像欧亚大草原上的人类一样，他们也是我们在第五章中探讨的欧亚大陆的魔法和万物有灵论遗产中的一部分。诸神惯常于任性妄为，常常无视人类的需求，我们可以从维京人和冰岛人的传说中看到这一点。

中世纪世界的学术性魔法

　　哲学的模式逐渐成形，它们同时具备学术的和更大众的表征。体液理论将宏观的宇宙和微观的人体联系在一起。这种理论来源于亚里士多德，认为作为整体的世界由土、气、火和水组成，它们同时互补又互斥。土的坚固性与其他元素的流动性形成对比，水能消灭火，如此等等。四大元素也构成了人体。火是热而干的，造成了黄胆汁和人类的胆汁质性格；水是冷而湿的，造成了黏液和人类的黏液质性格；土是冷而干的，激发黑胆汁，让人倾向于抑郁；气是热而湿的，能造血，给人带来乐观的态度。肉体和精神健康围绕着保持体液平衡展开，要达到这一目的，可以通过放血、饮食调理和各类活动，年龄和性别也会自然地改变体液组成。男性更热更干，女性则更冷更湿。男性的胚胎在子宫中成长得更快，他们的身体消化食物更快，同时将营养传输到头发和指甲里的速度也更快。女性相对缺乏热量，这让她们的身体和意志更为薄弱，她们似水的天性则解释了其性情多变的原因。另外，女性行动迟缓，所以她们更长寿。正如考古学家罗伯塔·吉尔克里斯特讨论的，无论男女，人类都会随着年龄增长而更干更冷，而且生命都由6个阶段组成——婴儿期（出生至7岁）、纯洁期或儿童期（7—14岁）、青春期（14—21岁）、青年期（21—49岁）、壮年期（49—72岁）和老年期（72岁以上）——每一个阶段都由一颗行星掌控。人类可以通过地球上的物理手段来改变自身或其他人的生活，但也需要注意行星的活动和干预。[6]

　　当时的人认为整个宇宙由一系列同心天球组成，地球位于其中的球心，地球上层是绕转的月亮。四大元素和体液理论起支配作用的范围只在月下领域，在此之上的则是无法动摇的天体领域，它包括7个行星的天球，由固定的恒星组成的第8天球，再之外是透明的第9层，第10层则是宗动天，它让其他9层天球得以运动。最外层的天球是不动的，形成了至高天，上帝、天使和有福之人居住其中。我们这变动不居的不完美世界受到所有这些外层天球的复杂影响，只有上帝和天使才能理解宇宙的全部复杂性。人们尝试与天使沟通，但总体而言，人类太不纯洁，因此除非天使被捕捉到某些物质形式之中，例如水晶，否则沟通便难以成功。罗伯特·格罗斯泰斯特（约 1168—1253）这样的思想家认为，宇宙是由上帝流溢出的神圣之光而创造的，天使（有时也说是理智）则是这种光的基本元素；有些人认为，这种光可以被捕捉到水晶、镜子等发光或反光物之中，而后它们便能实现与超自然沟通的目的。魔鬼的狡猾程度远超人类，因此与魔鬼沟通更危险，因为人类无法确定自己是否遭到了愚弄或误导。但绝望仍会让人转向魔鬼，有些人甚至与恶魔做交易，用灵魂交换尘世的知识和力量。

那些将人体、基本物质和行星联系起来的观点，在社会的方方面面都有广泛的体现，甚至在更学术的讨论中也是如此。当然，柏拉图的影响也很深远。柏拉图主张存在着一个由本质与完美的理型构成的世界，超越于我们生活的影子般的现象世界之上。他的观点在后世哲学家阐发下产生了新的影响力和推动力，例如普罗提诺（203—270）便发展出了新柏拉图主义，它使柏拉图思想与基督教之间有了沟通的可能。普罗提诺对中世纪早期乃至后来的文艺复兴世界的影响是怎么强调也不为过的。普罗提诺也认为存在着一个完美和谐的世界，它超越于我们所能感知的世界之上；我们世界中的相似性，比如核桃的形状和人脑之间的相似性，都是这个超越经验的结构更完美的世界的反映。通过在我们的经验世界中追求这样的相似性，我们也许能够在事物和过程之间找到意想不到的有效联系，这也许是有帮助的——吃核桃可能有益于治疗大脑疾病。大量相似的个例最终可能被结合在一起，使我们获得对超越的完美世界的理解，而真正的智慧或许也就在这种理解之中。事物之间的某一系列联系在我们看来可能很奇怪，纯属偶然，但在古典时代的人及他们的中世纪后裔眼中，却有可能是理解上帝创世及其过程的基础。这种对应理论向人们承诺的东西不亚于万有理论，就像现代物理学寻求一个理论框架来同时解释宇宙中最小粒子的活动与最宏观的引力及其他力的作用。我们将在下文中看到，魔法的重要支流便来源于新柏拉图主义思想。

对中世纪魔法进行过于死板的分类是危险的，因为当时理解并影响世界及其周围环境的尝试极为多样。但从中区分出所谓的自然魔法仍很有用，它跟依赖于与天使和魔鬼沟通的魔法形式很不相同，它试图理解并利用世界的各种力量和对应关系。自然魔法的实践在中世纪后期变得更为普遍，当时它们在人们的眼中日渐合法合理。人们将希腊语、阿拉伯语和犹太语的文本翻译成拉丁语或各地的方言，这又促进了学术性魔法的实践。搜集和翻译魔法文本的重要中心之一是卡斯蒂利亚和莱昂王国的阿方索十世（1252—1284年在位）的缮写室，在那里，犹太教、基督教和穆斯林学者将阿拉伯语和希伯来语的文本翻译成拉丁语和卡斯蒂利亚语。他们翻译了相当数量的重要著作，其中包括《宝石学》（探讨各种石头的魔力）、《贤者的目标》(11世纪在西班牙编纂的阿拉伯语魔法大全)、《形式与图像之书》（介绍了使用形象和图形来达到魔法目的的方法），以及《天文学之书》。《贤者的目标》的作者称颂魔法施行者为完美的哲学家，因为他们获取知识的方式源于书本，源于研究宇宙，但也源于他们与灵，以及行星在他们出生时的交会授予他们的力量之间的联系。

正是这种与天使和恶魔之间的联系，让自然魔法成了某种更危险也更秘传的事物，它的灵感来源于《圣经》，但归根结底源于青铜时代之后的美索不达米亚和地中海东部的信仰（见第三章）。善与恶的化身透过天使和恶魔（在基督教则为堕落天使）显现，技术娴熟的魔法师能沟通或诱哄这些力量，从而抑恶扬善。奥古斯丁认为，存在于地球上的一切都有属于它自身的天使，这让天使数不胜数，足以胜任人类的所有实用目的。天使和恶魔的存在，让人类得以与激活了包含诸天与地下王国在内的整个宇宙的力量产生联系，这种联系在某种程度上与现世的身体有关，但与灵魂的关联更深。

中世纪世界的日常魔法

从那些在村庄里兜售符咒或从事诅咒的狡诈男女，到常常觉得宗教的惯常仪式不足以应付所有生与死的紧急事件的地方司铎，再到《贤者的目标》中称颂的学识渊博的魔法师，当时实践魔法的人各式各样。魔法实践常常寄生于教会和司铎们所行的惯常仪式，但他们在讲道时不会提及魔法。举例来说，司铎们会提供一种庇佑产妇的常见物品，这种东西为卷轴状，可以包裹在孕妇身上。15世纪所谓的哈雷卷（Harley Roll）是一种用途多样的卷轴，据说它可以避免孕妇生产时感到疼痛、治疗失眠症，还可以避免水里或战场上的死亡；卷轴上画了十字架上的三枚钉子、耶稣身上受的伤和4个环形的保护符号。人们会随身携带这样的卷轴，或是将其作为带有灵性的绷带绑在身上。他们在需要时向司铎借用卷轴，不需要时再还回去，就像光顾魔法租书店那样。也有许多具有护身作用的手稿，它们常常由神圣或有魔力的词语或符号组成。这些手稿大部分用于提供保护，但也有少量有着更广泛的用途。比如说，画有"亚伯拉罕之眼"（Abraham's eye）的手抄本可用于抓贼；这种方法是从古代世界传入中世纪的，最早来自一份公元4世纪的希腊莎草纸手稿。手稿上有"亚伯拉罕之眼"和天使的名字、钥匙、锤子或小刀等其他图案及词语，它们由圆圈围住。人们会将手稿带到他们怀疑有贼出没的公共场所，向手稿祈祷，念诵灵的名字；然后将小刀（或钥匙）扎入"亚伯拉罕之眼"，理论上，在这时候，小偷会因为疼痛而叫喊出声，由此人们便能逮捕他。[7]

教会也参与了魔法活动，但他们又担忧神圣之物遭到滥用，被人拿来施行魔法。从13世纪开始，英格兰各地的教堂都会将圣水池盖住锁上，这样一来，人们便无法盗用圣水来行不敬之举；婴儿受洗时，人们会将他们的头部用白色亚麻布制成的婴儿受洗服裹住，但也要在短期内迅速将它还给教会，以防滥用。圣水池本身并不神圣，但长时间盛放受洗的水，让它们有了圣洁的元素，当它们不再被使用时，也不能被随意处置。英格兰目前已知约有40个这样的例子，用过的旧圣水池被新圣水池取代，但依然被埋在该处教堂中殿下面或附近。[8]做弥撒时分发的祭饼也会被人含在舌下带出教堂，然后拿来另作他用。"中世纪的不少故事提到过祭饼的世俗用途，灭火、治疗猪瘟、丰饶农田，以及让蜜蜂产出更多的蜜。"[9]更严重也更具恶名的情况则是将整个弥撒颠倒过来：为死者所做的弥撒被用在生者身上，以便加速生者的死亡。通常的白色圣坛布被换成黑色的，祭坛上或十字架周围会摆上荆棘，禁绝一切光亮。有清楚的线索表明，在某些情况下，神职人员也会参与这样的活动。

人们也会在教堂和教堂墓地的里面或周围施行魔法，有时经过了神职人员的默许。生者有时会恐惧死者归来，通常来说，生前名声不清白的人可能会在夜间从坟墓里爬出来作祟，或是袭击生者。纽堡的威廉（1136—1198）曾经提起过一个生前就招人讨厌的司铎在夜间从坟墓中爬出来。有一天夜里，梅尔罗斯修道院里警醒的本地司铎们撞上了这个"恶魔"，用一把战斧打中了它，而它逃回了坟墓。后来他们打开坟墓，发现尸体上有一道新鲜的伤口。在其他例子里，人们会采取若干个步骤来防止死者归来：在诺丁汉郡绍斯韦尔大教堂东部的一座中世纪坟墓中有一具骨架，它的右肩、左脚踝和心脏上都插着铁钉，估计就是用来防止它离开坟墓的。还有些例子里，尸体的双腿破损，甚至干脆被卸下。马姆斯伯里的威廉在1125年前后说过格洛斯特郡的"伯克利的女巫"的故事：这个女人预见到自己的死亡，担心自己的尸体会复生，便告诉她的孩子们说，"用鹿的皮将我缝起来，然后把我脸朝上放入石棺中，用铅和铁封住棺材盖，再用三条沉重的铁链将石棺绑上"。[10]人们似乎确实相信死者会归来，而且会据此采取实际的行动步骤。

就像弥撒这类宗教实践变得越来越多一样，这时期的人也使用了更多的魔法手段。他们会将护身符放入坟墓中，以帮助死者进入死后的世界。各种朝圣者的通行券（pilgrims' token）和刻了咒语或神圣经文的铅板，常常被放在棺材里，或摆在坟墓中。更广泛地说，人们觉得自己与死者之间有着互惠关系，这可能是一种互助和受益的关系。炼狱说——死者将在漫长的时间里一直被囚禁在炼狱，等待世界终结之时的最终审判——在1215年正式确立。人们最终会进入天堂还是地狱，主要看他们生前的行为是否端正，但生者的祈祷和为死者举行的弥撒同样也会有助益。反过来，死者也能设法帮助生者。这种互惠的概念可能与欧洲史前时期的思路类似（见第六章），只是以基督教的方式进行了重铸。

对中世纪行魔法之人来说，要考虑的主要问题便是与天使交谈。考虑到天使十分纯洁，想与之交谈的人类都必须经历净化的仪式，仪式的过程可能需要好几个月。在交谈时，某些情况下，魔法师的灵魂会升到天堂，而他们的身体还留在尘世；在其他情况下，则是天使降临到魔法师面前，发布命令。天使学最重要的入门作品之一是所谓的《圣导之书》（Ars notoria），它于12世纪时在意大利北部编纂完成，此书向遵循它指导的读者承诺，能通过天使的启示让他们理解所有人类知识中意义重大的领域。《圣导之书》中包括基督教的祈祷文，同时也列举了一些"注意点"（notae）——图像加上词语、图形和看起来像图表的魔法文字。事实上，人们用类似的图表来列举仪式的地点或构筑魔法物品；睡觉时如果将它们放在脑袋底下，人或许就能做出启示之梦。一种精心设计的物质文化由此发展出来，帮助人类与天使和天体沟通。人们认为水晶是纯净的，因此能吸引纯净的灵，事实上还能捕获它们。在欧洲前基督教时期的坟墓中就出土过水晶球，它们在中世纪被广泛使用，一直延续到文艺复兴时期，我们将会在下文中看到这一点。魔法师和灵之间可能存在一种中介性的调停者，年轻男孩常常受到青睐。

通过招魂术召唤恶魔更为危险；此时人们会使用基督和圣徒的名字，以保证在讯问恶魔期间，对方能驯服而诚实。著名的恶魔弗洛林（Floron，有时也称Floren）能被召唤，在镜中显现，这种镜子必须以纯钢制成，抛光至发白发亮。镜子的制作者必须保持贞洁，洗净全身，穿着干净的衣物，在占卜时负责手持镜子的也必须是保有童贞的男孩。在这种仪式的某些版本里，弗洛林会以骑在马背上的骑士的形象出现，揭示所有的过去、现在和未来。[11] 高调的魔法师们冒险一搏：他们可能会获得权势、影响力和财富，也可能遭遇早死的命运。占星师切科·达阿斯科利于1327年在佛罗伦萨被绑在火刑架上烧死，部分原因便是他被控召唤了恶魔弗洛林。

从村里以咒语、诅咒和药草来行魔法的狡猾男女，到国王与主教的顾问，中世纪时社会各个层面的人都会实践魔法，也会利用大量文献和各种传统。中世纪的魔法与欧洲中世纪整体的文化一样，结合了美索不达米亚、古典希腊和罗马世界中的许多资源和影响，这些资源有的经由阿拉伯语转译，也体现出了阿拉伯思想本身的影响，以及各地魔法风俗的影响。魔法与基督教之间有着暧昧、密切、危险却富有创造力的关系。

神迹与魔法之间的界限究竟在何处，始终是个争议不断的问题，司铎担负的角色也始终不清晰明确，召唤恶魔或天使则体现了基督教与古代思想及当时风俗的结合。中世纪魔法从来就不是静态的，随着时间的推移，它融入了文艺复兴时期高度混合的文化，后者中又诞生了新的魔法实践和现代科学形式。

文艺复兴魔法

> 我可以断言，在启蒙运动之前的西方，饱学之士大部分都相信魔法……
>
> ——布赖恩·科彭哈弗
> 《西方文化中的魔法》（2015 年）[12]

无论是学术性魔法还是更大众的魔法，此时都走出了中世纪世界，进入了我们如今所说的近代。对这两种形式，我们可资利用的不仅有相当丰富但艰涩的文本资料，还有数量不断增加的实物和考古学发现。

学术性魔法主要有两个来源：一方面是赫尔墨斯·特里斯墨吉斯忒斯的著作，另一方面则是密切相关的新柏拉图主义思想。此时的世界图景与中世纪时期之间有着高度的延续性，尤其是天上世界的永恒层级与月下世界的流变性。对人体的贬抑也延续了下来——我们确实被囚禁在肉身之中，渴望并需要与天上世界产生联系。渐渐地，地心说被日心说所取代；但在这过程中，焦尔达诺·布鲁诺于 1600 年在罗马被送上了火刑架，这不仅是因为他与哥白尼一样，认为地球围绕太阳运动，也是因为他认为宇宙是无限的。后一种说法至少和前一种说法同样激进，如此一来人们便无法维持同心球式的宇宙结构，也无法维持从堕落的地球一直到永恒的天堂这样宏大的存在等级序列。

魔法在此时没有消亡，而是转变成了某种新事物。很多文艺复兴时期思想的基础是寻找看似不同的事物之间潜藏的隐喻性联系；"神秘学"

（occult）这个词带有一种积极因素，这是因为不少魔法师觉得自己是在揭露真实被隐藏的面貌。像更早很多年的普罗提诺一样，他们想从宇宙的真正力量中获得神秘的统一，从这种尝试到占星学，再到让低级物质变得更贵重的炼金术，最后到将化学用于治疗疾病的化学疗法，魔法沿着不同的脉络各自发展。在这里，学术性魔法与整个欧洲大陆上更广泛的大众魔法实践联系在一起，或是用于防护，或是用于治疗，抑或是用于造成伤害。从1492年哥伦布首次航行到美洲，以及1497—1499年瓦斯科·达·伽马环绕非洲的航行开始，欧洲与其他大陆上的人群之间的多重联系可能也对欧洲的魔法产生了重要影响，但这一点尚没有人深入探索。

学术性魔法的思想大部分来自《赫尔墨斯文集》。赫尔墨斯·特里斯墨吉斯忒斯只是虚构的人物，但这一点不妨碍他对文艺复兴时期的魔法尝试产生重大影响。赫尔墨斯的相关文献可能是在希腊化时期的埃及编写的，作者利用了各个更早期的传统充分混合后的原始资料（见第七章）。赫尔墨斯·特里斯墨吉斯忒斯之所以能造成如此影响，主要是因为其翻译及注释者马尔西利奥·斐奇诺（1433—1499）。斐奇诺在美第奇家族的资助下工作，在1456年学习了希腊语，并从1462年开始将希腊语的文本翻译成拉丁语，其中最重要的是柏拉图的作品，此外还有普罗提诺、扬布里柯和波菲利等新柏拉图主义者的大量影响广泛的著作，当然，他也翻译了神秘的赫尔墨斯·特里斯墨吉斯忒斯。让斐奇诺及其他人兴奋的一点在于，据说赫尔墨斯很古老，关于这一点有许多传说，其中持续最久的说法认为他是与摩西同时代的人。据说在摩西被流放到埃及时，二人曾经见过面；假如这是真的，那么摩西这位犹太教和基督教共同传统中的起源人物便与赫尔墨斯产生了联系，而后者据说曾对柏拉图的思想有很多启发。赫尔墨斯的著作让文艺复兴时期的思想家回到了基督教和古希腊哲学这两大主要精神影响的起源之处。不过，归在赫尔墨斯·特里斯墨吉斯忒斯名下的作品事实上同时包含这两股思潮的痕迹，这是因为它们可能是在公元2世纪或3世纪编纂而成的。斐奇诺时代的人对此一无所知，要等到一个世纪或更久之后，人们才在分析《赫尔墨斯文集》的希腊语风格时发现了这一点。

除了如何让雕像产生生命以便创造新的神明之外，赫尔墨斯·特里斯墨吉斯忒斯的作品中包含的直接涉及魔法的内容不多。他的作品真正包含的是从更广义的层面思考宇宙间联系与连接的方式，而这一点与新柏拉图主义密不可分。按照赫尔墨斯所写，魔法、哲学和医药是诸神提供给人类的，它们都基于交感的原理运作，尤其是天上永恒的存在与它们在地上的世俗映像之间的交感。这个宇宙由无数彼此相连的链条组成。举例来说，有些大地上的事物与太阳相关：其中包括一些花卉，例如睡莲，它们的花朵会在日升时开放，日落时闭合；还包括公鸡，它们会在清晨打鸣。像温暖和光明这样来自太阳的有益特性，在睡莲或公鸡上也能找到；由此前者可以作为黑暗和抑郁状态的解药，后者则可以在人们需要太阳的力量时作为祭品。公鸡在某种意义上优于花卉，这是因为鸡可以飞到更高的空中，不必被束缚在大地上；据说狮子害怕公鸡，考虑到二者之间相对力量的差异，这一点颇为令人困惑，但也可以用公鸡与太阳之间的联系来解释。斐奇诺及其他人同样认为，从据说较基础的触摸、品尝、嗅闻、听觉，向上到更为高级的视觉、想象和推理，人类的感觉也有层级之分，它们能让人类逐级接近各种层次的现实。

在梳理事物之间不明显的物理联系方面，魔法和哲学这两种途径采取的都是经验主义。有不少链条将地面上的特定事物与太阳及其之上的事物联系在一起，在这样的情况下，前者就等于融合进了"一"。要理解这些人类感官无法感觉到，却又对大地上发生的一切至关重要的领域的超凡特性，人们就必须进入神秘学的维度。正如皮科·德拉·米兰多拉所写："元素之火燃烧，诸天赋予生命，那超越诸天的，则给予爱。"[13] 事物因为彼此交感乃至受到爱的吸引而聚集在这些链条上，并带上了人格特征：比如说，木星与丰沛、宽容、扩张及更高级的知识相关，它快活的天性与它旁边土星的冰冷而阴郁的特性截然相反。

中世纪的学术性魔法和近代魔法的两大分支，即炼金术与占星学，在此时极端重要，且无处不在，因此值得我们分别以单独的小节来进行讨论。

炼金术

当我们说炼金术有着悠久的历史，可以追溯到古代中东文明时，我们指的是悠久的书面历史。炼金术几乎肯定有着更为悠久的史前史，能被追溯到人类刚开始使用金属之时，甚至可能更早以前；但只有在过去的几千年间，炼金术相关的思想才被留诸纸面。"炼金术"（alchemy）这个词本身可能源于阿拉伯语，在炼金术的发展中，阿拉伯世界也起到了重要的作用，一些源于更早之前的古希腊时期的思想便是从13世纪开始经由阿拉伯手稿的翻译传播到欧洲的。炼金术混合了一系列美索不达米亚与埃及之间的跨文化联系，这其中也包含印度和中国，不过东西方的联系尚有待继续探索。

对于更西方的传统而言，有一份文献至关重要，它的作者再次被人们认为是赫尔墨斯·特里斯墨吉斯忒斯，此文即《翠玉录》。不管它真正的作者究竟是谁，总之《翠玉录》是公元2世纪前后在埃及以希腊语写就的。该文最为关注的是金属，它将金属置于物质层级的顶端，同时又在金属中划分出等级，最底部是铅，最顶部是黄金，其他各类金属则分别分布在二者之间。此文同样将大地上的物质与诸天中的存在联系在一起：铅与土星成对，金与太阳对应，汞（mercury，又称水银）则有与之同名的行星。铜与锡融合在一起便能形成青铜，像这样把各种金属混合成合金，主要考虑的不是混合这些金属的物理性质，而是混合各个行星的影响。各种类型的混合物都因此而被认为具有力量。这其中蕴含着一种观念，即这个世界正在缓慢地从更基础的形态逐渐向更完美的状态演变：铅最终会变成金，而炼金术从更接近宇宙观的层面上看，便成了让世界加速变得更完美的手段，而不只是获得财富的方法。炼金术提供了一个舞台，街头小贩和哲学家们在此同台竞技。某种程度上正是这一点造就了炼金术的晦涩难解与强大力量。

阿拉伯世界涌现出了一系列重要的人物，例如贾比尔·伊本·哈扬，在欧洲人这儿，他以拉丁化的名字吉贝鲁斯或吉贝尔广为人知。贾比尔发展出了一套有约束的实验规则，它对后世的化学十分重要。他还认为，物质的阿拉伯语名字的字母词根与数字有联系，数字命理学则提供了解开各种元素物理性质的钥匙。1144 年，切斯特的罗伯特将贾比尔的作品《炼金术的构成之书》从阿拉伯语翻译成了拉丁语，正是此书给欧洲早期各种针对物质的实验提供了更系统的框架。在 12 世纪，托莱多是阿拉伯语原作的翻译中心之一，它给英语带来了不少新的词语，例如长生不老药（elixir）和酒精（alcohol）；而从 13 世纪开始，科隆的大阿尔伯特和牛津的罗杰·培根等重要人物综合了这些新材料，并将它们置入一个更倾向于亚里士多德主义的框架中。罗杰·培根热衷于大学的构想，在他看来，炼金术和占星学都是学术的重要分支，任何大学都应该设立这两门学科；在更实际的层面上，培根和其他许多人在新式的实验室里做了实验；炼金术也不只是纯理论的事务。对实验的某些领域来说很重要的是蒸馏，通过一系列沸腾和冷凝的过程，这种方法能提取液态成分；早在公元前 12 世纪，阿卡德人便已知道蒸馏的方法，他们用它来制造香水；古希腊和阿拉伯世界则将它用于酒的提纯，并制造出了各种药物酊剂。人们普遍将蒸馏视作提纯物质的方法，或是让物质还原为精华的方式，它是炼金术实践中重要的一面。

这类实验的背后是更具宇宙观意义的纯净观念。有不少人认为，在这个世界多种多样的事物背后，存在着更纯净更单一的本质之物，个别事物的特性都由它分化而来。人们由此开始寻找这种终极物质。不断有传言说某个人拥有一小片这种本质之物，而它最终也以"贤者之石"的名字广为人知。将一小片贤者之石添加到某种较低级的金属，比如铅之中，便能将它转变为更高级的金属，其中最珍贵的自然是黄金。人类的身体也可以用类似方式来完善，完美的人体当然是不会衰老和死亡的；将精心打磨过的贤者之石的碎屑加入水中，或加入通过熟练的蒸馏手段彻底提纯的液体中，这些过程制造的产物便可用作长生不老药。中世纪与近代世界中都有不少江湖骗子，打起贤者之石和长生不老药的主意，向有权有势又容易受骗上当之人演示自己的惊人发现，甚至有人认为其中某些人确实成功了。

在整个文艺复兴时期，人们通过对应理论来理解以赫尔墨斯主义和新柏拉图主义为基础的炼金术。此处的炼金术通过所谓的化学疗法（iatrochemistry，iatros 在希腊语中是"医生"的意思）而接近于医学。它的中心人物是帕拉塞尔苏斯（1493—1541），此人在医疗中结合了占星学的推算，将后者作为一种诊断方法，对应各种治疗模式，其中有不少的基础便是源于中世纪炼金术的化学知识。帕拉塞尔苏斯改造了中世纪的体液理论，认为人体内的重要平衡当由体液中的盐（稳定性）、硫黄（燃烧性）和水银（流动性）这三种构成，当其中一种体液与另外两种分离时，人便会生病。帕拉塞尔苏斯偏离占星学和炼金术而接近医学的地方在于，他越来越相信，某些类型的疾病是体外媒介侵入身体导致的。他由此预示了细菌致病理论。帕拉塞尔苏斯对相对近期从美洲传来的梅毒很感兴趣，又将鸦片改进成了鸦片酊，用来缓解疼痛；他积极地遵循着对应理论，如今他因"武器药膏"而闻名（或者说名誉扫地）。假如某人被匕首刺伤，帕拉塞尔苏斯会用化学混合物来处理伤口，但同时也会往匕首上涂抹同样的药膏，期望给匕首敷药的行为能加速治愈伤口。帕拉塞尔苏斯显然不是傻子，尽管将药膏抹在匕首上的行为在我们看来有些奇异，但它确实显示了 15—16 世纪时如此之多的人曾信奉的对应理论的逻辑威力。

炼金术因其晦涩模糊、密码般的语言表达而声名狼藉：这种现象的原因，一方面在于更严肃的内行不希望他们的发现被外行人据为己有，另一方面在于有些缺乏相关知识的所谓炼金术师要以此来浑水摸鱼。现在与当时一样，我们很难将这两种人区分开来。炼金术提供了暴富的机会，而它所涉及的伟大学问常常被不那么熟练和好学的人所滥用。类似的情况也发生在中世纪和近代早期魔法的另一大分支占星学上。

占星学

从莎士比亚发表他最伟大的几部戏剧的那段时间，亦即将近 16 世纪末期到 1660 年英国的君主制复辟，我们如今掌握了其间一份拥有超过 8

万条占星咨询的记录，它们主要来源于西蒙·福曼（1552—1611）和理查德·内皮尔（1559—1634）这两名从业者（第一章中已有讨论）。福曼于1597年将占星学的基本原理教授给内皮尔，而后福曼在伦敦执业，内皮尔则回到了白金汉郡的大林福德，并在此地成为教区长。内皮尔将他的文件（其中包括福曼的记录）留给了他的侄子，即后来的理查德·内皮尔爵士（1607—1676），后者同样成为占星师，并将自己接受咨询的记录加入这批文件，使其历史记录延续到17世纪60年代。所有这些文件都传到伊莱亚斯·阿什莫尔的手中（阿什莫尔博物馆便是他于1683年创立，并以他的名字来命名的），他在1677年将它们交给了牛津大学，如今它们被存放在牛津大学的博德利图书馆中。这些记录中的大部分近来得以数字化，供研究者们按照21世纪流行的网络资料的形式查阅。可供查阅的还有一些关于占星学、福曼与内皮尔的背景资料和辅助信息，其中包括一款以福曼为原型的电子游戏，在本书写作的这段时间里有待发售。[14] 所有这些材料构成了欧洲近代早期最庞大的一份占星记录，同时也证明了当时的人对待占星学的严肃态度。

这份档案中的8万份记录来源于6万多名咨询者，他们拜访福曼和内皮尔的方式就像我们今天去找各领域专家，并为自己得到的建议而付费。约有九成主顾的问题与疾病有关（剩下的则关于婚姻、职业、失踪人口、巫术和法律诉讼等）。从仆人到贵族，从孩童到老人，这些咨询者代表了当时社会的各个层面。福曼的大部分主顾都来自伦敦，举例来说，我们知道莎士比亚的女房东曾让福曼帮她看过星盘[15]，而拜访内皮尔的主顾，则主要来自英格兰中南部。福曼发展出了一套记录系统，他忠实地记录下了问题、分析和答案，内皮尔继承了同一套系统，但他的记录更多样化一些。记录包括病人的姓名、年龄，他们状态的一些细节，他们的问题和一张星盘，星盘会显示提问时行星的位置和星座的符号（见图9.2）。有不少例子还附上了补救措施或答案，在一些求医的例子里，会出现药草、放血疗法和泻药。其中约四分之一的案例描写了咨询者尿液的情况（内皮尔比福曼更倾向于用尿液状态来进行诊断），偶尔还有采集血样的情况。有时在星盘之外，他们还会使用其他的手段，例如掷骰子占

△《根特祭坛画》下层中部的《神秘羔羊之爱》,扬·凡·艾克创作(1415—1432年)。这幅画的题材取自《圣经·启示录》中所述的"神秘的羔羊"

△《神曲·天堂篇》插图,古斯塔夫·多雷创作(19世纪)。但丁和贝雅特丽齐凝视着最高的天堂——至高天

△《天启挂毯》局部（约1377—1382年）。《天启挂毯》是一套大型的中世纪法国挂毯，由安茹公爵路易一世委托订制。这幅局部图属于第Ⅲ.40板块，描绘了撒旦（龙）将权杖交给海怪的故事

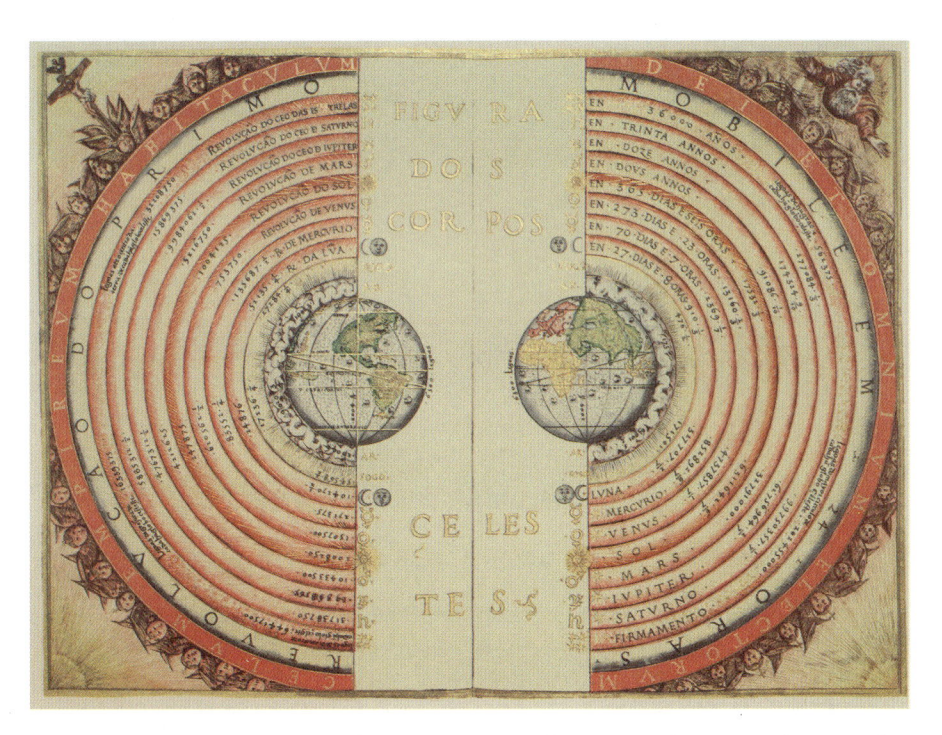

△《天体图》，葡萄牙宇宙学家和制图师巴尔托洛梅乌·维利乌绘制（1568年）。这幅天体图表现了中世纪流行的托勒密宇宙模型，图上写有"天上的帝国，是上帝和所有选民的居所"

△《地狱之口》（约1150年），《温彻斯特诗篇》插图。图中描绘了最后审判，被诅咒的人被地狱之口吞噬，一位天使用钥匙锁住地狱大门的场景

△ 中世纪炼金术抄本《初生的曙光》插图（约15世纪）。这幅插图描绘了炼金术师坩埚内的衔尾蛇，衔尾蛇是宗教及神话中的常见形象，在炼金术中更是重要的徽记

△《卢塞恩编年史》插图，迪堡·席林创作（1513年）。插图反映了女巫审判的历史，1447年，在瑞士维利绍，有一名妇女被烧死

△《水晶球》，约翰·威廉姆·沃特豪斯创作（1902年）。沃特豪斯是英国新古典主义与拉斐尔前派画家，擅长使用鲜明色彩和神秘的画风描绘神话与传说中的女性人物

◁《发现磷的炼金术师》，德比的约瑟夫·赖特创作（1771年）。有人认为画中描绘的是德国炼金术师亨尼格·布兰德，他寻找贤者之石未果，期间通过加热大量尿液而意外地发现了化学元素磷

▽《炼金术师森迪沃吉乌斯》，波兰画家扬·马泰科创作（1867年）。这幅画取材于17世纪的炼金术师森迪沃吉乌斯将硬币变成黄金的传说

△《爱情魔药》,伊芙琳·德·摩根创作(1903年)。画中有一个像是女巫的人物,正在调制魔药,远处露台上的一对恋人暗示着魔药的用途。在她身边的书架上摆放着关于魔法的书籍,其中一本上面写有炼金术师帕拉塞尔苏斯的名字

△《皇帝的天文学》插图（1540年）。《皇帝的天文学》为德国人文主义者、天文学家彼得鲁斯·阿皮亚努斯所著，最有名的是其中几十幅转盘星图——一种带有可旋转的活动部件的纸质结构，可被用来寻找行星在黄道十二宫中的位置。这个转盘上绘有多头龙和日偏食图案

△ 托名拉蒙·柳利的炼金术著作彩页（约16世纪）。拉蒙·柳利是13世纪伊比利亚半岛的诗人、神学家、神秘主义者，后来有大量的炼金术著作被归在他名下，海因里希·科内利斯·阿格里帕和焦尔达诺·布鲁诺等神秘主义者都曾被其吸引

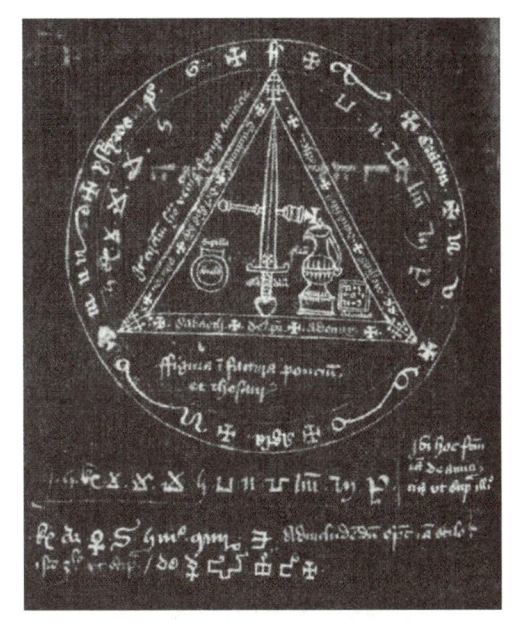

◁ 15世纪手稿中的魔法阵，图片来自理查德·凯克赫弗的《中世纪魔法》(1989年)

▽ 神秘主义者罗伯特·弗拉德所描述的生命之树（1621年）。生命之树（常为上下颠倒的树）是一种犹太卡巴拉神秘符号。生命之树被用来描述通往上帝的路径以及上帝从无中创造世界的方式

▽ 建筑物中的菊轮形辟邪符号，西班牙的圣玛利皇家修道院

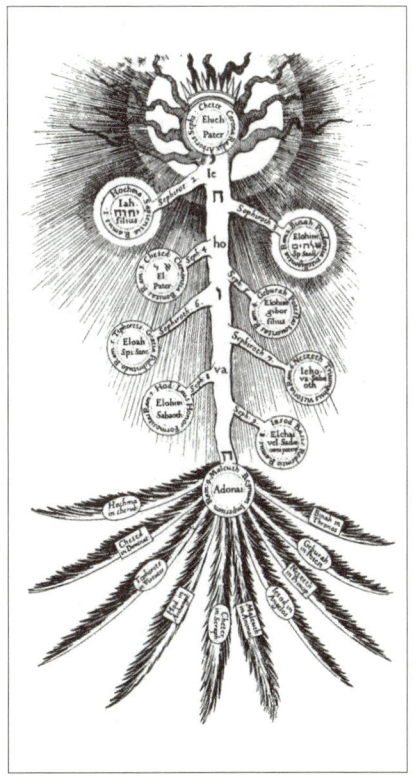

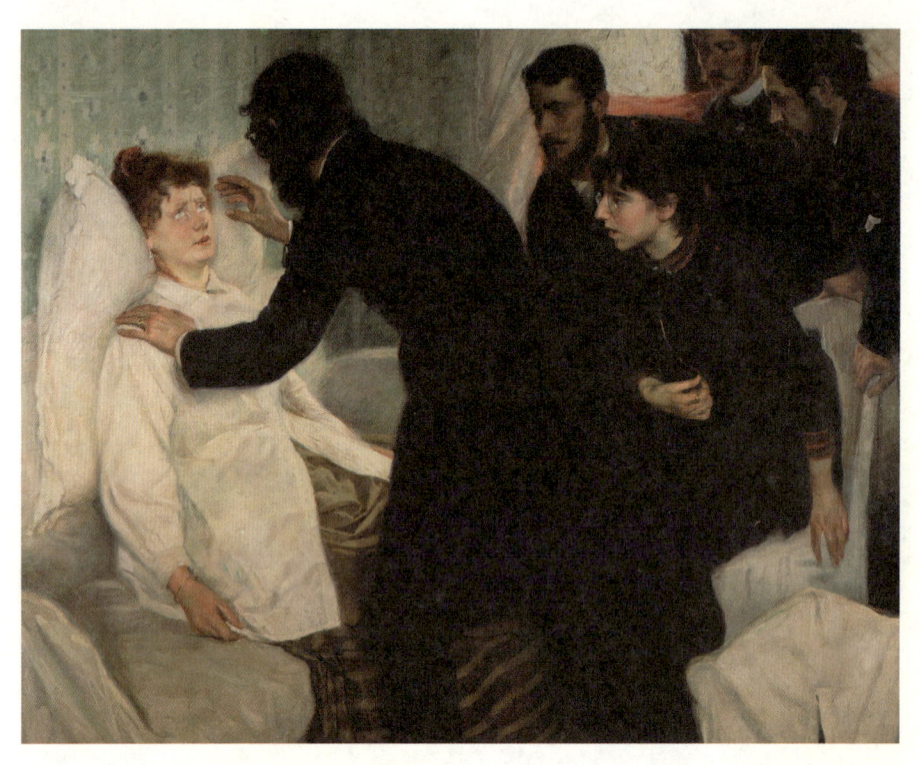

△《催眠降神会》,理查德·伯格创作(1887年)

▽ 海伦·邓肯的照片,摄影师哈维·梅特卡夫拍摄(1928年)。邓肯声称自己是灵媒,能与最近去世的人的灵魂沟通,还从鼻子里挤出灵皮

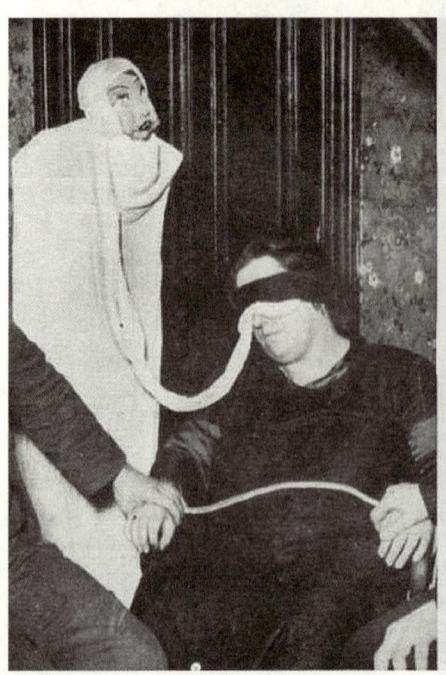

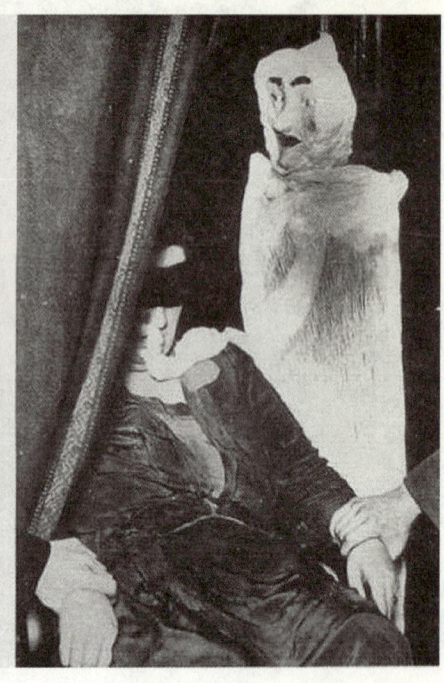

△ 探测棒。通常被描绘为V形分叉的棒子或树枝，两端由探测者握住。探测术的信奉者声称，棒子不同强度的震动可以显示地下是否有水道或矿藏

◁ 身着黄金黎明会服装的阿莱斯特·克劳利（1910年）。作为惹人争议的反英雄式人物，克劳利混迹于各魔法组织之间，最重要的当属黄金黎明会和东方圣殿会。他所创立的泰勒玛教，混合了欧洲神秘主义、埃及宗教和许多原始信仰

△ 哈利·胡迪尼在美国新泽西州帕特森市的表演海报。胡迪尼致力于向人们展示，招魂术及其他各种形式的"魔法"的基础都是有技巧的欺骗

△ 伦敦埃及礼堂举办的"奥秘"表演的广告（1888年）

△ 达文波特兄弟"幽灵柜"表演的素描图，亨利·里奇利·埃文斯创作（1897年）

△ 英国康沃尔郡博斯卡斯尔的巫术与魔法博物馆的威卡教角神雕塑

▽ 挂满辟邪眼的树，位于土耳其卡帕多西亚乌奇西萨尔附近的鸽子谷

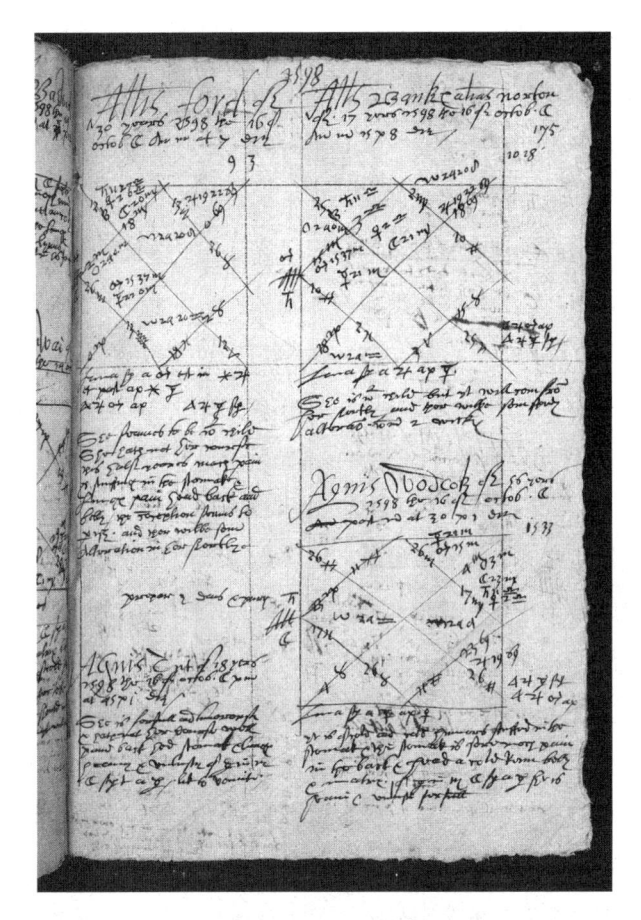

图 9.2　西蒙·福曼的案例汇编中的一页，1598年10月16日。针对每一个咨询者，文件中都留下了一张菱形星盘，加上一些图示，同时还有问题及其分析

卜等；超过1000件案例咨询了天使长（虽然不太清楚这是怎么做到的）。在健康相关的问题中，他们不会刻意区分出精神上的和身体上的疾病。

福曼和内皮尔实践的占星术形式多样。目前为止，最常见的是时辰占星咨询，它需要知道提出问题的那一刻行星和其他天体所在的位置。按照当时的知识，共有七大行星，它们包括太阳和月亮（当时已有不少人知道这两个天体不是行星，但整个占星的系统是以将它们视作行星为前提构筑的），还有水星、金星、火星、木星和土星；在当时，人们已用表格的形式集中记录了各个日期和时刻的天体位置，这种表格被称为星历表（ephemerides），可供占星师查阅。其他形式的占星术也在实行，只是不那么频繁，其中包括疾运盘（decumbiture），这种星盘看的是病人得病或卧床的那一刻天体所在的位置，主要用来揭示他们得病的原因；也有人要参加选举，需要预测未来某个时间点的行星位置，从而知道什么时候采取行动最合适；或是询问某张星盘，以预测已经发生的某个行动的原因或后果。咨询出生星盘同样也很流行，它记录的是咨询者出生时刻的天体位置，能够揭露出他们人生的总体进程。更宏观也更少个人化倾向的占卜有所谓的自然占星学（natural astrology），它研究的似乎是星体的光芒对地球整体态势造成的影响（星体的光芒被视作类似于太阳光的存在），地球与带有恶意的行星或彗星交会，可能会引发战争、饥荒或地震。但福曼和内皮尔对此似乎都没什么特别的兴趣。

从福曼和内皮尔的记录出发，可以就这二人生活的私密细节得出进一步的结论。内皮尔在大林福德做了44年的教区长，无疑是个最为坚定的基督徒——按照约翰·奥布里的说法，"他的膝盖都因为祈祷跪出了茧"。[16] 尽管教会可能会以怀疑的目光打量占星术的实践，却没有证据可以表明他遭到过训斥，或是被禁止行使给他带来额外收入的占星术。内皮尔还会向他人提供护身符，偶尔也会驱邪。福曼则是个更有争议的人物，他与各类官方机构之间的关系不佳，但没有证据能表明这其中的原因是占星术。令人印象深刻的是，他正确地预言了自己的死期。更重要的是，前来向他咨询的人数极为惊人。也有许多人成了回头客，带着不同的问题又来找福曼和内皮尔咨询。显然，在17世纪及之后的时间里，社会各个层面的人都将占星术视为理所当然；当人们生了病、遇到麻烦，或打算做什么重大的决定，占星术是他们首先考虑的选择，而不是最后的救命稻草。教会不仅宽恕这些行为，事实上相对而言，它也乐于见到牧师成为活跃的占星师，除内皮尔之外，我们知道这样的牧师还有不少。福曼和内皮尔本身也很信任他们的理论，时而会将不同的案例交叉参考，来看哪些方法起了作用，哪些没有。尤其是内皮尔，他会画出各个不同时间的大量星盘——得病之时、来咨询的时刻，诸如此类，让人觉得他是想精进自己的技艺和流程。没有理由认为两人是在使用他们自己并不相信的占星术实践进行诈骗。

他们的实践很普通，并不异常：他们的文件中也提到了其他占星师的名字。这种类型的实践可以向前追溯到中世纪盛期（11—14世纪），向后则一直延续到18世纪乃至更晚。在这一时期，不少英国人可能都会定期去拜访占星师，讨论他们生活中遭遇的最重要的问题。福曼和内皮尔的占星术非同寻常的一面在于，他们的记录一直留存到了现在，被如今的研究者以高超的技巧排序、分析。

占星学有着悠久的历史，它的发展和传播的过程类似炼金术。[17]如我们在第三章中所见，美索不达米亚人在几千年间为了占星而进行了大量的天文观测，这些观测的成果进入希腊和罗马的世界，并由此进入阿拉伯的知识体系。12—13世纪的翻译项目将阿拉伯语的占星文本翻译成了拉丁语，同时又在其中融入了古代世界的占星知识，而其中最重要的目前来看便是托勒密的《占星四书》。托勒密认为，诸行星会影响地球的大气，因此一个人出生时的体液性格就会受到那一刻的行星特性影响。这些观点，加上推算行星与其他天体影响所需的数学知识，都输入了中世纪欧洲，直接影响了像福曼和内皮尔这样的占星师。

人类的身体是占星学和炼金术的交会之处。按照中世纪和近代早期对福祉的概念，要彻底理解影响人体健康的各种因素，只有通过研究以体液理论为基础的人体化学过程，以及此人出生或咨询时刻的行星和星座的状态，或它们的长期运动过程。在我们看来的精神与肉体这两种健康，当时的人对此并不做区分；精神和身体尚未分开。当时的人将人类视为一个整体，同时也视其为宇宙的一部分。这一点从广义上看便是整体医学的概念，体现出了现代的观念和实践；尤其是现在，我们越来越意识到人类是一个整体，我们与我们周围的世界之间的关系同样很重要。

接下来，我们要检视早期近代世界观的某些复杂性，它们将如今被我们视作科学的元素与魔法的元素混合在一起。在这些人的作品中，魔法、宗教和科学这三重螺旋明显地相互扭结。我们将介绍两位触及当时思想的广阔领域的人物：一位是约翰·迪伊（1527—1609），人们通常将他视作魔法师；另一位则是艾萨克·牛顿（1643—1727），人们通常将他视为早期科学家的典型代表，正是他推动了理性时代的诞生。从迪伊出生到牛顿去世的 200 年间，正好是中世纪时期结束到启蒙运动起始之时。

学术性魔法和科学：约翰·迪伊和艾萨克·牛顿

迪伊在伊丽莎白时代的"魔法师"（conjuror）之名至今仍有诸多争议，而牛顿则被视作现代科学之父，将二者摆在一起比较，在不少人看来恐怕没什么意义，甚至有些不敬。迪伊死亡之时与牛顿出生之日中间隔着一代人的时间。迪伊成年时，英国正在亨利八世统治之下，宗教改革带来了巨变，迪伊本人在人生的某些时刻也同情天主教。（此处的重点是，新教徒对天主教的主要批评之一，便是天主教行魔法。）而牛顿则推进了启蒙运动思想范式，是以理性来理解宇宙运作方式的典范。然而，这两人之间的相似之处却比他们表面上的更多。迪伊是魔法师，但他十分精通他那个时代的数学、制图学和天文学；牛顿与他极其相似，他的三大定律给爱因斯坦之前的物理学提供了基石，但与此同时，他也在炼金术、占星学和圣经预言上花费了大量时间。约翰·梅纳德·凯恩斯说过，牛顿不是第一个科学家，而是最后一个魔法师；而迪伊，不管怎么说，在如今都得到了更加正面的关注，大英博物馆的启蒙运动展厅中展示了他的魔法仪器，伦敦的皇家内科医师学会为他的书房和其他藏品开办了特展，戴蒙·亚邦和洛福斯·诺里斯则出演了音乐剧《迪伊博士》。

我将在下文中探索迪伊和牛顿二人的实践和思想中的相似之处。在此有必要先提出概括性的观点。在文艺复兴时期兼容并包的思想及其影响之中，我们倾向于选择我们认为一直流传至今，成为现代科学起源的部分，而将魔法的思想贬低为怪异而过时之物。牛顿是宝贵的科学始祖，迪伊却走上了魔法的死路。然而，在迪伊和牛顿那里都有一些信仰和假设，这些信仰和假设将科学和魔法混合在一起，无法割裂。举例来说，两人都对光的性质很感兴趣，也都思考过水晶和镜子的反射能力，这其中有我们能接受的物理的角度，但他们也将光视作天使的产物，如今的我们对此很难有共鸣。迪伊预想过牛顿的引力概念，他假设了一种力，并用它来解释占星学的基础，即恒星和行星对人类的影响。文艺复兴时期之所以能有如此蓬勃的思想发展，是因为它丰富、多产而混乱，在更正统的时代，我们看到这些特征时，反而可能会为它们表面上的矛盾而感到不适。

当然，迪伊和牛顿所处的思想和文化的世界是不同的。迪伊生活在狂热的16世纪，从亨利八世开始，他一直都处于宫廷的边缘，为君主提供魔法方面的建议，地位却时升时降。他在政治上摇摆不定，又一直在修正自己的思想和方法以期获得皇室的青睐，导致他无法在思想或研究中保持一致，著作虽多，内容却五花八门，繁芜丛杂，令人望而生畏。迪伊是剑桥大学三一学院的研究员，这个学院是亨利八世创建的，创建的时间在迪伊的时代来说还算近，但这一工作却始终没能给他带来足够维生的收入；与之相反，牛顿以学生的身份进入三一学院，研究员的职位保障了他的成熟作品所需的资金。牛顿出生在政治动荡的世界，这个世界是由反抗查理一世的革命所造成的，但他成年时王政已经复辟，在此之后他一生都得到王室的支持，在这一制度的保护下，皇家学会出版了他的《自然哲学的数学原理》。迪伊的生活和职业生涯动荡不安，加上他那魔法师的名声，或许也阻碍了他在知识领域的发展，将这一点与牛顿的生活进行对照是很重要的。牛顿构建了更一致的自然哲学，后世的几代人强调的便是这其中科学的一面。一方面，迪伊的思想和著作显得更为混乱，让他对后世的意义没有那么重大；但另一方面，他对后世造成的影响中魔法的那一面占据了主导地位，这便让他看起来似乎与后来的思想史不太相关。

几乎不可能简单地概括迪伊的著作和思想。他的动力在于渴望理解宇宙的运作，但同样也在于他需要被英国及后来的欧洲大陆王室雇佣。魔法实践与权力相关，君主们对炼金术或制造贤者之石带来的新的财富来源很有兴趣；他们希望能通过天使的干预获得军事力量；他们也渴望能预测未来，无论是了解未来的个别事件，还是预知某个人的生平和职业生涯。在所有这些及其他领域，迪伊都宣称自己十分熟练。他不是以江湖骗子的身份来说这种话的。迪伊从他认为有效的理论和实践入手，同时他的实践总有实验性的一面。支撑着迪伊的哲学的，是与基督教相呼应的新柏拉图主义，二者共同作用，强调了生活的虚幻表象之下存在着统一的终极实在。这种哲学希望的，是贤者之石能将土、气、火和水这四大元素结合为一种单一的元素，并具备世上万物的特性；它能让铅通过炼金术转化为金，也能给人类提供理解这个宇宙的基础。

更进一步的影响则来自卡巴拉学说，它源于犹太思想，寻求的是所有世界宗教潜在的统一，这让它本身接近于无限的智慧。卡巴拉学说的分支之一促进了人们对语言的研究，它关注的是字母的几何形状，尤其是希伯来字母，同时它也在寻觅着在其他语言中或许也能看到的更基本的字形；它的目标则是发现人类文字的基本几何学结构。同时这种学说也给字母赋予了数值，由此词语便能被转换为数字，我们在第七章中已见过类似的例子。最后的上帝之言依然悄然回荡在所有的人类语言中，上帝之言也合于宇宙的真形。对迪伊及其他不少追随这些极端复杂的思想的人来说，知识是由上帝启示给他所偏爱的适格者的，而不是人们通过经验发现或由定理及公式提纯而得到的。要寻求启示，不能只靠追求知识，还得靠精神和道德上的努力。

迪伊于1548年8月抵达比利时的鲁汶大学，在此他与制图师杰拉杜斯·麦卡托（此人创造了最常用的地图投影法）等人一起，以他在剑桥取得的算术、几何、透视学和天文学的知识研究占星学。他的兴趣是研究"天上的影响和世界这个由元素构成的部分的实际运作"，尤其是测量群星发散光芒中所包含的"天体的美德光线"。[18] 计算群星在天空的角度、它们的运动轨迹和距离，以便解释它们不断变化的影响：垂直的光线是最强大的。到了1555年，他已用在鲁汶开发出的仪器进行了几千次测量，他觉得自己正在给占星学提供一种全新而又可靠的经验基础。迪伊最著名的占星术实践是给伊丽莎白一世的加冕典礼挑选良辰吉日，经过大量计算之后，他选定了1559年1月15日。伊丽莎白是个地位不稳固的君主，是新教徒，还是名女性，因此她的加冕典礼的性质和场地便极为重要。加冕典礼的日期由占星术选定，这标志着该技术与迪伊本人备受尊敬（尽管迪伊很快就失去了它）。大英博物馆收藏了5件与迪伊有关的藏品，包括一只水晶球，一些刻有数学和魔法符号的火漆印章，一面出自阿兹特克人之手的黑曜石镜子，一只金护身符（它与迪伊之间的联系多少有些值得怀疑），以及一块蜡版，上面刻有天使展示给他的伙伴爱德华·凯利看的幻象场景。（见图9.3）

迪伊毕生都在寻求启示，这一点也导致他做出了他所有活动中最有争议的那一部分——与天使对话。他从母亲那儿继承了一座位于泰晤士河畔莫特莱克的大屋，他想在这里建起一所研究机构，为此他试图从贵族和皇室那儿获得资金，但没有成功。不管怎么说，莫特莱克的屋子里有他的藏书室，在后来，他的书房和其他进行各种实验的房间在整个欧洲都赫赫有名。

在图9.4中，我们可以直接看到约翰·迪伊的形象，他的个子很高，留着胡子，穿一身黑，身处他在莫特莱克的屋子里。迪伊正在做实验——他称之为"行动"——将两种元素混合在一起，要么引起燃烧，要么熄灭火焰，我们无法确定是哪一种。旁边聚精会神地看着的人是女王伊丽莎白一世和她宫廷中有权有势的成员。

坐在迪伊身后的是他备受争议的助手爱德华·凯利，此人头戴长无边便帽，这是为了遮掩他因为造假而被罚割去双耳的事实。从16世纪80年代起，迪伊就一直尝试着与各种灵和天使交谈，居中作为媒介的便是

图9.3 约翰·迪伊的蜡版、水晶球、黑曜石镜子和金盘

图9.4 约翰·迪伊在莫特莱克的屋子里向女王伊丽莎白一世演示实验

他的首席占卜师凯利,他与这些存在之间的交谈内容则记录在迪伊所谓的《神秘五书》之中。迪伊和凯利试图再现的是传说中的《以诺书》,据说此书以上帝的语言写就,书中有着这个世界的无穷力量。凯利通过水晶球和那面阿兹特克镜子与大量灵体接触,其中包括天使长米迦勒,以及乌列尔和亚钠尔等次等灵体,它们在不同时间显现,显现的不仅有言词,更有一系列图形和符号,迪伊想要复制的正是这些符号。迪伊最终的兴趣是潜藏在可见世界背后的神圣形式和物质,他将它们称为"纯粹的真实";欧几里得几何学、赫尔墨斯主义、新柏拉图主义和炼金术都被迪伊用来探寻表象之下的永恒。迪伊和凯利两人一起周游欧洲,先后在布拉格城堡被皇帝鲁道夫二世,在克拉科夫附近的涅波沃米采城堡被波兰国王斯特凡·巴托里接见。在布拉格,凯利得到了比迪伊更高的职位,因为他将从萨默塞特郡格拉斯顿伯里修道院取得的土炼成了金子。

迪伊似乎是莎士比亚戏剧《暴风雨》中普洛斯彼罗的原型,普洛斯彼罗是个意大利贵族,被困在一座小岛上时学会了巫术,这座岛的精灵爱丽儿在第一幕中唤起了暴风雨,此剧因此而得名,这场暴风雨同时也挫败了想打倒普洛斯彼罗的人的计划。终其一生,迪伊都在16世纪晚期不列颠和欧洲复杂的精神、信仰与政治的洪流中苦苦挣扎,最后在某种程度上贫困地在伦敦死去，为了购买食物，他可能还出售了一部分书籍。他死后的声誉同样很低，直至最近的几十年里，对他带有同情的学术界才将他的实践和学识作为一个整体来理解，不再视他为欧洲近代早期古怪的边缘人物，而将他摆到了更中心的位置上，尽管人们对此仍有争议。迪伊生前和身后的声誉与牛顿形成了鲜明的对比，后者的魔法实践似乎是其盛名之上的唯一污点，如同蒙在他开明的智慧上的一道阴影。

虽然牛顿实践过的占星术极少，炼金术却是他极为热爱的事物之一。在某种意义上，牛顿与迪伊及其之后的不少人一样，也在寻求着这个世界多样的表象下潜藏的物质和因果规律的统一。另外，与其他许多人一样，牛顿也将贤者之石（见图9.5）视作揭示宇宙统一性的钥匙，并不断寻求着它。如上所述，近年来人们对牛顿的炼金术研究的看法有了根本性的转变，不再将它视作某种偏离正常的行为，或是伟人身上羞耻的缺点，转而认为炼金术才是牛顿的研究和思想的中心。牛顿将大量时间花在实验室里，他先是在三一学院的房间里安装了两个冶炼炉（想想如今的学校健康与安全官员对此会有何反应是很有趣的），而后又设法移居到学院入口附近的一座小屋里，扩展了他的活动范围。他用了多年时间来

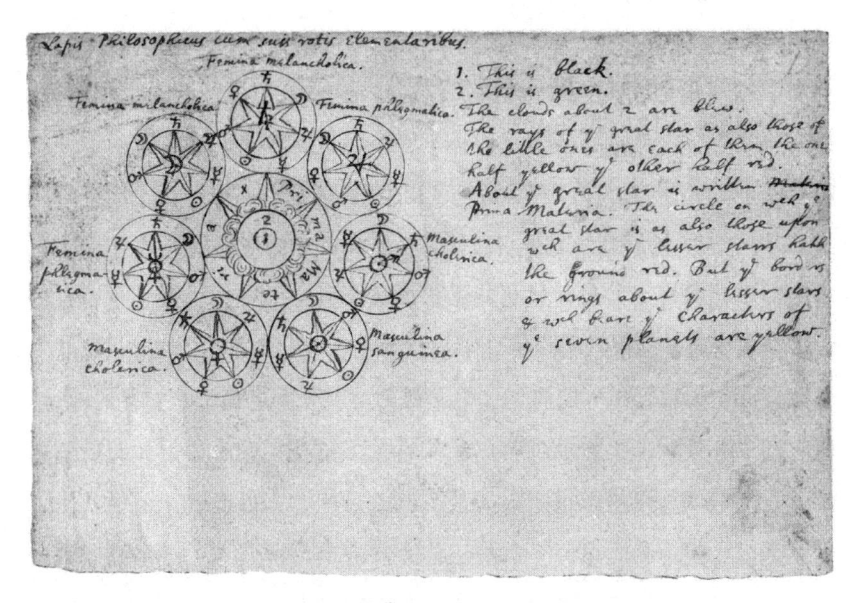

图9.5　牛顿针对贤者之石的特性所画的草图

进行实践研究,同时也阅读了大量作品,它们的内容跨度极大,从赫尔墨斯主义到笛卡尔的著作。

对牛顿来说,物理学和炼金术的思想都是得出关于宇宙的基本真理的工具,而且牛顿有可能是在寻找一种基本理论,以便理解整个宇宙的运作方式;在人类最早期的历史上,或许在人类堕落之前,他们曾经知道这样的理论,牛顿觉得自己是在恢复远古的智慧,而非发展出某种新的。在追寻这些兴趣时,牛顿关注的重点部分地集中在转化上。他区分出了机械的过程和植物的过程,后者的目标更直接,能调动植物的各个组成部分,令其生长、成熟并死亡;而牛顿和其他炼金术师在寻找的,正是发生在微观结构层面上的物质转化方式,它类似于植物生长并调动起各个组成部分以变成全新形态的方式。炼金术一直承诺,能让人以同一种方式同时理解生命和逐渐显现的机械论宇宙——就像植物从种子的形态逐渐长大,或许在物质中也同样根植着微小的"胚芽",能让化学物质直接生长,变成性质上截然不同的其他事物。

正如研究牛顿的学术泰斗威廉·纽曼所说:"事实上,牛顿甚至发展出了一种'万有理论',通过一套涉及金属蒸汽、大气和各种形式的以太的交互作用循环系统,来解释有机生命体、热量和火焰的起源、引力的机械性成因、内聚力、金属和矿物的生成等万事万物。"[19] 如果我们以近年来整理搜集的文本或档案为基础,进一步地检视牛顿的炼金术研究,那么我们"会立刻看到一名意图梳理繁杂炼金术密文的文本学者,一位想要复制这门技艺的最深层奥秘的实验科学家,以及一个决心将化学〔亦即炼金术〕的解释纳入他自己的总体自然理论的理论家"。[20] 牛顿对魔法的追求,展现出的与其说是他思想的歧路分支,不如说是一个中心舞台,在这个舞台上,牛顿的所有探索都相遇并混合在一起。新旧观点乍看似乎彼此矛盾,却可能启发了牛顿得出与引力、运动和光有关的理论,而它们成了爱因斯坦之前的科学的基石。无论在牛顿身后,人们让他的作品派上了什么用场,很明显的是,他的目标并非创造出一个机械论宇宙模型。在他的脑海里,宇宙的运作方式被牢牢地嵌入了一个更大的目的之中,而人类及神明的行动,都是这更大的目的不可或缺的组成部分。

尽管未能成功，但牛顿尝试着用来整体理解这个宇宙的框架体系，是由魔法和炼金术的思想共同构筑的。迪伊和牛顿的思想或许并不像我们通常所认为的那样相去甚远。

巫　术

牛顿表现的是魔法思想光明的一面，它显然还有阴暗的一面，至今仍不断引发争议，那便是巫术：巫术让人觉得大部分魔法都带有恶意，损害了魔法的声誉；而在15—18世纪之间，欧洲内部对女巫的疯狂迫害更是加深了一种观念，即魔法源于人类与魔鬼的交易。

在欧洲的乡村和城镇，从研究占星术的学问，到以各种不太正式的占卜方法来预测未来，人们每日都在施行各种魔法；治愈人类、动物和农作物的配方，完善的各类护身方法，连同偶尔的诅咒，都属于魔法的范畴。魔法光明的一面来源于人们对上帝创造的统一体的理解，它靠的是体液理论，以及上天与地面世界之间的交感和对应关系的观念。至于黑魔法，在过去人们将它视为近代早期社会中无政府主义的势力对这种理解的歪曲，他们想利用自己的力量来破坏、杀戮和分裂，而且常常只是为了破坏而破坏。从很多层面来说，人们对巫术的恐惧都源于这些生命力旺盛而混乱无序的世纪中对无政府状态的恐惧，当时有不少人觉得整个世界的秩序无论好坏都正在被打乱重组。构成恶意巫术核心的是与魔鬼的交感，此外，尽管不是所有巫师都是女性，但在这其中确实涉及相当程度的厌女因素，在女巫与精灵、魔鬼和恶魔交媾的淫乱传说中，也体现出了人们色情方面的兴趣。

尽管不像一些极端的估算那么夸张，但女巫审判造成的死亡人数依然庞大。虽然不可能有一个确定的数字，但有证据表明，在欧洲及其殖民地可确认因此而死的人数约为8万人。[21] 有些孩童遭到控告并被处刑；还有些孩童控告女巫，称其致使他们着魔，还在幻象中出现在他们面前。迫害女巫的行为在欧洲大陆扩散得并不均匀，有些地区的控告和审判都相对较少，其他地区则备受苦楚。在德国艾费尔高原北部，施密特海姆的管辖权范围内，有一个大约50户人家的村庄。在1597年至1635年间，共计61名男女被控施行巫术，给这个小小的社区带来了物质和精神上的莫大损失。这些审判的完整记录保存在最初负责起诉的贵族家族的私人档案中。近些年出现了不少以巫术为主题的大众和学术著作，部分是通过对各种书面记录的分析而完成的，尽管它们的保存状态也参差不齐。

早期近代欧洲新兴的印刷文化——在欧洲各国语言间翻译的小册子、小报和单面全版报纸等——让耸人听闻的黑魔法故事传播开来，同时还有引人注目的酷刑、审判和处决的传说。1589年，在科隆附近，传说中的巫师和狼人彼得·施通普被逮捕、审判，而后又拖延了很久才被处决，这些事迹都结集成册，不仅在荷兰出版，其翻译版本也出现在了伦敦（1590年）和哥本哈根（1591年）。当时，科隆已皈依天主教，而被告则是个新教徒，因此施通普鸡奸、乱伦、强暴和食人等行为的记录中或许也有一些政治因素[22]；新教和天主教的信仰斗争导致了这种妖魔化对手的行为。兰开夏郡的彭德尔女巫案之所以会赫赫有名，是因为该法庭的书记员托马斯·波茨撰写的小册子，这份记录也给后来的法官和陪审团提供了参考；具体来说，其中主张只要存在动物使魔，或是存在女巫的标记（多长一个乳头，能给恶魔或使魔哺乳），本身就足以作为证据来给人定罪。任何人都可能被控告，罪状也像证据一样五花八门。在被控告之后，被告一般都会受到精神和肉体的折磨，此外，还有恶名昭著的女巫鉴别法，即将人沉入水中，若能浮起便是女巫。认罪的人多得惊人，或许是因为只有这样才能中止他们受到的折磨，尽管中止的方式是被吊死或烧死。档案中最耸人听闻而又不太可能的是巫魔会，据说大量巫师——通常是女性——会在这种巫魔会上与化身动物的恶魔和魔鬼厮混，聚众谋划，念诵咒语，实施妖术。这种颠覆了日常秩序的事可能会引发大规模的审判和处决。

在西欧，从17世纪中叶开始，女巫审判的频率渐渐下降；但在东欧，审判的数量却在这个时期激增：匈牙利的大部分起诉女巫案都发生在1650年左右，并持续到下一个世纪。但巫术作为一种可能发生的事，在接下来的数个世纪里也一直困扰着欧洲。在英国，最后一个因1735年的《巫术法案》而被监禁的女性是海伦·邓肯，她是苏格兰的灵媒。邓肯是个有争议的人物，至今仍有一个群体在四处游说，要求给她身后平反。她的案例相当奇异。邓肯刚开始活动时的身份是个预言者，但后来成了灵媒，她声称能与最近去世的人的灵魂沟通。她还从鼻子里挤出灵皮（ectoplasm）。经过科学测试，这所谓的灵皮是一种蛋清和厕纸的混合物，有时还有丝绸。在与死者沟通的同时，她也在一家漂白剂工厂中兼职。1933年，她被判诈骗罪，因为有一个她声称是死去孩童佩姬的幽灵的东西，被人们发现其实是个塞满了破布的汗衫。1944年，在第二次世界大战期间，她遭到了更严重的指控，当时她声称自己让一名海员的幽灵显了灵，这名海员已随沉没的皇家海军"巴勒姆"号战列舰战死。对军方来说，"巴勒姆"号沉没的原因一直是保密的，只有船员的亲属和海军官员知道，但有不少人认为，这样的事件传播得很快，邓肯完全有可能通过正常的小道消息听说过此事。

邓肯及一些帮助她的人被指控犯有多项罪行，法庭最终按照1735年《巫术法案》第4条认定她有罪，根据这一法案，陪审团认为行使欺诈性的通灵活动是犯罪。法官禁止邓肯当庭展示她的力量来为自己辩护。她被判处9个月的监禁，有不少人认为这刑期是不相称的。导致邓肯遭到审判又被判入狱的，是战争年代自然而然产生的恐惧，而它也正是早期恐惧形式的一种奇怪回响，曾让许多人遭遇更严重的厄运。如今人们依然在施行巫术，现在这些做法都已合法；如今在魔法的圈子里，巫术常常被视作是女性本原的一个方面。

近代早期的大众魔法：物质证据

考虑到中世纪和近代早期人类恐惧的事物花样百出，在这片大陆上，出现了各式各样能保护教堂和家庭住宅不受魔鬼或巫师侵扰的物品和实践，也就不足为奇了，它们中有不少直到最近才重新为人们所知。在过去的几十年里，涌现出了一系列中世纪和近代早期魔法的新证据，考古学家和历史学家也开始承认它们流行的范围极广，并开始思考这一点就宗教信仰而言有何意义。这些证据主要有两种形式：一种是教堂和家庭住宅中的保护性记号；另一种则是人们放置物品的行为，其中包括将鞋、动物、水晶和瓶子摆放在房屋之中人们认为易受魔鬼袭击的地方。

有一种流传很广但来源未知的看法，认为各种恶灵都会被线催眠，会无法自控地跟着线走。一条线如果没有头尾，就能困住恶魔、灵或女巫，让它们永不停歇地追随这根线。在整个欧洲，各地均有发现中世纪时期及之后的一系列圆形图案。一开始它们出现在教堂里，过去人们认为这些是石匠做的标记，作用是辅助规划建筑结构。但近来人们对英国教堂内的涂刻痕迹进行大规模的系统调查后，按照一位专家的说法，发现它们其实"堪称中世纪素材的全新资料库"。[23] 其中一些涂刻痕迹的形式是祈祷文或咒语，它们有时有特殊用途，例如保护冒险出海的人。但更常见的是一些仪式上用来辟邪的标记，它们被称为"女巫标记"，这个名字有些误导性。尽管整个欧洲的建筑风格各不相同，但圆形、菊轮和类似的图案却出现得一样频繁，在西班牙北部的石质教堂或挪威的木板教堂以及东欧各地均有发现。鉴于这些符号无处不在，历史记录中没有提及这些符号的创造，这点令人奇怪，说明还有些迄今不为人知却广泛流传的民俗活动。

这类标记中最简单的就只是一个圆圈，但也有不少是菊轮（又称六瓣形），即部分的圆弧线条交叠呈现出六片花瓣的形状。（见图9.6）更多的标记是由两个重叠的V形成的，有时候则是一个M形的图案。除此之外，还有所谓的"棋格"图案——一个正方形或矩形，对角线在中间交叉。较为少见的还有万字符、复杂的绳结图案（所谓的"所罗门之结"）以及五角星形图案。六瓣形符号可能源于罗马世界，它们在不列颠岛的罗马堡垒中也有出现，只是其作用可能完全不同。可以肯定的是，从11世纪到15世纪，它们在教堂中十分常见。但很难确定它们是否集中出现在教堂的某些特定区域。保护性的标记可能会被画在石头、木头和灰泥上，但早期的灰泥要么已经不存在，要么后来被重新涂抹或画上新图

图 9.6 各种六瓣形图案及其他辟邪标记

案。另一个能经常看到图案的位置则是圣水池附近。诺福克郡的斯旺宁顿教堂就留有各种形式的涂刻痕迹，包括题字和几何图案；后者有不少都集中在圣水池原来的位置[24]，东英格兰的其他教堂中也可见类似的分布方式。几何图案常常被说成圆规所绘，但考虑到它们无处不在，也有可能是用某些类似剪刀的常见工具绘制的，它有两片由金属环连接的刀刃；人们可以将其中一片刀刃抵在一个点上，用另一片刀刃画出部分或整个圆形。剪刀是家庭中常见的物品，在绘画或墓葬中常常与女性联系在一起。

中世纪教堂的内部看起来与当今的教堂极为不同。通过对墙壁的仔细观察，我们可以清楚地看到，墙壁下部区域都被涂上了红、黑或黄色的淡彩，更高处绘着圣徒的形象或基督的生平。在如今的教堂中，涂刻痕迹在白色墙壁的背景下难以辨识，但有不少六瓣形和其他标记刻穿了表层灰泥，直达底层石壁，在彩色背景下很显眼。中世纪教堂的主体部分是一个开放的公共空间，它不仅被用于举行宗教仪式，还被用于其他一系列公共活动，在这个中殿里可能仅有一个将其分隔开来的圣水池；直到15世纪末，这里才开始摆放座位和祭坛屏风。整整五个多世纪里，人们在教堂这块空间的墙上刻画图案，这些图案会被所有人看到，而且其创作者和确切用途在此后一段时间里广为人知。教会更广泛的力量和魔法通过这些标记流转，给了它们额外的效果和保护力。尽管它们不是教会官方仪式的一部分（不管怎么说，大部分使用拉丁语的仪式在公众眼中看来一定难以理解），但在教堂中做出这样的标记，便说明它们是可以在教堂中使用并受到认可的元素，许多人都会使用它们。

当然，宗教改革让很多事都发生了变化。宗教从公共事务转变为人类与上帝之间更个人的关系。教堂的内部空间也进行了重组，从而将不同社会阶层的人限制在他们各自的区域内。家用的建筑式样同样发生了变化。所谓"大重建"被认为发生于16世纪与17世纪之间，这场运动不该从字面上理解，因为它在不同的时间与地点表现出很大差异。不过，大部分家庭房屋确实从中央空间大、私人区域少的抹灰篱笆墙建筑转向了更耐久的木质、石质和砖质建筑，家庭空间中也有了更多私人区域，两层楼房也变得更为常见。这些更坚固的建筑有不少一直矗立到现在。除了建筑形式本身，我们也能看到属灵层面的房屋保护措施的一步步变化。房屋的敞开状态是危险的：女巫或恶灵能通过烟囱、房门、窗户甚或钥匙孔进入房屋。从15世纪开始，圆形、六瓣形及特殊的字母超出了原本的教堂空间，进入了家庭房屋，此时尽管它们的标记形式还与之前相同，用途和效果却发生了改变。出于某些我们尚不了解的原因，防御恶魔和其他邪恶力量的需求从教堂转向了家庭空间。

在近代早期，这种标记并非中世纪魔法的残留物，而是一整套不断发展变化的保护措施的一部分，此时它们变得更私人化和家庭化，集中出现在家庭空间内。它们并非随机分布，而是集中在房屋的开口处，包括门、窗和烟囱。字母图案常常源于圣母玛利亚的拉丁文名字"MARIA"，在大写时，它可以被画成直线形状。除此之外还有各种圆形图案，例如圆圈和六瓣形。像这样的标记不仅出现在木门、窗框和壁炉上，也会出现在衣柜和梳妆台等重要家具上。楼梯下方等较为阴暗的地方也画有这些标记。萨福克郡的贝德菲尔德庄园是一座始建于15世纪的住宅，在后来的若干个世纪里又经过了改造，它的厨房天花板被漆成深色，中央木梁的两侧刻有各种复杂程度不同的圆形符号，时间可以追溯到约1620年，其中一部分可能表现的是源于占星学信仰的星图。这些符号为厨房提供了保护，这里是储藏和烹饪食物的地方，还会遭到火灾的威胁。各种针对魔鬼及其爪牙的防护符号贯穿整个屋子，一直延伸到地面。在当时，贝德菲尔德庄园属于托马斯·邓思顿，众所周知，他曾和魔鬼比赛犁地，在比赛中他拉着铁耙犁过种植庄稼的土地，而这些土地可能因为魔鬼的恶作剧而受到损害。[25]在谷仓和储藏场所也发现了这些符号，可见其保护范围也包含动物和储藏的食物。

女巫和魔鬼跟随殖民者的脚步，魔法也在此时传播到国外。从17世纪开始的北美和过去200年间的澳大利亚，大量魔法实践与白人殖民者一起抵达，其中最重要的就是这些保护性符号。一座位于塔斯马尼亚岛中部的19世纪谷仓的墙上也出现了六瓣形符号，这一点实在叫人惊奇，因为它显然源于英国近代早期的魔法实践，却在后世出现在1.2万英里之外的地方。六瓣形符号还出现在费城的谷仓里，这或许与当地的德国移民有关。另外，在新斯科舍省的墓碑上也有这种符号。这样的证据直到最近才刚得到关注，很有可能会在今后大量涌现。

保护性魔法的另一重要领域是将物品藏匿或埋藏在房屋的各个位置。其中最引人注目的是所谓的"灵堆"。这样的灵堆一般由定期存放的物品组成，有时候要经过许多年，地点是房间内烟囱旁的空间，或是墙壁内部。灵堆的运作方式尚不清楚：或许它们关注的是其中藏匿的物品与脆弱的人类之间的联系，后者由此获得一定的保护。在纽约州蒙哥马利县的一堵灰泥墙内，人们发现了5只不成双的鞋子、两只不成对的袜子、一只女士手套、一把小刀、若干破损的壶和从《圣经》上撕下的书页等物品。澳大利亚塔斯马尼亚岛中部一座19世纪的房屋里发现了藏有38只鞋靴的灵堆，这些东西属于完全不同的主人。这样的做法至少可以追溯到16世纪的欧洲，当时的人习惯在砖砌烟囱周围建造一圈抹灰泥的板条隔板，人们会定期把各种生活用品和其他物品放入隔板之内的空隙。在萨福克郡的大麦屋农场，人们在烟囱旁的空隙里发现了20只穿得极为破旧的鞋，藏匿的时间则是在1650年至1730年之间。此外人们还发现了一些动物遗骸，包括若干猪蹄、一根脊椎骨、一只鹅翅、两只小猫和一只老鼠，以及一些有裂口的木棍，它们或许被用作年历棒（clog almanac），以标示圣徒纪念日。

也有些物品是单独放置的，其中尤其流行是所谓的贝拉明（Bellarmine或Bartmann，后者在德语中的意思是"胡子男人"）酒瓶，瓶子上绘有怒气冲冲的大胡子脸和圆形装饰物。这些酒瓶在德国制造，从17世纪晚期开始经常被进口到英国等地。贝拉明酒瓶以各种方式起到防护作用。伯克郡的医生约瑟夫·布莱格拉夫（1610—1682）写过一本书，名为《医疗中的占星术实践》（1671年），他在书中建议所有认为自己被施了巫术的人，将尿液、头发和指甲放入一个酒瓶里，再往里面放入钉子、刺和大头针；后放入的这三样物品能扎伤女巫，让她们露出马脚，打断她们的巫术。[26]这样的瓶子可以被埋在花园里，或是藏在房屋内，作为长期的保护手段。它似乎也能抓住女巫，将她们困在瓶子里，皮特·里弗斯博物馆里收藏的一个瓶子就是这种情况。博物馆给这件藏品写的条目如下："玻璃长颈小瓶，内壁涂银，据说装有一个女巫。"这只瓶子来自布莱顿附近的霍夫，在1915年前后有人将它赠予玛格丽特·默里，她是位极为知名的埃及学家和异教主义相关内容的作家。默里发表观点认为，近代早期的女巫活动处于漫长的巫术传统的最后阶段，这种传统历史悠久，从史前一直持续到现代。尽管这种观点在20世纪20年代影响过阿道司·赫胥黎和罗伯特·格雷夫斯等作家，但现在大多数人认为它毫无根据，因为它的前提在于假设现代魔法是古老传统的遗存，而这个假设只有部分是正确的。默里可能也尝试过一些怪异的咒语，例如在受到某些不乐意接受的学术任命时，她会试图用咒语来扭转局面，但她的行为可能更多地出于幽默，而非期待咒语成真。

与大众魔法一起，人们也试图发展宗教仪式。最为臭名昭著的实践者是阿莱斯特·克劳利，此人于1875年在利明顿矿泉市出生，后来创立了泰勒玛教，它是欧洲神秘主义、埃及宗教和许多原始信仰的折中混合。2002年英国广播公司的一项民意调查将克劳利排在英国史上最伟大人物之第73位。克劳利加入的黄金黎明会搞出了一整套种族主义、厌女症和超自然信仰的恶心大杂烩。克劳利对炼金术很有兴趣，致力于复兴约翰·迪伊的部分魔法实践，而他的所作所为很难说提高了迪伊在现代的声誉。围绕着"魔法"（Magick）这个核心词，克劳利编织了一堆乱七八糟的信仰，按照他的定义，魔法是"按照意志来引起变化的科学和艺术"。克劳利的思想和生活影响了山达基教和威卡教运动，不管人们怎么看他，他对魔法相关文化的影响始终是巨大的，我们将在下一章详细讨论这一点。

关于大众魔法的众多形式，还可以说得更多——例如，洋葱只是被钉在或放在烟囱里的各种物品中的一部分，除洋葱之外，这些物品还包括动物的心脏甚或一整只蟾蜍，之所以要让它们遭受烟熏火燎，常常可能是为了伤害女巫。如今依然留存并被记录在册的大众魔法的证据，想必只是湮灭于历史的众多魔法事物和魔法实践的冰山一角。也只有在最近的几十年里，业余爱好者和专家们才意识到，鞋子、猫、酒瓶和符号不是偶然出现的独立事物，而是一些有其模式与目的的活动。

在欧洲各地，尚有大量的近期活动有待研究记录。法国人类学家珍妮·法夫雷-萨阿达曾于20世纪70年代在法国西部的诺曼底工作。[27]她对魔法中使用的词语产生了强烈的兴趣，并写下了精细的记录，与她一同生活的村民常常不愿谈起这个话题。最终这些村民区分出了5种魔法施行者：探测者，会使用棒子和其他工具来找到隐匿的水道；医治者，利用代代相传的知识来治疗一系列疾病，例如疣子、蛇咬伤、皮肤癣或疮痂；占卜师，能找到疾病或坏运气的原因，但不一定能找到解决的方法；磁疗者，能通过自身的内在力量来治愈人或动物；驱邪者，能抵抗女巫和巫术。法夫雷-萨阿达认为，这样的信仰显然不可能只存在于她调查过的这个社区；它们一定分布得更为广泛，只是常常不为外人所知。在此我们又一次意识到，我们对魔法的了解是非常片面的。

洋葱的魔法

到了洋葱被藏进巴里摩尔酒馆的1872年，人们本以为魔法早已消亡。科学正处于上升阶段，现代医学正围绕着细菌致病理论发展；人类究竟为何得病，又该如何康复的相关观念里，已不再有类似于植物干燥枯萎，与之相关的人也会随之如此的想法了。

除了基思·托马斯重要的早期著作《巫术的兴衰》之外，从未有作品完整地书写过魔法消亡的历史。如今我们中的不少人则会质疑这个世界究竟有多脱离魔法，事实上我们更乐于认为，魔法与宗教、科学在一个复杂的三重螺旋中共存到现在。毫无疑问，与迫害女巫和巫术的近代早期相比，如今人们的态度和行为都有了很大的变化。在城市与乡村文化中，曾经有过庞大而兴旺的村巫网络，有时会得到牧师的帮助和支持，有时又会与他们发生冲突。要是遇到轻微寒颤中邪或牛生病之类的问题，人们随时可以去村庄或地方上找这类人物，他们完全可以诊断并给出合理调配的药物和仪式建议。随着数以万计的人被处死，更多人遭到指控，村巫数量骤减，或是开始隐藏身份。恐惧的氛围对魔法的破坏力肯定不亚于实际的审判和惩罚。然而，神奇的是，从17世纪开始，一旦恐惧气氛消退，魔法施行者又涌现出来，这也说明他们在历史上担负过重要的职责。我们如今已从各种档案中找出了不少19世纪之后的有名有姓的个人。放置女巫瓶、鞋子或死猫的行为也一直持续到20世纪，它们之中，一部分可能是在所谓"智者"的建议之下施行的。

隐匿的历史如今正在逐渐揭开。但即使是在持同情态度的记录中也有种倾向，说人们"不得不求助于"魔法，就好像它是无能为力之人最后的庇护所。确实，魔法的部分吸引力便在于它似乎存在于边缘地带，是那些态度可疑而且使用离奇物品的怪人的唯一专利。然而，我们已能发现，在包括近代在内的所有时代，魔法都处于中心地位，甚至现在，世上也依然存在着比当代公共言论允许的数量更多的魔法。

将魔法置于文化和思想史更中心的位置，会使我们质疑西方围绕理性主义而组织的历史叙述，而从文艺复兴到启蒙运动时期，再到高度现代化时期，理性主义都占据着支配地位。人们总认为是理性主义将人类从迷信和民间信仰中解放出来，而后两者很容易被绑定在魔法这一主题之下。在牛顿这个人物身上，我们看到的是一个极度敏感而又充满智慧的人在竭力挣扎，想要将一个机械论宇宙与另一个包括生命、人类感情和上帝的宇宙调和起来；讽刺的是，"牛顿式宇宙"这个词反而成了以力和质量来理解宇宙万物的简称，直到这些理论被爱因斯坦重新定位。从20世纪20年代开始，量子力学开始发展，它探索了观察者对被观察的次原子粒子的影响。这开辟了新的可能性，即宇宙有一个主观性的维度。

自牛顿身故到量子力学兴起之间隔着200年，就本书所讨论的时间跨度而言，这实在是一段极为短暂的时间。魔法并未在向现代世界转变的复杂过程中消亡，它只是从中世纪天主教教廷的宗教背景转移到了17世纪以来的科学、心理学背景之下。牛顿身上已经体现了这种转变，更数学化、抽象化的力与质量的观念对他更广泛的宗教和炼金术信仰造成了复杂影响，使他在其间奋力挣扎。牛顿也许确实是第一位科学家，但他显然不是最后一位魔法师。

第十章

现代和未来魔法

阿瑟·柯南·道尔和哈利·胡迪尼初次相见是在1920年，他们因共同的兴趣走到一起：招魂术。他们的友谊没有维持太久。这段友谊从一开始便有着讽刺之处。夏洛克·福尔摩斯的创造者，这位最崇尚理性和实证主义的侦探，被许多灵异现象所深深折服；而这个时代最伟大的魔术师，却决心要证明招魂术完全是骗局。柯南·道尔相信，胡迪尼不只是个技艺超凡的脱身术表演者，实际上更是个会魔法的人，相信这一点的人也不止柯南·道尔一个。讽刺的是，胡迪尼当时正致力于向人们展示，招魂术及其他各种形式的"魔法"的基础都是有技巧的欺骗，因此他对于被当成魔法师感到十分苦恼，尤其对方还是他原本很尊敬的柯南·道尔。胡迪尼无法说服道尔相信自己不会魔法，这导致两人的关系出现裂痕，而这一点又因为他们在其他不少事上意见有分歧而加剧。

招魂术基于这样的观念：人类是由身体和灵魂组成的，二者之间是分离的；灵魂能在身体死亡后继续存在，从而保留了一个人更精华的部分。各种招魂术师会设法与死者的灵魂联系，从它们那儿获得死后世界的消息，甚至可能让它们来预测未来，同时也会让幽灵做出一些没有它们的帮助便无法达成的事。不是所有灵都是死者的幽灵，有一些是地灵，或更抽象的力之灵。恶灵也可以附在生者身上，这便让一些由附身引起的精神疾病有了可能。

招魂术的活动始于19世纪40年代的美国东海岸，当时不少人开始对那些比较传统的宗教信仰产生怀疑。柯南·道尔是从19世纪80年代开始对招魂术感兴趣的，在之后的10—20年里，他的兴趣逐渐减弱，接着又在第一次世界大战期间变得坚定，此时战场上的大量死亡导致人们希望寻找亡故者的幽灵。柯南·道尔是幽灵俱乐部和英国心灵研究协会的成员，这两个组织至今仍然存在。后者自称是"首个有组织地针对挑战当代科学模型的人类体验进行学术研究的团体"。这两个组织的成员还包括查尔斯·狄更斯、威廉·巴特勒·叶芝、齐格弗里德·沙逊、阿尔弗雷德·拉塞尔·华莱士和阿瑟·贝尔福——维多利亚时代晚期和爱德华时代的人们对灵魂与心灵现象的研究态度是很严肃的。

达文波特兄弟，艾拉和威廉，声称他们的舞台演出活动是在幽灵的帮助下完成的，而他们从这些演出中获利颇丰。他们自1854年开始登台，那时招魂术刚刚出现，一开始在纽约州本地巡演，然后又去了不少地方，其中也包括英国。达文波特兄弟最著名的表演会用到一只被他们称为"幽灵柜"的巨大桃花心木柜子，他们俩会被各种绳索死死绑在柜中。柜子里还放着一只牛铃、一只手鼓、一把吉他和一把小提琴。柜门一被关上，这些乐器便会奏乐；而当人们打开柜子时，只会看到达文波特兄弟依然被绑着，无法动弹。不少魔术师也能做到此类表演，但达文波特兄弟声称自己并非使用魔术，而是受到了幽灵的帮助，这便为他们赢得了更多关注。他们的父亲曾经是布法罗的警察，后来做了这两兄弟的经纪人。他有可能就是曾经看见过北美阿尔冈昆语群体中极为流行的所谓"摇晃的帐篷"的仪式，才让他的儿子们模仿它进行表演。这种仪式是因纽特人和较南的原住民群体中极为常见的降神表演之一，萨满被捆绑在一个帐篷里，乐器的声音从帐篷里传出。在仪式结束的时候，萨满可能还被绑着，也可能已摆脱绳索，观众则毫不怀疑仪式里召唤了灵。达文波特兄弟使用"幽灵柜"的舞台表演与19世纪晚期大西洋两岸的降神会有着类似的形式，只是将其规模扩大以适应舞台。

1910年在纽约州的梅维尔，胡迪尼与达文波特兄弟中当时还活着的艾拉见了面（威廉死得很早，1877年便已去世）。艾拉向胡迪尼展示了达文波特兄弟在柜子里使用的绳结，他们可以从中挣脱，当然更重要的是，也能原样钻回去。后来在1924年，胡迪尼写了《幽灵中间的魔术师》，揭露了灵媒和他们在降神会上的活动的秘密。胡迪尼的立场复杂而有趣。这位20世纪最伟大的魔术师成了最伟大的魔术揭露者。（见图10.1）胡

图10.1　1883年一场演出的海报。许多降神会显然是为了娱乐和盈利而举行的。埃及礼堂（位于伦敦肯辛顿的古埃及纪念堂）是不少此类表演的大本营，约翰·内维尔·马斯基林和乔治·阿尔弗雷德·库克则是19世纪末至20世纪初期最成功的从业者

迪尼热衷于强调构成他自己的表演基础的身体技巧和力量，并揭露其他人所依赖的诡计，其中许多人宣称自己根本不使用诡计。胡迪尼后来也被神化，许多人认为他具有萨满的力量，柯南·道尔便是其中的一员，他将这种观点写在《未知的边缘》（1930 年）一书中。柯南·道尔的两卷本作品《招魂术的历史》（1926 年）对招魂术运动的真实性和有效性进行了论证，他也将达文波特兄弟及"幽灵柜"作为例子，用以证明人类能够召唤灵。

胡迪尼与柯南·道尔之间的分歧包含了一些重要的问题，它们也在别处有所回响。首先是证据问题，以及不同的人面对同一件事（例如达文波特兄弟在"幽灵柜"里的活动）为何态度相反，有人确信，有人怀疑。最伟大的经验主义者和逻辑学家夏洛克·福尔摩斯的创造者，是个著名的确信者。胡迪尼却迟迟不肯相信涉及另一个世界的现象。这其中又涉及更深层的问题，与更广泛的人和现实的本质有关。人是否能分为身体和灵魂，后者又是否能在身体死亡后继续存在？人们对宗教信仰的怀疑日渐增长，对彼世的怀疑同样与日俱增，这反过来又让人怀疑起人的组成——或许人类没有灵魂或某种形式的无形实体？再进一步，如果灵魂存在，那它们一定存在于某个超越日常现实的领域，这意味着同时存在一系列平行世界，在特定的情况下，这些世界之间能够沟通；我们每天看到、听到、闻到和感觉到的世界只是现实的一部分，而不是它的全部。再进一步，其他世界的存在者也可能掌握我们所没有的关于这个世界的知识：灵魂能看到未来，或是理解事件的深层肇因，而那是我们普通人无法知道的。隐秘世界的概念对以下二者来说极为重要：其一是当时新兴的心理学，即弗洛伊德的潜意识理论；其二则是量子力学，它勾画出的现实与我们居住的这个世界有着相当大的不同。

弗洛伊德本人也在与招魂术和魔法等问题搏斗，在面对鬼魂和心灵感应等一系列现象时，他的态度逐渐变得更确信，而不是怀疑。1909 年，他拜访了维也纳的一名灵媒，这次会面带来的问题是他无法彻底无视、不予理会的。1910 年，他向维也纳精神分析协会提交了一份与招魂术有关的论文，在该协会的一场会议中还曾让一名灵媒出席，尽管人们普遍并不相信这名灵媒的心灵感应能力。1911 年，弗洛伊德加入了英国心灵研究协会，这一次对降神会更加相信。后来弗洛伊德甚至自己也扮演过灵媒的角色。到 20 世纪 20 年代，尽管他的一些朋友极力劝说他在访谈和著作中尽量少肯定心灵感应现象，他还是开始认真考虑相关理论，认为做梦和清醒的状态下都有可能出现这种现象。总之，精神分析与招魂术之间的关系非常复杂。弗洛伊德的基本观点就是，在我们更理性的意识之下，有一个不那么理性的意识层面，它与各种需求做着斗争，这些需求常常与性及性压抑有关。这种基本观点与招魂术的隐秘世界的观点有所共鸣，甚至可能受到了后者的启发。弗洛伊德及其他人的心理学探索了表面现象之下的深层现实，改变了西方世界中魔法存在的环境。

另一个人也寻找过隐藏的力量，尤其是通过性能量，他就是阿莱斯特·克劳利，与弗洛伊德同时代，只是更年轻些，我们已在上一章中简要介绍过他。（见图 10.2）克劳利乐于被人视作反英雄式的人物，甚至他的母亲也称他为"野兽"。克劳利对邪恶力量的痴迷，部分是因为他想破坏并摧毁信仰体系及他身边的资产阶级和贵族的生活方式。克劳利的信仰变化多端、杂乱无章，使人很难总结出他发展或支持的哲学理论的单一线索。克劳利在花光他继承的遗产之前一直很富有，他可以自由地尝试很多东西，包括登山、瑜伽、绘画、吸毒、诗歌与散文写作、戏剧表演和魔法实践；如果说有一条主线贯穿他的思想和活动，那就是意志及其不受约束的实现。

克劳利受到尼采的启发，他期待着超人的崛起（在他心目中他们都是男性），这些超人践行意志时不受社会规范或礼节的束缚。很难确定"意志"在他这儿到底是如何定义的，但

图 10.2 阿莱斯特·克劳利的签名肖像。出自《分点》（1913 年）

最有可能的是，"意志"指追求那些他视为所有人类天性之组成部分的冲动和能量。在此处，克劳利的思想和实践采用了更广义上的性魔法形式，他认为在性交的过程中，尤其是在性高潮中，人们能最为明显地感受到广义上的宇宙能量的流动，这种流动有时能带来繁殖。人类的能量能够也应该与更广阔的地球的能量结合，其方式之一，便是让神圣的力量入驻人体——克劳利称其与罗丝·凯莉结婚后，1904年两人在开罗度蜜月时，他曾与一个名为爱华斯的灵体接触。爱华斯向克劳利启示了《律法之书》的内容，这书中的训诫将会开辟出荷鲁斯纪元，而这个纪元则主要以名为"泰勒玛"的新宗教为基础。"泰勒玛"在希腊语中可以指"意志"，此书的主要训诫为"行汝所望之事"。克劳利对其实践的基本定义是："魔法是按照意志来引起变化的科学与艺术。"克劳利的魔法组织名为A∴A∴，它建立的目的是传播"魔法"，即对意志的不受约束的追求。

克劳利年少时曾是普利茅斯弟兄会的成员，这个组织相信历史被划分为许多不同的时代，每一个时代都有其挑战和任务，需要解决该时代的问题。自然而然地，克劳利将自己视为引领世界进入荷鲁斯纪元并直面挑战的弥赛亚，这个纪元的中心任务便是释放出人类被大众社会所压抑的意志。值得注意的是，所谓的"新纪元"运动期盼的也是时代的变化，其中将会出现新的可能性，比如通过最著名的水瓶座时代的到来。我们还应该记住，"新纪元"一词通常是由这类运动的批评者而不是其信徒使用的。

像他之前和之后的许多人一样，克劳利寻找着能够作为交感魔法的基础的事物之间的联系和对应关系。事物之间可能有多种多样的对应关系，但克劳利寻找的联系主要是通过它们的符号或概念来显现的，在这一点上，与其他以更唯物主义的方式来接近魔法的人相比，他的思想便多了一层唯心主义和神秘主义的维度。他与艺术家弗里达·哈里斯合作，开发出一套新的塔罗牌，帮助人们将性格归入有限的若干套类型之中。由此，人们便能与各种特别适合他们的物品产生联系，例如宝剑、权杖等。他们希望这套塔罗牌所使用的符号能与欧洲和埃及，乃至全世界的信仰体系产生共鸣，从而为全球性的联系和行动提供基础。除此之外，他还认为魔法师需要回到更古老、更纯粹的魔法实践形式，因此克劳利使用了"Magick"这个词，这种古体的拼写方式暗示着重新创造更古老的信仰，例如爱华斯传授给他的那些，而爱华斯也可能类似某种古埃及的神祇。克劳利所信奉的那种带有随意性的哲学，以及他习惯性地与人发生争执的癖好，让他在多年来辗转于诸多组织之间，但矛盾的是，他又对后来的很多魔法组织颇有影响力，尤其是像黄金黎明会和东方圣殿会那样等级森严的组织。

如果说各种投身于魔法的群体起到了引导的作用，那么魔法本身在当今也依然鲜活，它迅速地采取了多种全新的形式，同时又借由社交媒体和各种软件，将魔法的可能性带给以年轻人为首的受众。

当代西方魔法

从19世纪开始，马克斯·韦伯等社会学家便认为工业化、教育和理性主义的发展将会让西方社会日益世俗化，人们对宗教和魔法的信仰都会衰退。然而宗教信仰是很复杂的，尽管无神论在欧洲确实比从前更普遍，但在美国情况却并非如此。事实上，近年来，美国人对科学的怀疑与日俱增。魔法无疑是当代世界观的一部分，在西方世界，约有75%的成年人相信一定程度的魔法或超自然现象——这意味着约几亿人有着主流之外的信仰。2007年皮尤研究中心对超过3.5万名美国人进行的调查显示，这些人中的79%认为"奇迹在当今也像在古代一样发生"。[1]在英国进行的一项规模小得多的抽样调查显示，有77%的人同意世上发生的一些事无法以科学解释，最好将它们称为超自然现象。也有不少人（尽管没有百万人那么多，仅数千人）会在夏至日和冬至日前往巨石阵之类的地方。2011年的人口普查显示，在英国有56620人自认为是异教徒，11766人是威卡教信徒，其中更有1276人将他们的信仰描述为"巫术"，这在人口普查所涉及的2100万人中只是很小的数字，但涉及部分接受某些魔法信仰的总人数时，它又不过是冰山一角。

更年轻的人群对宗教的忠诚程度更低，他们常常会培养出各种各样的灵性信仰。尤其是年轻女性，容易受到各种与魔法相关的女性形象吸引，从相当古老的吸血鬼猎人巴菲，到如今的"大女巫能量"。在美国19世纪末的招魂运动中涌现出了一种新的技术，如今也被大量使用，据说能让人与灵沟通，即为灵乩板。这些灵乩板（Ouija 是法语 Oui 与德语 ja 的组合，它们都代表"是"）上印有字母表和数字 1 到 9，有时还印有"再见"一词。板上有一块更小一点的三角乩板或指针，降神会的所有参与者的手指都能够推动它，这些参与者由此获得死者和其他灵给予的信息。有不少电影的内容提到恶灵通过灵乩板而被释放，尽管这些电影很少会得到好评，却很受观众喜爱，让电影公司获利颇丰。

人们时常能在生活中遇上一些简单的魔法习俗，其中不仅包括黑猫穿过马路代表不祥，需要小心"13 号星期五"，不从梯子下走过，或是在有人打喷嚏时说"保佑你"等。很多人会佩戴幸运物或护身符，他们在打碎镜子时会担心，也期待在吃鸡遇到许愿骨时扯到更长的那根。我们有偏爱的幸运色或幸运日；数字则常常带有正面含义（数字 7）或负面含义（数字 13 和 666）。物品以各种方式具备力量——我们大多数人都不愿意刺破我们所爱之人的照片——当我们的打印机或汽车停止工作时，我们可能都会咒骂它们，仿佛它们是有生命的顽抗者。我们在生活中寻找着巧合与对应之处，可能将其原因归结为世界上某种形式的力量在发挥作用。我们常常为这样的想法和做法而羞愧，将其视为明知故犯或值得讽刺，但它们确实广泛存在，而且人们往往这样行事。

推广魔法的组织

除了拥有这样的非正式信仰外，许多人还加入了一些发展和传播魔法的组织。从 19 世纪晚期的黄金黎明会开始，这些组织便担负着重要职责，要将当时在更广泛的大众之间流通的魔法观念一代代流传下去，并因此而有了相当大的文化影响——尽管在不相信魔法的主流大众看来，这类组织古怪反常，十分危险。由于这些致力于魔法的群体常常会分裂后又合并，这些群体的历史和状态便经常极为复杂。一方面，它们的历史强调的是少数开创性的人物，例如阿莱斯特·克劳利或杰拉尔德·加德纳（我们将在下文中看到，正是此人发起了威卡教运动），有倾向性的叙述使所有历史都围绕着他们展开。另一方面，有相当多数量的团体同时存在，它们的目标彼此互补或相互矛盾：这些群体有时会结成联盟，但常常会发生争执，甚至分道扬镳。我按照粗略的时间顺序对主要的组织和团体进行了总结，它们中有一部分起源于欧洲近代早期，而所有这些组织和团体今天仍然活跃。

玫瑰十字会和共济会（16世纪至今） 这显然是两个互相独立的组织，但它们彼此之间又互相影响——有人认为共济会可能是从玫瑰十字会的知识框架和组织体系中发展而来的。在玫瑰十字会这里，我们会看到不少上文中便已见到的思想和魔法的分支，其中包括赫尔墨斯主义、约翰·迪伊的著作、炼金术、占星学、卡巴拉等。玫瑰十字会相信世界上有一种隐藏的规则，一旦它被发现，便能释放出强大的力量，这种力量能够利用世界的物质基础来造福人类，并能改革人类的社会，使之进入更健康、没有罪恶的状态。玫瑰十字会的思想最早源于17世纪早期，带有明显的基督教色彩，组织由此将宗教、魔法和科学结合，而它们的核心观点则是重要的知识必须被隐藏起来，直到它彻底完善，此时它将被披露给全人类，从而让全球都因此获益。共济会同样将他们的知识隐藏起来，他们自称有古老的起源，而第一个有记载的会所是1598年在爱丁堡成立的。共济会因他们复杂隐秘的仪式、卷起裤腿的习惯和秘密的握手方式而闻名，人们（直到近年来为止，这些成员都只有男性）会按照"学徒""技工"和"导师"的层级顺序经介绍入会，现在也是如此。尽管他们确实将自身的起源追溯到耶路撒冷的所罗门圣殿，但共济会对发展秘密知识的兴趣并不及玫瑰十字会那么多。

黄金黎明会（1887—1903年） 这个组织由三名共济会会员成立，在组织架构和某些信仰上，它与玫瑰十字会有着相似之处。入门后成员将会接触到三层秘密和强大程度逐层增加的知识，它们部分基于一些据说来自远古的智慧。第三层知识允许其成员与秘密首领沟通，秘密首领是某种灵体,据说能行使宇宙间的强大力量。他们的哲学部分基于卡巴拉,但也涉及占星学、炼金术、塔罗牌和风水的知识。他们的原典是《密码手稿》,这是一份魔法知识和理论的汇编,整个协会的组织架构则围绕神殿而建立。

东方圣殿会(缩写为O.T.O.) 这个组织创建于1898—1906年之间,至今依然存在。它也以共济会为原型,与黄金黎明会之间的联系十分紧密——阿莱斯特·克劳利同时是这两个组织的成员。同样,加入这个组织也会逐步接触到秘密程度逐渐增加的知识,它的知识框架则基于克劳利的泰勒玛概念——"行汝所望之事"。它与基督教神秘主义有着相似之处,同时受到伊曼纽·斯威登堡(1688—1772)的影响,此人起初是科学家,但经历了一次灵性觉醒后,他发现自己能前往天堂和地狱,并与天使和魔鬼对话。他的综合哲学强烈地影响了基督教神秘主义和不少魔法信仰,以及不少个人,其中就包括柯南·道尔。东方圣殿会强调仪式,例如诺斯替弥撒;强调复杂的象征主义,以此作为理解宇宙的手段;强调引导能量,这一点部分是通过性魔法来达成的。这个团体期待着新纪元的可能性,它的信仰和结构与克劳利的魔法组织 A∴A∴及其他各种组织都有重叠。克劳利的泰勒玛概念及他对性魔法的强调同样影响了山达基教,后者也是一个充满争议的秘密组织。

威卡教(20世纪20年代至今) 由杰拉尔德·加德纳建立,此人在马来西亚做了很久的公务员,后来回到英国,声称自己在1939年受到引见,参加了汉普郡新森林区的一场女巫大聚会;他与克劳利在1947年见过面。威卡教并不是单一的组织,它的组织架构与上文提及的这些相去甚远,更松散、开放而平等。"威卡"这个词在古英语中是"女巫"的意思。这个组织强调巫术,认为巫术是一种留存至今的前基督教信仰,同时强调阴阳两性的本原,并受到玛格丽特·默里等人的影响。威卡教和异教主义的根源都是古代欧洲的信仰,强调人类与自然的联系,突出女性本原(有时会提到大母神)。

异教主义(第二次世界大战后) 这是一个在信仰与成员上刻意兼容并包的团体,常常会回溯到世界宗教兴起之前,据说吸收了各种古代的智慧。当他们引入非欧洲传统时，可能会引起争议，因为原住民群体将之视为侵占。异教主义者强调的是人类与自然和女性原则/母神的关系，以及不对任何事物造成伤害的愿望。从很多层面上看，威卡教都是异教主义的一个分支，而德鲁伊和萨满教信仰也应被包括在内。

混沌魔法（20世纪70年代后） 它常常被视为一种结果导向的魔法，强调的是信仰或形式化的实践带来的成果。它实验了各种技术，它们通常是些寻找有意义之巧合的随机方法——例如扔骰子，或将词语的字母拆散后让它们随机排列。混沌魔法强调的是活跃在宇宙之间、没有固定结构或模式的普遍生命力量的重要性，有时人们也会认为这一点体现了魔法后现代主义的一面；同时它也强调抽象的符号，认为人类应该转变意识的状态，向其他世界开放。混沌魔法与广泛的流行文化相互影响，它从迈克尔·摩考克的小说中获取意象和想法，同时也影响了漫画作品中的角色和故事的走向。

从以上这段简短的历史中，我们可以看到，早期运动的组织架构常常受到共济会的严重影响；它们以男性成员为主，倾向于教义和定型的魔法实践，反映出的是宗教仪式的结构。后来的魔法在结构上更加开放和多变，可以就其信仰进行辩论，在活动方面也有着明显的实验性，其巅峰便是混沌魔法中受控的无政府状态。不管怎么说，在这些运动中有些共通的元素，包括反对以过于理性的方式对待这个世界、明确的反文化态度、决意推翻或颠覆主流思想和生活方式等。同时它们也有着某些在更广义的层面上相似的灵性特征。总体来说，它们都强调从人类的死者到更抽象的宇宙力等的各种形式的灵。有时这些灵栖息在我们这个世界里，但它们更可能存在于某种平行的现实之中，由此便引出了一些问题，如我们在上文所见，需要专家（萨满）或某种特定的技术（例如灵乩板等）才能与之沟通。与灵沟通能带来益处，但也常常十分危险。

这些运动也经常强调能量，将人体与宇宙中更广泛的能量流动联系起来。它们可能会利用到各种东亚的能量模型，例如炁或普拉那（prana）生命能量；[2]也可能会使用密宗的技术或瑜伽。释放人体内压抑或锁闭之能量的技术非常常见，有时会采取性魔法的形式，因为它们将性交视为强大的能量创造和传播方式。更进一步而又略有相关的维度则是它们都需要解放人类的意识，以便更全面或更精确地感知整个宇宙。毒品是很受欢迎的元素，被用来拓展或转变思维。通过使用和理解符号来训练思维，还有冥想、斋戒或隐居的手段也很常见。最后，理解这个世界的信息常常也很重要，你要注意到鸟叫或一系列事件的组合等不常见却公认的信号，从而知道世界正在告诉你的事。信息场域允许双向流动：魔法师能通过行为的符号来向世界传递信息，而这种做法又也许能实现特定的效果；在这其中可能也有类似科学实验般的成分。当代魔法并不惧怕疯狂和怪异，它们可能会带来危险，或是落入某些魅力超凡却寡廉鲜耻、想将自身意志置于这个世界之上从而获利的个人手中，并因此而导致压迫。但魔法实践之中也产生了最激进的质疑，它一方面怀疑人和人格的本质，另一方面则深入宇宙，而这些都已经被科学的学科结构僵化地分割开来。

　　魔法在世界文化中占据着一系列独特的地位。从牛顿到弗洛伊德，不少主流思想家都不仅包容了魔法的信仰，还从魔法思想中获得刺激，由此发展出他们的核心思想。魔法一直是创造性的力量，而不只是古怪的干扰因素。过去人们常常认为，魔法在西方世界甚或世界上的其他地方都正在消亡，正如对上帝的信仰一样。但如今我们知道，这二者都并未发生。事实上，无论在世界上的任何地方，对于各种不同的文化，魔法都堪称一个重要而持续的方面。魔法至今依然鲜活，这便带来了问题：我们该如何为魔法做些什么，好让它尽可能地在文化上更有创造性？同时，魔法又能为我们做些什么，好让我们来解决如今全世界面对的若干重大问题？我们应该以理性为基础去理解它，还是保持一种更浪漫的观念，相信人类与这世界之间的联系才是一切的中心？假如我们拒绝在二者之间做出选择，那么此举又会对我们与这个世界的联系方式产生什么影响呢？

　　正如本书前述的所有内容所说，如今横亘在我们面前的重大问题涉及成为人类意味着什么，我们拥有什么样的能力，以及一个更重大的问题，即现实和整个宇宙的性质究竟为何。像这样的问题曾经受到分类框架的限制，不得不将人类的主观意识与冰冷机械的宇宙一分为二。而现在，科学家们正在探索作为整体的宇宙是否具备某种形式的意识，以及这一点又是否能让我们改变对现实的感觉。人们正在重新审视魔法、宗教和科学的三重螺旋，这或许具有某种重大意义，将重塑它们融合与混合的方式。在我们这场旅行的最后一站，吸收了当代科学和魔法的洞见后，我们便能来思考这种融合如何发生。

今日的魔法

生态灾难正在向我们袭来。它是由人类的行为引发的。地球正在急速变暖，世界各地生物圈的基本结构都在瓦解。大规模的生态灭绝十分常见，或许最让人担忧的是那些不太引人注目的小型物种，例如构成了不少生态系统基础的昆虫。考虑到世界上不少地方森林的消失或夏季北极冰层的消失，临界点似乎即将来临。每隔一段时间，全球都会不断遭遇有史以来最炎热的天气，每一次都比上一次的温度更高。一些地区干旱缺水，另一些则洪水泛滥。思考这样的大崩溃对自然与人类造成的影响，无疑是一件迫在眉睫的事，因此，很多一开始引发争议的新思想，在如今得到了越来越多的讨论。比如说，最早由詹姆斯·洛夫洛克提出的盖亚假说至今依然有影响力，但人们的意见却发生了分歧。盖亚学说至少包含三种要素：其一是，通常被划分为生物学和地质学的两个分支，应该被视作同一个系统来考虑，亦即地球的地质生理学。其二（更具争议的）则是，地球的系统有着自我调节的能力，会维持其中所有元素的平衡，因此它会清除或消灭任何令这个系统失去平衡的事物。如今在整个地球的系统中，导致失衡的最关键因素是人类的活动，这便给我们带来了第三种要素：地球可能会采取行动，让整个星球变得不适于人类居住，或限制我们的活动，让我们的索取所得，无法抵得上我们付出的代价，如今摆在我们面前的就是这样的情况。最后一个观点引起了大量争议，并为我们当代对气候变化的激烈讨论贡献了养料。

如今的重大危机需要人类采取行动，端正态度，以便做出深刻的回应。人们需要改变乃至放弃大规模的生产和消费：西方国家尤其如此，因为它们的消费水平是最高的。我们需要改变我们如今对世界的剥削态度，不能将世界视为被动之物，或是一系列可供使用的资源的集合。这个问题的本质是更强调人类的参与。魔法假设人类向这个宇宙开放，宇宙也向人类开放。假如我们认真地对待这种交互的开放性，那么我们需要考虑的便是我们该采取什么样的态度，这其中也有重要的道德意义。西方世界对魔法的偏见最多，但也正是西方世界最需要改变自身的态度。

正如我们所见，世界上存在着诸多形式各异的魔法。每一种魔法传统都形成于特定的文化环境中，因此使用别人的魔法是很困难的。对于像当代西方这种一直排斥魔法的文化来说，照搬其他传统的魔法也是行不通的。我们需要的是一种属于21世纪的魔法。我们已经见过一些蓬勃发展的西方魔法流派，但其中有不少出于各种原因无法发挥应有的作用。首先，黄金黎明会及其各种派生组织的结构是等级制的，强调奥术（Arcane）和秘密知识，将它们作为力量的基础。知识的神秘化和力量的等级制不利于人们自由而公开地讨论宇宙运作的方式及人类在宇宙中的地位。其次，像这样的组织常常抽象地看待魔法知识，认为它们存在的主要形式是观念和符号，或是以符咒和咒语的形式念诵出的词句。而要应对今天的挑战，最有用的方式应该是以更物质的形式来探索魔法。

魔法的根源和支柱是参与。参与不是一种神秘的状态，而是一种全力投入其中的行动，更像是经验丰富的汽车修理工能点燃引擎，或厨师能烹饪各种原材料。而且，参与到这个世界中，并不是指与这个世界永远和谐共处，而是指开放地同时接受这世界创造性和毁灭性的两种面目，就像世界开放地接受人类对它的精心照料和过度开发。在西方魔法的各种形式之中，与此观点最接近的是异教主义和威卡教运动，尤其是在剔除所有号称来源于古代智慧的部分之后，它们剩下的部分便类似于世界其他地区的原住民信仰。异教主义信仰中生态学的部分强调的是人类与世界上其他元素间的亲密关系，以及人类对世间万物承担的道德责任，这里所说的万物包括所有生命与非生命。

世界上许多地方的当代魔法都将自身放在科学的对立面上。但考虑到科学让我们形成了对这个世界的大部分常识，当代西方魔法要为人所接受，就必须适应科学的环境并不断发展。从1727年艾萨克·牛顿去世到200年后量子力学的发展，机械论宇宙观成为现实模型的典范，达到了它力量的顶峰；我们已经看到，这一时期依然存在着繁荣的魔法传统，只是在牛顿之后，它们常常会受到科学的排斥。我们没有必要在魔法、科学或宗教这三者之间选择其一。它们都分别强调并发展了人类活动和信仰的某个方面，只有在三者互补之时，它们才运作得最好。当代思想中有三种思路有助于结合科学和宗教信仰，它们对新的魔法而言十分重要。第一种思路试图将人类再次置于世界的中心，强调人的技能、感觉和情绪，也认为人类与其周围用于改善生活的人造物之间没有太大的区别。第二种和第三种思路涉及世界的感觉能力，此处的世界同时包含生命与非生命，它引出一种可能性，即人类的智能和感觉可能只是诸多形式中的一种，并在与其他有感觉的生物的互动中被塑造和赋予目的。这同样也引出另一种有争议的可能性，即物质从某种意义上来说也是有感觉的。我们将依次探索这些当代魔法的可能出发点。

人类的延伸

直到近些年来，人们还认为人类的智能位于非身体的精神之中，而精神则能进行抽象思维，指导身体的行动。但现在，身体本身在与一些物质事物结合之后，也渐渐拥有了智能。人类再次沉浸在世界之中，而不是与之隔绝。在考古学家重大新发现的辅助之下，学术界内外的人们开始从根本处重新思考人类的智能和意识的本性。[3]从17世纪开始，人们渐渐认为身体和精神是分离的；身体存在于有因果关系的物质世界中，精神则自有其归处，那是个抽象的精神空间，人类在其中能理性而冷静地思考。精神构想出计划，身体则执行它们：我们就像是置身于机器中的幽灵。

怀疑这种观点的人不是要祛除这种幽灵般的精神，而是要将它融合进身体里，并且，事实上是将它融入整个物质世界。人类掌握着一些没有其他任何物种能掌握的身体机能。对我们来说，要将马克杯里的咖啡送到嘴边，我们的手需要感受到马克杯的形状，在我们把咖啡喝下去的时候，也会感受到杯子重量的改变。我们的双唇能感受到这种液体的温度。手部和手臂的骨骼肌肉会不断调整，因此也不能认为它们与马克杯完全隔离，而应当认为两者之间有一定关系。当然，我们在喝咖啡的绝大多数时间里不会去想这些事：我们的精神集中在与朋友的对话上，在阅读书报或发送邮件上。我们的精神能在很低的水平下完成这些事，但通过日常和习惯的活动、字词和画面来显示和发展精神依然是很重要的。精神并不在与身体分离的意识之中，而是在整个身体之内，身体则与万事万物有着密切的联系。身体的感官做出调整，以便与这个它如此沉浸其中的世界协调，二者之间的联系紧密到很难分清身体与其周围环境之间的区别。

物质事物可以帮助我们理解这个世界。通过做事——烹饪、骑自行车、打字等——这个世界对我们而言便具有了意义。它之所以有意义，是因为我们能感知，也能参与，但我们这种参与活动的性质却部分地取决于世界上的事物。物品是我们让这个世界具备意义的过程中的积极伙伴。对我而言，如果不将笔拿在手中，就很难空手模仿出以笔书写的行为。如果没有钢琴，即使是熟练的钢琴家也得费上一番力气才能精确地模仿出敲击钢琴键的动作。笔和钢琴不是身体进行这些动作所需的技能非有不可的工具，而是我们行动的伙伴。我们不仅需要将精神从思维中抽离并将它置于身体之内，还需要将身体延伸到我们身边所有日常熟悉或初次碰见的事物上。我们的意识和精神弥散于整个世界。人类是一整套错综复杂的联结结构中的一部分，当我们行动，物质和能量便在这些联结结构中来回流动。成为人类意味着开放和联结。延伸意识所强调的是参与物质世界：在参与万事万物的过程中，精神便栖息在整个身体之内。

制造的行为是交互性的，当我们制造人造物品，它们也创造了我们。改造这个世界的过程让我们的技能向特定的方向发展，它不仅能提升我们对风格和美的鉴赏能力，还能改变我们对物质世界的感受。我去巴布亚新几内亚的时候，发现自己做不好许多当地人习以为常的事。划独木舟、制造或修理渔网，乃至单纯在雨林里行走，都需要技巧。年轻的孩子可以轻松地学会这些事，但当你年纪渐长，这些就很难学了。当地人能做的事是我做不到的。在生命的最初那些年里学到并强化的技巧，让他们以一系列自然而然的方式来做事。尽管全世界的人在刚出生时身体素质都处于同一水平，我们的身体还是会以无数种方式来调节自身以适应这个世界，比如说，一些人会适应生活在长着热带雨林的海岛上，另一些人则适应了西方城市的生活。魔法的基石便在于人类与世界相连。接受各式各样沉浸于世界的方式，能让我们拥有更偏于魔法的思维模式。

作为人类的我们会思考，也会通过我们的感官和情绪来获得体验。心理学和医学等领域的新发展鼓励我们更多地考虑自身的精神和情绪状态。病人的精神状态会影响他的恢复能力，这种观点在美索不达米亚的阿施普看来也毫不奇怪，只是他们可能会将其视为魔鬼的作用，而不是心理学。如今西方医学越来越强调治疗要针对整个人来进行，尤其是在治疗严重疾病的时候，人们的关注点将更倾向于通过心理咨询、冥想和瑜伽来改善情绪。甚至当人们明知自己吃的药没有任何疗效时，这些药也有可能改善病情，或许产生疗效的是与医生互动这个行为本身。如今看来，身体的化学状态会影响到血蛋白，有时会导致基因变异而传递到孩子身上，因此压力或焦虑的状态有可能会从一代人传递到下一代人。这里存在一整个表观遗传效应的世界，在其中人类所生活的生态网络会影响人类的基因，而对其影响方式我们才刚开始有所了解。魔法和医学是相互交织的，二者的早期阶段都强调活动、交谈及药草疗法等，现在我们却将医学视作只与药物相关的事，丢掉了它更偏心理学的部分。

我们稳稳地站在地球上，通过我们的整个身体感知这个世界，同时常常根据我们接收到的信息来采取有技巧而仔细的行动。所有文化也都意识到了感知的局限性，因此发展出了多种技术来扩展我们的体验，从

图 10.3 此图尝试描绘我们能观测到的宇宙与暗物质之间的平衡，其中较亮的部分是我们能观测到的

冥想到使用复杂的实验器械等。红外设备、X 光和显微分析技术都揭示出了我们无法使用通常的感官接触到的宇宙。我们近年来才了解到的暗物质（见图 10.3）和暗能量极为神秘，但它们却是宇宙的主要组成部分。这个宇宙中始终有更多需要发现的事物，因此包容各种看似不可能的全新可能，这是一件至关重要的事。

感觉生命的网络

就成为人类的意义，在科学世界的许多领域都出现了令人兴奋的新图景：成为人类意味着接受连接。人类的身体通过人造物、房屋或景观而发展智能，这意味着我们对这个世界的理解产生于人类与万物间的伙伴关系。毫无疑问，有生命的世界构成了智能的网络。沟通、记忆和行动的网络覆盖了整个地球，各种动植物的物种分别以各自的方式相互作用。人类也是这种网络中的一部分。尽管有时我们会产生一些错觉，但事实上人类很少能掌控这些无法计数的连接，尤其它们中的绝大多数根本是我们察觉不到的。我们中有不少人因为无法掌握在这有生命的世界里识、记、学、行究竟能达到什么程度而陷入存在主义式的孤独。与我们生活的城市和乡村的景观及其中的动植物产生亲缘关系和连接的感觉，让我们在这个世界中生活得更自在，更乐于以平等互惠的方式参与到我们周围的世界中。

人类生活在有感觉能力的生态环境之中。世界上满是微生物、昆虫、植物和动物相关联的社群，它们都以各自的方式来理解这个世界，同时又为更广阔的物质和信息的流通做出了贡献。如今人们大量探索了许多生物的智能，这其中包括从植物（尤其是树木）[4]到章鱼[5]再到奶牛[6]的万事万物。尽管这类研究出自生态学的科学实践，却在全世界的神学传统和魔法信仰中找到了共因，从而让人类实践的三重螺旋发展出新的形态和联系。

如今人们对植物的智能做了大量的研究。植物没有中枢神经系统，却能感知它们周围的世界，并以微妙而多变的方式与之互动。植物能制造并交换化学物质，从而与植物及其他生物进行交流。它们虽然没有用来感觉的专属器官，却能以许多与动物相同的方式进行感知。树叶对光线敏感：在有规律性日照的地方，植物的花蕾、嫩枝和树叶都会伸长，而在阴影里，它们会脱落。植物需要二氧化碳、水和其他矿物质养分，它们通过根和叶上的化学受体来获得这些养分。它们能区分自身的根系与其他植物的根系，这也就具有了一定意义上的自我意识。植物同样能识别重力：芽向上生长，根系则向下生长。更有趣也更具争议性的是，植物能通过树叶和毛状纤维的运动感知到声音。有些物种能在感知到蜜蜂的嗡嗡声时释放花粉。一些具有挥发性的化学成分能产生强烈的气味，吸引动物和昆虫，同时也能被其他植物感知到。这其中最有名的是青草刚被割开时的气味，它能向其他植物发出警报，让它们知道附近有食草动物。尚未被吃掉的植物便能制造出化学物质，来让它们不那么美味可口。不过这一套系统在遇上割草机时就没什么效果了。

有不少植物会与其他植物结成联盟，其中就包括树木。根系会与菌

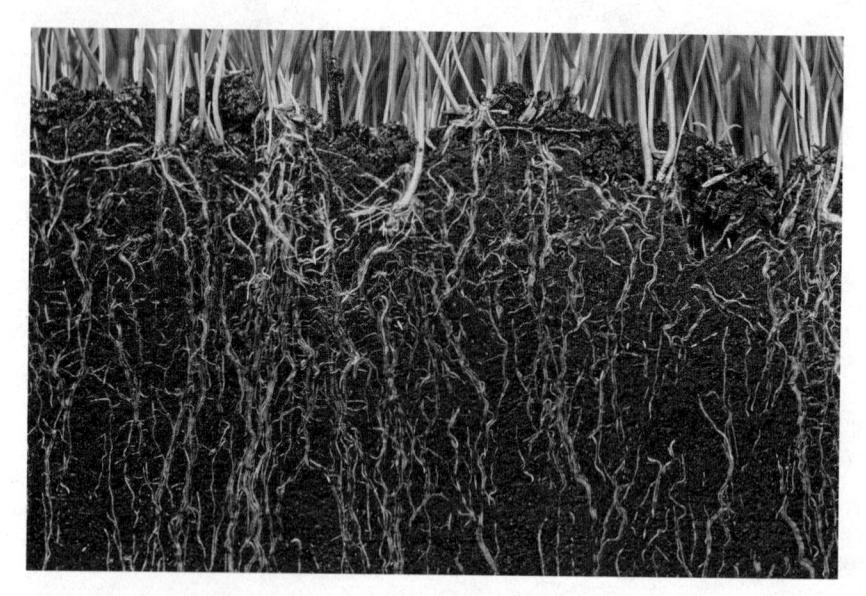

图10.4 从一片野草的根系辐射出去的网络，带有菌根真菌

根真菌（见图10.4）结成联盟，让二者都获益，同时也能让植物之间彼此沟通。多少可以说必然的是，人们将菌根的网络称为木联网。菌根真菌能帮助树木交流、运送养分，提供并输送防卫性的化学物质，让一株株植物能共享水和养分；此外，它们还能释放化学信息来让其他树木为真菌的袭击做好准备。最常出现这种信息传递的情况，是某棵树木为另一棵的后代时。近年来人们逐渐认识到这些网络及其他形式的联系的重要性，于是将关注焦点从理解单独一棵树与其他同类间的竞争关系，转向了强调整个群落的合作关系。植物与昆虫及其他动物间也形成了重要的关系——比如说，对牛的研究显示，它们知道生病时该吃什么植物。这个有生命的世界会注意到生态系统的其他部分的可能性，它们造成的威胁和具备的能力，并敏感地不断行动，做出反应。

　　关于动物的智能同样也有很多可说。我们都对身边经常接触的动物有过大量观察。比如说，近年来的研究显示，牛有着长时间的社交记忆，它们心中的怨恨或彼此结成的同盟都能持续数年之久，它们也能表现出复杂的情绪。它们能学会开门。章鱼也能记住其他同类个体或环境。它们通过观察来学习：在看到其他章鱼操纵彩色物体后，它们便能模仿这些动作。它们还能学会将椰子壳之类的物品搬运很长一段距离，给自己搭建藏身处。植物和动物都有记忆的例子，有意料之外的沟通方式，能学习新的动作，会使用工具——随着研究者们渐渐了解这些案例，这一整个有生命的世界就像通过许多网络连接在一起的巨大的智能马赛克拼图，我们对这些技能和能力的了解便迅速地增多了。无论它们的身体、能力和环境为何，每一个物种都自然地以其自有的方式拥有智能；我们也不应将其他物种独有的能力视为人类智能的缺陷。我们需要意识到，所有生命彼此间都有着联系，但也要明白，整个生物圈中的各个物种的历史、生理和目标都有着巨大差异。

如果我们将地球视作一系列的纬度带，便能看到从北极到热带雨林的一组组智能生态系统，位于中间的则是广阔的森林、草地和沙漠，它们以微生物的世界为基础，通过昆虫、动物和植物始终不断地发生着复杂的交互作用。在这样动态而全局性的背景之下，人类不过是有智能的物种之一，若要生存并兴旺发展，必须理解并尊敬其他物种的智能，尽可能地维持与其的联系，而不是切断这些联系。在此，对参与的强调是至关重要的。

魔法是一种认识到生命存在于每个角落的技术。例如，对西伯利亚的群体来说，森林里充满了生命。人类的猎手在森林里移动时，永远不是孤身一人，而是被各种其他形式的意识环绕，它们是群山，是河流，是植物和动物。人们需要供上祭品，说出话语，给予敬意。世界的一体性并不意味着它是良性的，相反，这个世界里满是熊、蛇、疾病和意外。澳大利亚的原住民理所当然地认为，他们的部落从大地所蕴藏的祖先力量或灵性力量中汲取了生命力，这些力量能以歌曲、舞蹈、绘画或手工艺品的形式被呈现；尤拉之灵身上带有一股狡猾、贪婪，同时也可能具有毁灭性的力量，人们需要学习如何与之共处。在这样的文化中，人类尝试着理解、操纵并培育这些力量的源泉，以各种方式尊崇它们，将死者送还到土地上具有强大力量的地点。驯鹿牧人或原住民在几千年间逐渐发展出了一套创造性的活动，这些活动因它们特有的物理和文化环境而具备意义。生物科学目前也只是刚开始探索被这些群体视为基本的观念，它们聚焦于万物的智能与联系，其中包括由一个个群体逐渐发展出的人类照料环境的实践，外人无法照搬，甚至都无法完全理解。但是，即使如此，关于我们周围世界的敏感性和反应能力，我们所有人都还有许多要学习。

物质有感觉吗？

当代物理学中某些最具挑战性的问题涉及物质的感觉，或者甚至可以说物质的意识。物质到底是什么，它与精神或心灵之类的事物有何区别，这些问题使不少人感到困惑，答案也在不断变化。牛顿对物质的经典定义以当时新兴的机械论宇宙观为基础。在《光学》一书中，牛顿认为，物质由"坚固、厚重、坚硬、无法穿透而可移动的微粒"组成，它们有点类似于海滩上的鹅卵石。随着20世纪科学的发展，旧的信念摇摇欲坠，这种信念即物质是由一组离散的东西组成的，例如原子，而且它们处于相互作用中。正如哲学家菲利普·克莱顿所写，"相对论的宇宙观和量子力学的并协原理说明，基本的现实类似于某种'物质-能量'混合体"，事实上，"这种现实更偏向于能量，而不是物质"。[7] 这种对能量的强调让现实更像一片大海，而不是沙滩上的鹅卵石；能量在宇宙间来回涌动，其方式正像我们从相对论、热力学和量子力学的理论中了解的那样。在最大的尺度上，亦即将整个宇宙视作单一的整体时，爱因斯坦的广义相对论提供了比牛顿的理论更为动态的图景。爱因斯坦将此前一直被人们视为不动的时间与空间合而为时空，认为时空在引力场中具有连续性，由此空间会被质量弯曲，而时间则会在引力最大的地方流逝得最慢。这样的观点让空间不再空无一物，而将之转化为一系列波动的场，物体的运动不仅发生在时间与空间中，而且通过运动改变了时间与空间本身。

大部分万物有灵论者会对此回答说："我们早就说过了。"对万物有灵论者来说，宇宙总是活跃的，充满了能量，其方式往往与人体的能量相连续，在相互影响的模式中连接人类和非人类物体。西方人区分出生命与非生命，这种区分在不少其他群体眼中并不存在。在过去的几个世纪中，机械论打破了它们之间的联系，让纯粹的客观存在与人类灵魂之间的区别变得就像物质和能量的差别一般巨大。而现在，物质能够重新变得能量化，那么一个更有连续性的宇宙便也能在西方的思想中重新出现。新的能量理论正在让西方的思想更接近于不少其他文化所采用的人性化的宇宙观。

在西方，像这样的精神重组，再加上尤其是大脑似乎通过神经元传递能量来运作，便再次提出了最重大的问题之一，即意识问题。意识到底是宇宙中的一个被我们称为地球的小角落的奇特点缀，还是整个宇宙更基本的特性？[8] 意识不太可能是一个偶发现象，此外，虽然如今的物理学无法解释意识，却无法回避它。意识的问题进入现代物理学，部分是通过量子力学的难题。当人们观察量子现象时，观察次原子粒子的行为本身，似乎也确实改变了原本有规律的结果；人们将这一点描述为宇宙的主观化。这些最为基础的物理学现象如何受到观察者的影响，又是为什么会有这种现象，对此物理学家们分歧很大，但不管怎么说，他们依然能达成一定的共识，即这种影响确实会发生，也确实能被检测到。在粒子纠缠态这种更具延续性的状态下，两个纠缠的光子具有相反的自旋特性，其中一个发生改变，会引起另一个改变，而这一过程的速度比光在这二者之间的速度更快，因此一些人将之描述为它们能意识到彼此。在此使用"意识"这个词有些狡猾，或许是因为缺少其他更合适的术语，尽管物质有意识的观点在任何万物有灵论者的世界观中都早已具备。最起码，意识与物质的基本构件之间的关系已毁灭性地破坏了直接的机械论观点，转而强调在被我们视作生命的存在与惰性的物质之间彼此的影响。

生态系统是一系列网络或关系网络，对于这一观点我们已渐渐习以为常。营养物质在生态系统中流动：植物从空气、土壤和水中吸收化学物质，而后它们被传递给食草动物，接着又传递给食肉动物，然后当食肉动物死去，化学物质便会回归土壤，再次被植物吸收。在这个过程中，即使被类似草与狮子这样截然不同的生物吸收，碳或氢的同位素依然保持不变。如果我们将物质的每一种形式都视作某一个意识网络的一部分，无论它们是不是活物，那又会如何？按照这种观点，宇宙中的每一种元素，从岩石、土壤或水，到包括人类在内的各种生物，都以其各自的方式进行感知，如此一来，或许我们现在可以将它视为一种感觉能力的循环。感觉能力是这个宇宙中广泛存在的特性，宇宙的各部分都有其感知方式。不应将其他事物的感知方式视为人类感知的劣化版。

各种感知方式不是孤立地发展和锻炼出来的，草只有在与土壤、它吸收的水或可能吃掉它的动物产生关系的情况下，才会具有感觉。小草生长的形状和大小受到它所处的关系网络的影响。这一点在人类身上表现得更为真实。人类的感知从不是孤立的现象，它通过我们与其他事物（无论是否有生命）的联系而发展起来。人类的知识从来不是直接从抽象的状态中产生的，就像我们的身体悬浮在某个被剥夺了感觉的水槽中那样，而是通过我们积极而充分地参与世界而产生的。当我们参与世界时，世界也参与我们，这种过程类似于当我们进食和排泄时，化学物质便流经我们的身体。

人类的身体能做到的所有事，我们没法悉数了解：在各种不同的文化背景下，人类能学会许多惊人的技能，它们有可能是拉小提琴，也有可能是根据猎物留在地面上的痕迹来进行追踪。当新的需求出现之时，人类的身体便会学会它们从未见过的技能。这部分是因为人类的身体会根据它们进入的物理和文化世界之不同而做出许多不同的事。我们的身体能向外延伸，抵达许多其他人类的身体，也抵达我们能接触到的所有其他实体。人类不是孤立地拥有智能，而是通过与世界相互作用来展现智能，这又反过来帮助人类发展了技能。木匠与木料打交道，他们的技能同时经受木料和他们双手的磨炼，类似的情况也出现在制陶工匠和黏土、厨师和食材之间。假如我们的所有这些伙伴本身，黏土也好，各种食材也好，都同样是有生命的，那么我们便有责任以互惠的方式，如它们帮助我们一般地帮助它们，让它们兴旺发展。这个世界的感觉能力的循环，以及人类是如何创造又是如何破坏这种循环的，还需要我们展开更进一步的研究。我们尚不清楚黏土、木料或各种植物和动物能感知或知道什么，我们只能通过对它们的理解力提出问题来学习。人类和这个宇宙的许多基本的特性仍然是我们无法完全掌握的。

在如今西方思想的猜测性的边缘，物质与能量、无感觉的物质和有感觉的生命形式之间的边界正在渐渐模糊，在这过程中，我们也发展出了一套思想、感觉和责任彼此联系的世界的模型。这种边界的模糊可能最终会动摇科学范式的核心信条，让它更向魔法靠拢。有一名美洲原住民曾经这样对我说："你们称之为能量的，我称之为灵。"这一想法虽然简单却意义重大，让两种看来似乎从根本上截然不同的世界观得以和解。假如能量和灵是类似的事物，只是以不同的名字为人所知，那么有可能这个宇宙中最大的事物，例如恒星和行星，与最小的事物，例如次原子粒子，都充满了意识和感觉这些我们归于生命的特性。此刻我们可能没法真正地理解物质有感觉意味着什么，但或许我们能学着尊重这种可能性。尊重的态度和责任是不少魔法世界观的中心，也是 21 世纪所有魔法的基础。如今我们已将魔法、宗教和科学分开来，各自作为三重螺旋的一根链条：它们彼此联系，又可以区分。但也有可能，在探索能量、感觉能力和万物有灵等当代问题时，人类对世界这三个基本方面的区别将渐渐不再重要，从而最终通向对这个世界整体的自然、灵性和道德的欣赏。

魔法的未来：参与和责任

如今全球环境危机与社会不平等问题的规模和紧急程度都要求我们尽快改变态度，采取行动。魔法包含了一系列全新的可能性，它虽然在像西方这样的文明中受到排斥，但在其他许多文明中依然活跃。如果我们采取更偏向魔法的立场，世界看起来将会是什么样？魔法又能提供怎样的保护？（见图 10.5）

问题在于，适合供应全球超 70 亿人口的大规模生产的工业经济，要如何以狩猎采集者的态度来对待这个世界？在后者这里，人类与世界之间几乎没有什么区隔。从这个角度看，我们的任务无比艰巨，我们面对的挑战也史无前例。然而，我们别无他法，只能改变自己的行为方式，

图10.5 魔法提供保护的可能性。一张公元4世纪希腊化埃及的莎草纸卷。上面绘有一个圆形的图，题字为："只要此卷埋于土下，愿某事永不发生。"

因此，将管理者的职责置于我们实践的核心便极为重要。如今有意义的是讨论符合普世的善的经济，它与从利益出发的经济恰恰相反，从大多数人的生活质量角度来考虑利益。我们要讨论的经济不仅仅包括全人类，而且包括宇宙的方方面面。帮助万物兴旺繁荣是一种全新的抱负，它不可能在细节上得到满足，这一点令人气馁，但它仍是一种很好的态度，能够纠正人类凌驾于万物之上的观点。

在几乎所有意义重大的魔法世界观的中心，我们都能看到一种关怀的伦理。守护者的职责至关重要，其核心在于希望将一个处于有益状态的世界传给后代，而不是一个被破坏的世界。像这样的伦理道德需要照顾到过去，亦即祖先及他们留在土地上的痕迹，也正是它们给当代的文化提供了基础和根源。守护者职责的原则则是关心未来。当然，所有行为都发生在现在，也正是在此时此刻，我们需要关心整个社群，在此守护的概念需要照顾到一切有感觉的存在。爱因斯坦创造了动态的宇宙，在其中时间、空间和引力紧密地相关；而在魔法的宇宙中，人类的存在和认知总是与道德伦理交织在一起。在这样的世界里，我们并不是先理解再行动，最后思考我们的行为是否有伦理与关怀的维度，伦理与关怀从一开始就已内置于我们的行为和理解之中。

在强调关怀的同时，我们需要重新平衡生者与死者之间的关系。这或许是个不同寻常的起点，但死者能让我们产生世系和个人历史的意识，它们反过来又能激励我们在将这世界传递给子孙后代时承担守护者的职责。将我们自身置于人类世代的链条之中，只要我们希望这样的链条能延续下去，就能帮助我们在关注未来的同时，也关注过去。从古罗马到现代日本，有不少文化都会在家中设置神龛，敬拜祖先和其他家神；像这样的神龛让人们能向祖先致意，同时向他们寻求帮助，从而探索眼前的重要问题和忧虑之事。

在当今的西方世界，我们为死者而哀悼，认为他们已彻底消失，而不是将他们尊为祖灵和某种存在的力量。如今人们对家族史很有兴趣，但这种兴趣没能转化为更广泛的文化意识，人们不了解我们这些活着的人其实是世界上不断更替的世代之间转瞬即逝的节点，我们对尚未出生的后代负有责任，就像在我们之前的世代对我们负有责任一样。

我们已开始在一切可能存在感觉和智能的地方进行探索。正如我们在上文中所见，目前我们对动植物的智能行为的研究已有了许多惊人的发现。更多的发现即将到来，尤其是有许多生物体的行为可能涉及人类不容易感知的世界的各个方面。感觉研究的终极前沿在于物质的感觉。在此西方人一直被生物和非生物之间的僵硬区分所阻碍着。假如意识真的可能存在于任何地方，这无疑会给我们带来意外的发现，或许甚至能改变我们对意识的定义。但是，在一个有感觉的宇宙中，人类展现出了自我意识这种奇怪的能力；有了自我，就有了关于他者的意识，这让我们有可能追问："宇宙想要的究竟是什么？"而后我们就能据此采取行动。

我们同样需要重新思考人类的情感和心理健康。这其中包含两个元素。首先，有不少人即使拥有优越的物质条件，却还是觉得孤独寂寞，与世界格格不入。在西方世界，培养实用的生活技能的人越来越少。我们中的大多数人在生活中都期待着他人制造食物和其他物质产品，甚至到了期待食物在其他地方煮好后送到我们面前的程度。人们越来越缺乏直接的物质参与，与此同时疏离感和焦虑也与日俱增。这些可能是有联系的。其次，如今对人类的情感和精神状态的定义相当狭隘。有不少社会重视有各种各样精神倾向的人，其中也包括被我们视为有精神疾病的人。至少按照西方标准来看，不少萨满都是怪人，他们的积极作用也会被忽略和无视。那些与灵对话的人游离在我们如今视为正常的范围之外，但像这样的人可能会说出我们许多人不知道的重要真相。现在，就算他们真的说出了真相，也无人倾听。

未来是所有文化都非常关注的问题，我们也已在上文中见到不少形式复杂精致的占卜和预言方式。先不管这些预言和占卜有多少能被科学证实，假如人们能接受以文化的手段来表现对未来的担忧，那么询问和讨论的行为本身或许确实能够确定未来，帮助人们决定该做什么和怎么做。在西方世界，预测常常是个统计学或事实问题，涉及的是未来看起来会怎么样，而忽略了更多的存在性问题，即未来什么样的谋生方式是可取的。

所有的人类文化都依靠改造世界来谋生。烧制黏土以制作陶器，冶炼金属成合金，蓄养动植物来获取食物，以及烹饪其中的一部分，这些都涉及判断的技巧，需要明确哪些是可能的、值得的以及必需的。在西方，人们似乎主要或纯粹将转变视作技术问题——获取正确的原料，使用正确的加热温度，等等。这些元素当然重要，但也有不少群体会关心其他同样重要的问题，例如参与这些行为的人的道德或身体状态。无论是现代的非洲铁匠，还是中世纪的炼金术师，都会花费大量精力来净化工匠本身及其设备和原料。熟练的生产过程不仅涉及流程是否有可能做到的问题，也会涉及流程是否可取合理的问题。净化带来的重要副产品便是让人集中精神去思考某些行动是否有其必要：它们是否应该现在就开始进行，制造金属、陶器或食物的更宏观、更灵性的意义又在何处？放慢生产速度与我们对发展的追求截然相反，它源于完全不同的思维模式。在我们思考守护者的职责及替后代节约原材料时，偶尔思考一下是否有必要生产，以及谁应该进行生产、什么时候进行等问题是相当重要的。选择新的材料并转变它们，这是经济的问题，也是事关生存的问题。长远的思考方式以及自己动手制造日用品的做法，对许多人来说已经变得十分陌生。在西方世界，现在种下一棵树，只为30年后将它造成房屋或家具，这种情况有多么不常见？（见图10.6）但我们对这些问题的思考如今也在迅速地改变。对未来的关怀涉及当下的行为。我们今日的行为投下的阴影，将会笼罩未来的一个世纪乃至更远。

我们将继续使用科学来理解和改变世界。但魔法能够扮演兄长的角色，让科学技术的能量平静下来，让我们思考科学发现的终点在何处。宗教鼓励我们对超越人类的力量感到惊奇；魔法帮助我们探索我们与世界的其余部分共享的物质和责任；科学提供的则是操纵这个宇宙物质层面的距离和技术。魔法、宗教和科学都能进入我们心灵的最深处，它们对应了人类的各种才能：我们通过魔法来共情；通

图 10.6 阿赞德人所种植的穆属植物，用以施行防止巫术的阿玛坦吉（Amatong）魔法

过宗教来表现对宇宙的宏大和美丽的惊奇；通过科学来展现我们的技术技巧和能力。魔法、宗教和科学这三重螺旋都是必需的，它们帮助我们接触宇宙，以各种方式探索并与之产生联系。在三重螺旋之中，没有哪根链条在本质上更重要，而魔法之链也肯定不比其他两根更次要。

魔法提供了一种共同生活的可能性，这是一种与宇宙万物共处的生活。尽管要改变我们与事物的关系会很困难，我们因此而获得的利益却会十分丰厚；真正开放的共同体很难实现，也很难维持；但我们面对着迫在眉睫的需求，让全球不再变暖，让人们的生活变得更平等。我们的失败会给地球上脆弱的生命网络带来灾难，威胁到众多有感觉的存在。魔法让我们与万物产生亲缘关系，无论它们是否有生命。亲缘关系带来了责任，这种责任类似于我们对家人和朋友的责任。当科学问"我们是否有能力这么做？"的时候，魔法问的是："我们应当这么做吗？"

附 录

全球魔法史大事年表

时间	全球事件与进程
公元前5万—前1万年 冰河时代	中国的祖先崇拜仪式起源
	非洲和澳大利亚的岩画艺术——澳大利亚的梦幻时代可能起源
	岩画艺术、复杂的墓葬、雕塑——欧洲的一系列魔法实践
	最早移居美洲的人可能从西伯利亚带来了魔法系统
公元前1万—前6000年 气候变暖	中东出现大型的仪式性建筑——哥贝克力石阵等
	加泰土丘仪式和历史之屋
	万物有灵论在美洲、非洲和澳大利亚都得到了发展——岩画艺术延续下来
	中石器时代的魔法实践——斯塔卡和莱彭斯基·维尔
	在欧洲,人们开始有意识地埋藏物品
公元前6000—前1000年	尼罗河河谷统一,最早的魔法权杖,埃及的复合动物,荷鲁斯的故事
	在撒哈拉以南的非洲,与金属工艺相联系的魔法及最早的祭祀祖先可能起源
	占卜的各类形式可能得到了发展
	在北美,出现了像波弗蒂角这样的大型中心和密集的仪式生活
	在南美出现了纪念建筑和大型的定居点
	围绕着金字塔和球场出现了密集的仪式和魔法
	在澳大利亚,出现了证明存在仪式、魔法和历史实践的土丘
	岩画艺术展示出人类、动物和植物之间的关系
	口述史表明,梦幻时代信仰的一些元素可以回溯到这个时期,梦之径也是如此
	欧贝德时期最早的神庙出现
	最早的楔形文字泥版——炼金术和占星学
	中东的占卜师世家
	中国占卜可能起源于此时
	中国青铜时代的祖先崇拜和龟甲占卜
	蒙古高原和欧亚大草原的奥库涅夫艺术,赫列克苏尔起源
	在欧亚大草原上出现了万物有灵论的联系
	在以色列,摩西和其他拥有神赐能力的人物行使神迹,对魔鬼和天使的信仰、占星学和保护性魔法可能已经出现
	在欧洲,魔法实践与房屋、人体和植物相关
	建造大型墓葬建筑和巨石阵类纪念建筑
	将大量青铜和人类尸体埋藏在土地和水中

（续表）

时间	全球事件与进程
公元前1千纪	《埃努玛·安努·恩利尔》写成，体现了巴比伦的占星学
	巴比伦的思想和魔法输入希腊世界，尤其是占星学
	许多中国经典著作在此时写成，儒家和道家等思想起源于此时
	五行理论和《易经》出现
	秦始皇统一中国——建造兵马俑
	西伯利亚最早的坟冢，映现出了土地景观的基本属性和丰富的墓葬
	斯基泰艺术将人类与各种动植物融合在一起，这是一种带有模糊性和魔法的艺术
	在以色列，第一圣殿时期
	多神教信仰
	可能已使用护身符和四字神名
	第二圣殿时期
	在欧洲，凯尔特艺术处理的是人类、动物和灵之间的关系
	希腊的诅咒和占卜
	美洲的大型国家和定居点延续，伴随着各种万物有灵论和魔法的仪式
	澳大利亚的岩画艺术和仪式延续，梦幻时代信仰进一步发展
公元1千纪	在非洲，祭祀祖先和相关的习俗得到发展，伊斯兰教的影响，与制造工艺有关的占卜和魔法得到发展
	在澳大利亚，某些地区的食物生产出现集约化，人口大量增长
	岩画艺术和土丘延续，梦之径同样如此
	在北美，大型的仪式中心和定居点——卡霍基亚
	民族学上已知的艺术风格得到发展
	对占星学和天文学的兴趣
	在南美，国家更替，不少地区都出现了复杂的定居点、纪念建筑和物质文化
	可能重视万物有灵论，但同样重视人祭和痛苦
	预兆和占卜受到重视
	在美索不达米亚，阿施普传统可能消亡于公元1世纪
	回鹘雕像和祭祀遗址出现在蒙古高原和欧亚大草原上
	犹太人的魔法逐渐登上舞台，出现了一些超凡的人物，包括耶稣
	巴比伦的咒碗和护身符变得常见
	保护性魔法
	魔法与医学的联系
	流散者将魔法实践带到了整个犹太世界
	基督教重新被引入欧洲北部
	与教会有关的魔法进一步发展
公元2千纪	在非洲，欧洲人入侵，用于反抗的魔法得以发展
	在美洲，原住民大规模流离失所或死亡
	出现了各种魔法实践，常常融合了本土与非洲的魔法
	万物有灵论广泛传播
	在澳大利亚——欧洲人入侵导致原住民大规模死亡，仪式生活及其与土地的联系都得到了进一步发展
	在欧亚大草原上的现代萨满可能于此时起源，它有更古老的根源
	中世纪和现代犹太魔法——《天使拉结尔之书》《秘密之书》

(续表)

时间	全球事件与进程
	实践性和神秘主义的卡巴拉得以发展——尤其是在塞法迪犹太人中
	占星学的一些发展
	上帝的诸多名字和其他的文本指明了许多重要的操纵手段和方法
	《诗篇》的魔法之用
	护身符的重要性
	阿什肯纳兹犹太人的魔像
	在欧洲，中世纪盛期——借鉴了古代传统的占星学和炼金术进一步发展
	诅咒和护身用具都有发现
	体液理论
	文艺复兴时期——魔法、宗教和信仰的混合
	在新翻译的希腊文本影响下，占星学和炼金术得以发展
	教堂中的护身器具
	女巫迫害广泛传播
	现代科学的发展——牛顿将科学和魔法的观点结合在一起
	更强调对家庭的保护
	机械论宇宙观占统治地位，但各种形式的魔法继续存在——炼金术、占星学、巫术和地方性魔法，包括烟囱里的洋葱在内
当今	殖民时代和后殖民时代的反抗魔法在世界的不少地区进一步发展，包括美洲、非洲、东南亚和澳大利亚
	在这些地方，万物有灵论广泛传播，与土地的灵性联系同样如此
	在欧洲和北美，魔法社群在近年来得以发展，在过去的50年间，异教主义信仰和威卡教信仰也有发展
	西方社会中的大部分人都有某种形式的魔法信仰
	对占星学的信仰明显复苏
	在东亚和南亚，利用了手机软件等技术的占星学得到发展，风水、《易经》和五行理论及与人体相关的炼金术理论也有发展
	魔法的某些元素和科学的某些元素可能会有聚合

注 释

第一章

1. 我对魔法的探讨将不会包括魔术，后者有趣又令人迷惑，但涉及的是技巧性的误导和欺骗，不属于本书探讨的范畴。若要探索这类魔法，可见 G. Kuhn (2019), *Experiencing the Impossible: The Science of Magic*. Boston, Mass.: MIT Press，作者本身是位心理学家和熟练的魔法师。若要探索人类学与娱乐性魔法之间的联系，可见 G. M. Jones (2017), *Magic's Reason: An Anthropology of Analogy*. Chicago: University of Chicago Press。

2. K. Thomas (1971), *Religion and the Decline of Magic*. Harmondsworth: Peregrine, 800.

3. 见 O. Davies (ed.) (2017), *The Oxford Illustrated History of Witchcraft and Magic*. Oxford: Oxford University Press。

4. J. Josephson-Storm (2017), *The Myth of Disenchantment: Magic, Modernity, and the Birth of the Human Sciences*. Chicago: Chicago University Press, 24–5.

5. 同上，30–33。

6. G. Harvey (ed.) (2014), *The Handbook of Contemporary Animism*. London: Routledge, 5.

第二章

1. 这些早期时代的权威记录可见 C. Stringer (2011), *The Origin of Our Species*. London: Allen Lane。

2. J. Jaubert, et al. (2016), 'Early Neanderthal Constructions Deep in Bruniquel Cave in Southwestern France', *Nature*, v. 534, no. 7605, 111–14.

3. D. Lewis-Williams (2004), *The Mind in the Cave: Consciousness and the Origins of Art*. London: Thames and Hudson.

4. P. G. Bahn (2010), *Prehistoric Rock: Polemics and Progress*. Cambridge: Cambridge University Press.

5. J. Clottes (2016), *What is Palaeolithic Art? Cave Paintings and the Dawn of Human Creativity*. Chicago: Chicago University Press.

6. 奥哈罗遗址的更多细节，见 G. Barker (2006), *The Agricultural Revolution in Prehistory*. Oxford: Oxford University Press, 111–14。

7. O. Dietrich, M. Heun, J. Notroff and K. Schmidt (2011), 'The Role of Cult and Feasting in

the Emergence of Neolithic Communities: New Evidence from Göbekli Tepe, South-eastern Turkey', *Antiquity*, v. 86, no. 333, 674–95; K. Schmidt (2010), 'Göbekli Tepe: The Stone Age Sanctuaries. New Results of Ongoing Excavations with a Special Focus on Sculptures and High Reliefs', *Documenta Praehistorica*, v. 37, 239–56.

8. S. Mithen (2003), *After the Ice: A Global Human History 20000–5000 BC*. London: Weidenfeld and Nicolson.
9. 若要更广泛地了解黎凡特和安纳托利亚土地上的仪式相关的信息，可见 M. Verhoeven (2002), 'Ritual and Ideology in the Pre-Pottery Neolithic B of the Levant and South-east Anatolia', *Cambridge Archaeological Journal*, v. 12, no. 2, 233–58。
10. 见 I. Hodder (2011), *Çatalhöyük: The Leopard's Tale*. London: Thames and Hudson，在此书中讨论了这个遗址的宗教性质，但也提到了这个迷人的定居点的不少其他细节。
11. 欧贝德时期的完整记录及与之相关的文学作品的指南，可见 D. Wengrow (2010), *What Makes Civilization?* Oxford: Oxford University Press。

第三章

1. J. Scurlock (2005), 'Ancient Mesopotamian Medicine', in D. C. Snell (ed.), *A Companion to the Ancient Near East*. Oxford: Blackwell, 302–15.
2. N. Campion (2009), *A History of Western Astrology. Vol. I: The Ancient World*. London: Continuum, 88.
3. 对楔形文字文化重要而学术性的讨论，见 K. Radner and E. Robson (eds.) (2011), *The Oxford Handbook of Cuneiform Culture*. Oxford: Oxford University Press。
4. 相关信息引自 D. Schwemer (2011), 'Magic Rituals: Conceptualizations and Performance', in Radner and Robson (eds.), *The Oxford Handbook of Cuneiform Culture*, 418–42。
5. Campion, *A History of Western Astrology*, v. 1, 42–3, 88.
6. F. Rochberg (2016), *Before Nature: Cuneiform Knowledge and the History of Science*. Chicago: Chicago University Press, 69–76.
7. U. S. Koch (2011), 'Sheep and Sky: Systems of Divinatory Interpretation', in Radner and Robson (eds.), *The Oxford Handbook of Cuneiform Culture*, 447–69.
8. J. Baines (2006), 'Display of Magic in Old Kingdom Egypt', in K. Szpakowska (ed.), *Through a Glass Darkly: Magic, Dreams and Prophecy in Ancient Egypt*. Swansea: The Classic Press of Wales, 1–32.
9. G. Pinch (1994), *Magic in Ancient Egypt*. London: British Museum Press, 36.
10. 同上，109。
11. 同上，134。

第四章

1. D. Q. Fuller and M. Rowlands (2011), 'Ingestion and Food Technologies: Maintaining

Differences over the Long-term in West, South and East Asia', in T. C. Wilkinson, S. Sherratt and J. Bennet (eds.) *Interweaving Worlds: Systematic Interactions in Eurasia Seventh to First Millennia BC*. Oxford: Oxbow Books.

2. 良渚复合遗址群的细节摘自 Bin Liu, et al. (2018), 'Earliest Hydraulic Enterprise in China 5100 years ago', *Proceedings of the National Academy of Sciences of the United States of America*, v. 114, no. 52, 13, 637–42。

3. 更多有用的细节见 R. Flad (2008), 'Divination and Power: A Multi-regional View of the Development of Oracle Bone Divination in Early China', *Current Anthropology*, v. 49, no. 3, 403–37。此外也可见 R. Campbell (2018), *Violence, Kinship and the Early Chinese State*. Cambridge: Cambridge University Press。

4. 《甲骨文合集》, 00902。

5. 《甲骨文合集》, 06834。

6. 《甲骨文合集》, 22779。

7. 对中国青铜器的总体介绍可见上海博物馆等网站, 更学术的参考则可见 Jessica Rawson (1999), 'Western Zhou Archaeology', in M. Loewe and E. Shaughnessy (eds.), *The Cambridge Ancient History of China*. Cambridge: Cambridge University Press, 352–449; 以及 Jessica Rawson (2018), 'Ordering the Material World of the Western Zhou', *Archaeological Research in Asia*, 该书有网络版。

8. M. E. Lewis (2007), *The Early Chinese Empires: Qin and Han*. Cambridge: Belknap Press/ Harvard University Press, 181.

第五章

1. 对萨满教极为详尽的描述记录可见 A. Reid (2002), *The Shaman's Coat: A Native History of Siberia*. London: Weidenfeld and Nicolson。特定群体的详细图像可见 P. Vitebsky (2005), *Reindeer People: Living with Animals and Spirits in Siberia*. London: HarperCollins Publishers。

2. 要了解乌特·布拉根遗址的详细细节和相关考古学工作, 可见 F. Allard and D. Erdenebaatar (2005), 'Khirigsuurs, Ritual and Mobility in the Bronze Age of Mongolia', *Antiquity*, v. 79, no. 305, 547–63。

3. 我曾有幸在杰西卡·罗森的组织下加入一支小组, 由康斯坦丁·楚古诺夫领着参观了这些纪念建筑物, 又在另一次活动中, 看到了艾尔米塔什博物馆收藏的该地区出土文物。

4. 更多细节见 S. Rudenko (1970), *Frozen Tombs of Siberia: The Pazyryk Burials of Iron Age Horsemen*. London: Dent。

5. E. Jacobsen-Telfer (2015), *The Hunter, the Stag and the Mother of Animals: Image, Monument and Landscape in Ancient North Asia*. Oxford: Oxford University Press.

6. D. Anderson (2010), 'Shamanistic Revival in a Post-Socialist Landscape: Luck and Ritual

among Zabaikal'e Orochen-Evenkis', in P. Jordan (ed.), *Landscape and Culture in Northern Eurasia*. London: Taylor and Francis, 71–96.

第六章

1. 欧洲旧石器时代的记录，可见 C. Gamble (1999), *The Palaeolithic Societies of Europe*. Cambridge: Cambridge University Press。
2. 更多细节和相关出版物可见该项目的网站：http://www.starcarr.com。
3. 出版为 J. G. Clark (1954), *Excavations at Star Carr: An Early Mesolithic Site at Seamer near Scarborough, Yorkshire*. Cambridge: Cambridge University Press。
4. M. Wheeler (1954), *Archaeology from the Earth*. Oxford: Clarendon Press。
5. 这个项目近年来的发掘报告以两卷本的形式完整地公布，可见 N. Milner, C. Conneller and B. Taylor (2018), *Star Carr. Vol. I: A Persistent Place in a Changing World and Vol. II: Studies in Technology, Subsistence and Environment*. York: White Rose University Press。两卷均有电子版可供下载阅读。
6. 出现在建筑、手工造物和绘画中的黄金分割比例被认为是最能引起美感的比例。整体中较大部分与整体的比例等于较大部分与较小部分之间的比例，即为黄金分割比例。
7. 在莱彭斯基·维尔及巴尔干半岛其他地方应用几何学结构的进一步讨论，可见 J. Chapman (2011), 'Enchantment and Enchainment in Later Balkan Prehistory: An Aesthetic of Precision and Geometric Order', in A. Hadjikoumis, E. Robinson and S. Viner (eds.), *The Dynamics of Neolithisation in Europe*. Oxford: Oxbow Books, 153–76。
8. 更多细节见 G. Naumov (2013), 'Embodied Houses: The Social and Symbolic Agency of Neolithic Architecture in the Republic of Macedonia', in D. Hofman and J. Smyth (eds.), *Tracking the House in Neolithic Europe*. New York: Springer, 65–94。
9. D. Hofman (2013), 'Living by the Lake: Domestic Architecture in the Alpine Foreland', in D. Hofman and J. Smyth (eds.), *Tracking the Neolithic House in Europe*, 197–227。
10. 对这的所有阐释，包括灵脉和考古天文学等，可参看 R. Hutton (2013), *Pagan Britain*. New Haven and London: Yale University Press, 134–53。
11. 近年来研究团队的领军人物所做的权威报告见 M. Parker Pearson (2012), *Stonehenge*. London: Simon and Schuster。
12. http://www.stonehengeskyscape.co.uk.
13. R. Bradley (1998), *The Passage of Arms: Archaeological Analysis of Prehistoric Hoards and Votive Deposits*. Oxford: Oxbow Books。
14. D. R. Fontijn (2002), *Sacrificial Landscapes: Cultural Biographies of Persons, Objects and 'Natural' Places in the Bronze Age of the Southern Netherlands, c. 2300–600 BC*. Leiden: University of Leiden (Analecta praehistorica Leidensia series, 33/34)。
15. 对这个胸针的描述见 J. Farley and F. Hunter (2015), *Celts: Art and Identity*. London: British Museum, 63–4。该书是为在大英博物馆和苏格兰国立博物馆举办的凯尔特艺术展而

16. Z. Kamash, C. Gosden and G. Lock (2010), 'Continuity and Religious Practices in Roman Britain: The Case of the Rural Religious Complex at Marcham/Frilford, Oxfordshire', *Britannia*, v. 41, 95–125.

第七章

1. 这些文明之所以瓦解，可能是遭到了被称为"海上民族"的群体入侵，可能是由于气候突变，也可能是多重因素共同影响造成的。
2. G. Bohak (2008), *Ancient Jewish Magic*. Cambridge: Cambridge University Press, 89.
3. 同上，90–91。
4. 同上。
5. 同上，156。
6. 同上，268–9。
7. N. Campion (2009), *A History of Western Astrology. Vol. II: The Medieval and Modern Worlds*. London: Bloomsbury, Chapter 8.
8. E. Eidinow (2007), *Oracles, Curses, and Risk among the Ancient Greeks*. Oxford: Oxford University Press, Chapter 2.
9. 同上。
10. 德尔斐及其他遗址的历史，见 C. Morgan (1989), 'Divination and Society at Delphi and Didyma', *Hermathena*, no. 147, 17–42。
11. D. Collins (2008), *Magic in the Ancient Greek World*. Oxford: Blackwell Publishing, 77.
12. Eidinow, *Oracles, Curses, and Risk among the Ancient Greeks*, 2.
13. 同上，3。
14. Collins, *Magic in the Ancient Greek World*, 98.
15. Unknown Egyptian author, *Corpus Hermeticum*, XVI.

第八章

1. 更多细节见 D. S. Farrer (ed.) (2016), *War Magic: Religion, Sorcery, and Performance*. Oxford: Berghahn。
2. N. Saunders (2011), *Trench Art*. Barnsley: Leo Cooper.
3. 更多马文古的细节，可见皮特·里弗斯博物馆的网站：https:// www. prm. ox. ac. uk/ mavungu.htm。要了解更多刚果人的信息，包括他们总体上的信仰及他们与雕像之间的关系，可见 W. MacGaffey, 'Magic, or as We Usually Say, Art: A Framework for Comparing European and African Art', in E. Schildkrout and C. A. Keim (eds.)(1998), *The Scramble for Art in Central Africa*. Cambridge University Press, 217–35。这篇文章还提供了一份参考书目，可以查阅马卡费就刚果人的历史和信仰写过的更多书籍。
4. J. D. Lewis-Williams (1987), 'A Dream of Eland: An Unexplored Component of San Sha-

manism and Rock Art', *World Archaeology*, v. 19, no. 2, 165–77; J. D. Lewis-Williams and S. Challis (2011), *Deciphering Ancient Minds: The Mystery of San Bushman Rock Art*. London: Thames and Hudson.

5. 关于塔伦西人的神祠，更多细节见 https://www.world-archaeology.com/features/culture-of-the-tallensi-people-of-northern-ghana/。

6. M. Jackson (1989), *Paths towards a Clearing*. Bloomington: Indiana University Press, Chapter 4.

7. 卡霍基亚及本节中提到的其他遗址的细节，可见 T. Pauketat (2013), *An Archaeology of the Cosmos: Rethinking Agency and Religion in Ancient America*. London: Routledge。

8. C. Lévi-Strauss (1973), *Anthropologie structurale deux*. Paris: Plon, 384.

9. 引自 T. Ingold (2000), *The Perception of the Environment*. London: Routledge, 91。

10. A. I. Hallowell. (1960), 'Ojibwa Ontology, Behavior and World View', in *Culture in History: Essays in Honor of Paul Radin*, S. Diamond (ed.). New York: Columbia University Press, 24.

11. 对北美的艺术有更进一步兴趣的读者，可以参看 J. C. Berlo and R. B. Phillips (1998), *Native North American Art*. Oxford: Oxford University Press。

12. H. Morphy (1991), *Ancestral Connections*. Chicago: Chicago University Press, 10–12.

13. M. Kneale (ed.) (2017), *Songlines: Tracking the Seven Sisters*. Canberra: National Museum of Australia.

第九章

1. E. B. Tylor to Samuel Fox, 23 April 1872; 泰勒家族的信件，Sarah Smith (neİe Fox) 所有，如今在皮特·里弗斯博物馆中藏有一份副本。

2. 同上。

3. 同上。

4. K. Thomas (1971), *Religion and the Decline of Magic*. Harmondsworth: Penguin, 51.

5. H. Hamerow (2006), ' "Special Deposits" in Anglo-Saxon Settlements', *Medieval Archaeology*, v. 50, no. 1, 1–30.

6. 有关于中世纪生活轨迹的引人入胜的记录，连同更广泛的宇宙论思想，可见 R. Gilchrist (2012), *Medieval Life: Archaeology and the Life Course*. Woodbridge: The Boydell Press。

7. S. Page (2017), 'Medieval Magic', in O. Davis (ed.), *The Oxford Illustrated History of Witchcraft and Magic*, Oxford: Oxford University Press, 58.

8. Gilchrist, *Medieval Life: Archaeology and the Life Course*, 185–7.

9. Thomas, *Religion and the Decline of Magic*, 38.

10. Gilchrist, *Medieval Life: Archaeology and the Life Course*, 195.

11. S. Page, M. Wallace, O. Davies, M. Gaskill and C. Houlbrook, (2018), *Spellbound: Magic, Ritual and Witchcraft*. Oxford: Ashmolean, 46–9.

12. B. Copenhaver (2018), *Magic in Western Culture: From Antiquity to the Enlightenment*, 24.
13. Pico della Mirandola (1965), *Heptaplus*, in *On the Dignity of Man*, Douglas Carmichael (trs.). Indianapolis: The Bobbs-Merrill Company, 77.
14. L. Kassell, M. Hawkins, R. Ralley, J. Young, J. Edge, J. Y. Martin-Portugues, B. Brogan and N. Kaoukji (eds.) (2008–19), *The Casebooks of Simon Forman and Richard Napier 1596–1634: A Digital Edition*, accessed 21 October 2018.
15. N. Campion (2009), *A History of Western Astrology. Vol. II: The Medieval and Modern Worlds*. London: Bloomsbury, 131. 此书是占星学相关的历史书中最详尽的一本。
16. Thomas (1971), *Religion and the Decline of Magic*, 450.
17. N. Campion (2009), *A History of Western Astrology. Vol. I: The Ancient World. Vol. II: The Medieval and Modern Worlds*. London: Continuum (Vol. I)/Bloomsbury (Vol. II).
18. G. Parry (2011), *The Arch-Conjurer of England: John Dee*. New Haven: Yale University Press, 17.
19. W. R. Newman (2016), 'A Preliminary Reassessment of Newton's Alchemy', in R. Iliffe and G. E. Smith (eds.), *The Cambridge Companion to Newton*. Cambridge: Cambridge University Press, 454–84 (468–9).
20. 同上，477。
21. R. Voltmer (2017), 'The Witch Trials', in O. Davies (ed.), *The Oxford Illustrated History of Witchcraft and Magic*. 97–133 (121).
22. 同上，127–8。
23. M. Champion (2015), 'Magic on the Walls: Ritual Protection Marks on the Medieval Church', in R. Hutton (ed.), *Physical Evidence for Ritual Acts, Sorcery and Witchcraft in Christian Britain: A Feeling for Magic*. Basingstoke: Palgrave Macmillan, 15–38.
24. 同上。
25. T. Easton (2015), 'Apotropaic Symbols and Other Measures for Protecting Buildings against Misfortune', in Hutton (ed.), *Physical Evidence for Ritual Acts, Sorcery and Witchcraft in Christian Britain*, 39–67.
26. O. Davies and C. Houlbrook (2018), 'Concealed and Revealed: Magic and Mystery in the H'ome', in Page, Wallace, Davies, Gaskill and Houlbrook, *Spellbound: Magic, Ritual and Witchcraft*, 67–95 (70).
27. J. Favret-Saada(1980), *Deadly Words: Witchcraft in the Bocage*. Cambridge: Cambridge University Press.

第十章

1. J. Josephson-Storm (2017), *The Myth of Disenchantment: Magic, Modernity, and the Birth of the Human Sciences*. Chicago: Chicago University Press, 29.
2. 在中国的思想中，炁指一种在作为整体的宇宙间循环的能量，这其中也包括在人体内循环，需要在阴阳之间维持平衡。普拉那生命能量的概念则源于印度思想，指一种存在于呼吸间的生命力，它将有生命的身体与整个宇宙相连。

3. L. Malafouris (2013), *How Things Shape the Mind*. Boston: MIT Press.
4. M. Gagliano, J. Ryan, and P. Vieira (eds.)(2017), *The Language of Plants*. Minneapolis: University of Minnesota Press; P. Wohlleben (2015), *The Hidden Life of Trees*. Vancouver: Greystone Books.
5. P. Godfrey-Smith (2018), *Other Minds: The Octopus and the Evolution of Intelligent Life*. London: William Collins.
6. R. Young (2018), *The Secret Life of Cows*. London: Faber and Faber.
7. P. Clayton (2014), 'Unsolved Dilemmas: The Concept of Matter in the History of Philosophy and in Contemporary Physics', in P. Davies and N. H. Gregersen (eds.), *Information and the Nature of Reality*. Cambridge: Cambridge University Press, 72.
8. P. Davies (1992), *The Mind of God*. London: Simon and Schuster.

参考文献

Bohak, G. (2008) *Ancient Jewish Magic: A History*. Cambridge: Cambridge University Press.

Bradley, R. (1998) *The Passage of Arms: An Archaeological Analysis of Prehistoric Hoards and Votive Deposits*. Oxford: Oxbow Books.

Campbell, R. (2018) *Violence, Kinship and the Early Chinese State: The Shang and Their World*. Cambridge: Cambridge University Press.

Campion, N. (2009) *A History of Western Astrology. Vol. I: The Ancient World. Vol. II: The Medieval and Modern Worlds*. London: Continuum (Vol. I)/ Bloomsbury (Vol. II).

Castaneda, C. (1968) *The Teachings of Don Juan*. Harmondsworth: Penguin.

Champion, M. (2015)'Magic on the Walls: Ritual Protection Marks in the Medieval Church', in R. Hutton (2016) (ed.), *Physical Evidence for Ritual Acts, Sorcery and Witchcraft in Christian Britain: A Feeling for Magic*. Basingstoke: Palgrave Macmillan, 15–38.

Chapman, J. (2011)'Enchantment and Enchainment in Later Balkan Prehistory: Towards an Aesthetic of Precision and Geometric Order', in A. Hadjikoumis, E. Robinson and S. Viner (eds.), *The Dynamics of Neolithisation in Europe*. Oxford: Oxbow Books, 153–76.

Collins, D. (2008) *Magic in the Ancient Greek World*. Oxford: Blackwell Publishing.

Copenhaver, B. (2018) *Magic in Western Culture: From Antiquity to the Enlightenment*. Cambridge: Cambridge University Press.

Davies, O. (ed.) (2017) *The Oxford Illustrated History of Witchcraft and Magic*. Oxford: Oxford University Press.

Dietrich, O., M. Heun, J. Notroff and K. Schmidt (2011)'The Role of Cult and Feasting in the Emergence of Neolithic Communities. New Evidence from Göbekli Tepe, Southeastern Turkey', *Antiquity*, v. 86, no. 333, 674–95.

Eidinow, E. (2007) *Oracles, Curses, and Risk among the Ancient Greeks*. Oxford: Oxford University Press.

Farrer, D. S. (ed.) (2016) *War Magic: Religion, Sorcery, and Performance*. Oxford: Berghahn.

Favret-Saada, J. (1980) *Deadly Words: Witchcraft in the Bocage*. Cambridge: Cambridge University Press.

Flad, R. (2008)'Divination and Power: A Multi-regional View of the Development of Oracle Bone

Divination in Early China', *Current Anthropology*, v. 49, no. 3, 403–37.

Fontijn. D. R. (2002) *Sacrificial Landscapes: Cultural Biographies of Persons, Objects and 'Natural' Places in the Bronze Age of the Southern Netherlands, c. 2300–600 bc*. Leiden: University of Leiden (Analecta praehistorica Leidensia series, 33/34).

Frazer, J. (2012) *The Golden Bough*. Cambridge: Cambridge University Press (third edn; first pub. in 12 vols. 1906–15).

Gilchrist, R. (2012) *Medieval Life: Archaeology and the Life Course*. Woodbridge: The Boydell Press.

Gosden, C. (2018) *Prehistory: A Very Short Introduction*. Oxford: Oxford University Press (second edn).

Hanegraaff, W. (2003)'How Magic Survived the Disenchantment of the World', *Religion*, v. 33, no. 4, 357–80.

Harvey, G. (ed.) (2014) *The Handbook of Contemporary Animism*. London: Routledge.

Hutton, R. (2013) *Pagan Britain*. New Haven and London: Yale University Press.

Jacobson-Tepfer, E. (2015) *The Hunter, the Stag, and the Mother of Animals: Image, Monument, and Landscape in Ancient North Asia*. Oxford: Oxford University Press.

Jones, G. M. (2017) *Magic's Reason: An Anthropology of Analogy*. Chicago: University of Chicago Press.

Josephson-Storm, J. Ā. (2017) *The Myth of Disenchantment: Magic, Modernity, and the Birth of the Human Sciences*. Chicago: Chicago University Press, 24–5.

Kassell, L., M. Hawkins, R. Ralley, J. Young, J. Edge, J. Y. Martin-Portugues, B. Brogan and N. Kaoukji (eds.) (2008–19) *The Casebooks of Simon Forman and Richard Napier 1596–1634: A Digital Edition*, https://case-books.lib.cam.ac.uk.

Kneale, M. (ed.) (2017) *Songlines: Tracking the Seven Sisters*. Canberra: National Museum of Australia.

Kuhn, G. (2019) *Experiencing the Impossible: The Science of Magic*. Boston: MIT Press.

Lewis-Williams, D. (2004) *The Mind in the Cave: Consciousness and the Origins of Art*. London: Thames and Hudson.

Milner, N., C. Conneller and B. Taylor (2018) *Star Carr. Vol. I: A Persistent Place in a Changing World* and *Vol. II: Studies in Technology, Subsistence and Environment*. York: White Rose University Press.

Newman, W. R. (2016)'A Preliminary Reassessment of Newton's Alchemy', in R. Iliffe and G. E. Smith (eds.), *The Cambridge Companion to Newton*. Cambridge: Cambridge University Press, 454–84 (477).

Page, S., M. Wallace, O. Davies, M. Gaskill and C. Houlbrook (2018) *Spellbound: Magic, Ritual and Witchcraft*. Oxford: Ashmolean.

Parry, G. (2011) *The Arch-Conjurer of England: John Dee*. New Haven: Yale University Press.

Pauketat, T. (2013) *An Archaeology of the Cosmos: Rethinking Agency and Religion in Ancient*

America. London: Routledge.

Pinch, G. (1994) *Magic in Ancient Egypt*. London: British Museum Press.

Principe, L. M. (2013) *The Secrets of Alchemy*. Chicago: University of Chicago Press.

Reid, A. (2002) *The Shaman's Coat: A Native History of Siberia*. London: Weidenfeld and Nicolson.

Rochberg, F. (2016) *Before Nature: Cuneiform Knowledge and the History of Science*. Chicago: Chicago University Press.

Thomas, K. (1971) *Religion and the Decline of Magic*. Harmondsworth: Peregrine.

Tylor, E. B. (1871) *Primitive Culture*. London: John Murray (2 vols.).

Vitebsky, P. (2005) *Reindeer People: Living with Animals and Spirits in Siberia*. London: Harper Collins Publishers.

Wilson, S. (2000) *The Magical Universe: Everyday Ritual and Magic in Premodern Europe*. London: Hambledon and London.

致　谢

在过去一些年间，针对魔法的研究工作取得了许多进展，但在本书之前，尚没有人以比较研究的方式汇总并讨论这些工作。对一位魔法论著的作者而言，海量的新资料和分析既是好事，也是坏事：一方面，原始资料已不再匮乏；但另一方面，研究也只能涉及并梳理这些原始资料中比较引人注目的部分。要理解过去约4万年间全球范围内的魔法，我们必须依赖许多专家的工作。他们或是曾在艰难的条件下发掘过大量考古遗址；或是能理解古代的语言，解读古代的文本，并熟知这些语言和文本所来源的文化，它们常常与如今的文化截然不同。在写作此书的过程中，我常常需要帮助，也接受了不少人伸出的援手。在每一章中我都深入探究了某种特定形式的魔法的细节，幸运的是，每一次我都能获得专家的指导。

许多人以各种方式回答了我的问题或为我提供信息，他们包括：克里斯多夫·巴赫伯、理查德·布拉德利、罗利·卡内基、萨姆·查理斯、帕姆·克里德、雅各布·达尔、贾斯·埃尔斯纳、艾米丽·高思登-凯、杰克·高思登-凯、保罗·莱恩、艾米·理查森、基思·托马斯、克里斯·沃尔什和格雷格·伍尔夫。

以下几位曾阅读本书的部分内容，并提供了富有洞察力的意见：米兰达·克雷斯威尔、罗伯塔·吉尔克里斯特和杰德·惠特兰。米兰达就艺术和物理学问题给出了建议，罗伯塔提供了她对中世纪欧洲的深厚知识，杰德则指引我穿过了中东最早的农耕人口组成的变幻莫测的世界。理查德·布赖恩特和大卫·凡·奥斯给予的全面而深刻的建议，改变了本书某些重要的结构和内容。约翰·贝恩斯慷慨地付出了大量时间，就

第一章和第三章提出了全面而周到的意见。通过杰西卡·罗森组织的中国访问，在我们的朋友和北京大学的同僚陪同下，我了解了大量关于中国、蒙古国和西伯利亚的考古学成果。虽然对魔法的主题有所怀疑，但杰西卡指导了本书第四章的部分思路和文献阅读。黄礼民（音）和沈水（音）也阅读了与中国有关的章节，并提出了改进的意见。在研讨会和长时间的讨论中，基甸·波哈克不仅让我对犹太魔法相关的思路更清晰，而且还就更广义上的魔法问题向我提供了帮助，对此我十分感激。艾丝特·埃多诺、艾琳·萨尔沃和塔尼亚·谢尔在2019年组织了一次关于古代魔法的精彩会议，随后艾丝特就我的第六章给予了很多有益的意见。伊恩·埃文斯带领我进入了澳大利亚的欧洲魔法世界，我唯一的遗憾就只有自己最终没法将更多他提供的材料纳入文中。海伦·哈梅罗和罗伯塔·吉尔克里斯特阅读了第九章，提供了中世纪魔法的指导。托尼·莫里斯给了我参考书，还在"园丁之臂"酒吧和其他地方与我讨论了各种相关的问题。多年来，我常常在跑步途中与罗利·卡内基交谈，他让我接触到了对我来说往往是全新的思想与文化领域，对此我十分感激。

这些年来与兰博斯·马拉傅利的交谈帮我形成了本书中的一些论点，兰博斯同样读过本书的部分内容，并给出了敏锐的意见。与马克·波拉德就感觉能力、物质和物理学的讨论给了我许多启发，我们有时在西伯利亚的巴士后座上相谈甚欢。考特尼·尼姆拉完成了一项了不起的工作，他找到了许多插图，将之编排起来，与文本相统一。与考特尼的交谈也帮助我完善了许多中心论点，对此我十分感激。考特尼和我（虽然主要是考特尼）在欧洲考古学家协会的2018年巴塞罗那会议上组织了一次关于魔法的论坛，它为我们提供了畅所欲言的讨论机会。克里斯·格林迅速而熟练地绘制了所有地图和其他部分插图。彼得·霍美尔也利用关于俄罗斯原始资料的知识，对欧亚大草原相关的插图有所贡献，并就第五章给予了全面而深刻的意见。

2017年时，我在墨尔本大学的课堂上首次提出了本书的大致论点，非常感谢迪恩·哈雷特、斯图尔特·易卜拉欣、杰玛·李、本吉·巴萨克·塞尔维、唐娜·斯托里、拉里萨·蒂特和科纳·特劳的参与和评论。

我要感谢 K. O. 钟-歌萨德在我两次逗留期间提供的帮助，感谢金贤真分享了他对中国、希腊和罗马魔法的见解。墨尔本大学圣三一学院的学生和教职人员让我们在逗留期间过得非常愉快，尤其是盖尔·艾伦，他让我们感到宾至如归。2018 年时，我又在墨尔本大学做了一场艾伦讲座（它是为了纪念吉姆·艾伦），讲座的主题是魔法，而吉姆没有像我原以为的那么反对——这些年里他给了我太多的帮助。苏珊·劳伦斯以专业的素养组织了这场讲座。这一年我还有幸成为温哥华的不列颠哥伦比亚大学的塞西尔和爱达·格林客座教授，在这所大学里，我也做了一场以魔法为题的演讲。感谢不列颠哥伦比亚大学人类学博物馆的安东尼·谢尔顿和劳拉·奥索里奥·桑纳克斯，以及格林学院的院长马克·维西，他们在我访问期间殷勤款待，与我热情交谈。我还要感谢玛斯昆族群体对我的欢迎。

出于一系列精神和肉体健康的原因，我要感谢凯特·宾尼、佩妮·希尔和莎拉·佩里。

伊丽莎白·艾伦在我为这本书而头疼时，为我确保了有条不紊的生活，为此我十分感谢。

我的代理人、费利西蒂·布莱恩公司的凯瑟琳·克拉克投入了很多精力。要是没有她，这本书可能都不会存在——至少不会以现在这样的方式成形。维京出版社的丹尼尔·克鲁在本书的措辞和论证方面做了重要的修改，这些修改极大地改善了本书。企鹅集团的康纳·布朗在插图方面提供了极大的帮助。若只是说唐娜·波比对书稿进行了编辑，恐怕大大低估了她为这工作花费的心血，在她的努力下，本书原稿也有了极大的改善。娜塔莉·沃尔和她的团队则友善而高效地制作了本书。

以上提到的所有人都不应为本书中的任何疏漏或奇怪的观点负责。

简、艾米丽和杰克是我生命中的魔法源泉，我将本书献给他们。

出版后记

在今天，魔法的相关话题如此大受追捧，而针对魔法的严肃研究又如此边缘化，这无疑映射出一道奇异的裂痕——在理性权威所构筑的祛魅世界与大众想象力所呼唤的复魅狂欢之间，现代人戴着日与夜的双重面具。魔法与科学被打成碎片，缺乏有效的整合与拼接。归功于宗教和科学方面成功的宣传活动，魔法常常被贴上落后、原始和非理性的标签。然而，作为牛津大学考古学教授的克里斯·戈斯登，通过本书为我们展示了一种难能可贵的弥合裂痕的努力。

戈斯登教授曾在英国、巴布亚新几内亚、土库曼斯坦和婆罗洲等地开展田野考古工作，长期关注人类与世界关系的本质、文化变迁、艺术和美学等方面的问题。他此前已经撰写及编辑了 19 本著作，包括《考古学与人类学：关系变迁》《考古学与殖民主义》《走出黑暗——人类史前史探秘》等。他在本书中的工作属于严肃的历史研究，其材料与方法值得学界重视，而我们认为其独特的问题意识及伦理关切更值得受到广泛关注。

服务热线：133-6631-2326 188-1142-1266
服务信箱：reader@hinabook.com

后浪出版公司
2022 年 5 月

© 民主与建设出版社，2022

图书在版编目（CIP）数据

魔法四万年 /（英）克里斯·戈斯登
(Chris Gosden) 著；王予润译 . -- 北京：民主与建设
出版社 , 2022.5（2024.9 重印）
  书名原文：The History of Magic：From Alchemy
to Witchcraft,from the Ice Age to the Present
  ISBN 978-7-5139-3793-1

  Ⅰ . ①魔… Ⅱ . ①克… ②王… Ⅲ . ①世界史—通俗
读物 Ⅳ . ① K109

中国版本图书馆 CIP 数据核字 (2022) 第 058411 号

The History of Magic：From Alchemy to Witchcraft, from the Ice Age to the Present
Copyright © 2020 by Chris Gosden
First published 2020
First published in Great Britain in the English language by Penguin Books Ltd.
Simplified Chinese translation © 2022 by Ginkgo (Beijing) Book Co., Ltd.
Published under licence from Penguin Books Ltd.
The author has asserted his moral rights.
All rights reserved.
Penguin (企鹅) and the Penguin logo are trademarks of Penguin Books Ltd.
Copies of this translated edition sold without a penguin sticker on the cover are unauthorized and illegal.
封底凡无企鹅防伪标识者均属未经授权之非法版本。
本书简体中文版权归属于银杏树下（北京）图书有限责任公司。

版权登记号：01-2022-2139
审图号：GS（2022）1943 号

魔法四万年
MOFA SIWAN NIAN

著　　者	［英］克里斯·戈斯登
译　　者	王予润
责任编辑	王　颂
特约编辑	侯　畅　王彦华
封面设计	墨白空间·陈威伸
出版发行	民主与建设出版社有限责任公司
电　　话	（010）59417747　59419778
社　　址	北京市海淀区西三环中路 10 号望海楼 E 座 7 层
邮　　编	100142
印　　刷	河北中科印刷科技发展有限公司
版　　次	2022 年 5 月第 1 版
印　　次	2024 年 9 月第 6 次印刷
开　　本	655 毫米 ×1000 毫米　1/16
印　　张	26.5
字　　数	381 千字
书　　号	ISBN 978-7-5139-3793-1
定　　价	128.00 元

注：如有印、装质量问题，请与出版社联系。